·能源经济文库·

加快生态文明建设 推动能源发展转型

Research on the theory and measurement of low-carbon economy from the perspective of green development

绿色发展视角下低碳经济理论与测度研究

蔡宏宇 著

中国经济出版社
CHINA ECONOMIC PUBLISHING HOUSE
·北京·

图书在版编目(CIP)数据

绿色发展视角下低碳经济理论与测度研究 / 蔡宏宇著. -- 北京:中国经济出版社,2022.7

ISBN 978-7-5136-6984-9

Ⅰ.①绿… Ⅱ.①蔡… Ⅲ.①中国经济-低碳经济-经济发展-研究 Ⅳ.①F124.5

中国版本图书馆 CIP 数据核字(2022)第 113822 号

责任编辑 孙晓霞
责任印制 马小宾
封面设计 任燕飞设计工作室

出版发行 中国经济出版社
印 刷 者 北京中石油彩色印刷有限责任公司
经 销 者 各地新华书店
开 本 710mm×1000mm 1/16
印 张 23.25
字 数 350 千字
版 次 2022 年 7 月第 1 版
印 次 2022 年 7 月第 1 次
定 价 88.00 元
广告经营许可证 京西工商广字第 8179 号

中国经济出版社 **网址** www.economyph.com **社址** 北京市东城区安定门外大街 58 号 **邮编** 100011
本版图书如存在印装质量问题,请与本社销售中心联系调换(联系电话:010-57512564)

目录

第1章

绪 论

1.1 研究背景及意义

1.1.1 研究背景

良性的生态环境是地球万物赖以生存和发展的前提与基础,但自第一次工业革命以来,伴随着机器的轰鸣声和经济的高速发展,人类创造了前所未有的财富,也带来了严峻的环境污染问题,生态平衡遭到了肆意破坏。环境问题已成为世界各国面临的最严重挑战,也是现阶段最敏感的政治问题和社会问题之一。"绿水青山就是金山银山"是中国共产党人解决这一困境的一把钥匙。党的十八大以来,以习近平同志为核心的党中央面对中国经济发展与资源环境之间矛盾日益尖锐的现实状况,站在战略和全局高度,对生态文明建设和生态环境保护提出了一系列新思想新论断新要求,促进了经济发展与生态环境保护双赢,确立了习近平生态文明思想,为努力建设美丽中国,实现中华民族永续发展,走向社会主义生态文明新时代,指明了前进方向和实现路径。在习近平生态文明思想的科学指引下,我国生态文明建设从实践到认识发生了历史性、转折性、全局性变化,规律认识更加深化,谋篇布局更加成熟,体制制度更加完善,历史性成就更加彰显,全球影响更加深远,人民群众对生态环境改善的获得感、幸福感和安全感日益增强。党的十九届四中全会站在"两个一百年"奋斗目标的历史交汇点上,将生态文明制度建设作为中国特色社会主义制度建设的重要内容和不可分割的有机组成部分,从实行最严格的生态环境保护制度、全面建立资源高效利用制度、健全生态保护和修复制度、严明生态环境保护责任制度等四个方面，对建立和完善生态文明制度体系，促进人与自然和谐共生做出安排部署，进一步明确了生态文明建设和生态环境保护最需要坚持与落实的制度、最需要建立与完善的制度，为加快健全以生态环境治理体系和治理能力现代化为保障的生态文明制度体系，提供了方向指引和根本遵循。特别是党的十九届五中全会通过的《中共中央关于制定国民经济和社会发展第十四个五年规划和二〇三五年远景目标的建议》，明确提出二〇三五年“美丽中国建设目标基本实现”的远景目标和“十四五”时期“生态文明建设实现新进步”的新目标新任务，并就“推动绿色发展，促进人与自然和谐共生”做出具体部署，充分体现了以习近平同志为核心的党中央对生态文明建设和生态环境保护一以贯之的高度重视，充分展示了持续改善生态环境质量，提高人民群众获得感、幸福感、安全感的坚定意志与战略定力，为新时代加强生态文明建设和生态环境保护工作提供了方向指引与行动指南。

全球气候变化是当前人类面临的最大威胁之一，推动经济社会向绿色低碳转型是应对气候变化的必由之路，是推进生态文明建设、经济社会高质量发展和生态环境高水平保护的重要途径。气候变化问题既是环境问题，也是发展问题，但归根结底是发展问题。全球气候变化主要是由人为二氧化碳排放造成的，其与空气污染物排放的很多来源是相同的。如煤炭等化石燃料在燃烧过程中会排放颗粒物、二氧化硫、氮氧化物等空气污染物，也会排放二氧化碳、黑碳等气候污染物。反过来，很多空气污染物除了影响空气质量外，还影响气候。臭氧和黑碳都会造成大气升温。改善空气质量的政策举措也可以为应对气候变化做出相当大的贡献。减排措施到底是产生升温还是降温效果要取决于具体策略，这使得针对气候污染物（SLCPs）的治理措施成为重点（因为这些措施既能实现空气质量的改善，又能产生降温效应）。在气候变化已经得到科学界认可的时代（政府间气候变化专门委员会，2014），低碳发展获得了世界各国环境政策上的突出地位，是环境和发展政策共同关注的问题。欧盟是“低碳经济”的早期倡导者。2003 年，英国环境、食品和农村事务部发表了一份名为《我们的能源未来——创造低碳经济》的白皮书。低碳经济是以低能耗、低污染、低排放为基础的经济模式。低碳经济的实质是高能源利用效率和清洁能源结构问题，其核心是能源技术创新、制度创新和人类生存发展观念的根本性转变。

中国是世界上最大的温室气体排放国。据荣鼎集团(Rhodium Group)统计,中国2019年的温室气体排放量为139.2亿吨二氧化碳当量,比2018年增加了2.6%。据联合国统计,中国2018年的温室气体排放量占全球总排放量的1/4以上。中国作为典型的“高碳经济”国家,正积极努力探索新的经济发展之路。中国国家主席习近平在第七十五届联合国大会一般性辩论上发表重要讲话时指出,中国将提高国家自主贡献力度,采取更加有力的政策和措施,二氧化碳排放力争于2030年前达到峰值,努力争取2060年前实现碳中和。这是中国在《巴黎协定》承诺的基础上,对碳排放达峰时间和长期碳中和问题设立的更高目标。中国也是全球主要排放国里首个设定碳中和限期的发展中国家。中国设立的这一行动目标,是以中国多年来致力于低碳转型的努力和成效为基础的。2010年,中国政府在哥本哈根气候变化大会前做出自主减排承诺:到2020年,单位国内生产总值(GDP)二氧化碳排放比2005年下降40%~45%,非化石能源占一次能源消费的比重达到15%左右。截至2019年底,中国碳强度较2005年降低约48.1%,非化石能源占能源消费比重达15.3%,均已提前完成中国向国际社会承诺的2020年目标。除了宏观统计数据,中国在非化石能源、太阳能、风能等各细分能源领域的单向能效指标也都获得突破。在多年切实行动中,中国已在低碳转型之路上迈出稳健步伐。2020年12月12日,国家主席习近平在气候雄心峰会上通过视频发表题为《继往开来,开启全球应对气候变化新征程》的重要讲话,宣布中国国家自主贡献一系列新举措。在2020年9月宣布“力争2030年前二氧化碳排放达到峰值,努力争取2060年前实现碳中和”计划的基础上,习近平主席进一步宣布到2030年,中国单位GDP二氧化碳排放将比2005年下降65%以上,非化石能源占一次能源消费比重将达到25%左右,森林蓄积量将比2005年增加60亿立方米,风电、太阳能发电总装机容量将达到12亿千瓦以上。中国最新的气候行动目标,勾勒出中国低碳转型发展未来40年的远景宏图,也为未来5年“十四五”规划期间的低碳绿色领域发展提供指引。

1.1.1.1 重视低碳经济是大国的责任担当

长期以来,我国采取了一系列有力措施,积极应对气候变化,早在2006年,中国政府对气候变化和生态问题引起了高度关注，当时就明确提出：把应对气候变化纳入国民经济和社会发展规划，尝试有助于发展低碳经济的各种途径，促进缓解能源资源压力，改善生态环境，并取得了积极成效。2006 年底，科技部、中国气象局、国家发展改革委、国家环保总局等六部委联合发布了我国第一部《气候变化国家评估报告》，积极主张为应对全球气候转暖、缓解能源紧张等问题而发展“低碳经济”。2007 年，党的十七大报告第一次列入了气候变化议题，指出要“加强应对气候变化能力建设，为保护全球气候做出新贡献”。同年，中国正式发布了《中国应对气候变化国家方案》，并成立国家气候变化对策协调机构，为减缓和适应气候变化做出了积极贡献。2012 年，党的十八大报告进一步指出要“坚持共同但有区别的责任原则、公平原则、各自能力原则，同国际社会一道积极应对全球气候变化”，更加明确了中国应对气候变化的基本路径。2013 年，中国发布第一部专门针对适应全球气候变化的战略规划《国家适应气候变化战略》，提高国家适应气候变化的综合能力。党的十八大以来，以习近平同志为核心的党中央，认清形势，把握规律，明确指出应对气候变化是中国可持续发展的内在要求，把低碳发展作为我国经济社会发展的重大战略和生态文明建设的重要途径，强化低碳引领，推动能源革命、产业革命和消费革命，发挥市场配置资源的决定性作用。我国对外勇担发展中大国责任，积极建设性地参与国际气候谈判，推动《巴黎协定》达成并生效，加大南南合作力度，引领全球气候治理；对内面对经济发展进入新常态等一系列深刻变化，主动控制温室气体排放，推进绿色低碳发展，推动碳排放权交易市场建设，加强生态文明建设，成为全球生态文明建设的重要参与者、贡献者、引领者。

1.1.1.2 发展低碳经济是中国经济可持续发展的必然选择

低碳经济是以低能耗、低污染和低排放为基础的一种新兴经济发展模式，其主要特征是通过能源技术创新、产业结构创新和制度创新，将人类在生产生活中产生的温室气体，尤其是二氧化碳的排放量减少到最低值，以提高能源的高效利用、开发清洁能源、追求绿色 GDP 的一种新型的可持续的经济发展模式。这种新兴的经济发展模式，需要提高能源利用率、转变能源消费方式、激励节能技术创新和鼓励低排放技术的应用，它将对我国建立资源节约型和环境友好型的低碳经济发展模式起到巨大的推动作用，它将以更低的能源强度和温室气体排放强度支撑社会经济可持续发展，以实现人类与自然界和谐发展的目标。中国作为一个新兴大国和负责任的大国，需要发挥后发优势，肩负发展责任，在未来经济发展中提升国际竞争力和发展潜力，而要提高国际竞争力，发展低碳经济，尽早推动社会经济朝着低碳方向转型，已经不容犹豫。中国应与国际社会一道致力于发展低碳经济，这既是保护环境的客观需要也是世界经济发展的必然趋势。

据统计，2015 年我国煤炭消费量约为 39.65 亿吨，占能源消费总量的 64.0%，碳基能源（以碳元素为主要构成元素的能源，包括煤、石油、天然气等）燃料排放的二氧化碳高达 9202 亿吨，位居全球第二。这种以煤为主的能源消费结构，给我国带来了严重的空气污染和温室气体排放问题。2016 年 9 月，重度雾霾席卷中国多地，北京、邢台、保定、石家庄等城市拉响重度污染警报，给人民生活造成诸多不便。因此，过去以牺牲环境和自然资源为代价的经济增长模式，已开始对人类生存造成严重危害，中国经济亟须转型。全球气候变暖、生态环境遭到破坏、人类生存面临严峻考验，中国发展低碳经济已势在必行。同时党的十八届五中全会提出的绿色发展观，也为发展低碳经济提供了新的视角。在绿色发展视角下如何丰富和发展低碳经济理论、科学测度低碳经济、为经济社会可持续发展提供决策依据等一系列问题关乎中国低碳经济的长远健康发展。因此，在绿色发展视角下的低碳经济理论和测度研究显得至关重要！这也是本书编写的初衷所在。

1.1.1.3　发展低碳经济是中国产业转型的重要途径

自 20 世纪 80 年代改革开放以来，中国作为世界经济的追赶者，通过充分发挥成本领先发展战略，大力推动产业化进程，取得了显著的发展成就，特别是在传统工业产业领域建立了庞大的制造业体系，造就了中国的“全球工厂”地位，但以工业为主导产业导致的高能源消耗水平和环境污染问题也日益严峻。在过去的 30 多年里，随着中国经济快速发展，特别是化石能源消费的快速增长，能源消耗产生的二氧化碳占全国二氧化碳排放量的 3/4 以上。同时，二氧化碳增长率也一直处于世界前列。从美国能源信息署（Energy Information Administration，EIA）公布的我国自1980年以来的化石能源消费产出的碳排放数据来看，2005年我国碳排放总量约15亿吨等价碳，为1980年的近4倍，年均增幅超过5%，尤其是自2000年以来增长大幅度加快（以1980年为基数，第一次翻番用了约20年，而第二次翻番则仅用了5年左右）。分类型来看，其中传统原煤消费产生的碳排放量又占到了总排放的80%以上，而石油和天然气的碳排放占比不足20%。

目前，我国已成为世界上最大的能源消费国，碳排放高居世界前列。有关数据表明，我国单位GDP能耗是世界平均水平的2倍，人均碳排放量超过世界平均水平的40%。这种情况是中国传统的“高投入、高消耗、高排放增长”所导致的。中国经济虽然在过去30年里表现强劲，但年均增长近10%是以巨大的资源和环境为代价的，这也直接导致了极端气候事件、重大灾害强度和频率的增加，以水资源为代表的生态环境恶化，农作物生产不稳定等。这些现实告诉我们，中国必须改变发展方式，大力发展低碳经济作为产业转型升级的助攻方向就是一种非常明智的选择。中国作为世界增长最快的经济体，GDP在全球的排名已经超越日本和德国，在世界经济发展中的地位日益重要，但日益严重的资源环境问题也引起国际社会的重视，作为一个复兴的大国，也理应在应对全球气温问题、加快发展低碳经济上充当领跑者和践行者的角色。

可以说，传统产业主导下的产业结构，是中国高碳排放的根本原因。在当今时代，可持续发展的观念得到了全世界的广泛认同。中国为了促进全球经济的可持续发展，就必须加快产业结构调整和转型升级，发展低碳经济正契合这一理念。因此，对于中国而言，发展低碳经济，倡导低碳消费生活模式，既是作为负责任的大国实现和平崛起和可持续发展的必然选择，也是推动我国产业结构调整优化的现实需要，这顺应世界潮流、合乎中国国情。

在此背景下，基于全球气候变暖的严峻性和中国经济发展中凸显的问题两个角度，探讨绿色发展视角下低碳经济转型问题，具有重要的理论意义和现实价值。

1.1.2 理论意义

1.1.2.1 丰富和发展当代中国特色社会主义理论

科学发展观,作为 21 世纪中国特色社会主义发展理论的最新成果,对新形势下我国实现什么发展、怎样发展等重大问题作出了新的科学回答,即科学发展就是坚持以人为本,全面协调可持续发展。针对我国面临的人口、资源、生态环境等问题,科学发展观指出我国经济发展要走低能耗、高效益的可持续发展之路,提倡大力发展低碳经济,提高能源利用效率,减少环境污染,建设资源节约型和环境友好型社会。因此,我国积极发展低碳经济,是顺应时代潮流,全面贯彻落实科学发展观、实现可持续发展的必由之路! 可以说,科学发展观是低碳经济的理论基础,发展低碳经济是科学发展观的现实实践。所以,明晰低碳经济相关理论和科学测度低碳经济发展水平,进一步丰富与发展了科学发展观理论,为实现可持续发展奠定了基础。

以习近平总书记为核心的新一届党中央,又高瞻远瞩地提出了新时期我国的五大发展理念,即"创新、协调、绿色、开放、共享"的发展理念。发展理念是行动的先导,是发展思路、发展方向、发展着力点的集中体现。绿色发展作为五大发展理念之一,是一种以效率、和谐、持续为目标的经济增长和社会发展方式,推动节能减排和发展低碳经济是其核心要义。正如党的十八届五中全会提出:"坚持绿色发展,必须坚持节约资源和保护环境的基本国策,坚持可持续发展,坚定走生产发展、生活富裕、生态良好的文明发展道路,加快建设资源节约型、环境友好型社会,形成人与自然和谐发展现代化建设新格局,推进美丽中国建设,为全球生态安全作出新贡献。"所以,研究低碳经济、测度低碳水平,既完全符合党中央最新的发展理念和理论成果,也将是对绿色发展理念理论体系的有益探索与补充。

1.1.2.2 完善生态经济学理论

伴随着全球气候变暖和资源环境日趋紧张,国际社会发展低碳经济的热潮不断涌现。目前,中国正处于积极探索发展低碳经济阶段,如何更好更快实现低碳经济发展,是现阶段亟须解决的难题。低碳经济是一个涵盖经济、社会、人口、资源、环境、技术等诸多因素的概念,具有涉及范围广、能效要求高、节能减排等特点。要想更好更快发展低碳经济，首先要明晰发展低碳经济的诸多问题：低碳经济内涵与外延，低碳经济的核心要素，中国现阶段碳排放，能源消耗的现状，碳排放、能源消耗与经济增长之间的协调度，中国低碳经济发展水平的评价，实现低碳经济的有效途径等。尽管社会各界对低碳经济展开了广泛的探讨和研究，但是并没有形成统一的体系。因此，本书在绿色发展的全新视角下，对发展低碳经济理论和测度进行研究，梳理低碳经济相关理论，测度低碳经济发展水平，不断完善低碳经济发展理论体系，为中国更好更快发展低碳经济提供理论支撑。

1.1.3 现实价值

1.1.3.1 发展低碳经济是应对全球气候变暖最有效的手段

全球气候变暖对人类社会造成深远影响。研究表明，长期的大量的二氧化碳排放是全球气候变暖的主要原因，而气温的上升，导致全球变暖，在其影响下大量出现的气候异常变化和极端灾害天气，已对人类的生产生活造成了严重影响，甚至威胁到人类的生存安全。政府间气候变化专门委员会（IPCC）公布的《IPCC 第四次评估报告——“气候变化 2007”》，指出人类活动尤其是化石能源燃烧带来的长生命周期的 CO_2 排放对于全球气候变化产生重大的影响，诸如冰川融化、海平面上升、洪水、干旱、生态系统破坏、粮食减产等。减缓全球变暖的主要途径是减少温室气体排放，抑制燃烧化石能源的碳排放就成为当务之急。然而，由于当今世界经济的发展模式仍主要依赖于化石燃料等高碳资源，这就导致了经济增长越快，环境问题也就越加剧。2006 年，英国政府公布的“斯特恩的报告”对全球变暖的经济影响做了定量评估，认为气候变化的经济代价堪比一场世界大战的经济损失，如果不及早采取行动，未来将会造成高达 20% 的损失。

为遏制全球气候变暖，加强对人类生存环境的保护，促使经济发展模式进入深层次结构调整，应让低碳经济成为未来经济发展的主角。因此，从持续发展的角度来看，人类社会亟须在现有发展模式的基础上探索一种新路径，即探索一条既能满足经济高速增长的需要，又可减少碳排放，实现经济发展与气候、环境共同提高的发展模式。人们已经逐渐认识到减少以二氧化碳为表征的温室气体排放的重要性，经济“低碳化”开始从民间自愿行动上升到国家战略层面。以低能耗、低排放、高能效为核心的低碳经济模式成为人类应对气候变化的必然选择。

为了加强对地球生态环境的保护，遏制全球变暖，把经济发展方式推向深层次的结构调整升级，低碳经济理应成为发展的主导。因此，从人类社会可持续发展的角度，我们要以现有的发展方式为基础，探索一条既满足经济快速增长，又可以减少碳排放、实现可持续发展的新途径。人们已经认识到减少二氧化碳等温室气体排放的重要性，“低碳经济”已经从自愿行动开始上升到国家战略层面。以低耗能、低排放、高能效为核心的低碳经济模式已成为人类应对气候变化的必然选择。可以说，低碳经济已成为世界潮流，正引领全球生产模式、生活方式、价值观念和国家权益发生深刻变革。

1.1.3.2　低碳经济是对当前经济增长模式的一种全新替代

在市场经济发展过程中，我国采取“投资拉动型”经济增长模式，取得了举世瞩目的成绩。但这种过度投资物质资本，过度消耗资源的经济发展模式，给资源和生态环境造成了不可估量的损害。目前，我国已成为世界最大的能源消费国，碳排放总量位居世界第一，单位GDP能耗为世界平均水平的2倍，人均碳排放量超过世界平均水平的40%，这无疑是我国传统“高投入、高消耗、高排放”经济增长模式的一个体现。过去30多年，年均近10%的经济增长速度是以牺牲巨大的资源环境为代价的，如极端气候事件、重大灾害的频率和强度明显增大，损失增加，水资源区域不平衡加剧，生态环境恶化，农作物生产不稳定性增加等，这些遗害告诉我们，必须转变发展方式，走低碳经济发展道路。这是因为发展低碳经济不仅符合世界能源低碳化的发展趋势，而且与我国产业结构调整、节能减排和可持续发展要求不谋而合。因此，为节约能耗，用低碳经济发展模式替代过度物质投资的发展模式是中国的必然选择。鉴于此，在绿色发展的全新视角下，梳理低碳经济相关理论，明确低碳经济的发展要求，为低碳经济发展指明道路，这对于我国尽快实现低碳经济显得至关重要！

1.1.3.3　测度低碳水平为发展低碳经济提供决策依据

科学测度低碳经济发展水平是发展低碳经济的重要环节，这主要体现在以下两个方面。第一,测度是评价低碳经济发展水平的有效途径。研究低碳经济的最终目的就是指导低碳经济的发展,唯有测度才能客观评价,唯有客观评价才能正确指导低碳经济的发展。这是本书研究的重点内容。第二,测度为发展低碳经济指明方向、提供决策依据。评价低碳经济发展水平,不仅仅是衡量低碳经济发展状况的好坏,更重要的是,针对发展低碳经济过程中存在的问题和短板,采取积极有效的举措,提高低碳经济发展水平,其目的就是减少碳排放,碳减排的措施主要体现在开发和使用新能源、减少化石能源的消耗方面。统计测度不仅能解决能源生产和消费量,而且能客观分析和评价碳排放总量、能源碳排放结构、地区分布等责任归属问题,厘清碳排放来源分布,更好地促进低碳经济的发展,这才是测度的最终目标。因此,本书旨在构建一套科学合理的低碳经济综合评价指标,运用因子分析、构建简易模型、编制低碳指数、建立最优化模型、运用 CGE 模型等方法,对影响我国低碳经济的主要因素和低碳经济发展水平、发展低碳经济路径进行测度分析,以期为中国低碳经济发展提供决策参考。

1.2 绿色发展与低碳经济学术史梳理

国内外有关绿色发展和低碳经济的研究成果较多,绿色发展研究主要集中在绿色发展理论研究、绿色发展战略研究等方面。低碳经济研究成果更丰富:主要集中在低碳经济内涵、低碳经济实现途径、低碳经济发展水平测度、低碳经济发展中的碳排放研究、碳税研究等方面。

1.2.1 绿色发展文献梳理

1.2.1.1 绿色发展理论研究综述

“绿色经济”最早是由 David Pearce 在《绿色经济蓝图》一书中提及,他认为环境和经济必然相互作用,可持续发展需要转变经济发展方式。Hallegatte 等(2011)根据从“增长”到“绿色增长”的分析框架,厘清绿色增长相关概念,提出绿色增长的基础。Dinda(2013)提出包容性绿色增长理论模型,认为气候变化会威胁自然资源,建议维持经济可持续发展。

胡鞍钢(2008)认为绿色发展是强调经济发展与保护环境的统一与协调,即以人为本的可持续发展之路。刘思华(2011)将绿色经济和绿色发展囊括进科学发展观理论,称为“绿色经济发展观”,指出绿色发展观主要包括绿色和谐发展论、国策战略绿色论、绿色文明发展道路论和国际绿色合作论四方面内容。成思危(2012)认为低碳经济、循环经济、生态经济都属于绿色经济的范畴。王玉庆(2013)阐述了低碳经济、循环经济和绿色经济三者之间的关系,认为绿色经济是一种新的经济发展模式,绿色发展可视为发展绿色经济的简称,绿色发展包括两方面的含义:一是发展要绿色化;二是绿色要创造发展。“发展绿色化”即在经济发展中实现节能减排、保护生态环境的目标。“绿色创造发展”是指一切用于改善环境、治理污染和节约资源的投资,可以推动经济发展,创造就业岗位,改善民生的社会目标。蒋南平和向仁康(2013)认为绿色发展的实质及内涵应定义在“资源能源合理利用,经济社会适度发展,损害补偿互相平衡,人与自然和谐相处”理念的基础上。胡鞍钢和周绍杰(2014)认为绿色发展观是第二代可持续发展观,强调经济系统、社会系统和自然系统间的系统性、整体性及协调性。曾燕霞(2019)表明绿色发展理论是新发展理念的最具有代表性的组成部分,它的核心思想是对马克思主义的继承和发展。潘建瑞(2019)认为绿色发展观是科学发展观在发展模式、发展制度等方面的最新思想,其理论意义进一步丰富了科学发展观的时代内涵。刘耀彬等(2019)认为绿色发展是以绿色驱动为动力,通过增值发展的途径,来实现人的全面发展。即绿色发展是一种可持续的发展模式。廖小平(2015)提出生态文明的最高形式将回归绿色发展。任平和刘经伟(2019)认为对资源和环境的严格控制是实现高质量绿色发展的关键因素,是实现社会、经济、生态三者协调的最佳途径。尚丽娟(2018)将绿色发展理念细分为绿色环境发展、绿色经济发展、绿色政治发展、绿色文化发展、绿色社会发展五个方面,是对社会系统、经济系统以及生态系统三个层面的总结归纳。向国成等(2018)认为绿色发展是基于资源承载力和环境生态保护与建设为核心的创新发展模式,在确保发展可持续性的同时,又能大大提高生产力,从而促进社会共同富裕。方时娇和周倩玲(2017)阐述了绿色创新经济发展模式和绿色创新经济发展方式是绿色发展理念的最终建立目标,是21世纪人类社会文明的前进方向。崔雅文(2018)认为绿色发展是马克思主义生态哲学的最新陈述，其理论思想蕴含着马克思主义自然观、价值观以及实践观。

1.2.1.2 绿色发展战略研究综述

兰竹虹(2008)从八个方面提出中国实施绿色发展的战略思想。周宏春(2010)在分析中国发展绿色经济重点内容的基础上，提出了绿色经济的发展路线图，提倡走具备中国特色的绿色发展之路。侯元兆和杜士才(2012)认为在绿色发展背景下，森林是经济和社会发展的基础，必须大力投资发展自然资本，并提出构建与绿色发展相适应的林业发展机构、投资机制、政策体系和科研教育体系等建议。刘纪远等(2013)通过借鉴绿色发展的国际经验，结合中国西部发展的实际情况，以自然资本、经济资本、社会资本与人力资本四大资本为核心，提出了中国西部地区绿色发展概念框架，以期服务于落实西部绿色发展战略。傅志寰等(2015)面对工业发展存在的问题与挑战，提出加大产业结构调整、发展循环经济、加快工业化和信息化深度融合，提升自主创新能力等工业绿色发展战略重点。

综上所述，目前国内外关于绿色发展的研究正处于初步探索阶段，大部分学者强调了发展绿色经济的必要性和重要性，并针对“如何发展绿色经济”问题，提出了极具参考价值的政策建议，同时部分学者探索性地运用若干方法测度了绿色发展水平，不断丰富着绿色发展的理论体系。但是，许多研究都是基于宏观经济视角进行探讨的，基于微观层面的研究甚少，然而，微观层面的研究对社会经济生产更具实际指导意义。

1.2.2 低碳经济文献梳理

1.2.2.1 低碳经济理论研究综述

尽管低碳经济已成为具有广泛社会性的经济前沿理论，发展低碳经济也成为各国普遍共识，但是至今学术界对“低碳经济”概念的界定并未达成统一意见，众多学者对低碳经济的内涵理解存在差异。

庄贵阳(2005,2007,2009)认为，低碳经济是指人文发展水平[指在经济能力、健康、教育、生态保护、社会公平等人文尺度(Humandimensions)上实现经济发展与社会进步]和碳生产力(单位碳排放的经济产出)同时达到一定水平下的经济形态，旨在实现控制温室气体排放的全球共同愿景(Globalsharedvision)，其实质是高能源效率和清洁能源结构问题，核心是能源技术创新和制度创新，且对于中国的含义不是要减少煤炭等化石燃料的使用（至少在相当长的时期内不可能做这样的要求），而是要全力提高中国的能源利用效率，使单位 GDP 的能源消耗和碳排放逐步降低，这样有利于缓解经济增长与资源环境之间的尖锐矛盾，促进可持续发展和全面建设小康社会目标的实现。

张坤民等（2008）把低碳经济定义为以低耗能、低排放、低污染为基础的经济模式。付允等（2008）、何建坤（2009）则在对前人观点研究的基础上，从经济学的角度强调投入产出效率，强调"低能耗、低污染、低排放和高效能、高效率、高效益"，以低碳为发展方向，以节能减排为发展方式，以碳中和技术为发展方法的绿色经济发展模式，从而减缓全球气候变化，实现经济和社会的清洁发展与可持续发展。冯之浚等（2009）、牛文元（2009）、贺庆棠（2009）等认为低碳经济是低碳发展、低碳产业、低碳技术、低碳生活等一类经济形态的总称，其低碳经济的实质在于提升能源的高效利用、推行区域的清洁发展、促进产品的低碳开发和维持全球的生态平衡。李胜和陈晓春（2009）认为低碳经济的核心内涵是在市场机制的基础上，通过政策创新及制度设计，提高节约能源技术、可再生能源技术和温室气体减排技术，建立低碳的能源系统和产业结构，它包括生产的低碳化、流通的低碳化、分配的低碳化和消费的低碳化四个体系。

2009 年，中国环境与发展国际合作委员会发布的《中国发展低碳经济途径研究》，将低碳经济概括为："一个新的经济、技术和社会体系，与传统经济体系相比，在生产和消费中能够节省资源，减少温室气体排放，同时还能保持经济和社会发展的势头。"

付加锋等（2010）、潘家华等（2010）认为低碳经济是指碳生产力和人文发展均达到一定水平的一种经济形态，具有低能耗、低污染、低排放和环境友好的突出特点，旨在实现控制温室气体排放和发展社会经济的全球共同愿景。低碳经济与发展阶段、资源禀赋、消费模式和技术水平等驱动因素密切相关，并且通过低碳化（Decarbonization）进程得以实现。这一概念的特点在于，一方面对于人文发展施加了碳排放的约束；另一方面强调碳排放约束不能损害人文发展目标，其解决途径便是通过技术进步和节能等手段提高碳生产力。

周艳和王子龙（2011）认为"低碳经济"是指在可持续发展理念的指导下，

通过技术创新、制度创新、新能源开发等手段，尽可能地减少煤炭、石油等高碳能源消耗，减少温室气体排放，达到经济社会发展与生态环境保护双赢的一种经济发展模式。发展低碳经济的实质是能源效率的提高和清洁能源的结构优化，核心是能源技术创新和制度创新，目标是减缓气候变化和促进人类的可持续发展。范建华（2010）认为理解低碳经济的深刻内涵需要从节能减排、低碳发展的内在规律出发，从碳排放与经济发展关系、低碳经济发展的主体、低碳经济发展的内容、低碳经济发展的目标和低碳经济发展的路径选择等五个方面来考虑。

苗嘉荣（2019）认为低碳经济的未来趋势主要包括四类，一是通过提高企业的排污门槛，来限制高污染企业进入市场；二是重视农业的有机生产，减少化石能源的开发使用；三是优化产业结构，重视创新发展，降低第二产业的比重；四是加大宣传力度，让低碳行为融入城市的每一个角落，从生活方面来实现对低碳经济的转变。此外，他阐述了低碳经济是生态经济的独特形式，应该从生态工业园的角度来实现人类与大自然的和谐共生。

低碳经济是具备高形态意识的、可持续的经济形态，它的提出被学者们广泛地认为是一种能够促进世界工业文明向生态文明转变的高层次体系。如Barker认为低碳经济的出现是在全球变暖的现实情况下而催生的经济形态，其目的是利用减排手段来降低碳的排放。夏堃堡认为低碳经济是通过一定的技术手段来实现碳约束，进而实现社会经济与生态环境的协调共存。付加锋等认为低碳经济是社会意识形态发展到一定程度的必然产物，是在碳约束的条件下达到经济高效发展的经济形态。上述对低碳经济的观点是从广义的层面来进行阐述的，而有部分经济学家将低碳经济称为实现经济与生态和谐共存的手段，这类观点是从狭义的角度来进行解释的。如敖悦认为低碳经济是一种经济发展而实现碳约束的发展模式。付允等（2008）认为低碳经济不对经济形态做出改变，只是通过技术创新来改变经济形态的发展模式，最终实现经济与生态环境的和谐共存。对低碳经济的解释有很多学者做出了不同的阐述，但最具有代表性的是英国学者鲁宾斯德的定义，他认为低碳经济是一种以市场作用机制为主导的，以技术创新等手段为辅的经济发展模式，其目的是减少温室气体的排放。

综上所述，在界定低碳经济概念时，许多学者都强调了发展低碳经济的目标是应对环境、能源和气候变化挑战，实现低碳经济的途径是技术创新、制度创新、提高能源使用效率与优化能源结构等，部分地把握了低碳经济的核心特征，即“低碳排放”和“绿色发展”。但是，上述研究并没有对“低碳”的含义与“经济”“社会”的关系进行具体详尽的描述。

1.2.2.2　低碳经济实现途径研究综述

低碳经济的实现途径研究，即研究如何发展低碳经济问题。毋庸置疑，各国基本国情不同，其实现低碳经济的途径也存在差异。总体而言，低碳经济的实现途径可分为宏观和微观两个层面。

(1)宏观层面

2003年英国首相布莱尔发表的题为《我们能源的未来——创建一个低碳经济体》的白皮书指出：英国将着力于发展，应用和输出先进技术，创造新的商机与就业机会，从根本上把英国变为一个低碳经济的国家。2007年美国参议院提出《低碳经济法案》，表明低碳经济的发展道路有望成为美国未来的重要战略选择。奥巴马出任总统后，提出新能源政策，实施“总量控制和碳排放交易”计划，设立国家建筑物节能目标，预计到2030年，所有新建房屋都实现“碳中和”或“零碳排放”。

相比较而言，国内关于低碳经济的实现途径研究起步较晚，付允和马永欢(2008)从宏观、中观和微观三个层次论证以低碳发展为发展方向，以节能减排为发展方式，以碳中和技术为发展方法，并从节能优先、发展可再生能源、设立碳基金等方面提出中国实施低碳经济发展模式的政策建议。姬振海(2008)通过对河北省碳减排潜力的量化分析，发现调整能源结构、降低二氧化碳排放强度以及提高能源利用效率、降低能源消耗强度是低碳经济和清洁发展实现的两种基本途径。冯之浚和牛文元(2009)发现：政策、技术和资金是发展低碳经济的三大要素，其中起决定作用的是政策，他们总结提出以“五个创新”推进低碳经济的重要观点，这“五个创新”分别是指观念创新、结构创新、科技创新、消费方式创新和管理创新。

杨淑霞和汤明润(2010)在界定区域低碳经济发展模式内涵的基础上，对区域低碳经济发展的基本模式进行分类研究，并提出在选择区域低碳经济发展模式时，应综合考虑本区域的经济发展基础、能源结构、资源特点、产业状况、发展方式、地理位置等因素。陈柳钦（2010）提出中国发展低碳经济的路径选择：要加快构建和形成发展低碳经济的国家战略框架、社会行动体系和规划体系；构建“低碳经济试点区”，探寻发展低碳经济的具体途径；加强金融对低碳经济的支持，积极发展碳金融市场；要积极鼓励技术创新，鼓励低碳友好型技术的研究、开发、推广与应用；建立发展低碳经济的法制保障机制，形成具有法律效力的低碳体制；加强国际合作与交流，共同应对气候变化；等等。解振华（2010）强调尽管发展低碳经济已是大多数国家的共识，但是不同国家发展阶段不同，国情不同，对低碳经济的理解和实现路径也不尽相同。中国作为发展中国家，发展仍然是第一要务，发展低碳经济必须紧密结合自己的发展阶段和特殊国情。周艳和王子龙（2011）在分析中国发展低碳经济制度安排方面存在缺陷的基础上，设计出中国低碳经济的三种发展模式，即“政府—企业—市场”“能源—环保—经济”“社会—经济—生态”三位一体的低碳经济发展模式，并提出应加大鼓励性制度建设、强化基础性制度建设、设立碳产品税制、发展碳金融市场等制度安排。

陈浩和付皓（2013）认为对低碳经济的准确定义是解决经济发展过程中碳排放过多的首要义务，需从低碳经济的本质层面着手研究。郑洁和翟胜宝（2011）认为低碳经济的实现途径首先应从相关低碳政策和税收政策的角度进行开展，通过税收的优势来促进社会民众实施低碳行为。罗小芳（2016）研究现有的制度体系，认为以目前的制度体系很难在推行低碳经济的过程中取得成效，而且低碳经济的发展模式是大势所趋，因此急需推动制度创新，研究和完善机制，进而形成体系。技术创新是实现低碳经济的重要法宝。夏太寿和李淑涵（2018）认为低碳经济不仅要在制度方面有所创新，而且要高度重视科技的推广使用，能够让各产业领域把低碳技术快速普及。作者按照区域划分，对各地区的低碳情况作出总结，并因地制宜地提出相关建议。贾林娟（2014）提出低碳经济的快速发展要依靠全方面的统筹协调，其中，民众的环保意识和产业结构的优化是实现低碳经济的重中之重。

(2)微观层面

微观层面主要集中在低碳城市的发展模式研究,国外学者探索了城市主要碳排放的来源、城市生活与能源消费结构的关系。Bryn Sadownik(2002)、HoChin Siong(2007)立足本国现实条件,从城市碳排放量的构成角度,分析出制约城市低碳发展的四个关键因素:建筑、交通、产业、消费的碳排放趋势,并运用情景分析法预测未来发展的可能模式。Edward(2008)系统地研究了城市的碳排放量计算模型及其应用分析,从碳排放的经济学角度对美国10个典型大城市中心与郊区单位家庭采暖、交通、空调及生活能耗进行了实证研究。

相比较而言,中国低碳城市建设在理论体系、规划建设时间等方面目前处于探索前行的阶段。辛章平和张银太(2008)从社区层面探讨了低碳经济发展问题,提出低碳社区的建设模式等途径。仇保兴(2009)从城市发展历史和当前的资源环境形势角度,提出以低碳生态城市作为中国城市发展模式转型目标具有必然性,并且中国发展低碳生态城市在经济社会发展趋势、悠久的农耕文明历史、众多的城市发展形态等方面具备优势。刘文玲和王灿(2009)结合低碳城市发展实践与发展模式,总结出四种发展模式,即综合性“低碳社会”目标型、低碳产业拉动型、“低碳支撑产业”型、示范性“以点带面”型,并指出低碳产业、低碳示范区、低碳理念的重要性。佟新华和孙猛(2010)认为随着中国城市化的快速推进,能源消耗和碳排放总量在未来一段时间内都将持续上升。改善城市化进程中的能源消费结构、进行技术创新和政策创新、促进低碳行业的不断发展将是中国低碳城市化发展的必由之路。庄贵阳和周枕戈(2016)根据城市市情,结合国家和地区发展战略,通过规划技术与解决方案,对城市发展转型制定低碳发展路线图,即对低碳战略目标、发展规划、重点部门(行业)行动方案进行全景式描述。

林莉杉(2011)认为低碳城市是既要有政府管理层以低碳社会为建设蓝图的目标,又要依靠城市居民充分落实低碳生活的行为特征,两者同时运作来推动城市的经济发展。其中,低碳社会和低碳生活包括了城市的产业结构、交通工具、城市建筑以及居民的日常生活方式等方面。梁雪和赵默(2013)认为一个相对成熟的低碳城市应该包括具体的特征,即城市的碳排放比例逐渐降低,充分的碳生产力,无污染的能源结构,绿色植被覆盖率相对较高,各产业链拥有完善的碳排放监测机制和管理机制以及城市居民拥有较高的低碳意识。付允等(2008)提出发展低碳城市的四个关键是在基底低碳，产业结构低碳，行为方式低碳和制度支撑低碳。刘志林等(2009)认为低碳城市的发展理念是以可持续发展为基础，通过技术创新和制度创新的手段，最终达到减少全球温室气体的排放和协调经济发展与生态系统之间的关系的目标。

在对低碳城市的研究方法上，大多数学者采用定量分析法，少数学者使用定性分析。王志强等(2014)通过以实地调研的数据为基础，结合使用优劣势分析法，对乌鲁木齐市的低碳城市发展路径进行分析。宋涛(2007)通过对中国人均 GDP 和人均碳排放量进行定量的长期协整分析，得出了两者 U 形环境库兹涅茨曲线的关系。于文静(2012)基于不同的视角，从微观、中观以及宏观的角度对济南市低碳城市路径做出分析，发现济南市微观层面由两大类组成，即家庭低碳生活和企业低碳生产，优化产业结构、注重低碳导向下的城市空间规划、构建公交导向的低碳交通体系等是今后济南建设低碳城市的重点。永琴(2014)认为低碳城市发展的四大关键在于碳约束的贯彻落实，经济发展模式由传统的恶性循环转变为良性循环，城市布局由粗放非均衡向集约均衡转变，城市建设由线性规划向循环模式转变。针对这四点，笔者给出了完善城市绿色发展的制度设计、鼓励和扶持绿色科技创新等政策建议。

1.2.2.3 低碳经济发展水平测度研究综述

到目前为止，国内外学者关于低碳经济的测度和评价还未形成系统的评价理论，低碳经济发展水平的评价还存在诸多问题。纵观国内外相关研究，其在测度方法的选择上主要有评价指标体系法和数据包络分析法。

评价指标体系法，即通过构建衡量低碳经济的评价指标体系，运用层次分析法、综合指数法等方法，综合评价低碳经济发展水平。该方法被广泛地运用于评价低碳经济发展水平中。付加锋等(2010)在界定低碳经济概念的基础上，从低碳产出、低碳消费、低碳资源、低碳政策、低碳环境五个维度，共选取 14 个指标构建低碳经济评价指标体系，为定量评估低碳经济提供理论参考。付允等(2010)认为，低碳城市具有经济性、安全性、系统性、动态性、区域性，总结评估城市低碳水平的两种方法：主要指标法和复合指标法，并从经济、社会和环境三个方面构建低碳城市评价指标体系，提出低碳城市支撑体系。即产业结构体系、基础设施体系、消费支撑体系、政策制度体系和技术支撑体系。任福兵等(2010)从发展低碳社会的内涵和特点出发，按照指标体系的构建原则，采用一定的方法，建立三层次多指标的低碳社会评价指标体系，利用Delphi法确定各层次相关指标的权重，综合评价低碳社会的发展水平，并指出存在的问题和障碍。陈飞(2009)通过计算碳排放系数来对地区的低碳发展状况进行分析评价。何宜(2011)利用因子分析法对江西省11个地级市的经济发展水平做出评价分析，并根据相关结果向政府管理层给出低碳发展的建议。江正平和伟雷亮(2012)通过层次分析法对中国30个省份的低碳经济程度做出评价，构建了以省级为单位的评价指标体系，得出结论：我国的能源利用率总体偏低以及对清洁能源的开发还有待加强。潘文砚等(2016)通过构建DPSIR五要素指标体系，并结合运用核主成分分析法对我国30个省份的低碳经济发展状态进行评价，结果发现我国的低碳经济发展状态呈现出明显的区域差距，即东部地区高于西部地区、南部地区高于北部地区。史学飞等(2018)结合运用熵值法和主成分分析法来构建评价指标体系，对天津市的低碳经济发展状态进行研究分析，得出结论：影响天津市低碳经济发展的主要因素为低碳环境水平指标，低碳产业水平指标以及居民生活水平指标。

余丽生和冯建(2011)等从资源能源消耗、污染减排与经济社会发展三方面构建低碳经济发展评价指标体系，运用综合指数法对浙江省2003—2008年低碳经济发展水平进行分析，结果表明：浙江省低碳经济发展水平在不断提高，但能源消耗指数呈现一定的不稳定性，因此在未来低碳经济的发展中，应注意控制能源消耗的总量和结构的改善。唐笑飞等运用层次分析法和K均值聚类方法，从社会经济资源，能源消费，碳排放，碳吸收能力，低碳产业的发展五个维度，构建了一套针对中国省域尺度的低碳经济发展水平评价指标体系和指数，对中国大陆30个省(自治区、直辖市)的低碳经济发展水平现状进行了评价，并对其进行类型划分，得出了四种类型的低碳经济发展水平包括低碳区、相对低碳区、相对高碳区和高碳区。杨浩昌和李廉水(2014)等从低碳产出、低碳消耗和低碳资源三个方面构建了包含6个子指标的中国制造业低碳经济发展水平评价指标体系，并运用基于熵权的灰色关联投影法综合评价模型，对中国制造业总体,以及制造业分行业的低碳经济发展水平进行综合评价。分析结果显示,中国制造业低碳经济发展水平总体呈上升的发展趋势,而且存在明显的行业差异,机械电子制造业和部分轻纺制造业低碳经济发展水平较高,而资源加工工业低碳经济发展水平相对较低。

数据包络分析法(Data Envelopment Analysis,DEA),该方法是运筹学家查恩斯(Charness)和库伯(Cooper)等以相对效率概念为基础发展起来的一种效率评价方法,其核心思想是评价“多投入多产出”模式下决策单元间(DMU)的相对有效性,该方法已广泛地运用在各领域的效率测度中。近年来数据包络分析法也运用在低碳经济发展水平测度中。如张晶和王丽萍(2010)以工业能源利用效率为评价指标,用超效率 DEA 方法对徐州市进行了实证研究。从结果来看,徐州市 1998—2008 年工业能源利用效率逐步提高,正处于从高碳经济向低碳经济的转型期,但转型速度相对缓慢。周泽炯和胡建辉(2013)运用考虑非期望产出的 Super - SBM 模型对中原经济区 15 个地市 2008—2011 年低碳经济的发展绩效进行评价,结果表明中原经济区低碳发展成果不理想,同时低碳技术落后和经济发展规模瓶颈是制约中原经济区低碳生态化发展的主要因素。黄杰和贾登勋(2015)利用非径向、非角度的 SBM - DEA 模型测度了中国 30 个省份 2000—2012 年的低碳经济发展水平,并运用 Dagum 基尼系数分解和 Kernel 密度函数估计方法对中国低碳经济发展的空间非均衡程度以及演进趋势进行分析,结果显示中国的低碳经济发展存在着显著的空间非均衡,且非均衡程度呈扩大之势,已经出现了两极化现象。

1.2.3 碳排放文献梳理

学界普遍认为:化石能源消耗产生的二氧化碳是导致全球气候变暖的主要原因(IPCC,2007)。那么,影响二氧化碳排放的主要因素有哪些?它们的作用机理又是什么?……这一系列问题的解答,将有助于缓解全球气候变暖现象。碳排放研究主要集中在碳排放的驱动因素研究、碳排放与经济增长的关系研究、碳排放交易机制与碳市场研究、碳税研究等方面。鉴于碳排放的研究成果较丰富,本书将其单独作为一小节,以便读者更加系统地了解碳排放的研究成果。

1.2.3.1　碳排放驱动因素测度研究综述

纵观国内外文献,碳排放驱动因素主要包括能源强度、结构调整、经济发展、人口规模、技术进步等,以及新时代背景下的新驱动因素,如对外开放程度、城镇化率等。在碳排放驱动因素分析领域,通行的研究方法主要有指数分解分析法、计量方法等。

指数分解分析(Index Decomposition Analysis,IDA)法,利用的是各部门的加总数据,适合进行时间序列分析以及跨国比较分析。其中,对数平均迪式指数(Logarithmic Mean Divisia Index, LMDI)法因具备完全的、不产生残差等优点,在碳排放驱动因素分解中应用较为广泛。Ang B W. 综合考虑不同因素分解法的理论基础、适应范围、应用便捷性等方面,提出 LMDI 法是目前相对较优的因素分解法,并给出具体分解步骤。王云等(2010)基于 Kaya 恒等式基本原理和 LMDI 分解法,建立山西省 1998—2008 年二氧化碳排放影响因素的扩展分解模型,结果表明二氧化碳排放量呈逐年增长态势,经济增长与能源强度变化为影响二氧化碳排放的重要因素。叶晓佳等(2011)采用对数平均权重(LMDI)分解法测算了能源强度效应、结构调整效应、经济发展效应和人口规模效应对碳排放量的贡献值、变化趋势及相互作用机理,研究表明经济发展和人口规模对碳排放量的增长产生正向驱动效应,能源强度和结构调整产生负向驱动效应;经济发展成为导致碳排放量增长的主导因素。

随着 LMDI 分解法在碳排放因素分解领域的广泛运用,不少研究者试图采用新的分析方法,此时计量方法的跨领域运用应运而生。孙作人等(2012)基于非参数距离函数和环境生产技术,构建了一种生产分解分析新方法,将碳排放变动分解为若干贡献因素,并应用于分析中国工业 36 个行业碳排放的驱动因素。结果表明:潜在能源结构碳强度对工业二氧化碳排放强度下降的贡献要小于潜在能源强度,能源强度调整空间更大;能源结构碳强度由于煤炭占总能源消费比例过高趋势并未扭转,致使结构节能的潜力并未有效释放;能源利用技术效率改善不明显,各行业能源利用技术效率差异呈扩大趋势。孙欣和张可蒙(2014)运用协整理论分析,认为中国 1980—2011 年碳强度与影响因素(第二产业比重、人均 GDP、能源强度、对外贸易依存度和城镇化率)存在长期均衡关系,通过构建状态空间模型，结果表明：第二产业比重、能源强度与城镇化率对碳强度均产生正影响，人均 GDP 增长和对外贸易依存度对碳强度产生负影响。田成诗和亓伟(2014)用 STIRPAT 模型验证了收入与二氧化碳排放之间的关系，利用马尔科夫链分析了收入—二氧化碳排放的联合状态转移机制。研究结果表明，收入是影响二氧化碳排放的重要因素，高收入对应着高排放，低收入水平地区倾向于通过增加二氧化碳排放来带动经济发展。目前，高收入—高排放处于稳定状态，但从长期来看，该状态的地区比重很小。中国没有进入低收入—高排放的收入环境陷阱。计量方法的运用为碳排放研究提供了全新的视角。

王兆峰和杜瑶瑶(2019)运用超效率 SBM - DEA 模型测算湖南省 14 个市州碳排放效率和环境效率，分析结果显示湖南省各市州碳排放效率和环境效率普遍较低，且各市州碳排放效率存在显著差异。丁明磊等(2019)分析郑州市 2013 年共 181 家工业企业的基础数据，建立分配模型测算碳排放综合绩效，其结果表明郑州各行业碳排放强度与碳排放总量存在较高的关联性，且碳排放强度分布不均衡。门单和黄雄(2019)运用 LMDI 的分解方法测算我国碳排放效率效应、产业结构效应、能源消耗强度效应与经济效率效应，其结果表明提高经济规模效率和碳排放效率效应能促进节能减排。孔相宜和侯明(2019)运用数据包络分析法与 FCAM 模型进行比较，分别分析我国各地区的碳排放效率，分析结果表明碳排放分配的政策可以合理进行碳减排。钱浩祺等(2019)运用随机前沿分析法估算了各地区的碳排放效率，其结果显示消费侧和生产侧的分配差异会导致地区间分配差距较大，且以能源为主的生产省份需要成都更多的碳减排量。关伟等(2019)运用 SBM 模型测算沿海 11 个省份 2006—2015 年的贸易出口碳排放效率，其分析结果中的碳排放效率指数在各地区间存在显著差异，为北高东南低的地域趋势。王燕和刘婷(2018)运用 SBM 模型测算我国 30 个省份的物流能源效率，其结果显示影响我国物流能源效率的主要因素是行业规模、能源价格与消费结构。殷文等(2018)对干旱地区的典型种植模型进行分析，并结合能值分析理论研究资源利用、碳排放等对生产效率的影响，结果显示免耕秸秆还田的生产模型具有明显的增产效应。张德钢(2018)运用固定效应面板下的随机前沿模型测算分析市场分割对碳排放效率的影响，结果显示市场分割显著地降低了碳排放效率。祝宏辉和李晓晓(2018)利用 Tapio 脱钩模型测算新疆的农业碳排放量,并与全国农业碳排放量进行比较,比较结果显示新疆及全国农业碳排放量均呈增长趋势。唐洪松等(2018)从碳排放视角出发,测算我国建设用地利用强度和效率,结果表明碳排放综合呈现出由东部向中部、西部依次递减的规律。谭华云等(2018)采用SBM模型测算我国各省区的旅游业碳排放效率,其结果显示各省区存在碳排放效率区域差异。徐国泉和栾昊(2018)采用SBM-DEA模型测算分析江苏省12个城市的碳排放效率,结果显示江苏省区域间碳排放效率呈现“苏中>苏南>苏北”的格局,其与传统经济格局存在差异。王劼和朱朝枝(2018)运用ML方法和面板Probit模型测度我国农业部门的碳排放效率,结果表明,发达国家和发展中国家农业部门的碳排放效率多为无效率状态。白世秀等(2018)从生态效率基本理论分析入手,研究生态效率对市场价值的影响,结果表明企业生态效率的高低对其下一期的市场价值有着显著的促进或影响作用。王劼和朱朝枝(2018)引入LMDI模型和Tapio脱钩模型来识别样本国家农业碳排放变化的关键影响因素,结果显示,多数发达国家农业碳排放总量呈下降态势,发展中国家则多呈现增长态势。潘伟和潘武林(2018)以固定资源分配的DEA方法为基础得出总量控制下我国30个省份的碳排放配额分配方案,结果表明要实现全国范围内平均效率最大化,需要将多数配额集中分配到少数省份。于倩雯和吴凤平(2018)通过构建公平与效率耦合视角下的碳排放权总量分配双层规划模型对碳排放权总量分配模型进行求解,进一步验证了碳排放权问题分配模型的有效性与算法的可行性。冉启英等(2018)运用SBM的方向性距离函数的Malmquist-Luenberger指数,测算碳排放约束下我国及东部、中部、西部各区域的农业全要素能源效率,结果表明,不同地区在朝着各自稳定水平发展的过程中出现了落后地区的追赶效应。钟蓉等(2018)以ZSG-DEA模型为手段,对2020年上海市六大行业的碳减排目标进行分解和优化,结果表明,建筑业,交通运输、仓储和邮政业以及批发、零售业与住宿、餐饮业拥有比剩余三个行业更大的减排潜力。王兴等(2018)对西南地区农业碳排放趋势、驱动因素及主要贡献因子进行研究,结果表明西南地区农业碳排放呈增长趋势。孙海燕和耿成轩(2017)结合固定效应测度了我国各区域碳排放差异及其收敛特性,结果表明我国东部区域碳排放变动趋势相对平稳,而中西两大区域的碳排放总体控制并不理想。

1.2.3.2 碳排放与经济增长关系研究综述

环境质量与经济增长之间的关系一直是环境经济学研究的问题,而对于这一问题比较成熟的理论就是环境库兹涅茨曲线。库兹涅茨曲线是经济学家库兹涅茨用来分析人均收入水平与分配公平程度之间关系的一种学说,即收入不均现象随着经济增长先升后降,呈现倒 U 形曲线关系。1991 年,美国经济学家 Grossman 和 Krueger 首次实证研究了环境质量与人均收入间的关系,指出环境污染在低收入水平上随人均 GDP 增加而上升,在高收入水平上随 GDP 增加而下降。1996 年,Panayotou 借用 1955 年库兹涅茨界定的人均收入与收入不均等之间的倒 U 形曲线,首次将这种环境质量与人均收入间的关系称为"环境库兹涅茨曲线"(EKC)。EKC 揭示出环境质量开始随着收入增加而退化,收入水平上升到一定程度后随收入增加而改善,即环境质量与收入为倒 U 形关系。至此,EKC 假说开始盛行。

在 EKC 理论的基础上,国内外学者针对各国的实际情况,探讨了碳排放与经济增长的关系,即两者是否存在倒 U 形关系。由于研究方法、研究视角不同,导致研究结论产生分歧。付加锋等(2008)基于生产和消费视角,认为无论是从生产视角还是从消费视角,单位 GDP 的 CO_2 排放量都具有显著的倒 U 形状。许广月和宋德勇(2010)运用面板单位根和协整检验方法,研究了中国碳排放环境库兹涅茨曲线的存在性。研究结果表明:中国及其东部地区和中部地区存在人均碳排放环境库兹涅茨曲线,但是西部地区不存在该曲线。胡宗义和刘亦文(2013)等将非参数模型应用于中国二氧化碳的环境库兹涅茨曲线研究,分析结果表明:中国的经济增长与环境质量之间不存在倒 U 形曲线关系,外商直接投资(FDI)与城市化对中国的环境质量的影响统计意义显著,但经济意义不显著,而贸易能源强度则对中国的环境具有恶化作用。袁富华(2010)在研究碳排放与经济发展两者间的关系时发现,自改革开放以来,中国的潜在经济增长速度为 9.5%,其中有 1.3% 的经济增长比例是以牺牲生态环境为代价的,进入 21 世纪后,该项数值增长到 2% 左右,而在对传统经济发展模式中加入碳排放约束这一条件下,中国的潜在经济增长速度开始下降,仅达到 8% 的增长水平。研究数据表明,现有的经济生产模式以及创新水平不足以满足加入碳约束条件下的经济发展速度，因此为了保证经济的持续稳定增长，技术进步、产业结构和能源结构转型至关重要。李佳倩等（2016）以德国后工业转型为研究主体，对该时期的低碳转型模式进行研究分析，结果表明，后工业化转型阶段，只有通过提高第三产业占比的方法，产业结构调整才会对低碳经济发展产生明显的作用；在后工业化时期，以技术进步和生产效率的提升为基础的产业结构调整将成为低碳经济发展的主要推动力，特别是工业的技术进步和产生效率的提升。Li N 等（2017）以石油约束为条件，分析我国的经济发展和碳排放量之间的关系，实证结果表明，能源约束对中国未来的经济发展将会起到不可忽视的作用，而在加入碳约束的条件下，社会经济增长对于能源石化的依赖程度将会大大降低，具体数据表明到2050年的GDP增长份额中，化石能源比例将减少5.5%，最后，根据相关数据，笔者认为低碳情景是协调经济增长与碳排放之间关系的最佳手段。

1.2.3.3　碳排放交易机制与碳市场研究综述

1997年，《联合国气候变化框架公约》缔约方在第三次会议上通过的《京都协定书》建立了三种旨在减排温室气体的合作机制——国际排放贸易机制（IED）、联合履行机制（JI）和清洁发展机制（CDM）。其中，IED和JI融通的是发达国家间的碳交易市场，而只有最后一种CDM是连接了发达国家和发展中国家的碳交易桥梁。目前，中国碳市场都是基于CDM而建立的。目前，碳排放交易机制与碳市场研究主要集中在以下三个方面。

一是侧重研究碳市场现状及管理体制方面。张帆和李佐军（2012）结合欧盟、澳大利亚、美国等国家与地区建立碳交易管理体制的经验和启示，立足中国碳交易管理体制的现状及面临的主要问题，提出构建由国务院、国家部委、地方政府、交易所、中介机构、专家组织组成的“六位一体”的协调分工管理体，为中国完善碳交易管理体制提供参考。程炜博（2014）认为中国主要的碳交易服务平台存在缺少完备的体系、碳交易规模较小、交易形式单一等问题，结合国际碳交易服务平台的经验，从建立碳交易监管体系、确定碳交易对象、建立统一的碳交易登记注册系统、培养碳交易专业人才、完善信息服务体系及丰富碳交易形式六个方面，提出完善中国碳交易服务平台的策略。王超瑛和甘爱平（2015）

分析了国内外碳交易市场现状，指出中国碳交易市场存在政策法规不完善、交易平台分散、社会公众参与度低等问题，同时提出建立统一的碳交易平台和定价机制，完善相关法律和会计制度，如征收碳税，以及鼓励金融机构大力参与碳交易市场，发展碳金融等对策建议。傅京燕和黄芬（2016）在考虑地区间人口和经济差异的基础上，运用零和 DEA 模型寻求一种新的碳排放权分配方式，为在碳排放总量一定的前提下，实现全国统一建立碳市场提供参考依据。总体而言，由于中国整个碳市场建立处于初级探索阶段，存在诸如相关政策法规不完善、交易规模较小等问题，因此完善与规范碳市场制度任重道远。

二是侧重研究碳交易对企业经营活动的传导机制。胡应得（2012）分析了排污权交易政策对企业环保行为的影响机理，并讨论了排污权交易政策下企业的环保行为选择，研究发现：排污权交易政策通过影响企业的资本要素分配，从而影响企业环境资源的使用成本，进而影响企业的生产和环保行为决策；在排污权交易政策的作用下，企业主要采取不同的污染治理投资策略来满足该政策的规制。闫云凤（2014）在分析碳交易市场对投资决策影响机理的基础上，构建实物期权模型研究碳价格波动下企业延迟投资的灵活性，采用二叉树法定量分析清洁技术投资的期权价值，进而评估碳价格波动对企业清洁技术投资的影响，以期对企业的投资决策提供参考。研究表明，如果没有明确的政策和更为有效的激励机制，则碳交易试点不可能有效地促进企业清洁技术投资。贺胜兵等（2015）认为碳交易对企业绩效的影响存在明显的行业差异性：CDM 项目显著提高了火电企业和水泥企业的经营绩效；实施 CDM 项目对钢铁企业绩效产生了负面影响，特别是如果没有实施 CDM 项目的企业实施该项目，将会显著恶化企业经营绩效。为促进业绩增长，企业碳交易决策应紧密结合实际情况，审慎评估项目盈利前景，科学合理地选择适宜企业自身特点的碳减排方式。

三是侧重研究碳排放权交易中的产品定价问题。杨超等（2011）以欧洲气候交易所公布的 CERs 期货报价为研究对象，将 Markov 波动转移引入 VaR 的计算，结合极值理论，度量国际碳交易市场的系统风险。由此分析了中国获批碳项目变动趋势与国际碳交易市场风险变动趋势间的关系。李元祯（2013）提出企业碳排放权可作为一种具有无形资产性质的新型生产要素，并可借助无形资产评估的方法量化其对企业的影响，因此构建出碳排放权价值评估模型

(EPVM),并进行试评估,以期帮助企业进行低碳经济投资,并为碳交易中的定价提供依据。王军锋和张静雯(2014)运用自回归模型和脉冲响应模型,研究了碳排放权交易市场中的碳排放配额与碳排放核证减排量两种商品的现货价格以及期货价格间的影响关系,为健全中国碳排放权交易市场管理奠定理论基础。李小胜和宋马林(2015)从国家整体效率最大化的视角,采用集中分配 DEA 模型,测算了中国 30 个省份的碳排放初始额度分配情况。

1.2.4　碳税文献梳理

根据美国碳税研究协会的定义:碳税也称碳排放税是一种环境税,其税收对象是生产和消费环节消耗化石燃料所产生的二氧化碳,目的是通过征收碳税来减少化石燃料消耗进而实现降低二氧化碳排放并缓解全球气候变化。国内外关于碳税研究的文献很多,涉及面很广,但归结起来主要有两点,即碳税的环境效应和经济效应。因为碳税政策能否被各国广泛接受并开征,主要取决于其对 CO_2 排放、宏观经济、行业竞争力等产生的影响。

1.2.4.1　国外研究综述

开征碳税的目的是希望通过削减 CO_2 排放量减缓全球变暖,因此碳税对 CO_2 减排的影响是评价该政策的首要指标。

(1)碳税对 CO_2 减排效应的研究综述

大量实证研究证明,开征碳税能显著降低 CO_2 的排放量。例如,Florosa 和 Vlachou(2005)的研究结果表明征收 50 美元/吨的碳税将直接或间接导致希腊 CO_2 排放量较 1998 年的水平减少 17.6%,尽管减排成本很高,但对缓解全球变暖而言是个有效的环境政策;Wissma 和 Dellink(2007)利用可计算一般均衡模型分析碳税对爱尔兰经济的影响,发现碳税会显著地改变生产消费方式,使其向新能源和低碳能源转变,并估计征收 10~15 欧元/吨的碳税可实现 CO_2 排放量在 1998 年的水平上减少 25.8%。

对碳税所带来的 CO_2 减排作用,Baranzini(2000)给出了这样的解释:一方面碳税通过价格上升来刺激经济中的节约行为、能源使用效率的提高、能源产品的替代以及生产与消费结构的变化,进而有效地调节经济行为主体的 CO_2 排放量;另一方面通过将碳税收入合理地投放回经济中,引发投资与消费模式的转变，进而增强前一方的效应。不过，也有少数学者提出了相反的意见，认为碳税不是较好的温室气体减排政策。Klimenko（1999）通过对过去 25 年全球气温变化的研究，认为碳税的实施是毫无必要的，碳税导致燃料和电力价格上涨，将显著地影响国民生活质量。与之相比，依靠增加森林面积来控制大气中的 CO_2 含量将更加有效。碳税对环境的影响，除上述讨论的 CO_2 减排之外，还能带来额外的环境改善。例如，对其他温室气体的减排，由于化石能源在使用过程中除了排放 CO_2 之外，还会产生大量的其他污染物（SO_2、NO_2、CO 等），而随着碳税的征收，化石能源消费量减少，由化石能源燃烧所产生的其他污染物的排放量也在减少。学界将类似这种由碳税征收所产生的额外收益称为"二次收益"（Secondary Benefits）。然而由于获得二次收益并非主要目的，现有研究中对二次收益的研究也较少，仅有少数学者对其进行了定量研究。Pearce（1992）研究了挪威和英国进行 CO_2 减排所带来的环境二次收益情况，认为到 2000 年，二次收益的经济价值将是直接收益的 8 ~ 30 倍。Burtraw 和 Toman（1997）的研究认为，二次收益将抵销掉 30% 的 CO_2 减排成本。实施碳税对经济发展所带来的影响是各国在研究碳税制度过程中考虑的关键问题。早在 20 世纪 90 年代初期，北欧就率先实行了全国范围的碳税制度。但在其后 20 年的时间里，全世界仅有十几个国家引入碳税，更多的国家采取保守的态度正是基于碳税对国家经济发展和竞争力角度的考虑。

（2）碳税对 CO_2 减排的研究方法综述

从研究方法来看，对该领域的研究，大多数学者采用多部门构架的可计算一般或局部均衡模型进行模拟分析，比较有代表性的模型包括 GREEN（Burniaux et al.，1982）、DICE（Nordhaus，1993）、GEM - E3（Kouvaritakis et al.，2002）等；也有部分学者运用数理规划模型或计量经济模型进行研究，如 Hoeller 和 Wallin（1991）、Peck 和 Teisberg（1992）的研究。

从研究结果来看，学界普遍认为在没有规划适当配套措施的前提下，课征碳税将大幅度增加能源消费的成本，在促进 CO_2 排放量以及能源消费减少的同时，对消费需求、投资需求、经济增长、行业产出等产生一定的负面影响，其影响程度随碳税税率的提高而增加，且短期影响程度总是比长期影响程度大。其中，课征碳税对 GDP 的负面影响并不是很大。例如，Barker（1993）利用能源—

环境—经济模型评估碳税对英国经济的影响,发现其对宏观经济的影响较小,GDP甚至有可能以高于基准0.2%的水平增长。课征碳税对行业的影响则比较复杂,依据能源密集程度而定,煤炭业等能源密集程度高的行业受碳税影响程度会更大些(Godal and Holtsmark,2001)。由于碳税政策目前还不是一个全球性政策,碳税对行业的影响还会涉及一个国际竞争力的问题,碳税的开征会严重削弱本国行业在国际环境中的竞争力(Elkins and Baker,2001)。出于这方面的考虑,已开征碳税的部分国家(如瑞典、挪威、丹麦等)对能源密集型部门实行税收优惠或给予补贴,以缓和碳税带来的负面影响。不过也有学者认为因成本增加而导致国际竞争力的下降是个短期现象,从长远来看,环境政策可以激发企业进行创新行为,相对于环境政策宽松国家的企业,这些企业的竞争力将会得到提高(Porter and Van Der Linde,1995)。

1.2.4.2　国内研究综述

在国内,对碳税的研究自20世纪90年代初就已经起步,最早的研究来自赵忠民(1992)和徐华清(1996)等。当时的研究只是大致介绍了碳税的基本思想,并对中国实施碳税的可行性作了简单论述。然而,在之后几年时间里,由于政府推动环保主要依靠行政管制手段,而且重点放在减少传统污染上,对温室气体排放的关注并不是很多,故有关环境与能源类税制的研究多数只关注资源税改进、环境税开征以及能源费改税等方面,专门针对碳税问题的理论与实证研究非常少。

在中国减排问题的研究方面,张中祥在环境与气候政策方面的研究成果非常丰硕,其博士学位论文(1996)是第一份对中国CO_2减排经济效应进行系统研究的文章,该文章利用CGE模型对中国实行CO_2排放限制的宏观经济影响进行了较为详细的分析。此后,他继续在减排政策以及碳税理论方面做了大量研究工作,并针对部分发达国家对中国温室气体排放问题的指责,多次利用理论探讨与实证结论,从不同方面对这些言论进行了有力的反驳。郑玉歆和樊明太(1999)利用环境CGE模型分析了在中国征收碳税对国民经济的影响。进入21世纪之后,关注碳税制度的中国机构和学者逐渐增多,他们建立了多种模型对碳税的作用效果以及经济的影响进行分析。

中国气候变化国别研究组(2000)采用一种可计算的一般均衡 ERI - SGM 模型,结合我国实际情况试算了两种碳税税率方案,即 100 元/吨碳和 200 元/吨碳,其结果显示,征收碳税可显著地降低能源消费的增长,改善能源的消费结构,并能有效地削减温室气体的排放,而采用较低的碳税制度对我国的未来经济没有明显的负面影响。高鹏飞和陈文颖(2002)应用 MARKAL - MACRO 建模工具,建立了一个用来评价中国能源系统碳减排政策的模型,并用该模型研究了征收碳税对中国碳排放和宏观经济的影响。该研究得出两个结论:征收较高碳税(如 50 美元/吨碳和 100 美元/吨碳)将会导致较大的 GDP 损失以及存在排放效果最佳的税率。贺菊煌等(2002)建立了一个静态 CGE 模型分析在中国征收碳税对 CO_2 减排的效果以及对国民经济各方面的影响,得出的结论也是碳税对 GDP 影响很小,但是会引起煤炭行业劳动力需求大量减少。

王灿等(2005)采用一套综合描述中国经济、能源、环境系统的递推动态 CGE 模型(TEDCGE)分析了在中国实施碳减排政策的经济影响,得出的结论基本类似。从 2009 年开始,中国进一步加快了对碳税政策的研究,以苏明等(2009)为代表的专家较为深入地从多个方面进行了探讨,涉及碳税的可行性、框架设计、效果预测与影响评价等,并在其《我国开征碳税问题研究》(2009)一文中较为具体地对碳税的税制要素作了初步设定,结合中国的国情,制定了未来几年内的碳税路线图,给出了几种可供选择的碳税实施方式作为参考。姜克隽(2009)通过对欧洲多个国家碳税政策的经验研究,指出征收碳税对我国未来 CO_2 排放的抑制作用明显,但对 GDP 的影响并不明显,其最高也仅为 0.45% 左右,同时有利于经济结构调整到低碳排放的经济体系下。曹静(2009)构建了一个中国经济的动态一般均衡(C 邻)模型来对中国可能的碳税政策进行模拟,探讨碳税可能对中国 GDP、消费、投资等带来的影响,以及在局地环境方面对其他传统污染物(如二氧化硫、颗粒物、氮氧化物等)减排带来的伴随收益。

张明喜(2010)利用一个五部门的 CGE 模型,得出碳税对长期 GDP 的影响比短期的影响要小得多,在他的结论中,与不征税相比,到 2027 年 GDP 仅减少 0.08%。朱永彬等(2010)构建了一个含有 121 个部门的可计算一般均衡模型,分析了高、中、低三种税率以及生产性碳税、消费性碳税两种碳税形式等 6 种情景对碳税政策的减排效果及其对宏观经济和各产业部门的影响。陆旸(2011)

运用VAR模型，针对减排与就业的“双重红利假说”在中国社会是否存在可行性进行研究探讨，研究表明：征收10元/吨的碳税对两部门的产出和就业影响并不显著，即中国难以在短期内获得就业的“双重红利”，同时提出可通过改革碳税体系来促进中国低碳经济的发展。

胡宗义等(2011)基于可计算一般均衡模型仿真模拟了四种情景下碳税政策的减排效果及其对宏观经济和各产业部门产出的影响。郭正权等(2012)以2007年投入产出表为数据基础建立社会核算矩阵，创建了一个重点突出化石能源与清洁能源部门，以及化石能源部门二氧化碳排放的CGE模型，分析我国在发展低碳经济过程中，碳税政策对能源与二氧化碳排放的影响。结果显示，碳税征收会使煤炭、石油、天然气、火电等能源需求量都有所下降，其中煤炭的下降比例最大。林伯强和李爱军(2012)采用多国CGE模型针对碳关税在碳减排问题的有效性与合理性进行探讨，结果表明，碳关税会导致较高的碳减排成本、较高的碳泄漏率，对世界二氧化碳减排的贡献相对较小。因而，碳关税不具有合理性。不过，碳关税却是有效的威胁手段，因为它可以迫使发展中国家采用碳减排措施。

王磊(2010)采用可计算一般均衡模型对爱尔兰的碳税和能源税进行分析，结果表明，碳税定价为10~15欧元时，爱尔兰的碳排放量将会比1998年的水平减少25.8%。苏明(2013)通过从静态以及动态模型角度出发，并结合输入—输出表来计算评估中国的碳排放量，实证结果发现，碳税与碳排放量为显著的负向增长曲线，即碳税越高，碳排放量越低，其中，最大的降幅为8.8%。姚忻(2015)认为征收碳税既有利于环境保护，又促进各地区的产业结构优化，在不损失过多经济发展的情况下提升环境效率，实现经济转型为低碳、环保、高效的经济发展模式。周晨禄(2016)采用可计算一般均衡模型，对中国的能源环境进行分析研究，并模拟在减排政策不同的条件下，分析中国的减排作用与经济水平。仿真数据表明，碳税可以明显降低碳排放量，其中的作用机制主要通过征收碳税来让企业考虑在不断扩大生产的同时税收可能带来的经济负担，从而减少企业自主的碳排放量，能够做到2020年与2005年相比将碳强度降低40%的目标。张晓彤(2016)通过碳税与可再生能源发展对经济增长的影响研究，发现如果碳税用于降低所得税，将会提高居民的收入和产生持久的经济增长效应，但其在产业结构方面的影响有限。魏涛远(2016)认为征收碳税短期内会对经济增长起到促进作用,但从长期来看,碳税会对企业的未来发展起到关键性的限制作用,最终有碍于经济增长。

尽管在碳税政策分析中应用了各种 CGE 模型,但是相关能源环境 CGE 模型仍然处于初级阶段,其主要有三个原因:①在界定能源、环境和经济之间的相互作用时不完全或者过度简化;②缺乏完善的能源环境数据为能源环境 CGE 模型的数字界定奠定坚实的基础;③多数能源环境 CGE 模型属于比较静态的研究,对具有动态特点的政策分析存在局限性。此外,已有的能源环境 CGE 模型仍然是标准化和先验的,在构建时包含很多假设条件。尽管一些模型应用于现实经济的环境问题,但其仍然是为发达国家建造的,很少是为发展中国家建立的能源环境 CGE 模型。

1.2.5 研究述评

通过梳理国内外相关研究,学者们的探索与尝试,对低碳经济的界定、量化分析的运用、测度及其结果的诠释等方面都给予了很多启发,有许多值得借鉴之处。但基于绝对水平视角测度低碳经济发展水平,不利于区域间的客观比较鉴别,事物发展永远都只有更好,没有绝对的最好。鉴于此,本书尝试基于相对比较理念,从运用因子分析得到因子作为低碳经济发展水平的影响因素进行综合测度切入,构建简易模型测度低碳经济,据此编制低碳指数修正经济发展水平,通过比较变异系数和随机森林两种赋权方法结果,选择理论上更有说服力的权重指数,将其运用于从资源优化配置视角构建的最优化模型,相对测度低碳经济发展核心要素水平,据此找出低碳经济发展中发展现状与比较理想状态之间的差距,测度结果显示经济发展水平和污染治理能力有待进一步提高。从衡量碳排放权的碳税征收对发展低碳经济的影响切入,运用动态 CGE 模型—MCHUGE 模型仿真分析了四种场景下碳税征收对中国宏观经济变量、产业发展、节能减排以及就业的影响程度。测度发现,碳税征收受影响较大的是天然气开采业、煤炭开采业、石油化工、化学工业、钢铁行业等能源密集型行业,受影响最小的是农业部门。这些测度分析为选择低碳经济发展路径提供了可靠的决策依据,正是本书的重点研究内容和创新之处。绿色发展理念下选择发展低碳经济之路，是科学发展观、人与自然和谐相处及可持续发展理论在中国经济社会发展中的完美诠释和升华。

1.3　本书框架

本书基于绿色发展理念大视角，把测度低碳经济作为主要研究内容。按照理论研究、实证分析和路径选择思路进行框架设计，首先分析低碳经济理论内涵和外延，厘清低碳经济发展的影响因素，考察资源消耗、碳排放与中国经济发展三者间的协调度，据此构建低碳经济评价指标体系，实证分析中国各省份低碳经济发展程度，综合测度中国低碳经济，借鉴国际社会低碳经济发展经验，提出中国低碳经济发展路径和安排。其具体内容共包括7章。

第1章为绪论。概述了本书的选题背景及意义、研究思路和主要内容。本章从全球气候变暖的严峻性和中国经济可持续发展必然选择低碳经济发展模式两个角度，阐明测度低碳经济的研究背景与研究意义。梳理国内外低碳经济理论内涵、碳排放、碳排放效率、碳税、低碳经济测度等相关学术史，据此提出本书的整体研究思路和框架设计。

第2章为中国经济低碳转型的理论基础与水平测度。本章分析了中国能源消耗、碳排放与经济发展特征，并考察了三者间的协调关系。分析中国能源生产与消耗现状，选择表面能源消费量估算法测度中国2000—2015年各省份碳排放和人均碳排放水平，运用灰色模型预测碳排放量，分析中国现阶段经济发展特征，测度能源消耗与碳排放、能源消耗对经济增长的弹性，分析能源消耗对经济增长的协整关系，并对中国能源消耗、碳排放与经济发展进行协调度分析。

第3章为中国碳排放及其效率测度分析。本章依据科学性、系统性、层次性、可比性、可操作性五大基本原则，构建低碳经济评价指标体系。遵循评价理论和指标选取的科学性、指标体系的系统性、指标选取的层次性、指标之间可比性和指标数据获取的可操作性原则，构建评价指标体系，其包括低碳经济发展等4个一级指标，下设17个二级指标，其中低碳经济发展包括人均GDP等6个二级指标，低碳社会发展涵盖城市化率等4个指标，低碳环境系统有工业污染治理完成投资等 4 个指标,低碳技术系统内涵烟(粉)尘排放量等 3 个指标。

第 5 章为中国碳减排政策分析与评估方法及应用研究。本章基于最优化模型与动态 CGE 模型分别相对测度和仿真分析中国发展低碳经济的路径,为本书“中国低碳经济发展的路径选择与配套安排”部分提供强有力的决策依据。根据综合测度结果,运用最优化模型,选择湖南数据进行低碳经济发展路径相对测度,湖南低碳经济发展水平在全国居第 20 位,在四大投入因素相对既定的前提下,湖南经济发展水平和污染治理能力都仍有待进一步提高,这对全国具有一定的参考和借鉴作用。

从衡量碳排放权的碳税征收对发展低碳经济的影响切入,运用动态 CGE 模型——MCHUGE 模型仿真分析了四种场景下碳税征收对中国宏观经济变量、产业发展、节能减排以及就业的影响程度。研究结果表明:碳税征收方式、税率大小及税收返还方式不同,碳税征收对中国宏观经济变量、产业发展、节能减排以及就业的影响程度也呈现出不同方向、大小的变动趋势。碳税收入用于降低要素所得税的四种情景下,征收碳税会在一定程度上对中国宏观经济增长产生负面影响,并且此负面影响会随着税率的提高逐渐加剧。碳税收入用于补贴个人消费者的情景下,征收碳税却会在一定程度上对中国宏观经济增长产生正面影响。在行业部门影响方面,碳税对各行业的产出水平、就业状况都产生了不同程度的影响。其中,受影响较大的是天然气开采业、煤炭开采业、石油化工、化学工业、钢铁行业等能源密集型行业,受影响最小的是农业部门。

第 6 章为中国低碳经济发展国际比较与借鉴。本章介绍了英国、日本、德国、美国和意大利五个发达国家低碳经济发展之路,其内容涉及低碳政策、低碳立法、低碳城市、低碳技术、低碳企业、开展国际合作等宝贵发展经验,为中国加快发展低碳经济提供参考依据。

第 7 章为中国绿色低碳转型发展路径选择与配套安排。本章根据“中国发展低碳经济路径测度分析”结果,选择适合中国低碳经济发展路径及配套安排。构建最优化模型,以湖南数据为例测度分析,发现同等要素投入前提下,在发展过程中更加侧重于提高经济发展水平,增强污染治理能力,能够更有利于促进低碳经济运行质量的进一步提升。湖南作为中部省份,其发展情况对全国平均水平而言具有一定代表性。

研究仿真分析结果,因征收碳税会在一定程度上对中国宏观经济增长带来负面影响,并且此负面影响会随着税率的提高逐渐加剧。碳税收入用于补贴个人消费者的情景下,征收碳税却会在一定程度上对中国宏观经济增长带来正面影响。碳税影响较大的部门是天然气开采业、煤炭开采业、石油化工、化学工业、钢铁行业等能源密集型行业,最小的是农业部门。因此,国家在今后制定碳税税率时,还是要遵循渐进的原则,建立合理税收减免与返还机制,顺利实现向低碳经济平稳过渡。

第2章

中国经济低碳转型的理论基础与水平测度

所谓经济低碳转型，首先要明确何为“低碳”、何为“低碳经济”以及如何实现“低碳经济转型”。本章在前人研究的基础上，根据中国经济发展的实际情况，结合现有国情，首先，在客观分析低碳经济与绿色社会建设关系的过程中，从多个角度对低碳经济的概念进行分析与界定；其次，从时间和空间的角度，分析我国低碳经济和省域低碳经济的发展现状；最后，从时序变化与空间演变对中国经济低碳发展水平进行测度。

2.1 低碳经济理论

改革开放以来，中国经济进入高速发展时期，人民生活发生翻天覆地的变化。然而，由于人口基数大，工业能耗高，使得我国碳排放量不断增加。据统计，2018 年中国碳排放总量达 100 亿吨，较 2017 年增长 2.3%，居世界首位。由于碳排放量的不断增加，空气质量状况与自然环境也随之恶化，此外，巨额碳排放还会造成自然资源的浪费，阻碍经济转型和可持续发展。所以，在提高经济发展的同时，减少自然环境的破坏工作迫在眉睫。首先，应明确低碳经济的概念和理论基础。

20 世纪 90 年代，随着工业化进程的推进，二氧化碳等温室气体的大量排放致使全球气候变暖，进而导致冰川、冻土消融，海平面上升，城市空气雾霾持久不散等一系列现实问题的出现，这不仅破坏了自然生态环境，也严重威胁到人类生存。在如此严峻的形势下，联合国政府就气候变化问题于 1992 年 5 月达成《联合国气候变化框架公约》,并在两年后生效,这是世界上首个以控制温室气体排放来应对气候变暖对人类社会产生不利影响的国际公约,设定未来十年减排进程,明确各缔约方的减排责任,是国际社会应对全球变暖问题的首次合作。而“低碳经济”的概念真正出现在 2003 年,由英国政府提出,在英国能源白皮书《我们能源的未来:创造低碳经济》中,明确了低碳经济的相关概念,指出低碳经济是以低能耗、低排放、低污染为基本特征的经济发展模式,旨在减少资源消耗和环境污染,通过发展使用先进技术,进一步实现更高更有效的经济产出,并在实现低碳发展中增加就业机会,提高人民生活质量水平。

低碳经济和正常经济之间本质上有一定的区别,但是其目的都是促进社会经济的发展。低碳经济是在一般社会经济的基础上,通过优化产业结构等手段,充分考虑经济的可持续发展,使经济发展与环境保护协调发展,在保证社会经济正常运行的前提下,保护和改善生态环境。从历史角度来看,它诞生于人类为缓解全球变暖现象的需要,后来伴随国际社会的广泛关注以及国家经济可持续发展的需要,逐渐发展成全球各个国家的共识。如今,我国经济由高速增长阶段进入高质量发展阶段,“低碳经济”再次成为当代经济最火热的话题,“经济高质量发展”“环境规制”“绿色全要素生产率”“资源禀赋要素”等各类名词的出现,为我国低碳经济的发展源源不断地注入新的内容,低碳经济的含义得到不断的丰富。因此,本节从经济高质量发展、绿色经济体系、绿色制造业等角度,对低碳经济的概念进一步解释说明。

(1)中国作为世界上最大的发展中国家,短时间内走出了一条具有中国特色的工业化道路。同时,中国的碳排放量超过美国居于世界首位,因此,中国不能走发达国家“先发展后治理”的道路,而是结合现有国情,利用科学技术积极调整产业结构,实现经济低碳转型。在全球减排温室气体的大背景下,低碳经济成为国家经济发展的必然选择,中国政府也适时提出了各项加快低碳经济发展的举措。其中,绿色发展理论的提出促进了我国低碳经济的转型。绿色发展理论,是为应对新形势下资源环境约束和显示发展困境间的矛盾,所提出的新型经济发展战略。

2002 年,联合国开发计划署在《2002 年中国人类发展报告:让绿色发展成为一种选择》中首次提出“绿色发展”。该报告针对中国在可持续发展的十字路口上所面临的挑战,包括自然资源匮乏、生态环境不断恶化等一系列阻碍经济可持续发展的问题。此外,中国政府越发意识到绿色发展的重要性,对环境的监管也越来越严格,政府的高度重视、严格的监管力度、科学技术的创新,再加上民众环境保护意识的不断增强,为我国经济的可持续发展提供了源源不断的动力。在机遇与挑战并存的严峻形势下,中国需要将绿色发展理论上升到国家战略层面,并为其配置一整套实用性强的政策,如此宏大的规模、复杂的程度,在人类社会中是前所未有的。2015 年,党的十八届五中全会首次将“绿色发展”作为五大发展理念之一写入会议公报,会上不仅明确提出了绿色发展的理念,而且明确了绿色发展的实现路径,为实现绿色发展提供了行动纲领。其中,实现绿色发展的主要路径包括三点。第一,绿色发展要求建设好“两型”社会。“两型”社会指资源节约型和环境友好型的社会,旨在解决有限资源与不断提升的人类资源需求之间的矛盾,实现经济绿色发展。第二,绿色发展要平衡生产、生活和生态状态。生产发展、生活富裕和生态良好的文明发展道路,需要合理划分生产、生活和生态空间,处理好三者的关系,平衡与稳固三者的状态。第三,绿色发展着力于构建四种格局。构建合理的城市化、农业发展、生态安全和自然岸线格局,把绿色发展理念落实到生产过程和人类生活中去。

党的十九大报告提出“建立健全绿色低碳循环发展的经济体系”,表明了绿色发展包括三个发展维度:绿色发展、低碳发展和循环发展,这三者内容上有所交叉,但本质相同。绿色发展和低碳发展本是同脉,具体追溯到早期的生态经济和循环经济。绿色发展从狭义的角度来看,是通过清洁生产和绿色消费来保护和改善生态环境的,与低碳发展的含义相同;从广义上来讲,绿色发展是作为一种经济体系存在的,包括绿色发展、循环发展和低碳发展,“创新、协调、绿色、开放、共享”五大发展理念和党的十九大报告中“加快生态文明体制改革,建设美丽中国”中的“推进绿色发展”都是从广义的角度出发,认为绿色发展是指绿色经济体系。低碳发展站在低碳经济的角度,旨在通过改善能源结构,转向生态经济和生态文明,是广义绿色发展的重要实现路径。绿色发展本质上是一种社会发展理念,其在经济上表现为绿色经济,是 20 世纪 60 年代环保运动的产物,低碳经济则是在温室气体的大量排放导致全球气候变暖,引发一系列环境恶化、人类生存受到威胁等问题的时代背景下提出来的。低碳发展本质上是对经济发展方式、能源结构和民众消费方式实施改革，因此，发展低碳经济应从调整产业、能源结构，制定碳金融制度，创新低碳消费方式等方面进行。绿色发展和低碳发展的具体联系有：从时间线上来看，相较于绿色经济，由于对低碳经济没有明显的定义和具体的界定，因此低碳经济的提出晚了 30 载；从内涵上来看，两者理论基础、技术手段和实际目标基本相同，具体体现在以下三点。①理论基础相同。两者理论基础均以生态和经济系统协调发展为核心，以包括人类在内的生态系统为研究对象，将以经济可持续发展为题考虑在内，探索经济发展与自然生态之间的关系。同时，低碳经济与绿色发展都把经济社会与生态安全的协调发展作为根本目的，进而实现生态经济的最优目标。②技术手段相同。绿色发展和低碳经济都依赖于资源与能源的利用率，实现清洁生产。③实际目标相同，绿色发展和低碳经济的目标都是实现经济的可持续发展发展，两者都是未来应对资源和环境危机，是人们对人与自然关系的一个新型决策。低碳经济，更要发展绿色经济，前者主要从能源的可持续利用角度出发，在提高生产效率的过程中降低碳排放，减轻对环境的污染，后者包括的内容更全面、更具体，不仅针对自然资源的有效利用和环境保护，还能保证经济的健康发展。然而，不论是低碳经济，还是绿色发展，其本质均为实现社会经济与生态环境的协调发展。

（2）经济高质量发展与绿色发展经济体系和低碳发展之间有着密不可分的关系。上文介绍绿色发展与低碳发展之间的关系，同样，经济高质量发展与两者，尤其是与绿色发展经济体系的关系极其密切。

2017 年，中共十九大会议指出中国经济由高速增长阶段转向高质量发展阶段，首次提出高质量发展。2018 年 3 月，围绕经济高质量发展，十三届全国人大一次会议审议的政府工作报告提出了深度推进供给侧结构性改革等九方面部署。如今，中国进入经济新常态，经济高质量发展成为未来我国确定发展思路、制定经济政策和宏观调控的基本要求。建立健全绿色低碳循环发展的经济体系，是新时代背景下我国建立现代化经济体系实现高质量发展的重要内容。《人民日报》曾指出高质量发展是能够很好满足人民日益增长的美好生活需要，是体现新发展理念的发展，是创新成为第一动力、协调成为内生特点、绿色成为普遍形态、开放成为必由之路、共享成为根本目的的发展。因此，实现经济向高质量转变,需要以低碳经济作为基础,以建立建设绿色现代化经济体系为支撑。

如今,在建设生态文明的新背景下,绿色发展成为现代化经济体系中的核心内容,是现代文明建设的基础,也是国民财富的重要组成部分。所以,绿色发展经济体系的构建,实现经济社会的低碳化发展,是弱化现阶段我国社会主要矛盾的重要武器,也是实现经济向高质量转变的重要支撑。其中,绿色发展经济体系对经济高质量发展的作用主要体现在三个方面。

第一,实现经济的高质量发展,必须建立起完善的现代化绿色经济体系。党的十九大报告指出,我们要建设的现代化,不仅需要创造更多物质财富和精神财富以满足人民日益增长的美好生活需要,也要提供更多优质生态产品以满足人民日益增长的优美生态环境需要。然而,虽然我国近年来积极开展绿色经济发展,但是环境恶化的脚步并未停止:从产业结构来看,能源结构中煤炭消费依旧居于首位;从环境角度来看,我国碳排放总量位于全球第一,2017 年我国 338 个城市中,环境达标率仅为 29%,地方政府对绿色发展并不看重,监管不利的局面频繁发生;再加上企业守法意识不强,民众尚未自愿开始绿色消费等,严重阻碍着我国绿色经济的发展。因此,面对上述出现的问题,只有构建合理完善的绿色经济指标体系,改变传统经济发展模式,建立良好的产业结构、政府监管、企业监督和民众生活方式等,才能进一步形成完整的绿色发展态势,实现经济的高质量发展,满足人民日益增长的美好生活需要。

第二,摒弃传统经济发展模式,转向高质量发展的重要一步就是建立绿色发展的经济体系。传统经济发展模式是一种以破坏生态环境为代价的、“高能耗”“高污染”的粗放型经济增长模式,这虽然带来了一定的经济效益,但是对自然资源的过度开采使环境与经济增长的矛盾日益加深。从资源消耗上来看,2000 年我国煤炭消耗量占全球 11%,到了 2019 年,我国煤炭消耗量已经超过 40 亿吨,同期全球煤炭总产量在 76 亿吨左右,占比已超过 50%,其中进口煤炭近 3 亿吨,同比增长 6.3%,同期出口煤炭只有 600 多万吨,这意味着 2019 年全年,我国煤炭净进口量超过了 2.4 亿吨;从人均资源拥有量上来看,我国虽然幅员辽阔,自然资源丰富,但是人均资源非常匮乏:人均水资源为世界平均水平的 1/4,人均耕地面积不到世界平均水平的 1/2,人均矿产资源为世界水平的 58% 左右。因此,只有调整能源结构,构建清洁、低碳、高效的能源体系,才能从根本上解决能源消耗和经济可持续发展的矛盾。

第三,从国际环境上来看,高质量发展是构建人类命运共同体的重要途径,绿色发展是发展中国家的责任担当。习近平新时代中国特色社会主义思想明确提出了推动构建人类命运共同体的历史使命,加强全球生态环境的治理和改善。习近平总书记提出“中国将继续发挥负责任大国作用,积极参与全球治理体系改革和建设,不断贡献中国智慧和力量”“要引导应对气候变化国际合作,成为全球生态文明建设的重要参与者、贡献者、引领者”。中国也在用实际行动证明着自己,主动参与国际节能减排工作,积极开展国家发展、环境治理保护和气候变化等国际合作。中国时时刻刻展现着大国风采,在习近平新时代,不断推动构建人类命运共同体的进程。

2018 年 12 月 13 日,“推进绿色制造体系建设,促进工业绿色低碳发展”边会在波兰卡托维兹第 24 届联合国气候变化大会“中国角”成功召开。工业和信息化部节能与综合利用司、中国社会科学院城市发展与环境研究所、国际经济技术合作中心及中国绿色制造联盟、京津冀再制造产业技术研究院等单位的代表,以及联合国工业发展组织、澳大利亚莫纳什大学等国际组织和研究机构的代表参加会议。此次会议中,工信部节能与综合利用司截杀后中国政府积极推动中国工业绿色低碳转型,促进工业经济高质量发展的做法和经验。近些年,工信部积极推进产业结构绿色低碳转型,大力培育节能环保、新能源汽车等绿色制造业的发展。此外,工信部顺应国家绿色发展潮流,创新工作方法,积极推动绿色、低碳、循环的绿色经济体系的建立。如今,中国已有 800 家绿色工厂、40 家绿色供应链管理示范企业,并于2016 年、2017 年共节约能源约 3 亿吨标准煤,碳减排量约 7. 8 亿吨,对经济和生态效益两手抓。绿色制造已成为推动中国工业绿色发展, 应对气候变化的有效途径。会上,联合国工业发展组织分享了其与中国政府在工业绿色发展合作方面的经验和建议,肯定了中国工业在全球应对气候变化事业中的积极贡献。与会的国际机构和组织代表对中国绿色制造体系建设工作及近年来工业绿色转型方面所做的努力给予了高度赞许,希望中国积极分享工业绿色发展典型示范经验, 加强绿色制造企业、园区的国际合作,带动国内外全产业链绿色提升,实现共赢共享,共同应对全球气候变化。

(3)从推进我国绿色制造业的角度出发,积极推进低碳经济的发展。制造业是国民经济的支柱产业，是国家创造力、竞争力和综合国力的重要体现，“绿色”制造业对缓解生态环境压力、提高环境承载力和推进经济可持续发展的意义重大。中国传统制造业存在诸多问题，如依赖资源、低廉劳动力等，严重阻碍经济发展的可持续性。中国制造业迫切需要向以绿色创新驱动发展方向转型，这不仅需要足够的资源储备，还需要政府的参与，做出相应的宏观调控。因此，资源禀赋和环境规制成为制造业绿色发展新的驱动源。

对于资源禀赋和环境规制是否可以使制造业向绿色化转变，大量学者通过建立理论模型并进行量化分析，从不同方面证实了资源禀赋和环境规制的有效性。黄静等（2017）认为制造业国际转移的根本原因在于资源禀赋的差异性，而以往的资源禀赋随着时代发展，所起的效用在不断降低，相反，市场在整个经济发展中发挥着重要的作用。岳鸿飞等认为对资源和劳动密集型制造业而言，需制定不同的环境规制策略，其中，环境规制对资源密集型企业的作用尤为明显。张峰等基于制造业绿色转型视角，将资源禀赋、环境规制和制造业绿色转型三者纳入同一体系框架下进行系统性分析，认为不同经济带，资源禀赋和环境规制对绿色制造业转型发展存在差异，其中，资源禀赋对长江三角洲制造业绿色转型呈负向影响，环境规制对环渤海经济带制造业绿色转型呈正向影响，且其长期与两经济带的制造业绿色转型发展的关系呈“U”形。

从理论上来看，早期传统贸易理论中，企业在追求利润最大化的过程中，会按照该地区资源禀赋结构，决定生产产品种类，因此，资源禀赋在一定程度上决定了该地区的制造业发展特点。但不同时期的资源禀赋存在差异，在经济发展初期，资源禀赋相对较高，对制造业经济发展呈正向效应，而该时期往往会伴随着资源的高投入和高消费，从而降低资源环境效益。随着资源环境对经济的限制越来越大，资源禀赋对制造业发展的作用越来越低，甚至约束着制造业的发展，因此，制造业不得不向绿色发展模式转型。环境规制与制造业绿色发展间的关系主要体现在：第一，环境规制使企业不得不从高污染密集型转型，并提高产业门槛效应，以促使绿色产业的发展；第二，环境规制催生出技术革新，新型创新技术的出现，可以提高资源的利用效率，并直接影响到制造业绿色产业集聚状态；第三，企业必须通过一定的环境治理措施，达到环境规制的要求。

（4）低碳经济：生态文明建设的着力点。党的十八大报告将建设生态文明提高到“关系人民福祉、关乎民族未来的长远大计”的高度,把生态文明建设放在了突出地位。生态文明建设把可持续发展提升到绿色发展高度,为后人“乘凉”而“种树”,就是不给后人留下遗憾而是留下更多的生态资产。它是中国特色社会主义事业的重要内容,关系人民福祉,关乎民族未来,事关“两个一百年”奋斗目标和中华民族伟大复兴中国梦的实现。党中央、国务院高度重视生态文明建设,先后出台了一系列重大决策部署,推动生态文明建设取得了重大进展和积极成效。习近平总书记在党的十九大报告中指出,加快生态文明体制改革,建设美丽中国。

在资源和环境约束下发展的世界经济中,急需一种可以忽略文明、跨越种族的共同的文明价值观。基于此出现了生态文明和低碳经济,前者作为文明形态存在,后者则是一种经济发展模式,且两者的核心价值相同。首先,生态文明和低碳经济关注的重点对象都是生态环境问题,而前者更关注生态系统,后者主要关注全球气候变化问题。生态文明和低碳经济的目标都是维护自然生态环境,生态文明的主旨是尊重和维护生态环境,它以科学发展观为指导,着眼于人与自然环境的和谐共处,是人类社会在协调能源资源、环境保护与经济增长间矛盾的过程中探索出来的可持续发展模式。其次,生态文明建设离不开低碳经济发展模式。发展低碳经济可以促进人与自然的和谐共生,正契合了发展循环经济、节能减排和可持续发展战略强调的基本内涵。最后,生态文明建设可以推动低碳经济转型。生态文明倡导可再生能源的开发和利用,正是发展低碳经济的关键路径之一。

不论从绿色发展和经济高质量发展角度,还是从生态文明建设等方面来看,低碳经济的核心始终在于“低碳”二字,其目的都是使经济健康持续发展,在建设美丽中国的历史背景下,发展低碳经济是必须的,也是紧迫的。

2.2 中国能源消费与碳排放现状分析

近年来,我国能源强度整体趋于下降,二氧化碳排放量不断升高,形势不容乐观。经济发展造成自然资源过度消耗、二氧化碳的高排放。本节从时间与空间的角度出发,分别对我国低碳经济和省域低碳经济的发展现状进行详细分析。

2.2.1 中国能源消费现状

能源生产总量是指一个国家或地区在一定时间内能源生产水平的总量指标，其中，一次能源生产量包括原煤、原油、天然气、水电、核能及其他动力能（如风能、地热能等）发电量，不包括低热值燃料生产量、生物质能、太阳能等的利用和由一次能源加工转换而成的二次能源产量。2017 年，全国一次能源生产总量达到 36.2 亿吨标准煤，较 2010 年增加 5.0 亿吨标准煤。

能源消费总量是指一个国家或地区在一定时间内能源消费水平的总量指标，反映了一定时期内一个国家或地区的物质生产部门、非物质生产部门和生活消费的各种能源的总和。2017 年，全国一次能源消费总量为 44.85 亿吨标准煤，比 2016 年增长 2.9%，“十二五”年均增长 3.6%。其中，煤炭消费量占能源消费总量的 64.0%，比 2010 年下降 5.2 个百分点；石油占比 18.1%，比 2010 年上升 0.7 个百分点；天然气占比 5.9%，比 2010 年上升 1.9 个百分点。非化石能源消费比重达到 12.0%，比 2010 年上升 2.6 个百分点，超额完成 11.2% 的规划目标。详见表 2.1。

分析能源总量发现，中国能源生产与消费呈现不断上升的趋势。能源生产从 2000 年的 10.39 亿吨标准煤增长到 2018 年的 36.20 亿吨标准煤，年均增长率达到了 4.92%。而 2000—2018 年能源消费从 14.70 亿标准煤增加到 44.85 亿标准煤，年均增长 1.77%。如图 2.1 所示。

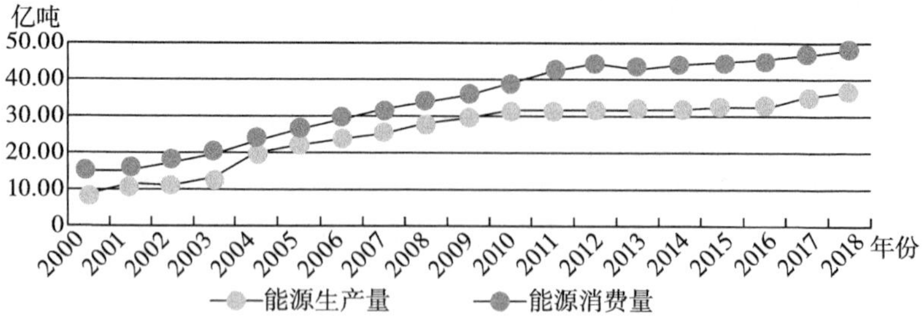

图 2.1　2000—2018 年中国能源生产与消费总量

分析图 2.1 可以发现自 2004 年开始，中国能源生产与消费之间差距明显，主要是因为日益增长的能源需求导致能源缺口的逐步扩大。直至 2015 年中国能源缺口已达 6.8 亿吨标准煤。日益扩大的能源缺口将制约中国经济的可持续发展。合理利用能源资源,促进能源生产与消费的平衡,将是未来中国保持能源消费与经济增长协调发展的重要举措。

表 2.1　2000—2018 年中国能源消费总量和各种能源消费标准量

单位:万吨标准煤

年份	能源消费总量	煤炭消费总量	石油消费总量	天然气消费总量	水电、核电、风电消费总量
2000	146963.96	100670.30	32332.08	3233.21	10728.37
2001	155547.04	105772.00	32975.96	3733.13	13065.95
2002	169577.05	116160.30	35611.17	3900.27	13905.31
2003	197083.03	138352.30	39613.68	4532.91	14584.14
2004	230281.04	161657.30	45825.92	5296.46	17501.36
2005	261369.05	189231.20	46523.68	6272.86	19341.31
2006	286467.00	207402.10	50131.73	7734.61	21198.56
2007	311442.05	225795.50	52945.14	9343.26	23358.15
2008	320611.03	229236.90	53542.04	10900.77	26931.32
2009	336125.98	240666.20	55124.66	11764.41	28570.71
2010	360647.98	249568.40	62752.75	14425.92	33900.91
2011	387043.01	271704.20	65023.22	17803.98	32511.61
2012	402137.97	275464.50	68363.46	19302.62	39007.39
2013	416913.04	280999.40	71292.12	22096.39	42525.13
2014	425805.96	279328.70	74090.24	24270.94	48116.08
2015	430000.00	275200.00	77830.00	25370.00	51600.00
2016	436000.00	270320.00	79788.00	27904.00	57988.00
2017	448529.00	270911.52	84323.45	31397.03	61897.00
2018	451167.14	271032.41	85437.21	32438.31	62259.21

分析图 2.2 2000—2018 年中国各种主要能源消费结构,可知中国能源消费的一个显著特点是长期以煤炭资源消费为主,2018 年中国煤炭、石油、天然气消费比重分别为 58.9%、18.6%、8.2%。水电、核电、风电消费仅为 14.7%,较之煤炭消费虽有较大差距,但呈不断上升趋势。2000—2018 年,天然气的消费由 2.2% 上升到 7.0%,增加了 4.8 个百分点;水电、核电、风电的利用从 7.3% 大幅度提高到 13.8%,增加了 6.5 个百分点。同时,中国煤炭消费总量总体呈下降

趋势,消费比重由2000年的68.5%下降至2018年的60.4%。但与国际水平相比,中国煤炭消费比重偏高,清洁能源比重偏低。而且在未来一段时间内煤炭资源仍然是中国能源消费的主角。

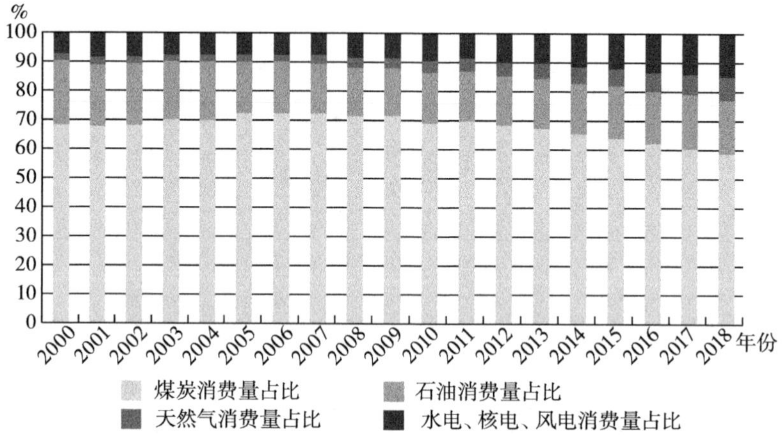

图2.2　2000—2018年中国各种主要能源消费结构

2.2.2　我国碳排放现状分析

2.2.2.1　二氧化碳排放量测算

目前,在各国的环境统计工作中,有几种比较通行的方法来对污染气体排放量进行估算,如实测法、物料衡算法、排放系数法、CGE模型法、生命周期法(LCA)、决策树法等。根据IPCC第四次评估报告,一个区域的二氧化碳排放量主要来源于化石燃料燃烧,所以本文采用表面能源消费量估算法(属于物料衡算法的一种)进行2000—2017年中国碳排放总量的估算和2017年各省份碳排放量的估算,参考了2006年IPCC公布的碳排放计算方法和参数。在计算时,将各种能源消费数量的终端能源消费类(标准统计量)乘以各自的碳排放系数,可得到各种能源消费的碳排放数量,最后将各种能源的碳排放量简单加总即可得到某个分类下(或省份、部门、行业等)的二氧化碳排放总量。值得注意的是,在以往大量的碳排放计算中,均采用终端能源消费量(实物统计量)乘以相应折标准煤系数的方法折算成标准统计量,而本文直接采用2001—2018年《中国能源统计年鉴》中的终端能源消费量(标准统计量),具体公式如下:

$$CE = \sum_{i}^{m} \sum_{j}^{n} F_{ij} \times CV_j \times CCF_j \times COF_j \times (\frac{44}{12}) \tag{2.1}$$

$$CE = \sum_{i}^{m} \sum_{j}^{n} F_{ij} \times Coefficient\,(CO_2)_j \tag{2.2}$$

其中 $i=1,2,\cdots,m$，表示；$j=1,2,\cdots,n$，表示能源种类，CE 为能源消费碳排放总量（万吨）；F 为终端化石能源消费量（万吨或亿立方米，不包括用于产品制造原料的消费量），数据来自《中国能源统计年鉴》（2000—2017）；$Coefficient$（CO_2）代表该种化石能源的二氧化碳排放系数，二氧化碳排放系数指的是单位化石能源在燃烧或使用过程中产生的二氧化碳排放量，根据 IPCC 的假定，基本可以认为每种化石能源的二氧化碳排放系数是不变的，其计算方法即为第一个二氧化碳排放量计算公式中的 $CV_j \times CCF_j \times COF_j \times (\frac{44}{12})$，值得注意的是，在计算过程中的单位转换十分重要。在下文对二氧化碳排放量进行测算时，会首先整理相应分类依据下所需化石能源的计量单位、CV（平均低位发热值，单位为千焦/千克或千焦/立方米）、折标准煤系数、CCF（燃料的碳含量，单位为千克/106 千焦）、COF（碳氧化率），其次对各种化石能源的二氧化碳排放系数进行计算，最后根据化石能源对应的终端能源消费量（标准统计量）与二氧化碳排放系数相结合得到该行业/该省/城乡的该种化石能源的二氧化碳排放量。

2.2.2.2 我国二氧化碳排放量现状分析

按照中国行省制度对二氧化碳排放量进行一次空间分类，在直观了解中国空间碳排放层次方面具有重要意义。其中，西藏自治区由于部分数据缺失予以剔除；澳门特别行政区、香港特别行政区、台湾省由于数据空白不在统计范畴内，予以保留的省份共有 30 个：北京、天津、上海、重庆、河北、山西、辽宁、吉林、黑龙江、江苏、浙江、安徽、福建、江西、山东、河南、湖北、湖南、广东、海南、四川、贵州、云南、陕西、甘肃、青海、内蒙古、广西、宁夏、新疆。

同样，一方面，由于某些化石能源的 CV（平均低位发热值，单位为千焦/千克或千焦/立方米）或 CCF（燃料的碳含量，单位为千克/106 千焦）或 COF（碳氧化率）存在缺失，导致这些化石能源在工业分行业的碳排放测算中未纳入测算总计范畴。另一方面，在《中国能源统计年鉴》中，分省终端能源消费量中统计的化石能源种类和数量不同于工业分行业，因此在预处理工作中，本文将缺乏数据的石油和属于二次能源的电力排除在外。至此，分省能源消费量统计中的化石能源计算预处理工作已经基本完成，在工业分行业的碳排放测算中，筛选后的统计在内的化石能源总共8种，其中包括原煤（Raw Coal）、焦炭（Coke）、原油（Crude Oil）、汽油（Gasoline）、煤油（Kerosene）、柴油（Diesel Oil）、燃料油（Fuel Oil）、天然气（Natural Gas）（见表2.2）。

表2.2　8种化石能源平均低位发热值、碳含量、碳氧化率参考系数

能源品种	计量单位	平均低位发热值	折标准煤系数	碳含量（吨碳/tJ）	碳氧化率（%）
原煤消费量	kg	20 908 kJ/kg	0.7143 kgce/kg	26.37	0.94
焦炭消费量	kg	28 435 kJ/kg	0.9714 kgce/kg	29.50	0.93
原油消费量	kg	41 816 kJ/kg	1.4286 kgce/kg	20.10	0.98
汽油消费量	kg	43 070 kJ/kg	1.4714 kgce/kg	18.90	0.98
煤油消费量	kg	43 070 kJ/kg	1.4714 kgce/kg	19.50	0.98
柴油消费量	kg	42 652 kJ/kg	1.4571 kgce/kg	20.20	0.98
燃料油消费量	kg	41 816 kJ/kg	1.4286 kgce/kg	21.10	0.98
天然气消费量	m^3	38931 kJ/m^3	1.3300 kgce/m^3	15.30	0.99

注：①平均低位发热值和折标准煤系数部分来源于《综合能耗计算通则》（GB/T 2589—2008），部分来源于《2006年IPCC国家温室气体清单指南》；

②碳含量和碳氧化率部分来源于《省级温室气体清单编制指南》（发改办气候〔2011〕1041号），部分来源于《2006年IPCC国家温室气体清单指南》，部分均取0.99。

由表2.2所示数据可以计算这八种化石能源的二氧化碳排放系数，其计算方法为：

二氧化碳排放系数 = 平均低位发热值 × 0.000000001 × 碳含量 × 碳氧化率 × 1000 × (44/12)

表2.3列举了上述在分省二氧化碳排放量测算过程中需要的所有化石能源的二氧化碳排放系数。

表 2.3　8 种化石能源的二氧化碳排放系数(kg 标准煤)

能源品种	计量单位	二氧化碳排放系数
原煤消费量	kg	1.9003 kg - co_2/kg
焦炭消费量	kg	2.8604 kg - co_2/kg
原油消费量	kg	3.0202 kg - co_2/kg
汽油消费量	kg	2.9251 kg - co_2/kg
煤油消费量	kg	3.0179 kg - co_2/kg
柴油消费量	kg	3.0959 kg - co_2/kg
燃料油消费量	kg	3.1705 kg - co_2/kg
天然气消费量	m^3	2.1622 kg - co_2/m^3

由此,计算得出中国 30 个省份 2000—2017 年的二氧化碳排放量。值得注意的是,2001 年宁夏回族自治区的二氧化碳排放量测算值由于数据缺乏计为 0,同因,2002 年海南省和宁夏回族自治区的二氧化碳排放量测算值计为 0。

表 2.4 为 2000—2018 年中国分省份的二氧化碳排放量,本文发现有 12 个省份的二氧化碳排放量存在在 2000—2018 年的某年达到峰值后呈现持续下降的现象,这些省份有:北京(二氧化碳排放量于 2010 年达到峰值 12388.3700 万吨),天津(二氧化碳排放量于 2013 年达到峰值 20379.6990 万吨)、河北(二氧化碳排放量于 2011 年达到峰值 90878.053 万吨)、山西(二氧化碳排放量于 2014 年达到峰值 80013.599 万吨,有回升迹象)、吉林(二氧化碳排放量于 2011 年达到峰值 28341.341 万吨)、上海(二氧化碳排放量于 2013 年达到峰值 27593.294 万吨)、河南(二氧化碳排放量于 2011 年达到峰值 65935.352 万吨)、湖北(二氧化碳排放量于 2011 年达到峰值 40609.598 万吨)、海南(二氧化碳排放量于 2015 年达到峰值 6718.45890 万吨)、重庆(二氧化碳排放量于 2011 年达到峰值 16720.2330 万吨)、四川(二氧化碳排放量于 2014 年达到峰值 35387.466 万吨)、云南(二氧化碳排放量于 2012 年达到峰值 25590.5730 万吨)。以上 12 个省份在 2010—2015 年的二氧化碳排放量均迎来了拐点,一直上升的二氧化碳排放量开始逐年降低。

表 2.4　2000—2018 年中国分省份的二氧化碳排放量(其一)

单位:万吨

年份	省份									
	北京	天津	河北	山西	内蒙古	辽宁	吉林	黑龙江	上海	江苏
2000	9958.0446	8514.6682	29934.991	31345.591	12933.012	34704.694	11286.739	18582.686	17235.406	24296.406
2001	9828.8016	8875.5785	31071.904	35104.424	13795.825	34633.143	11786.965	18012.511	17751.278	24469.791
2002	9640.1756	9223.4983	34561.679	42917.354	15211.241	35905.083	12288.338	17876.394	18596.647	26384.922
2003	10026.4710	10110.8390	39377.299	48537.810	19794.314	39076.506	13919.820	19999.885	20339.500	30082.040
2004	11144.9340	11453.2000	45915.568	51308.018	25090.532	43181.127	14896.828	21709.665	21365.355	36923.082
2005	11357.4170	12239.5820	57423.693	56598.726	31077.386	48572.756	17300.980	24456.847	22598.516	47740.213
2006	11517.4630	13022.8990	61871.499	62869.018	49805.762	52512.973	18285.525	26063.699	22405.999	51930.039
2007	12185.5400	13815.2880	67540.319	65475.416	41844.456	56519.160	19263.030	27945.185	22913.073	55861.662
2008	12134.3730	13710.2660	70219.183	62916.285	49805.762	59025.455	21723.235	29654.827	24174.512	56331.563
2009	12305.8920	14735.4200	74806.606	62184.060	54010.036	61114.945	22173.031	31023.134	23996.029	58936.628
2010	12388.3700	17968.1090	80393.791	66441.007	59594.025	66948.341	24671.253	33694.037	26091.340	65783.416
2011	11477.4830	19699.6030	90878.053	73239.930	74688.812	71140.013	28341.341	36156.417	26663.511	75605.593
2012	11324.5400	19717.8550	91972.357	76400.677	77696.050	73272.538	27936.548	37850.731	26098.314	76857.102
2013	10129.1050	20379.6990	92156.418	78217.641	75779.971	70300.842	26878.514	35863.186	27593.294	78870.898
2014	10275.3450	19508.4630	87482.794	80013.599	77646.202	70303.134	26684.748	36344.579	25007.381	78235.417
2015	9262.8936	18762.8450	86470.764	78960.462	77520.026	68929.519	24948.105	36140.876	25781.451	80389.732
2016	8313.9539	17553.4110	86577.453	76588.188	78319.234	69283.822	24403.508	36824.493	25694.063	83610.149
2017	8062.0780	17091.4990	83863.508	89955.856	82141.528	70551.874	24184.832	36573.992	25844.864	81251.219
2018	7983.3919	17004.2610	82612.452	91401.936	85589.461	70973.770	24048.303	36454.840	25453.908	84862.969

表 2.4　2000—2018 年中国分省份的二氧化碳排放量(其二)

单位:万吨

年份	省份									
	浙江	安徽	福建	江西	山东	河南	湖北	湖南	广东	广西
2000	16459. 476	14594. 059	6633. 0685	6892. 7393	25956. 976	20728. 056	16812. 812	9772. 6123	24033. 992	5558. 7354
2001	16933. 319	15341. 444	6671. 6443	7100. 6505	30380. 917	22047. 476	16388. 126	10913. 5030	25001. 078	5557. 9183
2002	19509. 755	16070. 844	7848. 7612	7401. 0942	32973. 606	24026. 471	17522. 312	11696. 0570	26677. 062	5758. 3365
2003	21869. 023	17913. 612	9298. 1039	8765. 4361	40448. 198	24505. 029	19592. 944	13269. 6100	30306. 114	6870. 2355
2004	25675. 963	18607. 977	10906. 7110	10651. 1030	51368. 621	34680. 665	21575. 974	16293. 2800	34461. 919	9004. 9721
2005	29901. 784	19620. 081	13158. 9120	11713. 7800	70978. 860	42006. 858	23966. 764	21487. 5120	38448. 230	9861. 18240
2006	33549. 374	21053. 127	14623. 6180	12770. 6110	81344. 254	47557. 075	26904. 410	22840. 4420	42439. 373	10754. 7020
2007	37380. 854	23460. 010	16498. 6600	13945. 8470	88498. 549	52679. 768	29691. 386	26414. 0620	45511. 102	12498. 7420
2008	38153. 603	26771. 711	17210. 8180	14143. 6380	93705. 751	54263. 319	29018. 233	26102. 5080	47138. 764	12721. 8050
2009	39654. 790	29426. 764	20258. 0410	14806. 4510	97496. 069	55403. 578	31165. 415	27423. 4550	49786. 704	14107. 6610
2010	42353. 722	31146. 065	22126. 4620	17206. 7150	107731. 680	59872. 194	35730. 012	29087. 9730	56431. 171	17157. 8940
2011	44658. 370	33282. 444	25168. 0410	18958. 1550	113434. 220	65935. 352	40609. 598	32415. 0750	60600. 735	21097. 4170
2012	43219. 148	34709. 901	24977. 1730	18989. 4380	119168. 2200	61266. 432	40550. 084	31858. 3190	59521. 378	23163. 2600
2013	44312. 647	37682. 523	24279. 8550	20410. 2110	115959. 370	60679. 956	35167. 165	30944. 2430	60457. 174	23262. 1520
2014	43374. 984	38821. 027	27819. 2100	20759. 5320	124178. 450	61412. 414	35453. 089	29957. 1270	60715. 564	23019. 1990
2015	43962. 284	38887. 630	26810. 6220	21642. 3200	132193. 780	61330. 874	35179. 873	31529. 4660	61088. 800	21917. 7010
2016	43477. 387	38783. 803	25057. 4540	21916. 5190	141865. 650	60625. 140	35216. 063	31760. 8640	62763. 666	23024. 3040
2017	44219. 397	39687. 252	26413. 4510	22146. 7610	139584. 450	56851. 929	35428. 756	32994. 6500	63101. 708	23837. 6370
2018	45155. 731	39103. 331	26215. 7420	22608. 0830	137482. 990	53271. 962	36260. 850	33093. 4300	64845. 195	24198. 7450

表 2.4　2000—2018 年中国分省份的二氧化碳排放量(其三)

单位:万吨

年份	省份									
	海南	重庆	四川	贵州	云南	陕西	甘肃	青海	宁夏	新疆
2000	778. 03167	6595. 6214	11834. 361	10842. 079	7390. 4645	8138. 3140	8655. 8206	1362. 7312	2513. 1970	9656. 0208
2001	419. 83661	6228. 5534	11770. 802	10483. 596	7762. 1745	9158. 6330	8825. 8046	1604. 5203	0	9735. 0070
2002	0	6844. 8233	13571. 728	11017. 121	9381. 5899	10418. 2740	9272. 7940	1560. 3668	0	10163. 3230
2003	1707. 01030	6082. 6702	17451. 276	14143. 748	11982. 8500	11835. 8570	10347. 8530	1736. 2019	6678. 5764	11001. 2810
2004	1460. 25280	6933. 6544	20104. 892	16544. 063	14975. 309	14756. 1900	11733. 6520	1831. 1041	6413. 0266	12400. 4710
2005	1217. 95310	10002. 8930	21208. 995	16450. 299	17547. 2610	17578. 8280	12749. 685	2479. 5907	7238. 9155	14260. 2750
2006	1979. 97530	10858. 2840	23270. 285	18906. 554	19333. 5830	21414. 7980	13569. 0440	2902. 7245	7912. 6350	16262. 7180
2007	4040. 76390	11813. 8500	26202. 977	20434. 866	20203. 9940	23185. 1570	15125. 3050	3435. 2329	8788. 2337	17724. 5610
2008	4143. 53710	12302. 5940	27673. 076	20938. 712	20792. 4720	25622. 4750	15418. 3860	3617. 2960	9782. 7120	19766. 4790
2009	4473. 83460	13288. 2360	31052. 316	22956. 451	22595. 2780	27955. 6880	15214. 6290	3658. 5835	10761. 425	23336. 8650
2010	4836. 97840	14636. 5760	31138. 519	23137. 359	23877. 5380	33112. 1330	16930. 0000	3666. 3157	12709. 7500	26061. 5990
2011	5432. 87460	16720. 2330	31821. 168	25580. 297	24641. 5160	36666. 6950	19575. 1280	4256. 1389	16960. 2440	30825. 0800
2012	5729. 25840	16308. 7600	33320. 982	27990. 240	25590. 5730	42215. 0640	20077. 1600	5036. 8785	18212. 5260	35762. 5780
2013	5286. 33540	13916. 7760	34393. 406	29003. 349	25320. 3660	44839. 0280	20718. 4260	5597. 6641	19424. 0490	40745. 7250
2014	5944. 13120	14821. 8020	35387. 466	27963. 677	22751. 8540	47238. 8170	20830. 8880	5188. 4319	19811. 4980	44744. 1390
2015	6718. 45890	14868. 0340	32945. 070	27709. 664	20312. 9900	46642. 0060	20207. 9990	4655. 2515	20509. 6150	45894. 1700
2016	6593. 67060	14662. 4000	31592. 419	29375. 227	20107. 7180	47745. 0710	19477. 7600	5527. 8310	20414. 8540	49098. 2370
2017	6223. 51260	14629. 0340	29768. 729	28884. 814	20894. 1910	48515. 4060	19577. 8210	5161. 8319	25110. 4580	52568. 4370
2018	6193. 29400	14723. 9660	28802. 897	27963. 225	20108. 1890	48970. 6420	19013. 7250	5273. 7582	25114. 9890	52215. 8970

此外，还有 9 个省份的二氧化碳排放量在达到峰值后一直处于稳定的水平，这些制造业行业如下：黑龙江的二氧化碳排放量在 2011 年后一直处于 35000.000 万吨以上；浙江的二氧化碳排放量在 2010 年后一直处于 42000.000 万吨以上；福建的二氧化碳排放量在 2010 年后一直处于 22000.0000 万吨以上；甘肃的二氧化碳排放量在 2011 年后一直处于 19000.0000 万吨以上；湖南的二氧化碳排放量在 2011 年后基本一直处于 30000.0000 万吨以上；广西的二氧化碳排放量在 2011 年后一直处于 21000.0000 万吨以上；贵州的二氧化碳排放量在 2012 年后一直处于 25000.000 万吨以上；青海的二氧化碳排放量在 2012 年后基本一直处于 5000.0000 万吨以上；辽宁的二氧化碳排放量在 2011 年后一直处于 66000.000 万吨以上。

最后，有 9 个省份的二氧化碳排放则呈现越来越高的趋势，这些省份包括：内蒙古的二氧化碳排放量从 2000 年的 12933.012 万吨逐年上升至 2018 年的 85589.461 万吨，江苏的二氧化碳排放量从 2000 年的 24296.406 万吨逐年上升至 2018 年的 84862.969 万吨，安徽的二氧化碳排放量从 2000 年的 14594.059 万吨逐年上升至 2018 年的 39103.331 万吨，江西的二氧化碳排放量从 2000 年的 6892.739 万吨逐年上升至 2018 年的 22608.083 万吨，山东的二氧化碳排放量从 2000 年的 25956.976 万吨逐年上升至 2018 年的 137482.990 万吨，陕西的二氧化碳排放量从 2000 年的 8138.314 万吨逐年上升至 2018 年的 48970.642 万吨，广东的二氧化碳排放量从 2000 年的 24033.992 万吨逐年上升至 2018 年的 64845.195 万吨，宁夏的二氧化碳排放量从 2000 年的 2513.197 万吨逐年上升至 2018 年的 25114.989 万吨，新疆的二氧化碳排放量从 2000 年的 9656.021 万吨逐年上升至 2018 年的 52215.897 万吨。

下面本文对 30 个省份的二氧化碳排放量按照年份分别进行了排名，详见表 2.5 和表 2.6。

表 2.5　2000—2008 年中国分省份的二氧化碳排放量排名

排名	2000 年	2001 年	2002 年	2003 年	2004 年	2005 年	2006 年	2007 年	2008 年
1	辽宁	山西	山西	山西	山东	山东	山东	山东	山东
2	山西	辽宁	辽宁	山东	山西	河北	山西	河北	河北
3	河北	河北	河北	河北	河北	山西	河北	山西	山西

续表

排名	2000 年	2001 年	2002 年	2003 年	2004 年	2005 年	2006 年	2007 年	2008 年
4	山东	山东	山东	辽宁	辽宁	辽宁	辽宁	辽宁	辽宁
5	江苏	广东	广东	广东	江苏	江苏	江苏	江苏	江苏
6	广东	江苏	江苏	江苏	河南	河南	内蒙古	河南	河南
7	河南	河南	河南	河南	广东	广东	河南	广东	内蒙古
8	黑龙江	黑龙江	浙江	浙江	浙江	内蒙古	广东	内蒙古	广东
9	上海	上海	上海	上海	内蒙古	浙江	浙江	浙江	浙江
10	湖北	浙江	黑龙江	黑龙江	黑龙江	黑龙江	湖北	湖北	黑龙江
11	浙江	湖北	湖北	内蒙古	湖北	湖北	黑龙江	黑龙江	湖北
12	安徽	安徽	安徽	湖北	上海	上海	四川	湖南	四川
13	内蒙古	内蒙古	内蒙古	安徽	四川	湖南	湖南	四川	安徽
14	四川	吉林	四川	四川	安徽	四川	上海	安徽	湖南
15	吉林	四川	吉林	贵州	贵州	安徽	陕西	陕西	陕西
16	贵州	湖南	湖南	吉林	湖南	陕西	安徽	上海	上海
17	北京	贵州	贵州	湖南	云南	云南	云南	贵州	吉林
18	湖南	北京	陕西	云南	吉林	吉林	贵州	云南	贵州
19	新疆	新疆	新疆	陕西	陕西	贵州	吉林	吉林	云南
20	甘肃	陕西	北京	新疆	新疆	新疆	新疆	新疆	新疆
21	天津	天津	云南	甘肃	甘肃	福建	福建	福建	福建
22	陕西	甘肃	甘肃	天津	天津	甘肃	甘肃	甘肃	甘肃
23	云南	云南	天津	北京	北京	天津	天津	江西	江西
24	江西	江西	福建	福建	福建	江西	江西	天津	天津
25	福建	福建	江西	江西	江西	北京	北京	广西	广西
26	重庆	重庆	重庆	广西	广西	重庆	重庆	北京	重庆
27	广西	广西	广西	宁夏	重庆	广西	广西	重庆	北京
28	宁夏	青海	青海	重庆	宁夏	宁夏	宁夏	宁夏	宁夏
29	青海	海南	海南*	青海	青海	青海	青海	海南	海南
30	海南	宁夏*	宁夏*	海南	海南	海南	海南	青海	青海

表 2.6　2009—2018 年中国分省份的二氧化碳排放量排名

排名	2009 年	2010 年	2011 年	2012 年	2013 年	2014 年	2015 年	2016 年	2017 年	2018 年
1	山东	山东	山东	山东	山东	山东	山东	山东	山东	山东
2	河北	河北	河北	河北	河北	河北	河北	河北	山西	山西

续表

排名	2009 年	2010 年	2011 年	2012 年	2013 年	2014 年	2015 年	2016 年	2017 年	2018 年
3	山西	辽宁	江苏	内蒙古	江苏	山西	江苏	江苏	河北	内蒙古
4	辽宁	山西	内蒙古	江苏	山西	江苏	山西	内蒙古	内蒙古	江苏
5	江苏	江苏	山西	山西	内蒙古	内蒙古	内蒙古	山西	江苏	河北
6	河南	河南	辽宁	辽宁	辽宁	辽宁	辽宁	辽宁	辽宁	辽宁
7	内蒙古	内蒙古	河南	河南	河南	河南	河南	广东	广东	广东
8	广东	广东	广东	广东	广东	广东	广东	河南	河南	河南
9	浙江	浙江	浙江	浙江	陕西	陕西	陕西	新疆	新疆	新疆
10	湖北	湖北	湖北	陕西	浙江	新疆	新疆	陕西	陕西	陕西
11	四川	黑龙江	陕西	湖北	新疆	浙江	浙江	浙江	浙江	浙江
12	黑龙江	陕西	黑龙江	黑龙江	安徽	安徽	安徽	安徽	安徽	安徽
13	安徽	安徽	安徽	新疆	黑龙江	黑龙江	黑龙江	黑龙江	黑龙江	黑龙江
14	陕西	四川	湖南	安徽	湖北	湖北	湖北	湖北	湖北	湖北
15	湖南	湖南	四川	四川	四川	四川	四川	湖南	湖南	湖南
16	上海	上海	新疆	湖南	湖南	湖南	湖南	四川	四川	四川
17	新疆	新疆	吉林	贵州	贵州	贵州	贵州	贵州	贵州	贵州
18	贵州	吉林	上海	吉林	上海	福建	福建	上海	福建	福建
19	云南	云南	贵州	上海	吉林	吉林	上海	福建	上海	上海
20	吉林	贵州	福建	云南	云南	上海	吉林	吉林	宁夏	宁夏
21	福建	福建	云南	福建	福建	广西	广西	广西	吉林	广西
22	甘肃	天津	广西	广西	广西	云南	江西	江西	广西	吉林
23	江西	江西	天津	甘肃	甘肃	甘肃	宁夏	宁夏	江西	江西
24	天津	广西	甘肃	天津	江西	江西	云南	云南	云南	云南
25	广西	甘肃	江西	江西	天津	宁夏	甘肃	甘肃	甘肃	甘肃
26	重庆	重庆	宁夏	宁夏	宁夏	天津	天津	天津	天津	天津
27	北京	宁夏	重庆	重庆	重庆	重庆	重庆	重庆	重庆	重庆
28	宁夏	北京	北京	北京	北京	北京	北京	北京	北京	北京
29	海南	海南	海南	海南	青海	海南	海南	海南	海南	海南
30	青海	青海	青海	青海	海南	青海	青海	青海	青海	青海

注：* 表示该省份在当年的数据空缺，数值计为 0。在上表中，宁夏 2001 年和 2002 年的数值空缺；海南 2002 年的数值空缺。

表 2.5 和表 2.6 为 2000—2018 年中国分省份的二氧化碳排放量排名，本文发现：辽宁、山西、河北的二氧化碳排放量在 2000 年至 2002 年均处于前三名的

位置,而自2003年起,山东的二氧化碳排放量不断上升,截至2018年,其均取代了辽宁(除2010年辽宁位于第三名以外)成为二氧化碳排放量前三名并在2004年至2018年一直稳居第一名。河北与山西常年盘踞在第二、三名的位置,直至2011年,江苏和内蒙古也开始时而出现在前三名中。

青海、宁夏、海南的二氧化碳排放量在2000年至2009年均处于最后三名的位置,而北京自2000年起从第17名开始,名次一直在降低,在2010年至2018年最终取代了宁夏成为二氧化碳排放量倒数第三的直辖市。

为进一步勘测中国空间地域的二氧化碳排放量分布,本文按照中国三大地理分区(东部地区、中部地区、西部地区)和六大地理分区(华北地区、东北地区、西北地区、华东地区、中南地区、西南地区)对中国地理空间进行了更为细致的划分。本文未选择四大地理分区(北方地区、南方地区、西北地区、青藏地区)的原因是:四大地理分区与省界不一致,在统计分区时难以处理。而东中西部的划分和六大地理分区均是以省份严格划分的,因此其在具有说服力的同时具备一定的严谨性和科学性。

其中,三大地理分区包括东部地区,包含以下11个省份:北京、天津、河北、辽宁、上海、江苏、浙江、福建、山东、广东、海南;中部地区包含以下8个省份:山西、吉林、黑龙江、安徽、江西、河南、湖北、湖南;西部地区包含以下11个省份:内蒙古、广西、重庆、四川、贵州、云南、陕西、甘肃、青海、宁夏、新疆。西藏、台湾、香港和澳门因为数据空缺已经从上面剔除。

表2.7 2000—2018年中国东中西部地区的二氧化碳排放量 单位:万吨

年份	东部地区	中部地区	西部地区	全国地区
2000	198505.8	130015.30	85480.359	414001.4
2001	206037.3	136695.10	84922.835	427655.2
2002	221321.2	149798.87	93199.601	464319.7
2003	252641.1	166504.15	117924.870	537070.1
2004	293856.7	189723.51	139787.870	623368.1
2005	353637.9	217151.55	160455.320	731244.8
2006	387197.5	238343.91	194991.100	820532.5
2007	420765.0	258874.71	201257.380	880897.1
2008	435947.8	264593.76	218441.770	918983.4

续表

年份	东部地区	中部地区	西部地区	全国地区
2009	457565.0	273605.89	238937.170	970108.0
2010	503053.4	297849.26	262021.710	1062924.0
2011	544758.5	328938.32	302832.730	1176530.0
2012	551857.9	329562.13	325374.080	1206794.0
2013	549725.6	325843.44	333000.920	1208570.0
2014	552844.9	329446.12	339403.980	1221695.0
2015	560371.2	328619.61	333182.530	1222173.0
2016	570790.7	326118.58	339345.060	1236254.0
2017	566207.6	337824.03	351089.890	1255121.0
2018	568783.7	336242.70	351975.500	1257001.9

表 2.7 为 2000—2018 年中国东中西部的二氧化碳排放量，本文发现东部地区、中部地区、西部地区包括全国地区的二氧化碳排放量均在达到峰值后一直处于稳定的水平，其中，东部地区从 2000 年一直攀升至 2011 年后稳定在 550000.00 万吨左右的二氧化碳排放量水平，中部地区自 2000 年起至 2011 年不断上升并在 2011 年至 2018 年稳定在 320000.00 万吨左右的二氧化碳排放量水平，西部地区的二氧化碳排放量从 2000 年不断上升至 2014 年并稳定在 330000.000 万吨左右的水平。全国地区的二氧化碳排放量在 2012 年后稳定在 1200000.000 万吨左右的水平，在此之前也呈不断上升的趋势。总体来看，东部地区的二氧化碳排放量 > 西部地区的二氧化碳排放量 > 中部地区的二氧化碳排放量。

至此，本文发现我国的二氧化碳排放量从 2012 年起已经处于一个比较稳定的状态，为进一步分析中国各个区域的情况，下文将中国按六大地理分区进行区域划分。

六大地理分区分别为：华北地区，包括以下省份：北京、天津、河北、山西；东北地区，包括以下省份：辽宁、吉林、黑龙江、内蒙古；华东地区，包括以下省份：上海、江苏、浙江、安徽、福建、江西、山东；中南地区，包括以下省份：河南、湖北、湖南、广东、广西、海南；西南地区，包括以下省份：四川、贵州、云南、重庆；西北地区，包括以下省份：陕西、甘肃、青海、宁夏、新疆。其中，台湾属于华东地区，由于数据缺失已经从上予以剔除；西藏属于西南地区，香港和澳门同样因为数据缺失已经予以剔除。

表 2.8　2000—2018 年中国六大地理分区的二氧化碳排放量　单位：万吨

年份	华北地区	东北地区	华东地区	中南地区	西南地区	西北地区	全国地区
2000	79753. 297	77507. 133	112068. 13	77684. 241	36662. 527	30326. 08	414001. 4
2001	84880. 710	78228. 445	118649. 05	80327. 941	36245. 127	29323. 97	427655. 2
2002	96342. 708	81281. 058	128785. 63	85680. 241	40815. 263	31414. 76	464319. 7
2003	108052. 420	92790. 527	148715. 92	96250. 944	49660. 545	41599. 77	537070. 1
2004	119821. 720	104878. 150	175498. 82	117477. 060	58557. 920	47134. 44	623368. 1
2005	137619. 420	121407. 970	215712. 15	136988. 500	65209. 451	54307. 30	731244. 8
2006	149280. 880	146667. 960	237677. 03	152475. 980	72368. 708	62061. 92	820532. 5
2007	159016. 570	145571. 830	258558. 66	170835. 830	78655. 688	68258. 49	880897. 1
2008	158980. 110	160209. 280	270491. 60	173388. 170	81706. 856	74207. 35	918983. 4
2009	164031. 980	168321. 150	284574. 77	182360. 650	89892. 283	80927. 19	970108. 0
2010	177191. 280	184907. 660	312439. 40	203116. 230	92789. 994	92479. 80	1062924. 0
2011	195295. 070	210326. 590	337770. 34	226091. 050	98763. 216	108283. 30	1176530. 0
2012	199415. 430	216755. 870	344019. 31	222088. 730	103210. 560	121304. 20	1206794. 0
2013	200882. 860	208822. 520	349108. 80	215797. 030	102633. 900	131324. 90	1208570. 0
2014	197280. 200	210978. 660	358196. 01	216501. 530	100924. 800	137813. 80	1221695. 0
2015	193456. 970	207538. 530	369667. 83	217765. 180	95835. 761	137909. 00	1222173. 0
2016	189033. 010	208831. 060	380405. 03	219983. 710	95737. 766	142263. 80	1236254. 0
2017	198972. 940	213452. 230	379147. 40	218438. 200	94176. 770	150934. 00	1255121. 0
2018	199002. 000	217066. 400	380882. 80	217863. 500	91598. 280	150589. 00	199002. 00

表 2. 8 为 2000—2018 年中国六大地理分区的二氧化碳排放量，本文发现只有西南地区的二氧化碳排放量在 2000 年至 2018 年的某年达到峰值后呈现持续下降的趋势。有三个地区的二氧化碳排放量发展趋势类似，这三个地区如下：华北地区的二氧化碳排放量在 2011 前不断上升，而在此后基本一直处于 190000. 00 万吨以上的水平；东北地区在 2012 年前不断上升，而在此后一直处于 200000. 00 万吨以上的水平；中南地区在 2011 年前不断上升，而在此后一直处于 210000. 00 万吨以上的水平。而华东地区和西北地区的二氧化碳排放则大致呈现越来越高的趋势。

综上所述，我国二氧化碳排放量以 2011 年至 2012 年为界，在此之前不断上升,在此之后趋于稳定。更为具体地说,以山东和江苏为主的华东地区和以新疆为主的西北地区的二氧化碳排放量在 2000 年至 2018 年仍处于不断上升的趋势,而西南地区的二氧化碳排放量有下降的趋势,其他省份或地区均呈现达到临界点后趋于稳定的状态。

2.2.3 我国低碳经济发展水平测度

如何全面、客观地评价一个国家地区或经济体的低碳经济发展水平是本书的重点内容。低碳经济发展涵盖经济、社会、环境、技术等各个方面,要实现全面、客观的评价,选择合适的测度方法势在必行。鉴于此,本章在前人研究的基础上,选取网络超效率 SBM - DEA 测算方法,合理选择相应指标,对 2000—2018 年中国及各省份的低碳经济发展水平进行测度,进一步研究地区差异和时空演变趋势。

2.2.3.1 我国低碳经济发展水平测算方法

随着我国低碳经济发展,有关低碳经济水平测度的研究不断深入,不同学者采取不同测度方法,且主要通过 DEA 测度低碳经济发展水平,方法较为单一。

Tone 和 Tsutsui (2009)采用非径向网络 SBM - DEA 模型,考虑中间变量,将整体不再视为“黑匣子”,研究各环节效率对整体效率的影响。Fukuyama 和 Mirdehghan(2012)在基于 Tone 和 Tsutsu 的研究方法上,引入松弛变量,作为中间产出的一部分,进一步测度整体效率和各子系统效率。贾登勋和黄杰(2014)运用非期望产出的 SBM 模型,测算出 2000—2010 年 30 个省(自治区、直辖市)的低碳经济发展效率,发现各地区低碳经济发展效率差异较为明显;雷明和虞晓雯(2015)通过全局 Malmquist - Luenberger 指数方法研究 1998—2013 年我国低碳经济增长效率,并利用面板 VAR 模型分析对外贸易和产业结构等因素对低碳经济增长的动态影响;李婧等(2013)运用 ML 生产率指数,结合增长核算法,通过计算绿色全要素生产率对我国 1985—2010 年 27 个省份的低碳经济转型进行评估;钱争鸣和刘晓晨(2014)运用超效率 SBM 模型,测度出我国各省(自治区、直辖市)绿色经济效率静态水平与动态变动,并深入研究地区差异、收敛性和影响因素,发现全国绿色经济效率整体呈现先降低后上升的“U”形变动过程,各地区差异性逐渐降低,且具备条件 β 收敛;顾剑华(2017)以中国 30 个省份为研究对象,基于网络 SBM -

DEA 模型,分别测算出 2001—2013 年中国低碳经济发展效率、经济生产子系统效率和环境治理子系统效率,并计算两子系统的耦合协调度;郑宝华和刘东皇(2017)采用超效率 DEA 模型,测算出我国 2004—2015 年 30 个省(自治区、直辖市)的低碳经济效率,并探究其时空演变特点。

除了测度低碳经济发展效率外,其他领域有关效率测算研究中也存在一些测度方法。李静和倪冬雪(2015)运用网络 SBM - DEA 模型与全局 Malmquist 方法,研究 2001—2012 年工业绿色生产和环境治理两阶段效率;涂正革和谌仁俊(2013)选取我国 1998—2010 年的工业投入指标数据,在传统 DEA 模型上加入方向性环境距离函数,测算工业环境治理效率,研究发现,相比于传统 DEA 模型,优化后的 DEA 模型测度的环境技术效率能够更为准确地评估环境治理效率;王兵和罗佑军(2015)运用网络 RAM - DEA 模型,选取 2001—2010 年中国工业相应的投入产出指标,测度出工业综合发展效率、生产效率及环境治理效率,并对其影响因素进行实证研究;邓光耀和张忠杰(2019)采用网络SBM - DEA 模型,基于 2007—2015 年的时间跨度,分别测算出我国各省份的工业用水效率、生产阶段效率和污水治理阶段效率。

纵观现有文献,一方面,大部分文献所采用的方法以 DEA 为主,部分选取超效率 DEA 测度方法和网络 SBM - DEA 方法,且多用于工业效率与环境效率的分析,鲜有综合超效率 DEA 和网络 SBM - DEA 优势的方法;另一方面,低碳经济发展水平的研究中多数基于时间视角,将时序演变和空间格局分析综合考量的研究甚少。鉴于此,本文尝试在以下三个方面努力:第一,构建网络超效率 SBM - DEA 模型,将低碳经济发展分解为经济生产和污染治理两个阶段,计算低碳经济整体发展效率与各阶段效率;第二,二氧化碳排放量为两阶段的中间变量,承上作为经济产出阶段的非期望产出,启下投入污染治理阶段;第三,测度中国低碳经济发展时序演变与空间格局,并研究各地区差异水平。

网络超效率 SBM - DEA 模型构建

传统 DEA 是研究具有可比性的同类型决策单元相对有效性的方法之一,1978 年由著名运筹学家 A. Charnes 和 W. W. Cooper 提出,并广泛运用于各行各业中。传统 DEA 模型将决策单元作为"黑匣子",投入路经黑匣子转化成产出,不考虑投入产出的中间过程。因此,传统 DEA 模型只能测算出决策单元的总体效率,不能获取“黑匣子”中各个环节效率。

网络 DEA 模型则考虑“黑匣子”中各个环节效率,且各环节效率影响整体效率。参考 Tone 等(2009)构建网络 SBM - DEA 模型方式,考虑 n 个决策单元 $DMU_j(j = 1,\cdots,n)$ 和每个决策单元对应的 $K(k = 1,2,\cdots,K)$ 个低碳经济发展环节。m_k 和 r_k 分别为第 k 个节点对应的投入和产出变量数目,(k,h) 为节点 $k \rightarrow h$ 的关系, L 为中间变量数据, λ_j^k 表示第 k 环节的权重向量。令投入、中间和产出变量分别为 $x_j^{k,h}$、$w_j^{k,h}$、$y_j^{k,h}$,则生产可能集合 $T(x^k,w^{k,h},y^k)$ 为:

$$
\begin{aligned}
x^k &\geqslant \sum_{j=1}^{n} x_j^k \lambda_j^k (k = 1,2,\cdots,K) \\
y^k &\geqslant \sum_{j=1}^{n} y_j^k \lambda_j^k (k = 1,2,\cdots,K) \\
w^{(k,h)} &= \sum_{j=1}^{n} w_j^{(k,h)} \lambda_j^k (\forall (k,h) \\
w^{(k,h)} &= \sum_{j=1}^{n} w_j^{(k,h)} \lambda_j^h (\forall k,h) \\
\lambda_j^k &\geqslant 0(\forall j,k)
\end{aligned}
\tag{2.3}
$$

分别引入投入和产出松弛变量 s_i^{k-} 、s_i^{k+} ,则决策单元 DMU_O 为 $x_o^k = X^k \lambda^k + s^{k-}, y_o^k = Y^k \lambda^k - s^{k+}, \lambda^k \geqslant 0, s^{k-} \geqslant 0, s^{k+} \geqslant 0$,其中, s^{k-} 和 s^{k+} 分别为投入冗余和产出不足。本文选取 Free Link 中间变量约束条件,保证投入产出连续性,建立投入产出效率测算模型:

$$
\rho_o^* = min \frac{\sum_{k=1}^{k} \omega^k [1 - \frac{1}{m_k}\left(\sum_{i=1}^{m_k} \frac{s_i^{k-}}{x_{io}^k} \right)]}{\sum_{k=1}^{k} \omega^k [1 + \frac{1}{r_k}\left(\sum_{r=1}^{r} \frac{s_i^{k+}}{y_{io}^k} \right)]}
$$

$$
s.t \begin{cases} x_o^k = X^k \lambda^k + s_i^{k-} \\ y_o^k = Y^k \lambda^k - s_i^{k+} \\ w^{(k,h)} \lambda^k = w^{(k,h)} \lambda^h \\ \sum_{k=1}^{k} \lambda^k = 1 \\ s_i^{k-}, s_i^{k+}, \lambda^k \geqslant 0 \end{cases}
\tag{2.4}
$$

其中，$\sum_{k=1}^{k} \omega^k = 1, \omega^k \geqslant 0$，$\omega^k$ 表示第 k 环节的权重，即对整体网络模型效率值的重要程度，由于本文只涉及经济生产和污染治理两个环节，故两环节的权重各取0.5；m_k 是投入变量数目，r_k 为产出变量数目。

根据Tone等人提出的非期望产出效率测算方法，定义第 k 环节的效率为：

$$\rho_k = \frac{1 - \frac{1}{m_k}\left(\sum_{i=1}^{m_k} \frac{s_i^{k-*}}{x_{io}^k}\right)}{1 + \frac{1}{r_k}\left(\sum_{r=1}^{r} \frac{s_i^{k+*}}{y_{io}^k}\right)} \tag{2.5}$$

式(2.5)中：s_i^{k-*} 和 s_i^{k+*} 分别为投入冗余和产出不足的最优解。

本文将低碳经济发展过程分解为经济生产环节和污染治理环节，经济生产环节中的经济效益作为期望产出，污染物排放作为非期望产出；同时，污染物排放在污染治理环节中作为投入，结合其他投入指标，实现污染治理目标。

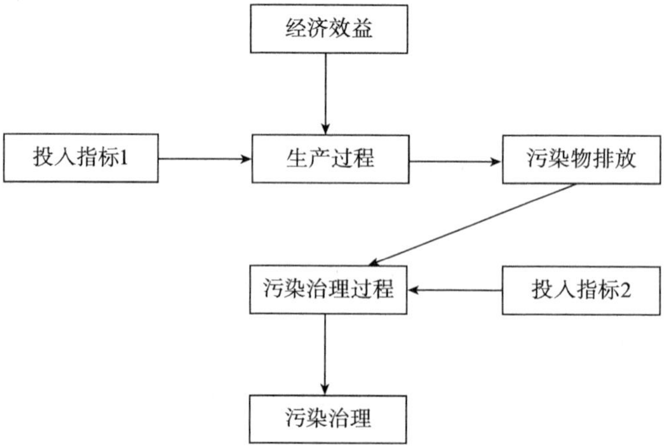

图2.3　基于网络超效率SBM－DEA低碳经济发展效率测度

2.2.3.2　指标选取与数据来源

本文选取的基础数据源于EPS数据库，时间跨度为2000—2018年，基于数据可得性，选取除西藏、港、澳、台地区外30个省（自治区、直辖市）样本数据。在参考文献基础上，结合经济发展系统特点选取相应的投入产出指标（见表2.9），并对变量数据进行合理化处理。

(1)经济生产阶段

经济生产阶段需要投入劳动力、资本、能源和科技,在生产过程中,将其转化为经济成果,获取经济效益。投入资源一部分转化为期望产出,另一部分转化为非期望产出。其中,投入指标包括劳动力、资本、能源和科技,期望产出为实际 GDP。

从业人员总数指人口中参加经济活动的人口数。我国规定在各级国家籍贯、政党机关、社会团体及企业和事业单位中工作,并取得相应劳动报酬的全部人员,称为"从业人员"。从业人员作为经济生产环节的劳动力投入,是经济发展过程中不可或缺的关键内容。

资本存量指经过资本投资过程形成于主体中的资本含量,是与流量概念相对应的存量概念。本文借鉴张军等(2004)研究方法,运用永续存盘法得到各地区 2000—2018 年资本存量的估计值,计算公式为:$K_{i,t} = K_{i,t-1}(1 - \alpha_{i,t}) + I_{i,t}$,其中 $K_{i,t}$ 为 i 地区 t 年基期资本存量,$K_{i,t-1}$ 为 i 地区 $t-1$ 年,即上年资本存量,$\alpha_{i,t}$ 是 i 地区 t 年的资本折旧率,$I_{i,t}$ 为 i 地区 t 年的固定资产投资总额,资本折旧率与固定资产投资总额指数均采用张军等(2004)的方法。

能源消耗指标用来反映能源消耗量,描述能源消耗量大小与种类。本文采用单位 GDP 能耗作为衡量能源消费指标,主要原因有:一是单位 GDP 能耗可以直接反映经济发展对能源的依赖程度,由能源消耗与 GDP 作商而来,单位 GDP 能耗越大,其依赖度越高,而且单位 GDP 能耗能够反映出经济与能源消费的强度关系,也就是单位社会财富所需消耗的能源数目;二是反映了产业结构、能源消费构成和能源利用效率等内容,这是由单位 GDP 能耗的影响因素决定的,不同经济增长方式下能源消耗量不同,单位 GDP 能耗也相对较高;三是单位 GDP 能耗能够得到社会能源超耗量,即(上年单位 GDP 能耗 - 本年单位 GDP 能耗)× 本年 GDP,若结果为正,表明本年较上年节能,若结果为负,表示本年较上年能耗升高。

科技支出反映用于科学技术方面的支出。科技支出包括多项内容,首先是科学技术管理事务方面的支出,包括行政运行(行政单位的基本支出)、一般行政管理事务(行政单位未单独设置项级科目的其他项目支出)、机关服务(行政单位提供后勤服务的各单位支出);其次是基础研究,包括机构运行、重点基础研究规划、自然科学基金、重大科学工程和专项技术基础等项目的支出；再次是应用研究（针对特定目标进行的研究支出）、技术研究与开发、科技条件与服务；最后是针对社会科学以及科学技术普及各项目的支出。在科学技术方面的支出越高，反映国家越重视科技发展，越有利于经济的创新与发展，因此将科技支出作为经济生产的投入指标之一。

GDP，指一定时期内一个国家或地区经济中所生产出的全部最终产品和劳务价值总和，等于总消费、投资、政府开支和净出口的加总，常被公认为衡量经济发展状况的最佳宏观经济指标。它不但可以反映出一个国家或地区的经济表现，也可以反映其国力与财富。首先，除资源国以外的绝大多数工业化国家，GDP 比较客观地反映了一定国家社会的发展水平和发展程度，以总额和百分比为计算单位，当增长数字为正时，表示该地区经济处于扩张阶段，反之，则处于衰退时期；其次，GDP 的本质是反映经济活动活跃程度的宏观指标，在一定条件下，活跃程度越高，社会经济系统运转表现越良好。GDP 又可分为名义 GDP 和实际 GDP，两者均可以表示国民生产总值和经济发展状况，但前者采用本期价格衡量本期产出或收入，后者采用既定基期价格衡量本期产出或收入，能够相对精确地表示本期产量成果。因此，本节采用实际 GDP 作为经济生产环节的期望产出指标。

（2）污染治理阶段

污染治理阶段是通过污染治理投资，运用一定的治污手段，达到污染治理目标的过程。

该阶段的投入指标包括环境污染治理和工业污染治理，产出指标包括工业废水处理、固废处理和生活污染处理。其中，经济生产阶段的非期望产出二氧化碳排放量，作为“中间桥梁”由经济生产环节进入污染治理环节，作为污染治理环节的非期望投入。

环境污染治理投资表明在治理环境污染方面的投资力度，反映了国家或地区对环境保护的重视程度。我国环境污染治理投资总额内容包括城镇环境基础设施建设投资，并增加了县城基础设施建设投资，使投资范围更精细化；燃气、集中供热以及排水投资表示我国非常看重居民的日常生活情况；园林绿化和市容环境卫生也是环境污染治理投资的重点内容，不仅反映了城市绿化建设程度,而且能够间接反映出居民日常生活环境状况;工业污染源治理投资和当年完成环保验收项目环保投资主要针对工业上污染源的治理力度和对环保项目的重视程度。所以将环境污染治理投资纳入污染治理环节中的投入指标,展现出国家在污染治理方面所做出的努力。

工业污染治理投资。环境污染治理投资能反映一个国家或地区对环境保护的重视程度,投资越高,说明重视程度越高。其中,工业污染治理完成投资具体包括用于污水处理及再生利用、污泥处置和垃圾处理设施、废气及固体废物的治污设施等。一直以来,工业生产所排放的污水、废气以及固体废物是导致环境污染的主要因素,也是制约低碳经济发展的重要方面。短期而言,工业污染治理投资能解决环境的燃眉之急,使环境污染得到及时控制及治理。长期而言,转变经济增长方式,调整产业结构,大力发展第三产业,才是治理工业污染的长久之计。而产业结构指标已在低碳经济发展系统中体现,所以我们选取"工业污染治理完成投资"指标,用来反映一个国家或地区的环境保护力度。

一般工业固体废物综合利用率,即一般工业固体废物综合利用量占工业固体废物产生量的百分比。一般工业固体废物是工业生产过程中排入环境的各种废渣、粉尘及其他废物,如高炉渣、钢渣、赤泥、有色金属渣、粉煤灰、煤渣、硫酸渣、废石膏、脱硫灰、电石渣、盐泥等废物。如果废物综合利用率高,说明排放到环境的废物量就少,对环境的危害程度就会降低,达到了节能环保的目的,迎合了低碳经济发展的内在需求。反之,如果废物利用率低,则排放到生态环境的废物量增多,环境污染程度便严重,这无疑背离了低碳经济的发展要求。因此,我们将"一般工业固体废物综合利用率"纳入低碳经济环境系统,以度量固体废物对环境的影响。

生活垃圾无害化处理率(%),是指无害化处理的生活垃圾数量占市区生活垃圾总量的百分比。随着工业化与城镇化进程的发展,城市人口不断增加,城市生产和消费日益增强,生活垃圾量也持续增多,不少地区出现"垃圾围城"现象。未经科学处理的垃圾是一项重大污染源,对经济社会的和谐发展产生了严重影响。在绿色发展的视角下,发展低碳城市对城市生活垃圾管理提出了更高更好要求,因此,生活垃圾的无害化处理在低碳城市建设中显得至关重要。

表 2.9 投入产出指标及变量说明

阶段	指标	模型变量	变量描述说明
经济生产阶段	投入指标	劳动力	从业人员总数/人
		资本	资本存量/亿元
		能源	单位 GDP 能耗/万吨标准煤
		科技	科技支出/亿元
	产出指标	经济	国内生产总值/亿元
中间变量			二氧化碳排放总量/万吨
污染治理阶段	投入指标	环境污染治理	环境污染治理投资总额/亿元
		工业污染治理	工业污染治理完成投资/亿元
	产出指标	固体处理	一般固体废物综合利用量/万吨
		生活污染处理	生活垃圾无害化处理率/%

2.2.3.3 中国低碳经济发展水平时空演变

本节从时序和空间两个角度分析中国低碳经济发展水平及各阶段效率，测度低碳经济发展水平，研究不同地区间各效率差异，并利用图表直观展示分析结果。

（1）低碳经济发展水平时序分析

如图 2.4 所示，2000—2018 年，中国低碳经济发展效率、经济生产效率和污染治理效率均呈现出先下降、后上升的发展态势，以 2007 年为拐点，2007 年以前，三者均表现出整体下降、局部波动的特点，2007 年以后整体稳步上升。

2000—2018 年，中国低碳经济发展效率处于 0.5 至 0.7，整体状态一般，说明在投入劳动力、资本和能源等要素基础上，通过利用先进低碳技术促进低碳经济发展的空间较大。2000—2007 年，低碳经济发展效率虽然在 2002 年和 2004 年短暂上升，但整体呈下降趋势，而 2008—2018 年，中国低碳经济发展水平逐步提高。这是由于在 2007 年之前，中国制订了多个五年计划，尤其是 2001—2005 年的“十五”计划，确立了以经济结构的战略性调整作为主线，并在国家政策的有利支持下，经济一直保持高速增长。虽然在国际上中国不断融入世界经济体系，国内基本建立起市场经济体制，但是随着资源分配不均，经济社会可持续发展受到阻碍。此外,2000—2007 年是中国工业化中后期阶段,“高污染”“高能耗”产业快速发展,导致能源过度开采、环境污染日益严重,这种粗放型生产方式不仅降低了环境污染承载力,还降低了低碳经济发展效率,严重阻碍了经济可持续发展。自 2007 年以来,经济增长速度不断减慢,逐渐向经济可持续发展靠拢。同时,政府加强了环境污染管控,加大污染治理力度,并且在五年计划中,明确提出减排目标,将降低能源消耗和污染物排放作为社会经济发展评价指标。

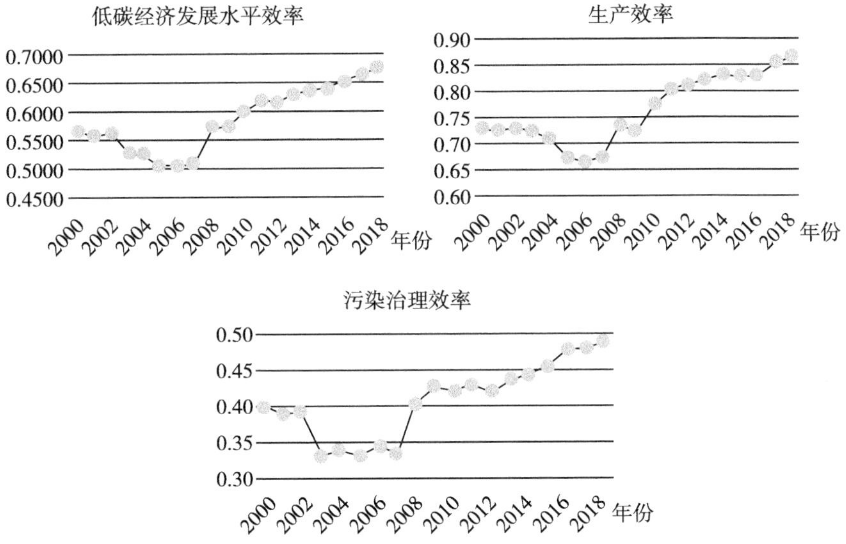

图 2.4　2000—2018 年中国低碳经济发展水平及各阶段效率演变

(2)低碳经济发展空间格局

选取超效率 SBM – DEA 模型,测度 2000—2018 年中国区域低碳经济发展水平结果如表 2.10 所示。

表 2.10　2000—2018 年中国 30 个省份低碳经济发展效率、经济生产效率和污染治理效率的均值及均值排名

省份	经济发展效率均值	均值排名	经济生产效率均值	均值排名	污染治理效率均值	均值排名
北京	0. 7015	6	0. 8838	9	0. 5191	3
天津	0. 7117	5	1. 0166	4	0. 4068	15
河北	0. 5886	13	0. 8294	11	0. 3477	20

续表

省份	经济发展效率均值	均值排名	经济生产效率均值	均值排名	污染治理效率均值	均值排名
山西	0.5021	22	0.6704	20	0.3338	21
内蒙古	0.4632	26	0.5231	28	0.4033	16
辽宁	0.5110	21	0.7126	16	0.3093	25
吉林	0.5005	23	0.6829	18	0.3180	23
黑龙江	0.4318	28	0.6757	19	0.1879	27
上海	0.7246	4	0.9540	5	0.4952	5
江苏	0.7931	2	1.1538	1	0.4325	11
浙江	0.6578	9	0.8945	8	0.4211	12
安徽	0.5677	16	0.6918	17	0.4437	10
福建	0.5843	14	0.7682	13	0.4003	17
江西	0.6413	10	0.7748	12	0.5078	4
山东	0.6652	8	1.0200	3	0.3105	24
河南	0.5570	17	0.7443	15	0.3696	19
湖北	0.5916	12	0.9082	11	0.2749	26
湖南	0.5199	19	0.8538	10	0.1860	28
广东	0.7623	3	1.1071	2	0.4176	13
广西	0.4594	27	0.5200	29	0.3988	18
海南	1.0264	1	0.5712	27	1.4817	1
重庆	0.5884	14	0.7614	14	0.4153	14
四川	0.6937	7	0.8969	7	0.4904	6
贵州	0.5192	20	0.5737	26	0.4647	8
云南	0.4807	25	0.5043	30	0.4570	9
陕西	0.4240	29	0.6623	21	0.1857	29
甘肃	0.4807	24	0.6401	24	0.3213	22
青海	0.5954	11	0.6606	22	0.5302	2
宁夏	0.5533	18	0.6287	25	0.4778	7
新疆	0.3998	30	0.6438	23	0.1557	30

如表 2.10 所示，2000—2018 年，北京、天津、上海、江苏、广东、海南 6 个省份的低碳经济发展效率超过 0.7，大部分处于沿海发达地区，经济实力雄厚，低碳经济水平较高，环保力度较大，经济发展的同时兼顾污染物的排放和治理；其

中海南省通过大力发展旅游环保产业，以环境污染防治能力的一己之力拉高整个低碳经济发展效率，实现了低碳经济的超效率发展，也是唯一效率超过 1 的省份，居于全国首位。内蒙古、黑龙江、云南、陕西、甘肃和新疆的低碳经济发展效率均低于 0.5，这些地区大部分属于内陆经济相对落后地区，生产技术水平、资源利用率不高，低碳经济发展水平较低；黑龙江属于重工业省份，污染物排放量高，环境污染治理水平过低，造成整体低碳经济发展效率的偏低。其余 18 个省份的低碳经济发展效率处于 0.5 与 0.7 之间，整体发展效率不容乐观。

从经济生产效率来看，所有省份均超过 0.5，表明我国自 2000 年以来，国民经济生产效率稳定上升。其中，天津、江苏、山东和广东 4 个省份的低碳经济发展效率超过了 1，实现了经济生产的超效率发展，这些省份全部来自沿海发达地区，具有独特的地理优势，交通便利，并通过不断发展科学技术和引进创新型人才，经济生产水平在全国居于前列；北京、河北、辽宁、上海、浙江、福建、江西、河南、湖北等 12 个省份的经济生产效率超过了 0.7，也实现了经济良好发展；其余省份介于 0.5 与 0.7 之间，全国排名靠后，在经济生产中需要借鉴其他省份的优秀经验，高效利用自身发展条件，改善生产模式，进一步提高生产能力。绝大多数地区在污染治理方面的效果欠佳。其中，海南省环境污染治理效率最高，超过 1，实现超效率发展，这离不开海南政府对生态环境治理的重视，海南省早在"九五"期间投入 4.42 亿元用于污染治理，控制主要污染物排放总量在国家下达的指标内，工业固体废物实现零排放，并于 2018 年成立生态环境六大专项政治联合指挥部，加强生态文明建设。污染治理效率超过 0.5 的仅有北京、江西和青海 3 个省份，北京作为首都城市，是贯彻落实生态环境保护的主要城市，江西和青海发展相对落后，污染排放量相对较低，污染治理效果相对明显。其余地区的污染治理效率全部低于 0.5，整体效率较差。不难发现，经济生产效率高于 0.7 的地区有 16 个，而污染治理效率超过 0.5 的仅有 4 个，这说明经济生产效率和污染治理效率之间具有明显的不平衡发展态势，各个地区的低碳经济发展水平存在较大差异。

按照上文两种地理分区，分别得到不同地域的低碳经济发展水平。如表 2.11 所示，2000—2018 年我国东部地区低碳经济发展效率为 0.7024，低碳经济发展水平最高；中、西部地区低碳经济发展效率状态一般，且差别不大。从各阶段来看，我国东部地区经济生产效率为0.9010，污染治理效率为0.5038；中部地区分别是0.7502和0.3277；西部地区经济生产效率最低，只有0.6377，污染治理效率为0.3909。东部发达地区依靠优越的地理位置、较高的科技水平和先进的治污技术等优势，不仅实现了经济的高速增长，而且做到了能源高效利用，环境污染治理效果相对显著。而欠发达的中、西部地区，因交通阻塞、资源相对匮乏以及“高能耗”“高污染”的生产模式等因素，导致经济生产效率一般，环境污染治理水平较低。

从六大地理区域来看，如表2.11所示，2000—2018年中国低碳经济发展效率平均值较高区域逐渐由北部沿海地区向中南腹地、华北地区扩散，即沿海向黄河中游、长江中游由高逐渐降低；西南地区低碳经济发展效率一般；东北地区和西北地区效率状态较低，均低于0.5。华东地区的经济生产效率平均值为0.9275，在六大区域里位居第一，污染治理效率为0.4279，状态一般；华北地区分别为0.8500和0.4019，经济生产效率较高，环境污染治理水平一般；中南地区分别是0.7841和0.5214，经济生产效率良好，污染治理水平最高；上述三大地区均属于相对发达地区，其通过区位优势、积极引进先进科学技术和创新型人才，实现经济快速增长，并配合先进的治污技术和环保手段，提高能源利用率，减少污染物排放。而相对欠发达的东北、西南和西北地区，经济生产效率均值都低于0.7，经济发展水平相对偏低，这是由于科技水平落后、能源结构不合理等因素导致的；西南地区重视轻工业的发展，污染物排放量相对偏少，因此污染治理效率状态良好；东北地区由于粗放型的生产模式，能源利用率低等原因，导致污染治理效率只有0.3046；西北地区经济发展环境恶劣，基础设施落后，以旅游业为主，经济发展限制条件多，经济生产水平低下，脆弱的生态环境和各项政策落实不到位导致环境污染治理效率状态差。

综上所述，我国各个地区低碳经济发展水平存在较大差异，整体呈现出沿海发达地区高于中南地区、西南地区高于西北和东北地区的空间格局。经济生产效率总体高于污染治理效率，发展态势不平衡，其中，发达地区通过对资源的有效利用、先进的科学技术以及政策落实到位等因素，实现经济快速发展，积极研究新能源，优化能源结构等有效控制污染物排放；欠发达地区因交通阻塞、

“高污染”“高能耗”的生产模式、能源结构不合理等原因,导致资源过度消耗、经济生产和污染治理水平相对偏低。

表 2.11　2000—2018 年中国东中西部地区经济发展及各阶段效率平均值

地区	经济发展效率	经济生产效率	污染治理效率
东部	0.7024	0.9010	0.5038
中部	0.5390	0.7502	0.3277
西部	0.5143	0.6377	0.3909

表 2.12　2000—2018 年中国六大地理区域经济发展及各阶段效率平均值

地区	经济发展效率	经济生产效率	污染治理效率
华北地区	0.6260	0.8500	0.4019
东北地区	0.4766	0.6486	0.3046
华东地区	0.6777	0.9275	0.4279
中南地区	0.6528	0.7841	0.5214
西南地区	0.5705	0.6841	0.4569
西北地区	0.4906	0.6471	0.3342

本章小结

本章在经济高质量发展、绿色经济体系、绿色制造业等经济发展背景下,结合可持续发展和绿色发展等理念,从多个角度详细阐述低碳经济概念。为分析现阶段我国低碳经济发展现状,本章以我国能源消费与二氧化碳排放量为对象,分别研究两者的时序变化和区域发展格局。我国二氧化碳排放量以 2011 年至 2012 年为界,在此之前不断上升,在此之后趋于稳定,且华东地区和西北地区的二氧化碳排放量在 2000 年至 2018 年仍处于不断上升的趋势,而西南地区的二氧化碳排放量有下降的趋势,其他省份或地区均呈现出到达临界点后趋于稳定的状态。为更加准确地测度我国低碳经济发展水平,本章最后一节采用网络超效率 SBM - DEA 方法,测度我国低碳经济发展效率以及生产阶段和污染治理阶段的效率,结果表明,我国低碳经济发展以 2007 年为界,在此之前,低碳经济发展效率逐渐降低,在此之后,则逐渐升高;而且我国低碳经济发展地区差异明显，整体呈现出由沿海发达地区向两河中游地区、内陆欠发达地区扩散的空间格局。

参考文献

[1]王育宝，陆扬，王玮华．经济高质量发展与生态环境保护协调耦合研究新进展[J]．北京工业大学学报(社会科学版)，2019(5)：84－94.

[2]杨平宇，刘昊．构建绿色发展经济体系推进高质量发展[J]．经济研究参考，2019(10)：59－70.

[3]李干杰．以习近平新时代中国特色社会主义思想为指导奋力开创新时代生态环境保护新局面[J]．环境保护，2018(5).

[4]黄静，田昭，贺立龙．制造业国际转移：动力因素及变迁[J]．财经科学，2017(2)：122－132.

[5]岳鸿飞，徐颖，吴璘．技术创新方式选择与中国工业绿色转型的实证分析[J]．中国人口·资源与环境，2017(12)：196—206.

[6]张峰，薛惠锋，史志伟．资源禀赋、环境规制会促进制造业绿色发展？[J]．科学决策，2018(5)：60－78.

[7] TONE K , TSUTSUI M. Network DEA：A Slacks－based Measure approach [J]. European Journal of Operational Research，2009，197(1)：243－252.

[8] FUKUYAMA H, MIRDEHGHAN SM. Identifying the efficiency status in network DEA[J]. European Journal of Operational research，2012，220：85－92.

[9]贾登勋，黄杰．低碳经济发展效率的区域差异及影响因素研究[J]．兰州大学学报(社会科学版)，2014，42(4)：113－119.

[10]雷明，虞晓雯．我国低碳经济增长的测度和动态作用机制：基于非期望DEA和面板VAR模型的分析[J]．经济科学，2015(2)：44－57.

[11]李婧，朱承亮，安立仁．中国经济低碳转型绩效的历史变迁与地区差异[J]．中国软科学，2013(5)：167－182.

[12]]钱争鸣，刘晓晨．我国绿色经济效率的区域差异及收敛性研究[J]．厦门大学学报(哲学社会科学版)，2014(1)：110－118.

[13]顾剑华. 中国低碳经济增长效率的空间格局与演变趋势[J]. 西部论坛,2017,27(2):39 – 48.

[14]郑宝华,刘东皇. 我国区域间低碳经济效率影响因素分析[J]. 统计与决策,2017(20):144 – 146.

[15]李静,倪冬雪. 中国工业绿色生产与治理效率研究:基于两阶段 SBM 网络模型和全局 Malmquist 方法[J]. 产业经济研究,2015(3):42 – 53.

[16]涂正革,谌仁俊. 传统方法测度的环境技术效率低估了环境治理效率? ——来自基于网络 DEA 的方向性环境距离函数方法分析中国工业省级面板数据的证据[J]. 经济评论,2013(5):89 – 99.

[17]王兵,罗佑军. 中国区域工业生产效率、环境治理效率与综合效率实证研究:基于 RAM 网络 DEA 模型的分析[J]. 世界经济文汇,2015(1):99 – 119.

[18]邓光耀,张忠杰. 基于网络 SBM – DEA 模型和 GML 指数的中国各省工业用水效率研究[J]. 自然资源学报,2019,34(7):1457 – 1470.

[19]张军,吴桂英,张吉鹏. 中国省际物质资本存量估算:1952—2000[J]. 经济研究,2004(10):35 – 44.

第3章

中国碳排放总量与强度测度及时空演化

随着全球化的发展，环境问题日益突出，碳排放问题备受全球各国关注。而我国自改革开放以来，在经济高速增长的同时，二氧化碳排放量也伴随着能源的使用快速增长，从1980年到2001年，二氧化碳排放速度按每年5.2%增长。2001年以后增长趋势更加明显，比例急剧上升。按照2009年国际能源署最新公布的数据，中国2007年二氧化碳排放总量为60.71亿吨，占到了世界总排放量的22.70%，已经超过美国，成为碳排放第一大国。2009年，中国以负责任的大国形象在哥本哈根气候变化大会前夕，向世界作出承诺：到2020年我国单位GDP二氧化碳排放比2005年下降40%~45%。

碳减排政策的实施目标分为两类：一类是碳减排目标总量约束，即减少二氧化碳排放总量；另一类是碳减排目标强度约束（张有国、郑玉歆，2013），即降低二氧化碳排放强度。碳强度（carbon intensity）是指每单位GDP排放的二氧化碳排放量。欧美一些发达国家主要实施以总排放量为约束条件的碳减排政策，通过碳税、碳排放交易等市场化措施来达到减少碳排放总量的目的。以中国和印度为代表的发展中国家主要以单位GDP碳排放即碳强度作为约束条件实施碳减排政策，通过对碳排放行业实施行政干预措施来实现碳强度目标。在市场化程度高的发达国家，总约束减排目标通常是通过市场化措施来实现的；而在市场化程度低的发展中国家，约束减排强度目标主要是通过政府行政干预措施来实现的。在碳强度降低目标的约束下，政府通过行政控制措施主动降低碳强度值（Fischer and Springborn, 2011；赫尔佐格等，2006）。基于碳强度约束的政府行政减排措施不一定能达到绝对减少碳排放的目标，但对于发展中国家来说,这是一种承担减排义务的方式,符合发展中国家的实际经济发展。目前,中国还没有完全建立以市场为基础的碳交易或碳排放税减排机制,因此中国政府一般采取行政干预措施来实现减排任务以满足国际社会减排目标。

为了实现碳减排的国际承诺,中国将单位 GDP 二氧化碳排放下降作为约束性指标纳入五年规划,并将全国目标向地区分解落实并实施考核,通过采取调整产业结构、优化能源结构、节能提高能效、推进碳市场建设、增加森林碳汇等一系列措施,取得显著成效。截至 2019 年底,中国碳强度较 2005 年降低约 48.1%,非化石能源占一次能源消费比重达 15.3%,中国对外承诺的碳减排目标 2020 年提前完成。

本节将在绿色发展视角下测度我国 31 个省份 2000—2018 年碳排放水平与碳强度,从时间和空间两个维度分析碳排放总量与碳强度的时空动态演变趋势,并基于 LMDI 模型对我国碳排放增长的驱动因素进行分解,进而有针对性地根据影响我国碳排放与碳强度的因素提出碳减排的政策性建议。

本章从国家级、区域级及省市级三个层面分别探讨了我国碳排放总量与碳强度的时空演变及驱动因素。

3.1 理论机制

3.1.1 标准差椭圆

为了更为直观地分析我国碳排放总量与碳强度空间动态演进情况,通过 Arcgis 软件测算出我国碳排放总量与碳强度分布的标准差椭圆,对我国碳排放总量与碳强度空间集聚的区位特征及动态演进展开分析,标准差椭圆生成过程如下。

第一,利用算数平均中心来计算椭圆圆心:

$$SDE_x = \sqrt{\frac{\sum_{i=1}^{n}(x_i - \bar{X})^2}{n}};SDE_y = \sqrt{\frac{\sum_{i=1}^{n}(y_i - \bar{Y})^2}{n}} \tag{3.1}$$

第二,确定椭圆方向,以 x 轴为准:

$$\tan\theta = \frac{\left(\sum_{i=1}^{n} \bar{x}_i^2 - \sum_{i=1}^{n} \bar{y}_i^2\right) + \sqrt{\left(\sum_{i=1}^{n} \bar{x}_i^2 - \sum_{i=1}^{n} \bar{y}_i^2\right) + 4\left(\sum_{i=1}^{n} \bar{x}_i \bar{y}_i\right)^2}}{2\sum_{i=1}^{n} \bar{x}_i \bar{y}_i} \tag{3.2}$$

第三,确定 XY 轴长度:

$$\sigma_x = \sqrt{2}\sqrt{\frac{\sum_{i=1}^{n} (\bar{x}_i\cos\theta - \bar{y}_i\sin\theta)^2}{n}};\sigma_y = \sqrt{2}\sqrt{\frac{\sum_{i=1}^{n} (\bar{x}_i\cos\theta + \bar{y}_i\sin\theta)^2}{n}} \tag{3.3}$$

其中,SDE_x 与 SDE_y 即标准差椭圆的圆心,θ 为旋转角度,σ_x 与 σ_y 分别为 x 轴与 y 轴的长度,x_i 和 y_i 即第 i 个省份的空间位置坐标,$\bar{X}$ 和 $\bar{Y}$ 为算数平均中心,$\bar{x}_i$ 和 $\bar{y}_i$ 为平均中心与坐标的差,n 表示总数量。

3.1.2 LMDI 法

指数分解分析法(IDA)起源于20世纪70年代,主要包括两种方法:Laspeyres 指数分解分析和 Divisia 指数分解分析。Divisia 指数主要包括算术平均 Divisia 指数法(AMDI)和对数平均 Divisia 指数法(LMDI),其中 LMDI 的分解结果最为稳健,应用也最为广泛。与 LMDI 相比,AMDI 有两个缺点:一是在某些情况下会产生较大的残差项,二是不能解决数据集的零值问题。LMDI 方法因其优良的特性,已被广泛运用在碳排放和能源消耗等方面的分解中。本章将在扩展后的 Kaya 恒等式的基础上构建加法形式的 LMDI 模型,对我国碳排放总量进行因素分解,具体表现形式如下:

$$\Delta C = C^t - C^{t-1} = \Delta C_p + \Delta C_d + \Delta C_i + \Delta C_f + \Delta C_e \tag{3.4}$$

其中,C^t 为 t 年的碳排放总量;C^{t-1} 为 $t-1$ 年的碳排放总量;ΔC 为 t-1 年至 t 年的碳排放增量;ΔC_p 指由人口规模变化导致的碳排放的变化量,记作人口规模效应;ΔC_d 指由经济发展水平变化导致的碳排放的变化量,记作经济发展效应;ΔC_i 指由产业结构变化导致的碳排放的变化量,记作产业结构效应;ΔC_f 指由能源利用效率变化导致的碳排放的变化量。能源利用效率的变化,主要将其归结于技术进步,故记作技术进步效应;ΔC_e 指由能源结构变化导致的碳排放的变化量,记作能源结构效应。

3.2 碳排放总量与碳强度测度

3.2.1 碳排放总量测度

3.2.1.1 碳排放总量测度方法选择

从中国现有的文献来看,中国尚未公布各省份的二氧化碳排放数据,所以要研究中国低碳经济这一重要课题,估算中国的二氧化碳排放量就成为一个必须认真对待的问题。但是在现有文献中很少有详细介绍碳排放量估算方法的,这使得研究者在研究碳排放的过程中所使用的数据偏差比较大。因此,一个完整而详细的碳排放量估算方法是我们必须认真考虑的问题。

CO_2排放源分为两大类,一类是自然环境的排放;另一类是人类生产活动所产生的二氧化碳,土壤、森林、海洋等是自然环境排放的来源,人们的各种生产活动是人为因素产生的排放来源,本文主要研究的是人为产生的二氧化碳。人类生产活动产生的 CO_2 等温室气体大部分还是来自化石燃料的利用和燃烧,国际有关部门对化石能源的消费进行了一些方面的统计,大量化石能源的燃烧利用导致的 CO_2 占世界上二氧化碳排放总量的95%还要多。对于各省份的碳排放量,没有官方直接公布的数据,因此相关研究有的是自己估计,有的学者则是采用权威机构提供的数据,根据目前学者们的研究来看,估算二氧化碳排放量的方法有模型估算法和指数估算法。

1992年,联合国政府间气候变化框架公约谈判委员会在联合国总部通过了《联合国气候变化框架公约》(以下简称《公约》),踏出人类应对气候变化挑战的重要一步。1995年至2013年,《公约》缔约方共举办了19次会议。根据《公约》第四条规定,所有缔约方根据“共同但有区别责任”原则,均有义务用可比方法定期编制、更新和公布《蒙特利尔议定书》未予管制的所有温室气体的不同排放源的人为排放与清除清单,即国家温室气体清单。

为了方便各国的清单估算结果具有透明性、一致性和可比性,IPCC编制了《国家温室气体清单排放》,并在1997年做了进一步的更新。该清单包括能源、工业过程及产品、农林业及其他土地利用、废弃物4类排放源的指南。IPCC在

《国家温室气体清单排放(1995)》中对能源部口排放的定义为每一单位化石燃料燃烧所产生的 CO_2 排放量乘以化石燃烧的消费量,通过排放量计算公式就可得到化石燃料燃烧消费量所产生的 CO_2 排放量。虽然这一计算方法在估算 CO_2排放量中得到了广泛的认同,但是在一些特定计算 CO_2 排放过程中,需要使用比这个方法复杂得多的方法才能相对准确地计算出 CO_2的排放量。

目前,主流机构能源燃烧排放的 CO_2计算方法主要有以下四种。

第一种:C 碳排放量计算方法。

UFCCC 的温室气体排放数据是依据各国提交的温室气体排放清单数据,包括 CO_2、CH_4、N_2O 的数据。其中计算 CO_2排放的方法是依据 IPCC 指南介绍的方法,分为基准方法和部口方法。基准方法是针对能源燃烧的计算方法,计算步骤为:

(1)估算消耗的化石燃料数量;

(2)燃料单位的转换;

(3)扣除燃料中用于生产长期固碳材料(原料)的碳量;

(4)乘以氧化系数来与燃料中没有被氧化部分的碳进行折算;

(5)将碳转换为 CO_2并求出所有燃料总和。

计算公式为:

$$C_i = \frac{(E_i \times CF_i \times c_i \times 0.001 - EC_i) \times OF_i \times 44}{12} \tag{3.5}$$

式(3.5)中,C_i 为燃料 i 的 CO_2排放量;E_i 为燃料 i 的年消耗量;CF_i 为燃料 i 的能量转换系数;c_i 为燃料 i 的平均含碳量;EC_i 为燃料 i 扣除的碳量;OF_i 为燃料 i 的氧化系数;。

第二种:CDIAC 的碳排放量计算方法。

目前,CDIAC 统计了全球 2% 个国家和地区的碳排放数据。CDIAC 统计的 CO_2排放数据主要指的是固体燃料、液体燃料、气体燃料的 i 化排放,W 及水泥制造和废气燃烧产生的 CO_2。其针对能源燃烧排放的 CO_2计算公式为:

$$C_i = E_i \times OF_i \times c_i \tag{3.6}$$

其中,C_i 为燃料 i 的 CO_2排放量;E_i 为燃料 i 的年消耗量;OF_i 为燃料 i 的氧化系数;c_i 为燃料 i 的平均含碳量。

第三种:EIA 的碳排放计算方法。

EIA 搜集了自 1971 年至今不同燃料类型和不同部口能源利用的 C& 排放数据,包括 140 多个国家和地区。他采用的是 IPCC 的基准方法和部 n 方法,并针对能源部口做了一定修止。EIA 将直接排放的碳源分为四个步骤:

(1)识别能源排放的类型;

(2)确定碳排放系数及能源消耗总量;

(3)通过上述两个步骤得出的值确定能源的碳氧化率;

(4)将燃烧排放的净碳排放量转化为 CO_2 排放量。

计算公式为:

$$E_i = FC_i \times CECO_i \times 0.99 \times 3.67 \tag{3.7}$$

其中, E_i 为 CO_2 排放量; FC_i 为能源消耗量; $CECO_i$ 为碳排放系数;0.99 为氧化系数;3.67 为净碳转换系数。

第四种:WRI 的碳排放计算方法。

WRI 界定的温室气体排放范围包括《京都议定书》认定的 6 种温室气体,数据包括累计排放、现状排放、排放预测等,主要以 CO_2 排放为主。其 CO_2 排放不仅包括了能源利用产生的 CO_2 排放,还考虑了土地利用变化和林业对碳排放的影响。WRI 计算 CO_2 排放的方法主要是依据 IPCC 的基准方法。WRI 认为不同的企业和部口需要根据自身的性质采用不同的计算工具。WRI 将碳排放计算工具分为两类:一类是跨行业工具,可用于不同行业,包括固定燃烧、移动燃烧、用于冷藏与空调的氨气碳化物消耗的计算,W 及与此有关的测量和估算的不确定性;另一类是特定行业工具,用于计算特定行业的排放量,如燃煤发电、钢铁、水泥、石油、天然气、造纸与纸浆及基于办公室工作的行业。

3.2.1.2　碳排放总量测度

本文采用表面能源消费量估算法(属于物料衡算法的一种)进行 2000—2018 年中国的碳排放总量的估算和不同分类依据下(具体分为省份、行业、城乡)碳排放量的估算,参考了 2006 年 IPCC 公布的碳排放计算方法与参数。在计算时,将各种能源消费数量的终端能源消费类(标准统计量)乘以各自的碳排放系数,可得到各种能源消费的碳排放数量,最后将各种能源的碳排放量简单加总即可得到某个分类下(或省份、部门、行业等)的二氧化碳排放总量。值得注意的是,在以往大量的碳排放计算中,均采用终端能源消费量(实物统计量)乘以相应折标准煤系数的方法折算成标准统计量,而本文直接采用2001—2018年《中国能源统计年鉴》中的终端能源消费量(标准统计量),具体公式如下:

$$CE = \sum_{i}^{m} \sum_{j}^{n} F_{ij} \times CV_j \times CCF_j \times COF_j \times (\frac{44}{12}) \tag{3.8}$$

其中,$i=1,2,\cdots,m$,表示;$j=1,2,\cdots,n$,表示能源种类,CE 为能源消费碳排放总量(万吨);F 为终端化石能源消费量(万吨或亿立方米,不包括用于产品制造原料的消费量),数据来自《中国能源统计年鉴》(2000—2017);CV 为平均低位发热值(千焦/千克或千焦/立方米),来自《中国能源统计年鉴》(2013);CCF 为燃料的碳含量(千克/106 千焦),来自《2006 年 IPCC 国家温室气体清单指南》;COF 为碳氧化率,来自《中国省级温室气体清单编制指南》;44 和 12 分别表示 CO_2分子量和 C 原子量。

该公式同样可以简化为:

$$CE = \sum_{i}^{m} \sum_{j}^{n} F_{ij} \times Coefficient(CO_2)_j$$

其中 $i=1,2,\cdots,m$,表示;$j=1,2,\cdots,n$,表示能源种类;CE 为能源消费碳排放总量(万吨);F 为终端化石能源消费量(万吨或亿立方米,不包括用于产品制造原料的消费量),数据来自《中国能源统计年鉴》(2000—2017);$Coefficient(CO_2)$代表该种化石能源的二氧化碳排放系数,二氧化碳排放系数指的是单位化石能源在燃烧或使用过程中产生的二氧化碳排放量,根据 IPCC 的假定,基本可以认为每种化石能源的二氧化碳排放系数是不变的,其计算方法即为第一个二氧化碳排放量计算公式中的 $CV_j \times CCF_j \times COF_j \times (\frac{44}{12})$,值得注意的是,在计算过程中的单位转换十分重要。在下文对二氧化碳排放量进行测算时,会首先整理相应分类依据下所需化石能源的计量单位、CV(平均低位发热值,单位为千焦/千克或千焦/立方米)、折标准煤系数、CCF(燃料的碳含量,单位为千克/106 千焦)、COF(碳氧化率);其次对各种化石能源的二氧化碳排放系数进行计算;最后根据化石能源对应的终端能源消费量(标准统计量)与二氧化碳排放系数相结合得到该行业/省/城乡的该种化石能源的二氧化碳排放量。

为保证估算结果的合理性和准确性,本文将碳排放依照三个依据进行分类,分别为工业分行业、分省份和分城乡(商品能源),每个分类下根据实际掌握的数据和计算的可行性、有效性的不同,其合计门类下的化石能源的数量与类型也有不同。

3. 2. 1. 3　碳强度测度

本文碳强度测度采用的计算方法为碳强度等于二氧化碳排放量与 GDP 的比值,公式简化为:

$$C = \frac{CO_2}{GDP} \tag{3.9}$$

其中,C 代表碳强度水平,亦即二氧化碳排放强度,量化指标为大于 0 的自然数。CO_2代表二氧化碳排放量,量化指标采用上一章计算的数值,由于部分数据空缺,这里主要采用的是全国分省份的二氧化碳排放量和全国工业分行业(三大类,即采掘业、制造业、煤气及水生产和供应业)的二氧化碳排放量数据。GDP 代表中国各省份或工业三大类各自对应的 GDP。

3. 3　碳排放与碳强度时间动态演变分析

3. 3. 1　全国视角

依据上述方法测度出我国 2000—2018 年碳排放量与碳强度,由图 3. 1 可知,2000—2018 年我国碳排放量呈现逐年上升的趋势,碳排放总量由 2000 年的 414001. 41 万吨上升为 2018 年的 1257001. 95 万吨,18 年碳排放涨幅为 203. 62% ,即 2018 年我国碳排放总量约为 2000 年我国碳排放总量的 3 倍。虽然我国碳排放量在持续增长,但是我国碳强度却在逐年下降,尤其是自 2009 年以后中国在哥本哈根气候变化大会做出减排承诺后,我国碳强度便开始有了较大幅度的下降。自 2009 年以来,我国碳强度由 1. 94 吨/千美元变化为 2018 年的 1. 05 吨/千美元,降幅为 -45. 97% 。这说明虽然随着经济发展与我国工业化发展的需要,我国碳排放量在持续增长,但是自 2009 年我国向世界做出减排承诺后,一直积极出台相关碳减排政策,实施了一系列碳减排措施,碳强度大幅度降低,取得了显著成效。

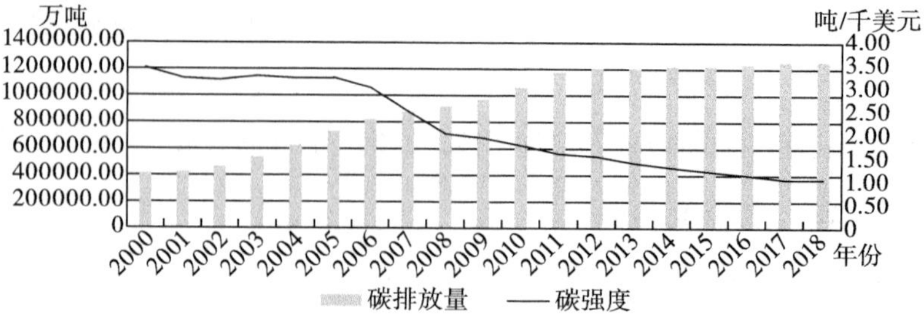

图 3.1　2000—2018 年我国碳排放量与碳强度变化趋势

3.3.2　区域视角

从图 3.2 可以看出,2000—2018 年来,我国东中西部地区的碳排放总量皆呈现为逐年上升的趋势,从碳排放量的绝对值来看,东部地区碳排放量最高,中部地区次之,西部地区最低。这是因为不论是经济发达度、工业化程度还是城市化进程,东部地区都高于中部地区和西部地区,故而东部地区整体的碳排放总量皆高于中西部地区;但从碳排放量的变化幅度来看,2000—2018 年东中西部地区碳排放量的涨幅分别为 186.53%、158.62%及 311.76%,2009—2018 年东中西部地区的碳排放量的涨幅分别为 24.31%、22.89%、47.31%。西部地区碳排放总量的增幅是最高的,其 2018 年碳排放量是 2000 年的近 4.0 倍,是 2009 年的近 1.5 倍。18 年来东部地区与中部地区碳排放总量的增幅虽然分别高达 186.53%与 158.62%,但是其增幅皆低于全国平均水平,且 2009—2018 年 10 年增幅皆为 20%左右。这表明虽因经济发展程度等原因,东部地区碳排放总量居三大经济区首位,但西部地区的碳排放总量增幅却远高于东部地区。自 2009 年以来,东中西部地区碳排放总量的增量皆大幅度下降,我国三大经济区碳排放总量的增速得到有效控制。

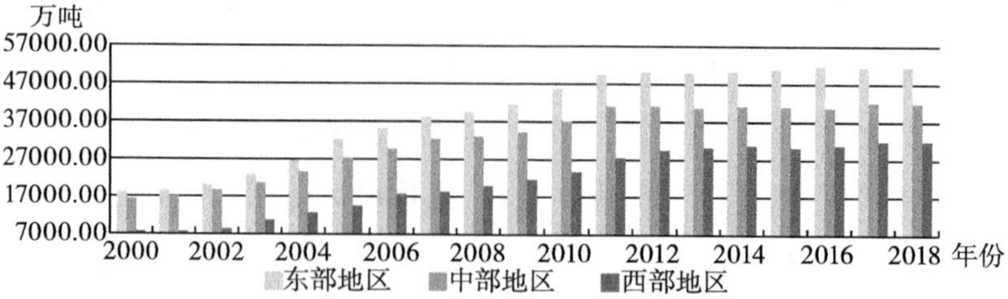

图 3.2　2000—2018 年我国碳排放量分区域变化趋势

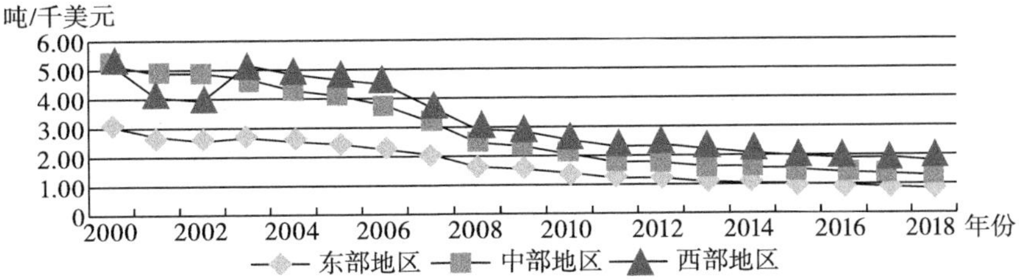

图 3.3 2000—2018 年我国碳强度分区域变化趋势

由图 3.3 可知,2000—2018 年我国东中西部地区的碳强度皆呈现为逐年递减趋势,2003 年以后,西部地区碳强度始终高于中部地区与东部地区;2003—2018 年,西部地区与中部地区碳强度的变化趋势基本保持一致;而在 2009 年以后,东中西部三个经济区碳强度变化趋势基本保持一致。

综上,我们可以发现,碳排放量最高的地区与碳强度最低的地区皆是东部地区,而碳排放量最低与碳强度最高的地区则都是西部地区。这表明虽然东部地区碳排放总量最高,但是其经济增长质量却高于西部地区。

3.3.3 省域视角

表 3.1 与表 3.2 为我国 30 个省份 2000—2018 年的二氧化碳排放量,值得注意的是,2001 年宁夏的二氧化碳排放量测算值由于数据缺乏计为 0,2002 年海南和宁夏的二氧化碳排放量测算值计为 0 同因。可以发现,有 12 个省份的二氧化碳排放量存在在 2000 年至 2018 年的某年达到峰值后呈现持续下降的现象,这些省份有:北京(二氧化碳排放量于 2010 年达到峰值 12388.37 万吨)、天津(二氧化碳排放量于 2013 年达到峰值 20379.70 万吨)、河北(二氧化碳排放量于 2013 年达到峰值 92156.42 万吨)、山西(二氧化碳排放量于 2014 年达到峰值 80013.60 万吨,有回升迹象)、吉林(二氧化碳排放量于 2011 年达到峰值 28341.34 万吨)、上海(二氧化碳排放量于 2013 年达到峰值 27593.29 万吨)、河南(二氧化碳排放量于 2011 年达到峰值 65935.35 万吨)、湖北(二氧化碳排放量于 2011 年达到峰值 40609.60 万吨)、海南(二氧化碳排放量于 2015 年达到峰值 6718.46 万吨)、重庆(二氧化碳排放量于 2011 年达到峰值 16720.23 万吨)、四川(二氧化碳排放量于 2014 年达到峰值 35387.47 万吨)、云南(二氧化碳排放量于 2012 年达到峰值 25590.57 万吨)。以上 12 个省份在 2010 年至 2015 年的二氧化碳排放量均迎来了拐点,一直上升的二氧化碳排放量开始逐年降低。

表 3.1　2000—2018 年我国 30 个省份碳排放量

单位：万吨

地区	2000 年	2001 年	2002 年	2003 年	2004 年	2005 年	2006 年	2007 年	2008 年	2009 年
北京	9958.04	9828.80	9640.18	10026.47	11144.93	11357.42	11517.46	12185.54	12134.37	12305.89
天津	8514.67	8875.58	9223.50	10110.84	11453.20	12239.58	13022.90	13815.29	13710.27	14735.42
河北	29934.99	31071.90	34561.68	39377.30	45915.57	57423.69	61871.50	67540.32	70219.18	74806.61
山西	31345.59	35104.42	42917.35	48537.81	51308.02	56598.73	62869.02	65475.42	62916.29	62184.06
内蒙古	12933.01	13795.83	15211.24	19794.31	25090.53	31077.39	49805.76	41844.46	49805.76	54010.04
辽宁	34704.69	34633.14	35905.08	39076.51	43181.13	48572.76	52512.97	56519.16	59025.46	61114.95
吉林	11286.74	11786.97	12288.34	13919.82	14896.83	17300.98	18285.53	19263.03	21723.24	22173.03
黑龙江	18582.69	18012.51	17876.39	19999.89	21709.67	24456.85	26063.70	27945.19	29654.83	31023.13
上海	17235.41	17751.28	18596.65	20339.50	21365.36	22598.52	22406.00	22913.07	24174.51	23996.03
江苏	24296.41	24469.79	26384.92	30082.04	36923.08	47740.21	51930.04	55861.66	56331.56	58936.63
浙江	16459.48	16933.32	19509.76	21869.02	25675.96	29901.78	33549.37	37380.85	38153.60	39654.79
安徽	14594.06	15341.44	16070.84	17913.61	18607.98	19620.08	21053.13	23460.01	26771.71	29426.76
福建	6633.07	6671.64	7848.76	9298.10	10906.71	13158.91	14623.62	16498.66	17210.82	20258.04
江西	6892.74	7100.65	7401.09	8765.44	10651.10	11713.78	12770.61	13945.85	14143.64	14806.45
山东	25956.98	30380.92	32973.61	40448.20	51368.62	70978.86	81344.25	88498.55	93705.75	97496.07
河南	20728.06	22047.48	24026.47	24505.03	34680.67	42006.86	47557.08	52679.77	54263.32	55403.58
湖北	16812.81	16388.13	17522.31	19592.94	21575.97	23966.76	26904.41	29691.39	29018.23	31165.42
湖南	9772.61	10913.50	11696.06	13269.61	16293.28	21487.51	22840.44	26414.06	26102.51	27423.46
广东	24033.99	25001.08	26677.06	30306.11	34461.92	38448.23	42439.37	45511.10	47138.76	49786.70
广西	5558.74	5557.92	5758.34	6870.24	9004.97	9861.18	10754.70	12498.74	12721.81	14107.66

续表

地区	2000 年	2001 年	2002 年	2003 年	2004 年	2005 年	2006 年	2007 年	2008 年	2009 年
海南	778. 03	419. 84	0	1707. 01	1460. 25	1217. 95	1979. 98	4040. 76	4143. 54	4473. 83
重庆	6595. 62	6228. 55	6844. 82	6082. 67	6933. 65	10002. 89	10858. 28	11813. 85	12302. 59	13288. 24
四川	11834. 36	11770. 80	13571. 73	17451. 28	20104. 89	21209. 00	23270. 29	26202. 98	27673. 08	31052. 32
贵州	10842. 08	10483. 60	11017. 12	14143. 75	16544. 06	16450. 30	18906. 55	20434. 87	20938. 71	22956. 45
云南	7390. 46	7762. 17	9381. 59	11982. 85	14975. 31	17547. 26	19333. 58	20203. 99	20792. 47	22595. 28
陕西	8138. 31	9158. 63	10418. 27	11835. 86	14756. 19	17578. 83	21414. 80	23185. 16	25622. 48	27955. 69
甘肃	8655. 82	8825. 80	9272. 79	10347. 85	11733. 65	12749. 69	13569. 04	15125. 31	15418. 39	15214. 63
青海	1362. 73	1604. 52	1560. 37	1736. 20	1831. 10	2479. 59	2902. 72	3435. 23	3617. 30	3658. 58
宁夏	2513. 20	0	0	6678. 58	6413. 03	7238. 92	7912. 63	8788. 23	9782. 71	10761. 43
新疆	9656. 02	9735. 01	10163. 32	11001. 28	12400. 47	14260. 28	16262. 72	17724. 56	19766. 48	23336. 87

表 3. 2　2010—2018 年我国 30 个省份碳排放量

单位：万吨

地区	2010 年	2011 年	2012 年	2013 年	2014 年	2015 年	2016 年	2017 年	2018 年
北京	12388. 37	11477. 48	11324. 54	10129. 10	10275. 35	9262. 89	8313. 95	8062. 08	7983. 39
天津	17968. 11	19699. 60	19717. 86	20379. 70	19508. 46	18762. 85	17553. 41	17091. 50	17004. 26
河北	80393. 79	90878. 05	91972. 36	92156. 42	87482. 79	86470. 76	86577. 45	83863. 51	82612. 45
山西	66441. 01	73239. 93	76400. 68	78217. 64	80013. 60	78960. 46	76588. 19	89955. 86	91401. 94
内蒙古	59594. 03	74688. 81	77696. 05	75779. 97	77646. 20	77520. 03	78319. 23	82141. 53	85589. 46
辽宁	66948. 34	71140. 01	73272. 54	70300. 84	70303. 13	68929. 52	69283. 82	70551. 87	70973. 77
吉林	24671. 25	28341. 34	27936. 55	26878. 51	26684. 75	24948. 11	24403. 51	24184. 83	24048. 30

续表

地区	2010 年	2011 年	2012 年	2013 年	2014 年	2015 年	2016 年	2017 年	2018 年
黑龙江	33694. 04	36156. 42	37850. 73	35863. 19	36344. 58	36140. 88	36824. 49	36573. 99	36454. 84
上海	26091. 34	26663. 51	26098. 31	27593. 29	25007. 38	25781. 45	25694. 06	25844. 86	25453. 91
江苏	65783. 42	75605. 59	76857. 10	78870. 90	78235. 42	80389. 73	83610. 15	81251. 22	84862. 97
浙江	42353. 72	44658. 37	43219. 15	44312. 65	43374. 98	43962. 28	43477. 39	44219. 40	45155. 73
安徽	31146. 07	33282. 44	34709. 90	37682. 52	38821. 03	38887. 63	38783. 80	39687. 25	39103. 33
福建	22126. 46	25168. 04	24977. 17	24279. 86	27819. 21	26810. 62	25057. 45	26413. 45	26215. 74
江西	17206. 72	18958. 16	18989. 44	20410. 21	20759. 53	21642. 32	21916. 52	22146. 76	22608. 08
山东	107731. 68	113434. 22	119168. 23	115959. 37	124178. 46	132193. 79	141865. 66	139584. 45	137482. 99
河南	59872. 19	65935. 35	61266. 43	60679. 96	61412. 41	61330. 87	60625. 14	56851. 93	53271. 96
湖北	35730. 01	40609. 60	40550. 08	35167. 17	35453. 09	35179. 87	35216. 06	35428. 76	36260. 85
湖南	29087. 97	32415. 08	31858. 32	30944. 24	29957. 13	31529. 47	31760. 86	32994. 65	33093. 43
广东	56431. 17	60600. 74	59521. 38	60457. 17	60715. 56	61088. 80	62763. 67	63101. 71	64845. 20
广西	17157. 89	21097. 42	23163. 26	23262. 15	23019. 20	21917. 70	23024. 30	23837. 64	24198. 75
海南	4836. 98	5432. 87	5729. 26	5286. 34	5944. 13	6718. 46	6593. 67	6223. 51	6193. 29
重庆	14636. 58	16720. 23	16308. 76	13916. 78	14821. 80	14868. 03	14662. 40	14629. 03	14723. 97
四川	31138. 52	31821. 17	33320. 98	34393. 41	35387. 47	32945. 07	31592. 42	29768. 73	28802. 90
贵州	23137. 36	25580. 30	27990. 24	29003. 35	27963. 68	27709. 66	29375. 23	28884. 81	27963. 23
云南	23877. 54	24641. 52	25590. 57	25320. 37	22751. 85	20312. 99	20107. 72	20894. 19	20108. 19
陕西	33112. 13	36666. 70	42215. 06	44839. 03	47238. 82	46642. 01	47745. 07	48515. 41	48970. 64
甘肃	16930. 00	19575. 13	20077. 16	20718. 43	20830. 89	20208. 00	19477. 76	19577. 82	19013. 73

续表

地区	2010 年	2011 年	2012 年	2013 年	2014 年	2015 年	2016 年	2017 年	2018 年
青海	3666. 32	4256. 14	5036. 88	5597. 66	5188. 43	4655. 25	5527. 83	5161. 83	5273. 76
宁夏	12709. 75	16960. 24	18212. 53	19424. 05	19811. 50	20509. 62	20414. 85	25110. 46	25114. 99
新疆	26061. 60	30825. 08	35762. 58	40745. 73	44744. 14	45894. 17	49098. 24	52568. 44	52215. 90

此外,还有9个省份的二氧化碳排放量在达到峰值后一直处于稳定的水平,这些制造业行业如下:黑龙江的二氧化碳排放量在2011年后一直处于35000.00万吨以上;浙江的二氧化碳排放量在2010年后一直处于42000.00万吨以上;福建的二氧化碳排放量在2010年后一直处于22000.00万吨以上;甘肃的二氧化碳排放量在2011年后一直处于19000.00万吨以上;湖南的二氧化碳排放量在2011年后基本一直处于30000.00万吨以上;广西的二氧化碳排放量在2011年后一直处于21000.00万吨以上;贵州的二氧化碳排放量在2012年后一直处于25000.00万吨以上;青海的二氧化碳排放量在2012年后基本一直处于5000.00万吨以上;辽宁的二氧化碳排放量在2011年后一直处于66000.00万吨以上。

最后,有9个省份的二氧化碳排放则呈现越来越高的趋势,这些省份包括:内蒙古的二氧化碳排放量从2000年的12933.01万吨逐年上升至2017年的82141.53万吨,江苏的二氧化碳排放量从2000年的24296.41万吨逐年上升至2017年的81251.22万吨,安徽的二氧化碳排放量从2000年的14594.06万吨逐年上升至2017年的39687.25万吨,江西的二氧化碳排放量从2000年的6892.74万吨逐年上升至2017年的22146.76万吨,山东的二氧化碳排放量从2000年的25956.98万吨逐年上升至2017年的139584.45万吨,陕西的二氧化碳排放量从2000年的8138.31万吨逐年上升至2017年的48515.41万吨,广东的二氧化碳排放量从2000年的24033.99万吨逐年上升至2017年的63101.71万吨,宁夏的二氧化碳排放量从2000年的2513.20万吨逐年上升至2017年的25110.46万吨,新疆的二氧化碳排放量从2000年的9656.02万吨逐年上升至2017年的52568.44万吨。

表3.3　2000—2018年我国30个省份碳强度　单位:吨/千美元

地区	2000年	2001年	2002年	2003年	2004年	2005年	2006年	2007年	2008年	2009年
北京	3.32	2.19	1.84	1.65	1.52	1.33	1.13	0.94	0.76	0.69
天津	4.30	3.82	3.55	3.24	3.04	2.57	2.33	2.00	1.42	1.34
河北	4.86	4.66	4.75	4.71	4.48	4.70	4.30	3.77	3.04	2.96
山西	15.77	14.30	15.27	14.06	11.88	10.96	10.27	8.26	5.97	5.77
内蒙古	7.63	6.66	6.48	6.85	6.82	6.52	8.03	4.95	4.07	3.79
辽宁	6.15	5.69	5.44	5.38	5.35	4.94	4.50	3.85	3.00	2.74

续表

地区	2000 年	2001 年	2002 年	2003 年	2004 年	2005 年	2006 年	2007 年	2008 年	2009 年
吉林	5. 13	4. 60	4. 33	4. 32	3. 95	3. 91	3. 41	2. 77	2. 35	2. 08
黑龙江	4. 72	4. 39	4. 06	4. 08	3. 78	3. 63	3. 34	2. 99	2. 48	2. 47
上海	3. 13	2. 82	2. 68	2. 51	2. 19	2. 00	1. 69	1. 39	1. 19	1. 09
江苏	2. 34	2. 14	2. 06	2. 00	2. 04	2. 10	1. 90	1. 63	1. 26	1. 17
浙江	2. 26	2. 03	2. 02	1. 86	1. 82	1. 83	1. 70	1. 51	1. 23	1. 18
安徽	3. 97	3. 91	3. 78	3. 78	3. 23	3. 00	2. 75	2. 42	2. 10	2. 00
福建	1. 40	1. 35	1. 45	1. 54	1. 57	1. 64	1. 54	1. 36	1. 10	1. 13
江西	2. 85	2. 70	2. 50	2. 58	2. 55	2. 36	2. 11	1. 83	1. 41	1. 32
山东	2. 51	2. 73	2. 65	2. 77	2. 83	3. 17	2. 96	2. 61	2. 10	1. 96
河南	3. 34	3. 30	3. 29	2. 95	3. 35	3. 25	3. 07	2. 67	2. 09	1. 94
湖北	3. 25	3. 49	3. 44	3. 41	3. 17	2. 98	2. 81	2. 42	1. 78	1. 64
湖南	2. 19	2. 36	2. 33	2. 35	2. 39	2. 67	2. 37	2. 13	1. 57	1. 43
广东	2. 06	1. 72	1. 63	1. 58	1. 51	1. 40	1. 27	1. 09	0. 89	0. 86
广西	2. 24	2. 02	1. 89	2. 01	2. 17	2. 03	1. 81	1. 63	1. 26	1. 24
海南	1. 24	0. 62	0	2. 04	1. 51	1. 11	1. 51	2. 45	1. 91	1. 85
重庆	3. 43	2. 92	2. 84	2. 21	2. 13	2. 36	2. 21	1. 92	1. 47	1. 39
四川	2. 44	2. 27	2. 38	2. 71	2. 61	2. 35	2. 13	1. 89	1. 52	1. 50
贵州	9. 02	7. 65	7. 33	8. 20	8. 15	6. 72	6. 44	5. 38	4. 08	4. 01
云南	3. 13	3. 00	3. 35	3. 88	4. 02	4. 15	3. 86	3. 22	2. 54	2. 50
陕西	4. 05	3. 77	3. 82	3. 78	3. 84	3. 66	3. 60	3. 06	2. 43	2. 34
甘肃	7. 28	6. 49	6. 22	6. 11	5. 75	5. 40	4. 75	4. 25	3. 38	3. 07
青海	4. 28	4. 42	3. 79	3. 68	3. 25	3. 74	3. 57	3. 27	2. 46	2. 31
宁夏	7. 83	0	0	12. 40	9. 87	9. 68	8. 69	7. 27	5. 64	5. 43
新疆	5. 85	5. 40	5. 21	4. 82	4. 64	4. 48	4. 26	3. 82	3. 28	3. 73
全国	3. 45	3. 23	3. 19	3. 27	3. 22	3. 24	3. 02	2. 52	2. 03	1. 94

表 3.4　2000—2018 年我国 30 个省份及全国碳强度 单位：吨/千美元

地区	2010 年	2011 年	2012 年	2013 年	2014 年	2015 年	2016 年	2017 年	2018 年
北京	0. 59	0. 46	0. 44	0. 35	0. 33	0. 28	0. 22	0. 20	0. 18
天津	1. 32	1. 12	1. 06	0. 98	0. 86	0. 79	0. 68	0. 64	0. 63
河北	2. 66	2. 39	2. 40	2. 24	2. 06	2. 01	1. 87	1. 71	1. 66
山西	4. 88	4. 20	4. 37	4. 28	4. 34	4. 29	4. 07	4. 01	3. 73

续表

地区	2010 年	2011 年	2012 年	2013 年	2014 年	2015 年	2016 年	2017 年	2018 年
内蒙古	3.45	3.35	3.39	3.10	3.03	3.01	2.99	3.54	2.97
辽宁	2.45	2.06	2.04	1.79	1.70	1.67	2.16	2.09	1.75
吉林	1.92	1.73	1.62	1.43	1.34	1.23	1.14	1.12	1.03
黑龙江	2.20	1.85	1.92	1.72	1.67	1.66	1.66	1.59	1.49
上海	1.03	0.90	0.90	0.88	0.74	0.71	0.63	0.58	0.57
江苏	1.07	0.99	0.99	0.91	0.83	0.79	0.75	0.66	0.61
浙江	1.03	0.89	0.86	0.81	0.75	0.71	0.64	0.59	0.54
安徽	1.70	1.40	1.40	1.36	1.29	1.22	1.10	1.02	1.00
福建	1.01	0.92	0.88	0.77	0.80	0.72	0.60	0.57	0.55
江西	1.23	1.04	1.02	0.98	0.92	0.90	0.82	0.77	0.75
山东	1.86	1.61	1.65	1.45	1.45	1.45	1.44	1.33	1.25
河南	1.75	1.58	1.43	1.31	1.22	1.15	1.04	0.88	0.86
湖北	1.51	1.33	1.26	0.98	0.90	0.82	0.75	0.69	0.69
湖南	1.23	1.06	1.00	0.87	0.77	0.76	0.70	0.67	0.64
广东	0.83	0.73	0.72	0.67	0.62	0.58	0.54	0.49	0.48
广西	1.21	1.16	1.23	1.12	1.02	0.90	0.87	0.89	0.87
海南	1.58	1.39	1.39	1.15	1.18	1.26	1.13	0.97	0.94
重庆	1.25	1.08	0.99	0.75	0.72	0.66	0.57	0.52	0.51
四川	1.22	0.98	0.97	0.90	0.86	0.76	0.66	0.56	0.53
贵州	3.40	2.89	2.83	2.48	2.09	1.83	1.73	1.48	1.27
云南	2.23	1.79	1.72	1.48	1.23	1.03	0.94	0.88	0.79
陕西	2.21	1.89	2.02	1.92	1.85	1.79	1.71	1.53	1.46
甘肃	2.78	2.51	2.46	2.27	2.11	2.06	1.87	1.82	1.71
青海	1.84	1.64	1.84	1.83	1.56	1.33	1.49	1.36	1.28
宁夏	5.08	5.20	5.39	5.22	4.99	4.88	4.46	5.05	5.02
新疆	3.24	3.01	3.30	3.34	3.34	3.41	3.53	3.35	3.25
全国	1.79	1.60	1.55	1.41	1.31	1.23	1.15	1.06	1.05

表3.3与表3.4则为我国30个省份2000—2018年的碳强度。可以看出：北京、天津、河北、山西、吉林、黑龙江、上海、江苏、浙江、安徽、福建、江西、山东、河南、湖北、湖南、广东、广西、海南、重庆、四川、贵州、云南、陕西、甘肃、青海这26个省份的碳强度从2000年至2018年均为逐渐下降的水平，其差异仅表现为

下降幅度和速度的差别。在这些碳强度水平逐渐下降的省份中,根据 2018 年的各省份最新碳强度水平来看,碳强度最低的为北京,数值仅为 0.18;而山西的碳强度水平数值仍然高达 3.73。有 4 个省份的碳强度趋势均表现为下降到一定程度后便稳定在该水平线上,这 4 个省份为:内蒙古(从 2011 年以后稳定在数值为 3.00 左右的碳强度水平)、辽宁(从 2011 年以后稳定在数值为 2.00 左右的碳强度水平)、宁夏(从 2009 年以后稳定在数值为 5.00 左右的碳强度水平)、新疆(从 2008 年以后稳定在数值为 3.50 左右的碳强度水平)。这 4 个省份的碳强度水平数值与山西处于一档,均处于十分高的水平。

纵观全局,全国的二氧化碳排放强度处于逐渐下降的水平,从 2000 年的 3.45 到 2018 年的 1.05,中国全国的碳强度已经大大减小,这一方面反映出中国实行新发展理念以来,制定的节能减排措施、绿色环保政策的有效;另一方面反映出中国的发展开始逐渐迈上高质量的正轨。

表 3.5　2000—2018 年我国 30 个省份碳排放量与碳强度均值也排名

省份	碳排放量均值(万吨)	均值排名	碳强度均值(吨/千美元)	均值排名	省份	碳排放量均值(万吨)	均值排名	碳强度均值(吨/千美元)	均值排名
山东	91828.98	1	0.58	24	湖南	24729.17	16	0.67	22
河北	68164.75	2	1.10	8	上海	23452.87	17	0.72	19
山西	64761.90	3	3.93	1	贵州	21596.07	18	2.34	2
江苏	58864.36	4	0.54	25	吉林	20790.61	19	1.22	7
辽宁	57734.20	5	1.48	6	云南	18714.21	20	1.01	10
内蒙古	52754.93	6	1.66	5	福建	18525.07	21	0.32	30
河南	48376.03	7	0.86	16	甘肃	15648.52	22	1.66	4
广东	48069.99	8	0.42	28	广西	15440.66	23	0.44	27
浙江	35464.30	9	0.51	26	江西	15412.06	24	0.69	20
陕西	29789.95	10	0.87	15	天津	14915.10	25	1.03	9
湖北	29591.26	11	0.97	12	宁夏	12545.09	26	2.14	3
黑龙江	29538.32	12	0.97	13	重庆	11907.30	27	0.78	17
安徽	28155.98	13	0.94	14	北京	10490.33	28	0.65	23
新疆	27485.41	14	0.73	18	海南	3851.56	29	0.39	29
四川	25963.76	15	0.68	21	青海	3608.02	30	0.99	11

由表3.5可知,2000—2018年碳排放量均值排名前三位的分别是山东、河北及山西,排名末三位的分别是北京、海南及青海。其中排名最高的山东年均碳排放量为91828.98万吨,排名最末的青海年均碳排放量仅为3608.02万吨,山东的年均碳排放量为青海的25.45倍;碳强度均值排名前三的分别是山西、贵州、宁夏,其年均碳强度分别是3.93吨/千美元、2.34吨/千美元以及2.14吨/千美元,排名末三位的省份分别为广东、海南以及福建,排名最末的福建年均碳排放强度仅为0.32吨/千美元。可以发现,我国各省份的碳排放量存在较大差异,碳强度较高的省份大多集中在经济较为落后的中西部地区,尤其是西部地区,而碳强度较低的省份则多集中在我国经济较为发达的东部沿海地区。

表3.6 我国30个省份碳排放量与碳强度变化情况

地区	碳排放量变化幅度(%)			碳排放强度变化幅度(%)		
	2000—2018年	2000—2008年	2009—2018年	2000—2018年	2000—2008年	2009—2018年
全国	203.62	121.98	29.57	-70.44	-47.13	-41.71
北京	-19.83	21.85	-35.13	-94.44	-77.20	-73.29
天津	99.71	61.02	15.40	-85.40	-67.03	-53.12
河北	175.97	134.57	10.43	-65.92	-37.44	-44.08
山西	191.59	100.72	46.99	-76.35	-62.15	-35.38
内蒙古	561.79	285.11	58.47	-61.03	-46.71	-21.45
辽宁	104.51	70.08	16.13	-71.53	-51.25	-36.22
吉林	113.07	92.47	8.46	-79.89	-54.23	-50.47
黑龙江	96.18	59.58	17.51	-68.45	-47.60	-39.60
上海	47.68	40.26	6.08	-81.73	-61.93	-47.48
江苏	249.28	131.85	43.99	-73.75	-46.10	-47.40
浙江	174.34	131.80	13.87	-76.05	-45.29	-54.16
安徽	167.94	83.44	32.88	-74.72	-47.16	-49.71
福建	295.23	159.47	29.41	-61.02	-21.13	-51.76
江西	228.00	105.20	52.69	-73.58	-50.52	-43.09
山东	429.66	261.00	41.01	-50.43	-16.34	-36.60
河南	157.00	161.79	-3.85	-74.25	-37.36	-55.76
湖北	115.67	72.60	16.35	-78.77	-45.33	-57.96
湖南	238.63	167.10	20.68	-70.79	-28.39	-55.42

续表

地区	碳排放量变化幅度(%)			碳排放强度变化幅度(%)		
	2000—2018 年	2000—2008 年	2009—2018 年	2000—2018 年	2000—2008 年	2009—2018 年
广东	169.81	96.13	30.25	-76.73	-56.78	-44.43
广西	335.33	128.86	71.53	-61.42	-43.92	-30.34
海南	696.02	432.57	38.43	-24.25	54.16	-49.11
重庆	123.24	86.53	10.80	-85.03	-57.06	-63.04
四川	143.38	133.84	-7.24	-78.21	-37.55	-64.52
贵州	157.91	93.12	21.81	-85.89	-54.79	-68.22
云南	172.08	181.34	-11.01	-74.79	-18.91	-68.49
陕西	501.73	214.84	75.17	-64.07	-40.01	-37.70
甘肃	119.66	78.13	24.97	-76.56	-53.58	-44.38
青海	287.00	165.44	44.15	-70.07	-42.36	-44.63
宁夏	899.32	289.25	133.38	-35.81	-27.94	-7.50
新疆	440.76	104.71	123.75	-44.49	-43.97	-12.83

中国在 2009 年对世界做出减排承诺后，就开始采取以一系列减排政策，故而本文以 2009 年为分界线，分析中国做出减排承诺前后我国 30 个省份碳排放量与碳强度变化情况。由表 3.6 可以发现，2000—2018 年全国碳排放量在 2009 年前后具有显著变化，2000—2008 年碳排放量增幅高达 121.98%，而到了 2009—2018 年，碳排放量增幅仅为 29.57%，碳排放量得到有效控制；从碳排放强度来看，2000—2018 年碳排放强度总体下降了 70.44%，虽然碳排放强度在 2009—2018 年的下降幅度略低于 2000—2008 年的下降幅度，但是总体而言我国碳排放强度仍然呈现为良性的下降趋势。

从各省份的变化来看，2000—2008 年碳排放总量增长幅度最高的三个省份分别为海南、宁夏与内蒙古，排名最后的三个省份分别为黑龙江、上海与北京，排名最高的海南碳排放量的增幅为 432.57%，排名最低的北京碳排放量增幅仅为 21.85%；2009 年以后，各省份的碳排放量增长速度皆显著放缓；2009—2018 年碳排放总量增长排名前三的分别是宁夏、新疆与陕西，排名末三位的分别是四川、云南与北京，此时排名最高的宁夏碳排放量增幅仅为 133.38%，排名最末的北京更是出现负增长，碳排放总量下降了 35.13%。此外，河南、四川、云南等省份碳排放总量也出现不同程度的负增长，这说明 2009 年以后北京、河南、四川及云南等省份碳排放量得到有效控制，碳减排工作取得显著成果。

2000—2008 年碳强度增长最多的三个省份分别为海南、山东和云南，增长最少的三个省份分别为山西、天津与北京，其中海南碳排放强度增长了 54.16%，北京碳排放强度下降了 77.20%，30 个省份也仅有海南碳强度呈现为增长趋势，其余省份的碳强度皆存在一定程度的下降；而到了 2009—2018 年，碳强度增长最多的三个省份分别为宁夏、新疆与内蒙古，增加最少的三个省份分别是贵州、云南以及北京，其中宁夏碳强度下降了 7.50%，北京碳强度则下降了 73.29%，此时海南的碳强度也呈下降趋势，碳强度的下降幅度为 49.11%。可以发现，2009 年前后碳强度增长的前三个的省份发生了较大的变动，原本碳强度增长较快的省份分散在我国东部与西部地区，2009 年以后碳强度增长最快的三个省份皆属于西部地区。值得注意的是，海南在 2009 年前后碳强度变化趋势存在较大的差异，碳强度由 2009 年前的增长态势变化为 2009 年后的下降态势，这说明海南自 2009 年以来实施了极其有效的碳减排措施。

3.3.4 其他视角

3.3.4.1 城乡视角

考虑到我国城乡二元制的结构，本文还将从城镇与乡村两个角度分别对二氧化碳排放量进行测算，在直观了解中国城乡结构碳排放差异方面具有重要意义。值得注意的是，由于《中国能源统计年鉴》中仅有城镇与乡村关于商品能源的终端能源消费量（标准统计量），因此下文关于中国分城镇和乡村的二氧化碳排放量统计仅仅反映的是城镇和乡村在商品能源方面的碳排放程度，商品能源指的是作为商品经过流通领域大量消费的能源，并不包括直接用于消费的不经过流通领域的能源，对于城镇和乡村整体的差异性仅有一定程度的解释。

同样，一方面，由于某些化石能源的 *CV*（平均低位发热值，单位为千焦/千克或千焦/立方米）或 *CCF*（燃料的碳含量，单位为千克/106 千焦）或 *COF*（碳氧化率）存在缺失，导致这些化石能源在工业分行业的碳排放测算中未纳入测算总计范畴。另一方面，在《中国能源统计年鉴》中，分城乡的商品能源终端能源消费量中统计的化石能源种类和数量又不同于工业分行业和中国分省，因此在预处理工作中，本文将缺乏数据的洗精煤、煤矸石、高炉煤气、转炉煤气、其他焦化产品、原油、石脑油、润滑油、石蜡、溶剂油、石油沥青、石油焦、炼厂干气、其他石油制品、液化天然气和属于二次能源的电力及热力排除在外。至此,分省份能源消费量统计中的化石能源计算预处理工作已经基本完成,在工业分行业的碳排放测算中,筛选后的统计在内的化石能源总共 11 种,其中包括原煤(Raw Coal)、其他洗煤(Other Washed Coal)、型煤(Briquettes)、焦炭(Coke)、焦炉煤气(Coke Oven Gas)、其他煤气(Other Gas)、汽油(Gasoline)、煤油(Kerosene)、柴油(Diesel Oil)、液化石油气(LPG)、天然气(Natural Gas)。

表 3.7　11 种化石能源平均低位发热值、碳含量、碳氧化率参考系数(kg 标准煤)

能源品种	计量单位	平均低位发热值	折标准煤系数	碳含量(吨碳/tJ)	碳氧化率(%)
原煤消费量	kg	20908 kJ/kg	0. 7143 kgce/kg	26. 37	0. 94
其他洗煤消费量	kg	10454 kJ/kg	/	25. 41	0. 99
型煤消费量	kg	20700kJ/kg	/	33. 56	0. 99
焦炭消费量	kg	28435 kJ/kg	0. 9714 kgce/kg	29. 50	0. 93
焦炉煤气消费量	m^3	17353. 5 kJ/m^3	/	13. 58	0. 99
其他煤气消费量	m^3	18273. 6 kJ/m^3	/	12. 20	0. 99
汽油消费量	kg	43070 kJ/kg	1. 4714 kgce/kg	18. 90	0. 98
煤油消费量	kg	43070 kJ/kg	1. 4714 kgce/kg	19. 50	0. 98
柴油消费量	kg	42652 kJ/kg	1. 4571 kgce/kg	20. 20	0. 98
液化石油气消费量	kg	50179 kJ/kg	1. 7143 kgce/kg	17. 20	0. 98
天然气消费量	m^3	38931 kJ/m^3	1. 3300 kgce/m^3	15. 30	0. 99

注:①平均低位发热值和折标准煤系数部分来源于《综合能耗计算通则》(GB/T 2589—2008),部分来源于《2006 年 IPCC 国家温室气体清单指南》;

②碳含量和碳氧化率部分来源于《省级温室气体清单编制指南》(发改办气候〔2011〕1041 号),部分来源于《2006 年 IPCC 国家温室气体清单指南》,部分均取 0. 99。

表 3. 7 为在工业分行业碳排放测算中采用的 11 种化石能源(原煤、其他洗煤、型煤、焦炭、焦炉煤气、其他煤气、汽油、煤油、柴油、液化石油气、天然气)的计量单位、平均低位发热值、折标准煤系数和碳含量以及碳氧化率。同样地,由表 3. 7 所示数据可以计算这 11 种化石能源的二氧化碳排放系数,其计算方法为:

二氧化碳排放系数 = 平均低位发热值 × 0. 000000001 × 碳含量 × 碳氧化率 × 1000 × (44/12)

表 3.8 列举了上述在分省份二氧化碳排放量测算过程中需要的所有化石能源的二氧化碳排放系数。

表 3.8　11 种化石能源的二氧化碳排放系数(kg 标准煤)

能源品种	计量单位	二氧化碳排放系数
原煤消费量	kg	1. 9003 kg - CO_2/kg
其他洗煤消费量	kg	0. 9642 kg - CO_2/kg
型煤消费量	kg	2. 5217 kg - CO_2/kg
焦炭消费量	kg	2. 8604 kg - CO_2/kg
焦炉煤气消费量	m^3	0. 8554 kg - co_2/m^3
其他煤气消费量	m^3	0. 8092 kg - co_2/m^3
汽油消费量	kg	2. 9251 kg - CO_2/kg
煤油消费量	kg	3. 0179 kg - CO_2/kg
柴油消费量	kg	3. 0959 kg - CO_2/kg
液化石油气消费量	kg	3. 1013 kg - CO_2/kg
天然气消费量	m^3	2. 1622 kg - co_2/m^3

由此,计算得出中国城镇、乡村全国地区商品能源 2000—2018 年的二氧化碳排放量(见表 3.9)。

表 3.9　2000—2018 年中国城镇、乡村和全国地区商品能源的二氧化碳排放量

单位:万吨

结构分类	城镇地区	乡村地区	全国地区
2000 年	10551. 79264	7474. 365079	18026. 15772
2001 年	10861. 57402	7344. 055370	18205. 62939
2002 年	11811. 85879	7721. 331047	19533. 18983
2003 年	13080. 17614	9076. 656090	22156. 83223
2004 年	13507. 05120	9791. 307118	23298. 35832
2005 年	13440. 44570	10780. 01009	24220. 45579
2006 年	14795. 28247	10455. 565680	25250. 84815
2007 年	19654. 34624	4300. 145469	23954. 49171
2008 年	9988. 966251	11956. 78859	21945. 75484
2009 年	19910. 64382	13819. 511350	33730. 15518
2010 年	21544. 09510	14873. 853470	36417. 94857

续表

结构分类	城镇地区	乡村地区	全国地区
2011 年	24005. 89735	16066. 653610	40072. 55097
2012 年	24989. 30658	16301. 726440	41291. 03302
2013 年	26956. 04049	18211. 405970	45167. 44645
2014 年	29441. 87278	18606. 049450	48047. 92222
2015 年	32735. 09412	19972. 996890	52708. 09101
2016 年	34836. 05500	21171. 303800	56007. 35879
2017 年	37589. 09170	21848. 294310	59437. 38601
2018 年	38585. 52250	22065. 106000	60650. 6280

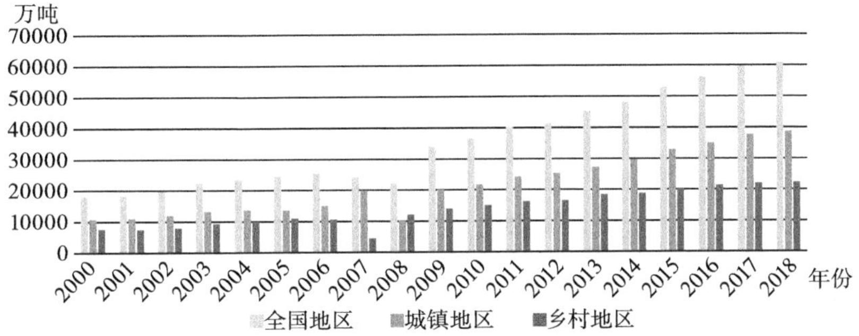

图 3.4　2000—2018 年中国全国、城镇和乡村地区商品能源的二氧化碳排放量变化趋势

图 3.4 为 2000—2018 年中国全国、城镇和乡村地区商品能源的二氧化碳排放量变化趋势，可以发现，总体商品能源产生的二氧化碳排放量占全国二氧化碳排放量的 5% 左右，也就是说非商品能源产生了 95% 的二氧化碳排放量，而总体商品能源在 2000 年至 2018 年不断上升，从 18026 万吨逐渐上升至 60651 万吨，城镇地区和乡村地区关于商品能源的二氧化碳排放也均呈现出越来越高的趋势。城镇地区商品能源产生的二氧化碳排放量从 2000 年的 10552 万吨上升至 2018 年的 38586 万吨左右，乡村地区商品能源产生的二氧化碳排放量从 2000 年的 7474 万吨上升至 2018 年的 22065 万吨左右，其中，城镇地区商品能源产生的二氧化碳排放量大致为乡村地区的 1.5 倍。

3.3.4.2　行业视角

我们还可以从行业视角测度并分析我国各行业的碳排放。首先，按照最新国民统计中的工业分类，合计共三大类41小类，三大类分别为：采掘业，制造业，电力、煤气及水生产和供应业，41小类分别为：隶属掘业的煤炭采选业，石油和天然气开采业，黑色金属矿采选业，有色金属矿采选业，非金属矿采选业，开采辅助活动，其他矿采选业，木材及竹材采运业；隶属制造业的食品加工业，食品制造业，饮料制造业，烟草加工业，纺织业，服装及其他纤维制品制造业，皮革毛皮羽绒及其制品业，木材加工及竹藤棕草制品业，家具制造业，造纸及纸制品业，印刷及记录媒介复制业，文教体育用品制造业，石油加工及炼焦业，化学原料及化学品制造业，医药制造业，化学纤维制造业，橡胶制品业，塑料制品业，非金属矿物制品业，黑色金属冶炼及压延加工业，有色金属冶炼及压延加工业，金属制品业，普通机械制造业，专用设备制造业，汽车制造业，铁路、船舶、航空航天和其他运输设备制造业，电气机械及器材制造业，电子及通信设备制造业，仪器仪表文化办公用机械制造业，其他制造业；隶属电力，煤气及水生产和供应业的电力蒸汽热水的生产和供应业，煤气生产和供应业、自来水的生产和供应业。

由于某些化石能源的 *CV*（平均低位发热值，单位为千焦/千克或千焦/立方米）或 *CCF*（燃料的碳含量，单位为千克/106 千焦）或 *COF*（碳氧化率）存在缺失，导致这些化石能源在工业分行业的碳排放测算中未纳入测算总计范畴，其中包括：高炉煤气、石脑油、润滑油、石蜡、溶剂油、石油焦、液化天然气。考虑到某些化石能源的计算缺失会在一定程度上导致计算结果的误差，本文进行的处理操作如下：找出高炉煤气、石脑油、润滑油、石蜡、溶剂油、石油焦、液化天然气7种化石能源对应的使用数值最大的行业，这样能够在一定程度上避免结果出现较大的误差，判断其数值的大小是否会显著影响该行业二氧化碳排放量的测算。在实际操作中，本文发现这7种化石能源有一部分在所有行业中的使用程度均较低，另一部分仅仅在一两个行业中出现使用的情况且较大量，这进一步地弥补了结果的误差性。基于以上操作，搜寻出个别行业如下：黑色金属冶炼及压延加工业（高炉煤气使用量大），化学原料及化学制品制造业（石脑油使用量大），石油加工、炼焦及核燃料加工业（润滑油使用量大），化学原料及化学制品制造业（石蜡使用量大），化学原料及化学制品制造业（溶剂油使用量大），非金属矿物制品业（石油焦使用量大），化学原料及化学制品制造业（液化天然气使用量大）。此外，在二氧化碳排放量统计中剔除的化石能源还有转炉煤气,包括热力、电力这类属于二次能源的能源品种以及类似混合物的其他能源。

至此,化石能源计算的预处理工作已经基本完成,在工业分行业的碳排放测算中,筛选后的统计在内的化石能源总共 14 种,其中包括原煤(Raw Coal)、其他洗煤(Other Washed Coal)、焦炭(Coke)、焦炉煤气(Coke Oven Gas)、其他煤气(Other Gas)、原油(Crude Oil)、汽油(Gasoline)、煤油(Kerosene)、柴油(Diesel Oil)、燃料油(Fuel Oil)、液化石油气(LPG)、炼厂干气(Refinery Gas)、其他石油制品(Other Petroleum Products)、天然气(Natural Gas)。

表 3.10　14 种化石能源平均低位发热值、碳含量、碳氧化率参考系数(kg 标准煤)

能源品种	计量单位	平均低位发热值	折标准煤系数	碳含量(吨碳/tJ)	碳氧化率(%)
原煤消费量	kg	20908 kJ/kg	0.7143 kgce/kg	26.37	0.94
其他洗煤消费量	kg	10454 kJ/kg	0	25.41	0.99
焦炭消费量	kg	28435 kJ/kg	0.9714 kgce/kg	29.50	0.93
焦炉煤气消费量	m^3	17353.5 kJ/m^3	0	13.58	0.99
其他煤气消费量	m^3	18273.6 kJ/m^3	0	12.20	0.99
原油消费量	kg	41816 kJ/kg	1.4286 kgce/kg	20.10	0.98
汽油消费量	kg	43070 kJ/kg	1.4714 kgce/kg	18.90	0.98
煤油消费量	kg	43070 kJ/kg	1.4714 kgce/kg	19.50	0.98
柴油消费量	kg	42652 kJ/kg	1.4571 kgce/kg	20.20	0.98
燃料油消费量	kg	41816 kJ/kg	1.4286 kgce/kg	21.10	0.98
液化石油气消费量	m^3	50179 kJ/kg	1.7143 kgce/kg	17.20	0.98
炼厂干气消费量	m^3	46055 kJ/kg	1.5714 kgce/kg	18.20	0.98
其他石油制品消费量	kg	41816 kJ/kg	0	20.00	0.99
天然气消费量	m^3	38931 kJ/m^3	1.3300 kgce/m^3	15.30	0.99

注:①平均低位发热值和折标准煤系数部分来源于《综合能耗计算通则》(GB/T 2589—2008),部分来源于《2006 年 IPCC 国家温室气体清单指南》;

②碳含量和碳氧化率部分来源于《省级温室气体清单编制指南》(发改办气候〔2011〕1041 号),部分来源于《2006 年 IPCC 国家温室气体清单指南》,部分均取 0.99。

表 3.10 为在工业分行业碳排放测算中采用的 14 种化石能源(原煤、其他洗煤、焦炭、焦炉煤气、其他煤气 、原油、汽油、煤油、柴油、燃料油、液化石油气、炼厂干气、其他石油制品、天然气)的计量单位、平均低位发热值、折标准煤系数

和碳含量以及碳氧化率。由表 3. 10 所示数据可以计算这 14 种化石能源的二氧化碳排放系数,其计算方法为:

二氧化碳排放系数 = 平均低位发热值 ×0. 000000001 ×碳含量 ×碳氧化率 ×1000 ×(44/12)

在上式中,*CV*(平均低位发热值)的单位为千焦/千克或千焦/立方米,*CCF*(燃料的碳含量)的单位为吨碳/tJ,*COF*(碳氧化率)为百分数,因此在单位转换中额外乘上了 1×10^{-9} 和 1×10^{3} 。以"原煤"该种化石能源为例,原煤(Raw Coal)的二氧化碳排放系数计算结果即为 20908 ×0. 000000001 ×26. 37 ×0. 94 ×1000 ×3. 66667 =1. 9003。在表 3. 11 中列举了上述在工业分行业二氧化碳排放量测算过程中需要的所有化石能源的二氧化碳排放系数。

表 3. 11　14 种化石能源的二氧化碳排放系数(kg 标准煤)

能源品种	计量单位	二氧化碳排放系数
原煤消费量	kg	1. 9003 kg - CO_2/kg
其他洗煤消费量	kg	0. 96425919 kg - CO_2/kg
焦炭消费量	kg	2. 8604 kg - CO_2/kg
焦炉煤气消费量	m^3	0. 85544772 kg - CO_2/kg
其他煤气消费量	m^3	0. 80926465 kg - CO_2/kg
原油消费量	kg	3. 0202 kg - CO_2/kg
汽油消费量	kg	2. 9251 kg - CO_2/kg
煤油消费量	kg	3. 0179 kg - CO_2/kg
柴油消费量	kg	3. 0959 kg - CO_2/kg
燃料油消费量	kg	3. 1705 kg - CO_2/kg
液化石油气消费量	m^3	3. 1013 kg - CO_2/kg
炼厂干气消费量	m^3	3. 0119 kg - CO_2/kg
其他石油制品消费量	kg	3. 0358416 kg - CO_2/kg
天然气消费量	m^3	2. 1622 kg - CO_2/m^3

由此,计算得出工业 41 个行业 2000—2018 年的二氧化碳排放量,值得注意的是,由于 2000—2018 年在国民统计中工业分类由于新行业的产生和细化追求等一些因素发生了变化,因此隶属采掘业的开采辅助活动与隶属制造业的铁路、船舶、航空航天和其他运输设备制造业在 2012 年前是没有数据的。

表 3.12 2000—2018 年工业分行业的二氧化碳排放量(采掘业)

单位:万吨

行业名称	煤炭开采和洗选业	石油和天然气开采业	黑色金属矿采选业	有色金属矿采选业	非金属矿采选业	开采辅助活动	其他采矿业
2000 年	7495.019263	266.7621813	278.5624702	300.8532763	355.6135483	—	120.567035
2001 年	2644.856630	5744.1511480	271.9911799	215.4756284	540.5014193	—	13.438848
2002 年	2721.362459	6013.9764280	304.9020831	251.7333900	572.3735943	—	8.926153
2003 年	3481.524778	6442.9880000	392.0588269	273.6213740	709.8385983	—	212.875918
2004 年	6482.882343	5220.0521570	493.2200641	249.8489979	760.9452299	—	8.173112
2005 年	6500.252881	5322.0688950	559.9812871	243.7341980	880.3659181	—	7.325049
2006 年	6402.351978	5778.836007	605.9418344	245.7942685	862.1876264	—	7.038335647
2007 年	7092.888306	5969.642860	628.9056638	242.8167181	867.2304637	—	6.800324174
2008 年	9640.756329	7514.750676	828.8941876	271.9143243	1034.5298220	—	10.76546700
2009 年	9685.759309	6437.276646	735.6119680	290.8516998	1117.6885870	—	8.90081500
2010 年	9427.636083	6612.245543	972.9729593	295.0200001	1027.4811720	—	10.21146400
2011 年	9987.884512	5925.016133	1330.464982	375.9804729	844.8480441	—	1.07844100
2012 年	10907.572410	5761.884461	1425.022955	420.7656484	1557.5582410	807.3720667	3.37035100
2013 年	10554.309730	6201.089885	1550.530086	385.32115800	1234.0665340	654.8333089	5.88895900
2014 年	8248.994785	6311.605589	1477.577617	404.8130797	1282.8374140	690.6956911	6.21731300
2015 年	6670.453340	6126.852375	1224.353000	376.5590966	1184.3170690	543.1369591	3.27660200
2016 年	5935.774100	5324.235033	1080.894240	350.1495644	1118.0992280	445.8814620	7.21342400
2017 年	6878.974622	5278.612094	867.5313462	304.1236550	900.8133257	549.3462601	3.22489600
2018 年	6569.720100	5086.690500	983.7147000	388.1336000	1044.6759000	589.3463000	3.42390000

表 3.12 为 2000—2018 年工业分行业的二氧化碳排放量(采掘业),图 3.5 为 2000—2018 年工业分行业的二氧化碳排放量变化趋势,从中可以发现,大多数采掘业的二氧化碳排放量波动幅度比较大,且趋势不稳定,比如像煤炭开采和洗选业、石油和天然气开采业的特征尤为明显。其中,煤炭开采和洗选业 2000 年至 2018 年的二氧化碳排放量总量在 2500 万吨和 11000 万吨之间徘徊,并且折线图呈波浪式(二氧化碳排放量在 2000 年至 2001 年下降,在 2001 年至 2012 年上升,又在 2012 年至 2016 年下降,在 2016 年至 2017 年上升),在 2001 年达到最低值 2645 万吨,在 2012 年达到峰值 10908 万吨。而石油和天然气开采业 2000 年至 2018 年的二氧化碳排放量总量在 267 万吨和 7515 万吨之间徘

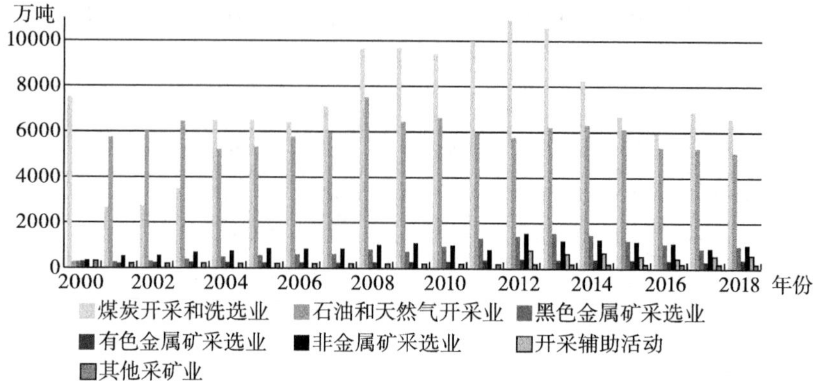

图 3.5　2000—2018 年工业分行业的二氧化碳排放量变化趋势

徊，折线图同样呈波浪式，且比煤炭开采和洗选业更为短促（二氧化碳排放量在2000 年至2003 年上升，在2003 年至2004 年下降，又在2004 年至2008 年上升，在2008 年至 2012 年下降，在 2012 年至 2014 年上升，在 2014 年至 2017 年下降），在2000 年达到最低值267 万吨，在2008 年达到峰值7515 万吨。

另外，有三类采掘业行业基本保持步调一致：黑色金属矿采选业、有色金属矿采选业、非金属矿采选业，这三类采掘业行业的二氧化碳排放量均在2012 年至2013 年前后达到了峰值，黑色金属矿采选业、有色金属矿采选业、非金属矿采选业的二氧化碳排放量在2000 年至2012 年、2013 年前后一直呈爬升趋势，而再次之后又同样都转而下降，推测原因一方面可能为国家绿色生态、节能减排政策的推行和落实；另一方面是我国经济发展转向注重高质量发展并保护国内资源，矿类需求更加依靠从国外大量进口。

开采辅助活动和其他采矿业的二氧化碳排放量从2000 年至2018 年基本呈逐渐下降的趋势。开采辅助活动的二氧化碳排放量推测可能易受科学技术的影响，采掘工具和技术的进化与换代能够越来越提高采掘效率并降低资源浪费率。而其他采矿业本身因为需求量不高，行业式微，所以其二氧化碳的排放量常年较其他采掘业少，仅有少数年份的二氧化碳排放量超过20 万吨（2000 年的二氧化碳排放量为121 万吨，2003 年的二氧化碳排放量为213 万吨，其他年份的二氧化碳排放量均处于20 万吨的水平之下）。

表 3.13　2000——2018 年工业分行业的二氧化碳排放量（制造业一）

单位：万吨

行业名称	农副食品加工业	食品制造业	酒、饮料和精制茶制造业	烟草制品业	纺织业	纺织服装、服饰业	皮革、毛皮、羽毛及其制品和制鞋业	木材加工和木、竹、藤、棕、草制品业
2000 年	36574. 044200	1207. 160820	740. 650853	779. 001339	824. 836146	1492. 165630	228. 547856	132. 917026
2001 年	194. 130356	1398. 799040	815. 738280	741. 920515	313. 161253	2065. 725850	300. 064726	177. 009226
2002 年	192. 914231	1432. 802240	839. 635288	749. 625247	319. 937600	2099. 367190	314. 514954	178. 076269
2003 年	1459. 981270	824. 394681	820. 683826	327. 485169	2346. 355000	346. 520567	207. 946111	397. 479406
2004 年	1762. 541720	1092. 771350	1078. 371820	232. 596087	3046. 040860	427. 106082	273. 284808	592. 692466
2005 年	1865. 273930	1189. 180520	1072. 391510	199. 797766	2848. 450370	477. 627323	265. 129420	598. 743953
2006 年	1811. 83323	1165. 187010	1062. 778070	195. 973629	2806. 292940	472. 448324	267. 847762	588. 600038
2007 年	1860. 411540	1172. 141970	1015. 086030	173. 585881	2808. 792540	468. 991218	260. 175507	567. 473662
2008 年	2484. 010530	1537. 708110	1307. 075300	182. 665203	3360. 091400	587. 944390	294. 029436	743. 898516
2009 年	2471. 606500	1611. 041310	1316. 119760	163. 580794	3206. 213460	575. 831620	283. 251222	745. 099082
2010 年	2251. 04473	1476. 570360	1146. 527810	145. 644581	2747. 947670	555. 447433	229. 497889	683. 333377
2011 年	2070. 401340	1395. 625480	1167. 862610	189. 782753	2347. 854650	491. 288989	187. 656622	658. 117992
2012 年	3279. 332750	1750. 296670	1637. 660310	139. 374202	3599. 242710	674. 513634	387. 986171	1019. 552640
2013 年	3115. 351570	1745. 333720	1686. 049510	123. 464243	3230. 972180	550. 742647	329. 651401	895. 776304
2014 年	3312. 877770	1605. 440450	1657. 775760	100. 444578	2410. 688180	486. 768687	275. 963926	922. 832335
2015 年	3424. 070760	1529. 001460	1561. 106020	89. 833863	2340. 313810	449. 631340	265. 764566	750. 052170
2016 年	3472. 189750	1737. 555930	1596. 740340	75. 682332	2088. 210720	393. 972031	241. 813014	527. 681893
2017 年	2848. 563370	1683. 777560	1420. 848440	67. 721288	1735. 543760	288. 309453	176. 230917	384. 255997

续表

行业名称	农副食品加工业	食品制造业	酒、饮料和精制茶制造业	烟草制品业	纺织业	纺织服装、服饰业	皮革、毛皮、羽毛及其制品和制鞋业	木材加工和木、竹、藤、棕、草制品业
2018 年	2946. 615000	1762. 51060	1731. 024900	80. 288200	2073. 826900	303. 055300	258. 377300	472. 329000

表 3.14 2000—2018 年工业分行业的二氧化碳排放量（制造业二）

单位：万吨

行业名称	家具制造业	造纸和纸制品业	印刷和记录媒介复制业	文教、工美、体育和娱乐用品制造业	石油加工、炼焦和核燃料加工业	化学原料和化学制品制造业	医药制造业	化学纤维制造业
2000 年	256. 266922	323. 394066	1416. 121560	124. 557138	14187. 947900	10148. 638900	8514. 580170	2197. 649080
2001 年	301. 927175	83. 6756380	1606. 357490	162. 380483	97. 9179068	15180. 850900	17277. 562800	627. 497632
2002 年	300. 723473	87. 5924702	1751. 845000	163. 860806	98. 1108150	16477. 732200	19482. 530900	649. 620318
2003 年	105. 884122	1929. 832060	173. 755833	114. 023825	18697. 956000	22577. 205700	735. 950504	2598. 449180
2004 年	86. 3878912	2756. 207440	135. 621559	130. 619633	21912. 987400	26421. 880000	779. 297565	617. 364854
2005 年	102. 063262	2690. 102870	138. 940728	123. 526431	21931. 008600	28093. 660300	769. 611170	687. 273401
2006 年	100. 141676	2647. 435530	138. 535767	123. 056194	22375. 930600	31835. 460900	762. 743132	735. 138173
2007 年	97. 5744851	2524. 392860	136. 865322	123. 414345	23945. 039700	33861. 890900	748. 686995	801. 772015
2008 年	152. 480208	3597. 691760	206. 523476	163. 592435	24171. 535000	37776. 550200	1042. 769960	766. 996058
2009 年	157. 163852	3671. 042500	190. 506966	154. 263119	26601. 039900	36641. 849500	1026. 114990	654. 424542
2010 年	163. 299619	3224. 252260	187. 461718	145. 901939	19320. 451000	32503. 424500	1040. 311250	566. 960356
2011 年	129. 361317	3040. 793330	139. 790430	90. 3106037	22335. 524500	34838. 741400	1065. 383460	529. 415956

续表

行业名称	家具制造业	造纸和纸制品业	印刷和记录媒介复制业	文教、工美、体育和娱乐用品制造业	石油加工、炼焦和核燃料加工业	化学原料和化学制品制造业	医药制造业	化学纤维制造业
2012 年	194. 858555	3342. 798460	184. 386035	273. 871928	25804. 139100	41981. 521700	1969. 534510	987. 889766
2013 年	177. 739732	2881. 060370	201. 483747	270. 077107	24899. 897300	42510. 788400	1903. 280310	908. 642320
2014 年	153. 838598	2400. 126550	229. 201949	296. 105954	25258. 591700	45239. 675600	1782. 416980	766. 464757
2015 年	157. 199927	2166. 018270	226. 350495	280. 772364	26207. 746900	47901. 483400	1782. 564060	790. 686142
2016 年	137. 803375	2184. 342380	233. 986641	281. 744269	26348. 288100	47338. 358400	1753. 1416900	847. 042156
2017 年	106. 251318	2123. 641900	193. 787274	246. 955743	26735. 027200	44571. 858500	1441. 577340	775. 567745
2018 年	115. 634600	2336. 217500	167. 469500	275. 690700	26009. 095700	42489. 709400	1551. 308000	761. 080200

综上所述,煤炭开采和洗选业、石油和天然气开采业的二氧化碳排放量在2000年至2018年总体上呈波浪式,而黑色金属矿采选业、有色金属矿采选业、非金属矿采选业的二氧化碳排放量在2012年至2013年达到峰值之后直至2018年呈下降的趋势,最后开采辅助活动和其他采矿业的二氧化碳排放量从2000年至2018年基本呈逐年下降的趋势。

表3.15　2000—2018年工业分行业的二氧化碳排放量(制造业三)(单位:万吨)

行业名称	橡胶和塑料制品业	非金属矿物制品业	黑色金属冶炼和压延加工业	有色金属冶炼和压延加工业	金属制品业	通用设备制造业	专用设备制造业
2000年	540.689672	592.932029	3518.700310	13565.603700	25696.690600	1640.678610	838.308226
2001年	2032.259370	448.174909	457.361818	14360.545400	27921.995800	1910.302010	977.156047
2002年	2231.847830	454.350859	425.041965	15083.525600	32719.569100	2052.441860	1088.089120
2003年	516.536823	478.482394	16703.090900	40580.502700	2344.674110	1020.783660	1412.138670
2004年	668.021628	715.895195	25484.933400	50055.120000	3222.147140	1039.439460	1698.973200
2005年	648.020388	714.053411	25854.767600	64636.665200	3559.367420	1057.731420	2104.872220
2006年	646.844173	704.312665	26081.304400	75601.421600	3896.216570	1092.538510	2378.776570
2007年	631.824507	668.302245	25509.690000	82581.676200	4095.417760	1122.401890	2541.885050
2008年	795.984766	892.346689	34632.545600	87412.793400	5043.113310	1419.792070	2683.532790
2009年	774.620813	853.622580	36324.287700	94335.181700	5488.251190	1440.608530	3280.709770
2010年	724.645320	877.056967	33337.540800	97630.630100	4796.271340	1284.252340	3210.421100
2011年	653.665020	699.874981	35434.987300	108184.735000	4536.156840	1075.903980	4008.913400
2012年	1753.700820	55269.967300	127607.938000	5648.295730	1800.873410	3566.470780	1132.243490
2013年	1576.394910	50503.902400	129735.158000	5295.538860	1768.702150	3079.230380	1174.865040
2014年	1392.489490	51541.710900	130332.375000	5415.516140	1441.809680	2953.441310	1148.237720
2015年	1345.791370	49021.246800	121235.593000	5270.558820	1386.785220	2871.891930	960.860440
2016年	1256.545260	48392.810600	125489.652000	5396.555620	1224.495460	2798.554550	898.7101540
2017年	1022.942870	46043.920900	122987.744000	5505.787430	971.910190	2028.360970	719.873769
2018年	1174.101400	45624.808400	121567.817600	5547.855200	1001.660100	2723.002900	808.624300

表 3.16　2000—2018 年工业分行业的二氧化碳排放量(制造业四)

单位:万吨

行业名称	汽车制造业	铁路、船舶、航空航天和其他运输设备制造业	电气机械和器材制造业	计算机、通信和其他电子设备制造业	仪器仪表制造业	其他制造业	废弃资源综合利用业	金属制品、机械和设备修理业
2000 年	1134. 951980	—	917. 132654	881. 984207	576. 980287	134. 172036	492. 899370	1513. 304260
2001 年	1152. 330730	—	748. 596468	1094. 845950	489. 818202	477. 813719	107. 607507	822. 255662
2002 年	1295. 883830	—	753. 575191	1091. 252100	525. 692690	598. 703275	116. 573833	821. 583462
2003 年	880. 385626	—	1151. 250900	599. 698635	618. 865367	172. 243011	790. 583752	4. 1236510
2004 年	1109. 672760	—	1642. 497550	719. 860182	674. 491427	106. 973918	683. 715667	29. 1928620
2005 年	1076. 749280	—	1790. 349790	745. 510026	733. 732095	102. 360637	502. 783777	25. 1521917
2006 年	1103. 821310	—	1842. 161290	761. 974695	743. 283935	101. 188730	491. 783889	24. 9500055
2007 年	1146. 962560	—	1865. 323750	770. 294830	748. 203405	104. 325383	469. 801754	25. 1374654
2008 年	1431. 213970	—	2474. 496730	1004. 998530	986. 163924	148. 132220	653. 297319	43. 7210014
2009 年	1511. 516260	—	2530. 216860	1030. 357460	898. 821924	162. 419530	591. 984421	51. 0367337
2010 年	1595. 297460	—	2509. 173040	1054. 147930	862. 358918	167. 941127	474. 077039	79. 1991215
2011 年	1375. 793220	—	2528. 096550	835. 470959	572. 795055	117. 535113	422. 450789	86. 0414536
2012 年	1726. 174370	785. 394800	1049. 000930	537. 539817	135. 005962	157. 850952	190. 509367	95. 6920484
2013 年	1706. 208570	698. 92	965. 052781	508. 042912	130. 060425	131. 558624	197. 157801	56. 2944356
2014 年	1640. 252340	551. 198	775. 360872	486. 554666	111. 424960	120. 970482	208. 899099	39. 3819818
2015 年	1419. 065850	504. 745000	716. 317634	452. 821760	95. 5370381	186. 682994	134. 411984	159. 801953
2016 年	1127. 113980	423. 376700	608. 629777	493. 221084	89. 4757407	81. 4604022	185. 882016	37. 0882686
2017 年	912. 441648	602. 925200	466. 002376	484. 638452	71. 6842089	67. 0319038	154. 666232	54. 9337846
2018 年	908. 353000	602. 925200	408. 800400	483. 925200	75. 956700	55. 679900	108. 061200	56. 687200

由表 3. 13 至表 3. 16 可知,大多数采掘业的二氧化碳排放量波动幅度比较大,且趋势不稳定,具体来说有如下制造行业:橡胶和塑料制品业,非金属矿物制品业,家具制造业,文教、工美、体育和娱乐用品制造业,医药制造业,化学纤维制造业,农副食品加工业,酒、饮料和精制茶制造业,纺织业,纺织服装、服饰业,皮革、毛皮、羽毛及其制品和制鞋业,木材加工和木、竹、藤、棕、草制品业的特征尤为明显。这些制造业行业折线图呈波浪式,大多和人民的衣食住行有一定关系,受当年的经济发展、市场供需、物价水平、社会文化等因素影响程度深,因此这些制造业行业的二氧化碳排放量的变化没有十分可靠的规律,基本围绕该行业的二氧化碳排放量平均水平上下波动。

此外,有其他制造业行业的二氧化碳排放量同样在 2000 年至 2018 年的某年达到峰值后呈现持续下降的趋势,这些制造业行业有:汽车制造业(2012 年),电气机械和器材制造业(2013 年),计算机、通信和其他电子设备制造业(2010 年),仪器仪表制造业(2008 年),其他制造业(2002 年),废弃资源综合利用业(2003 年),有色金属冶炼和压延加工业(2011 年),通用设备制造业(2012 年),专用设备制造业(2011 年),造纸和纸制品业(2009 年),印刷和记录媒介复制业(2002 年)。其中,大部分制造业行业同前文采掘业行业一样,在 2012 年至 2013 年达到峰值,这些制造业行业有汽车制造业(2012 年),电气机械和器材制造业(2009 年),计算机、通信和其他电子设备制造业(2010 年),有色金属冶炼和压延加工业(2011 年),通用设备制造业(2012 年),专用设备制造业(2011 年),占总体的一半左右,可能与前文采掘业行业同因。

铁路、船舶、航空航天和其他运输设备制造业,金属制品、机械和设备修理业,金属制品业,烟草制品业这四类制造业行业的二氧化碳排放量从 2000 年至 2018 年基本呈逐渐下降的趋势。铁路、船舶、航空航天和其他运输设备制造业,金属制品、机械和设备修理业,金属制品业的二氧化碳排放量同样推测为易受科学技术的影响,科学工具和技术的进化与换代能够越来越提高研发效率并降低资源浪费率从而减少二氧化碳排放量。而烟草制品业的二氧化碳排放量逐年降低则可能为人们越来越重视身体健康的原因,从而减少了对烟草的需求。

最后,还有四类制造业行业的二氧化碳排放量基本一直处于居高不下的水平,这些制造业行业如下:黑色金属冶炼和压延加工业在 2012 年后一直处于高排放水平，石油加工、炼焦和核燃料加工业从 2000 年至 2018 年的二氧化碳排放量一直居高不下，化学原料和化学制品制造业及农副食品加工业的二氧化碳排放量则呈现越来越高的趋势。

综上所述，有 11 类制造业行业：橡胶和塑料制品业，非金属矿物制品业，家具制造业，文教、工美、体育和娱乐用品制造业，医药制造业，化学纤维制造业，食品制造业，酒、饮料和精制茶制造业，纺织业，纺织服装、服饰业，皮革、毛皮、羽毛及其制品和制鞋业的二氧化碳排放量在 2000 年至 2018 年总体上呈波浪式。而有 11 类制造业行业：汽车制造业（2012 年），电气机械和器材制造业（2013 年），计算机、通信和其他电子设备制造业（2010 年），仪器仪表制造业（2008 年），其他制造业（2002 年），废弃资源综合利用业（2003 年），有色金属冶炼和压延加工业（2011 年），通用设备制造业（2012 年），专用设备制造业（2011 年），造纸和纸制品业（2009 年），印刷和记录媒介复制业（2002 年）的二氧化碳排放量在 2000 年至 2016 年达到各自行业排放峰值后直至 2018 年呈下降的趋势。另外，有四类制造业行业的二氧化碳排放量从 2000 年至 2018 年基本呈逐渐下降的趋势：铁路、船舶、航空航天和其他运输设备制造业，金属制品、机械和设备修理业，金属制品业，烟草制品业。最后，仍有四类制造业行业的二氧化碳排放量基本一直处于居高不下的水平甚至呈上升的趋势，这些制造业行业如下：黑色金属冶炼和压延加工业，石油加工、炼焦和核燃料加工业，化学原料和化学制品制造业及农副食品加工业。

表 3.17　2000—2018 年工业分行业的二氧化碳排放量（煤气及水生产和供应业）

单位：万吨

行业名称	电力、热力生产和供应业	燃气生产和供应业	水的生产和供应业
2000 年	3764.718050	2967.2599010	282.68146800
2001 年	3348.258666	421.4694291	52.66014946
2002 年	3369.836611	462.9705977	51.22253586
2003 年	4274.579208	521.8408011	56.92848600
2004 年	4183.614534	833.9720888	72.27435218
2005 年	4415.562463	820.2497582	70.95409859
2006 年	4357.681060	841.6054296	70.07912175

续表

行业名称	电力、热力生产和供应业	燃气生产和供应业	水的生产和供应业
2007 年	4135.907066	814.4449887	69.33511166
2008 年	4611.565008	780.8058663	86.81653459
2009 年	5154.18785	468.3174831	87.25524159
2010 年	4651.604076	365.7915035	82.40802059
2011 年	3699.758447	275.4124774	60.59619900
2012 年	2744.513882	146.1696129	69.0864600
2013 年	2960.862479	196.8272666	55.08367800
2014 年	1911.982218	107.4617407	44.99860800
2015 年	1537.797087	147.8445155	50.87806840
2016 年	1704.630444	177.0583633	51.81244100
2017 年	1811.808787	102.5452009	52.49368400
2018 年	1890.124000	164.0700000	34.43500000

表 3.17 为 2000—2018 年工业分行业的二氧化碳排放量（煤气及水生产和供应业），本文发现有两个煤气及水生产和供应业行业的二氧化碳排放量同样在 2000 年至 2018 年的某年达到峰值后呈现持续下降的趋势：电力、热力生产和供应业在 2009 年达到了峰值，燃气生产和供应业在 2006 年达到了峰值。而水的生产和供应业相比其他两个行业基本一直处于二氧化碳低排放水平。

综上所述，煤气及水生产和供应业由于只有三个较采掘业和制造业行业易于分辨，且三个行业均具有明显的趋势，二氧化碳排放量总体处于逐年下降的水平。

下文对 41 个工业行业的二氧化碳排放量按照年份分别进行了排名，由于行业数量较多，故只取前五名和最后五名。其中，在 2000 年至 2011 年，隶属采掘业的开采辅助活动，隶属制造业的铁路、船舶、航空航天和其他运输设备制造业，两个行业均因为数据空缺而不纳入排名，在 2012 年至 2018 年才在样本总体内，2000 年至 2018 年分年度排名详见表 3.18 至表 3.20。

表 3.18　2000—2005 年中国工业分行业的二氧化碳排放量排名

排名	2000 年	2001 年	2002 年	2003 年	2004 年	2005 年
1	农副食品加工业	金属制品业	金属制品业	有色金属冶炼和压延加工业	有色金属冶炼和压延加工业	有色金属冶炼和压延加工业
2	金属制品业	医药制造业	医药制造业	化学原料和化学制品制造业	化学原料和化学制品制造业	化学原料和化学制品制造业
3	石油加工、炼焦和核燃料加工业	化学原料和化学制品制造业	化学原料和化学制品制造业	石油加工、炼焦和核燃料加工业	黑色金属冶炼和压延加工业	黑色金属冶炼和压延加工业
4	有色金属冶炼和压延加工业	有色金属冶炼和压延加工业	有色金属冶炼和压延加工业	黑色金属冶炼和压延加工业	石油加工、炼焦和核燃料加工业	石油加工、炼焦和核燃料加工业
5	化学原料和化学制品制造业	石油和天然气开采业	石油和天然气开采业	石油和天然气开采业	煤炭开采和洗选业	煤炭开采和洗选业
35	皮革、毛皮、羽毛及其制品和制鞋业	废弃资源综合利用业	废弃资源综合利用业	其他制造业	其他制造业	其他制造业
36	其他制造业	石油加工、炼焦和核燃料加工业	石油加工、炼焦和核燃料加工业	文教、工美、体育和娱乐用品制造业	家具制造业	家具制造业
37	木材加工和木、竹、藤、棕、草制品业	造纸和纸制品业	造纸和纸制品业	家具制造业	水的生产和供应业	水的生产和供应业
38	文教、工美、体育和娱乐用品制造业	水的生产和供应业	水的生产和供应业	水的生产和供应业	金属制品、机械和设备修理业	金属制品、机械和设备修理业
39	其他采矿业	其他采矿业	其他采矿业	金属制品、机械和设备修理业	其他采矿业	其他采矿业

表 3.19　2006—2011 年中国工业分行业的二氧化碳排放量排名

排名	2006 年	2007 年	2008 年	2009 年	2010 年	2011 年
1	有色金属冶炼和压延加工业	有色金属冶炼和压延加工业	有色金属冶炼和压延加工业	有色金属冶炼和压延加工业	有色金属冶炼和压延加工业	有色金属冶炼和压延加工业
2	化学原料和化学制品制造业	化学原料和化学制品制造业	化学原料和化学制品制造业	化学原料和化学制品制造业	黑色金属冶炼和压延加工业	黑色金属冶炼和压延加工业

续表

排名	2006 年	2007 年	2008 年	2009 年	2010 年	2011 年
3	黑色金属冶炼和压延加工业	黑色金属冶炼和压延加工业	黑色金属冶炼和压延加工业	黑色金属冶炼和压延加工业	化学原料和化学制品制造业	化学原料和化学制品制造业
4	石油加工、炼焦和核燃料加工业	石油加工、炼焦和核燃料加工业	石油加工、炼焦和核燃料加工业	石油加工、炼焦和核燃料加工业	石油加工、炼焦和核燃料加工业	石油加工、炼焦和核燃料加工业
5	煤炭开采和洗选业	煤炭开采和洗选业	煤炭开采和洗选业	煤炭开采和洗选业	煤炭开采和洗选业	煤炭开采和洗选业
35	其他制造业	其他制造业	家具制造业	家具制造业	文教、工美、体育和娱乐用品制造业	其他制造业
36	家具制造业	家具制造业	其他制造业	文教、工美、体育和娱乐用品制造业	烟草制品业	文教、工美、体育和娱乐用品制造业
37	水的生产和供应业	水的生产和供应业	水的生产和供应业	水的生产和供应业	水的生产和供应业	金属制品、机械和设备修理业
38	金属制品、机械和设备修理业	金属制品、机械和设备修理业	金属制品、机械和设备修理业	金属制品、机械和设备修理业	金属制品、机械和设备修理业	水的生产和供应业
39	其他采矿业	其他采矿业	其他采矿业	其他采矿业	其他采矿业	其他采矿业

表 3.20　2012—2018 年中国工业分行业的二氧化碳排放量排名

排名	2012 年	2013 年	2014 年	2015 年	2016 年	2017 年	2018 年
1	黑色金属冶炼和压延加工业	黑色金属冶炼和压延加工业	黑色金属冶炼和压延加工业	黑色金属冶炼和压延加工业	黑色金属冶炼和压延加工业	黑色金属冶炼和压延加工业	黑色金属冶炼和压延加工业
2	非金属矿物制品业	非金属矿物制品业	非金属矿物制品业	非金属矿物制品业	非金属矿物制品业	非金属矿物制品业	非金属矿物制品业
3	化学原料和化学制品制造业	化学原料和化学制品制造业	化学原料和化学制品制造业	化学原料和化学制品制造业	化学原料和化学制品制造业	化学原料和化学制品制造业	化学原料和化学制品制造业
4	石油加工、炼焦和核燃料加工业	石油加工、炼焦和核燃料加工业	石油加工、炼焦和核燃料加工业	石油加工、炼焦和核燃料加工业	石油加工、炼焦和核燃料加工业	石油加工、炼焦和核燃料加工业	石油加工、炼焦和核燃料加工业

续表

排名	2012 年	2013 年	2014 年	2015 年	2016 年	2017 年	2018 年
5	煤炭开采和洗选业	煤炭开采和洗选业	煤炭开采和洗选业	煤炭开采和洗选业	煤炭开采和洗选业	煤炭开采和洗选业	有色金属冶炼和压延加工业
37	烟草制品业	仪器仪表制造业	燃气生产和供应业	废弃资源综合利用业	其他制造业	烟草制品业	
38	仪器仪表制造业	烟草制品业	烟草制品业	仪器仪表制造业	烟草制品业	其他制造业	
39	金属制品、机械和设备修理业	金属制品、机械和设备修理业	水的生产和供应业	烟草制品业	水的生产和供应业	金属制品、机械和设备修理业	
40	水的生产和供应业	水的生产和供应业	金属制品、机械和设备修理业	水的生产和供应业	金属制品、机械和设备修理业	水的生产和供应业	
41	其他采矿业	其他采矿业	其他采矿业	其他采矿业	其他采矿业	其他采矿业	

根据表 3. 18 至表 3. 20 2000—2018 年中国工业分行业的二氧化碳排放量排名,可以发现:金属制品业,有色金属冶炼和压延加工业,黑色金属冶炼和压延加工业,非金属矿物制品业,化学原料和化学制品制造业,石油加工、炼焦和核燃料加工业,煤炭开采和洗选业这七类行业的二氧化碳排放量在 2000 年至 2018 年处于前五名的频率较高,后五类行业更是稳居 2012 年至 2018 年二氧化碳排放量前五。这些行业以制造加工业为主,大多与矿物利用有关,生产并冶炼金属产品。

另外,家具制造业,烟草制品业,仪器仪表制造业,金属制品、机械和设备修理业,水的生产和供应业,其他采矿业这六类行业的二氧化碳排放量在 2000 年至 2017 年基本维持在后五名的水平。

下文对 2000 年至 2018 年工业三大类采掘业,制造业,煤气及水生产和供应业以及工业总体分别进行了二氧化碳排放量统计(见表 3. 21)。值得注意的是,2012 年前采掘业中没有开采辅助活动行业,制造业中没有铁路、船舶、航空航天和其他运输设备制造业的数据。

表 3.21　2000—2018 年工业分行业(三大类)及工业总体的二氧化碳排放量(三大类)

单位:万吨

年份	采掘业	制造业	煤气及水生产和供应业	工业
2000	8817.3778	131193.510	7014.6594	147025.54
2001	9430.4149	94345.783	3822.3882	107598.59
2002	9873.2741	104397.020	3884.0297	118154.32
2003	11512.9070	120937.260	4853.3485	137303.52
2004	13215.1220	149196.710	5089.8610	167501.69
2005	13513.7280	166604.900	5306.7663	185425.39
2006	13902.1500	182559.980	5269.3656	201731.50
2007	14808.2840	192847.540	5019.6872	212675.51
2008	19301.6110	217997.690	5479.1874	242778.49
2009	18276.0890	228742.780	5709.7606	252728.63
2010	18345.5670	214991.090	5099.8036	238436.46
2011	18465.2730	231210.330	4035.7671	253711.37
2012	20883.5460	288683.620	2959.7700	312526.93
2013	20586.0400	282957.400	3212.7734	306756.21
2014	18422.7410	285058.840	2064.4426	305546.02
2015	16128.9480	275684.710	1736.5197	293550.18
2016	14262.2470	277762.130	1933.5012	293957.87
2017	14782.6260	266894.780	1966.8477	283644.26

由表 3.21 可以看出,工业行业在 2000 年至 2018 年具有一定的规律,其二氧化碳排放量同前文大多数呈现"山丘状"的多个工业分支行业一样,工业行业的二氧化碳排放量同样存在峰值,在 2012 年达到了 312526.93 万吨,而之前在 2000 年至 2012 年一直呈现出逐步上升的趋势,在 2012 年后至 2017 年一直呈下降的趋势。其中,工业三大类中的采掘业、制造业的二氧化碳排放量均在 2012 年达到峰值后呈现持续下降的趋势,采掘业的二氧化碳排放量在 2012 年达到峰值 20883.5460 万吨,制造业的二氧化碳排放量在 2012 年达到峰值 288683.620 万吨,而煤气及水生产和供应业的二氧化碳排放量在 2000 年至 2017 年呈现波浪状,但在 2009 年后同样呈逐渐下降的趋势。这说明我国工业

行业二氧化碳排放量存在一个拐点:2012 年,并且我国的二氧化碳排放量正逐年下降。

3.4 碳排放与碳强度空间动态演变分析

3.4.1 碳排放与碳强度分布现状

由图 3.6 可以发现,2000—2018 年我国 30 个省份的碳排放量均值可以分为三个梯度。第一梯度省域年均碳排放量为 0 ~ 15648.52 万吨,主要集中分布在我国西北部,诸如青海、甘肃、宁夏等省份,此外还有重庆、广西、海南、江西、北京、天津等省份也处于第一梯度,以上省份年均碳排放量皆处于较低水平;第二梯度中省域年均碳排放量处于 15648.52 万 ~ 35464.30 万吨,处于该梯度的省份有黑龙江、吉林、陕西、云南、四川、贵州、湖南、湖北、安徽、江西以及浙江等;而在第三梯度中省域年均碳排放量处于 35464.30 万 ~ 91828.98 万吨,处于该梯度的省份主要分布在我国东北部,有内蒙古、辽宁、河北、山西、河南、山东以及江苏,还有广东也处于第三梯度,这些省份的年均碳排放总量处于一个较高的水平,需要进一步对省域碳排放进行控制。

2000—2018 年我国 30 个省份的碳强度均值可以分为三个梯度。第一梯度省域年均碳强度在 0 ~ 2.13 吨/千美元,主要有四川、重庆、湖北、河南、北京、天津、山东、浙江、江苏、湖南、江西、福建、广西、广东以及海南等 15 个省份,值得注意的是,广东年均碳排放量处于较高水平而碳强度却不高,这说明广东虽然碳排放量较高,但是其经济发展也十分迅猛,故而其碳强度并不高;第二梯度中省域年均碳强度为 2.13 ~ 3.96 吨/千美元,处于该梯度的省份有黑龙江、吉林、辽宁、河北、陕西、云南、安徽、甘肃、青海以及新疆等,青海与甘肃在年均碳排放量处于第一梯度,而其年均碳强度均值则处于第二梯度,这说明青海与甘肃年均碳排放量虽然不高,但其碳强度却处于中等水平,这与其经济较为落后具有相关性;在第三梯度中省域年均碳强度为 3.96 ~ 7.93 吨/千美元,处于该梯度的省份有内蒙古与贵州,这说明内蒙古与贵州两个省份碳强度较高,处于全国前列。

3.4.2 碳排放与碳强度空间分布变动分析

3.4.2.1 全国视角

我国 30 个省份碳排放量与碳强度方向分布保持一致，空间分布总体皆呈现为“东北—西南”的空间格局。碳排放量与碳强度空间分布的中心主要集中在河南省东北部，2000—2009 年碳排放量与碳强度的中心向西南方向移动，2009—2018 年碳排放量与碳强度的中心则又向西北方向移动，总体而言，2000 年—2018 年碳排放量与碳强度的中心向正西方向移动。

表 3.22 2000—2018 年我国碳排放量与碳强度标准差椭圆参数

年份	椭圆周长	椭圆面积	中心点	X 轴长度	Y 轴长度	方向角度(°)
2000	61.92	288.53	(115.01°W,34.61°N)	7.89	11.64	63.23
2009	60.70	280.62	(114.39°W,34.39°N)	7.96	11.22	66.59
2018	64.09	313.63	(113.75°W,34.59°N)	8.46	11.81	82.08

由表 3.22 可知，2000—2009 年碳排放量与碳强度的标准差椭圆面积呈缩小态势，这说明 2005—2009 年标准差椭圆外部省份对碳排放量与碳强度拉动作用大于标准差椭圆内部的省份，而 2009—2018 年碳排放量与碳强度的标准差椭圆面积则呈扩大态势，这说明标准差椭圆内部省份对碳排放量与碳强度的拉动作用大于标准差椭圆外部省份。从分布形状来看，2000—2018 年碳排放量与碳强度标准差椭圆的 X 轴和 Y 轴长度的差值整体呈现为缩小的趋势，表明我国碳排放量与碳强度的标准差椭圆具有趋于正圆的趋势，这说明碳排放量与碳强度呈现出集中的趋势；从方向角度来看，碳排放量与碳强度的标准差椭圆的方位角呈上升趋势，由 2000 年的 63.23°增加到 2018 年的 82.08°，这说明我国碳排放量与碳强度的空间分布格局由“东北—西南”分布向“正东—正西”方向偏移。

3.4.2.2 区域视角

2000 年我国东部地区、中部地区以及西部地区碳排放与碳强度空间分布总体分别呈现为“偏北—偏南”走向、“东北—西南”走向以及“西北—东南”走向。东部地区碳排放与碳强度的中心点为(118.66°W,34.31°N)，位于江苏省北部；

中部地区碳排放与碳强度的中心点为(116.75°W,36.10°N),位于山东省的西部;西部地区碳排放与碳强度的中心点为(103.89°W,33.02°N),位于四川省内,靠近四川省与甘肃省交界处。

2009 年我国东中西部地区碳排放与碳强度空间分布和 2000 年基本一致,东部地区碳排放与碳强度的中心点变为(118.39°W,34.06°N);中部地区碳排放与碳强度的中心点变为(116.21°W,35.51°N);西部地区碳排放与碳强度的中心点变为(104.65°W,33.76°N),中心点移至甘肃省内。

2018 年我国东中西部地区碳排放与碳强度空间分布仍然无太大变动,不过到了 2018 年,东部地区碳排放与碳强度的中心点变为(118.38°W,33.82°N);中部地区碳排放与碳强度的中心点变为(116.03°W,35.46°N);西部地区碳排放与碳强度的中心点变为(104.10°W,34.99°N)。

表 3.23　2000—2018 年我国分区域碳排放量与碳强度标准差椭圆参数

指标	区域	2000 年	2009 年	2018 年
椭圆面积	东部地区	110.36	100.88	96.05
	中部地区	139.45	130.82	136.82
	西部地区	283.47	294.40	333.30
X 轴长度	东部地区	3.98	3.78	3.60
	中部地区	3.90	3.85	4.13
	西部地区	11.05	10.32	12.19
Y 轴长度	东部地区	8.83	8.51	8.49
	中部地区	11.39	10.82	10.54
	西部地区	8.16	9.08	8.70
方向角度(°)	东部地区	18.22	17.43	18.46
	中部地区	44.75	44.01	43.34
	西部地区	123.19	116.29	111.66

由表 3.23 可知,2000—2018 年东部地区碳排放量与碳强度的标准差椭圆面积呈现为持续缩小状态,而西部地区碳排放量与碳强度的标准差椭圆面积则呈现为持续扩大的状态,中部地区碳排放量与碳强度的标准差椭圆面积在 2000—2009 年呈现为缩小状态,而在 2009—2018 年则呈现为扩大状态。这表明 2000—2018 年东部地区标准差椭圆外部省份对碳排放量与碳强度拉

动作用大于标准差椭圆内部的省份；而西部地区则正好相反，标准差椭圆内部省份对碳排放量与碳强度的拉动作用大于标准差椭圆外部省份；中部地区在2000—2009年标准差椭圆外部省份对碳排放量与碳强度拉动作用大于标准差椭圆内部的省份，而在2009—2018年则变化为标准差椭圆内部省份对碳排放量与碳强度的拉动作用大于标准差椭圆外部省份。从分布形状来看，2000—2018年中部地区碳排放量与碳强度标准差椭圆的X轴和Y轴长度的差值整体呈现为缩小的趋势，说明我国中部地区碳排放量与碳强度的标准差椭圆具有趋于正圆的趋势，碳排放量与碳强度呈现出集中的趋势；东部地区和西部地区碳排放量与碳强度标准差椭圆的X轴及Y轴长度的差值则经历了先减少后增加的变化趋势，说明我国东部地区和西部地区碳排放量与碳强度的标准差椭圆经历了从趋于正圆到偏离正圆的变化趋势。从方向角度来看，中部地区和西部地区碳排放量与碳强度的标准差椭圆的方位角呈持续下降趋势，2000—2018年中部地区方位角由44.75°下降至43.34°，而西部地区则由2000年的123.19°增加到2018年的111.66°，这说明我国中部地区和西部地区碳排放量与碳强度的空间分布格局向北偏移；我国东部地区碳排放量与碳强度的标准差椭圆的方位角在2000—2009年呈现出下降趋势，由18.22°下降至17.43°，到2018年方位角又升至18.46°，总体来说，东部地区碳排放量与碳强度的标准差椭圆的方位角变化不大。

3.5 碳因素分解

3.5.1 LMDI分解模型构建

Kaya恒等式通过一种简单的数学公式把人类活动产生的二氧化碳排放与经济、政策、人口等影响因素联系起来。本文基于Kaya恒等式与省级面板数据构建对碳排放总量的LMDI分解模型如下：

$$C = \sum_i C_i = \sum_i \frac{C_i}{E_i} \times \frac{E_i}{Y_i} \times \frac{Y_i}{P_i} \times P_i \tag{3.10}$$

将碳变化的驱动因素分为结构效应、技术效应、经济增长效应以及人口规模效应四个部分，其中C_i为上文测算的各省份碳排放总量，E_i为各省份能源消费总量，Y_i 为各省份国民生产总值，P_i 为各省份人口总量，数据来源于 EPS 数据库。

3.5.2 碳因素结果分析

表 3.24 2000—2018 年我国碳排放量驱动因素分解结果

年份	总效应	结构效应	技术效应	经济增长效应	人口规模效应
2000—2001	15402.87	4288.73	-28799.60	43949.14	-4035.40
2001—2002	39350.84	-11188.18	4273.52	36190.54	10074.96
2002—2003	68315.00	4993.19	-9785.24	69491.02	3616.04
2003—2004	86297.99	-5478.63	-16574.60	103948.89	4402.34
2004—2005	107876.67	20244.61	-29707.42	119501.14	-2161.66
2005—2006	89287.69	12831.88	-45069.41	115086.36	6438.87
2006—2007	60364.59	-19470.21	-79556.69	153413.13	5978.37
2007—2008	38086.30	-12568.44	-115829.98	159865.78	6618.94
2008—2009	51124.67	-906.53	-31406.81	77308.00	6130.01
2009—2010	92816.33	5767.66	-99313.17	167717.17	18644.67
2010—2011	113605.19	21708.12	-112784.75	198771.62	5910.20
2011—2012	30264.56	-29033.45	-63304.40	115974.28	6628.13
2012—2013	1775.89	43727.91	-153290.41	104773.27	6565.12
2013—2014	13124.98	-20628.53	-50423.16	77730.26	6446.41
2014-2015	478.32	-20529.13	-31085.81	45085.05	7008.20
2015-2016	14081.03	-7816.36	-47704.29	61988.81	7612.87
2016-2017	18867.16	-11202.38	-62732.54	85576.72	7225.36
2017-2018	1880.46	-152824.60	100311.50	47697.09	6696.47
均值	46833.36	-9893.57	-48487.96	99114.90	6099.99
贡献率(%)	100.00	-21.13	-103.53	211.63	13.02

由表 3.24 可以看出，2000—2018 年总效应年均增长 46833.36 万吨，其中由于能源结构改善年均实现减排 9893.57 万吨，占总效应的 -21.13%，这表明结构效应较为明显，改善能源结构对减排具有一定的作用；技术的进步也会实现减排，2000—2018 间实现了年均 48487.96 万吨的碳减排，这是总效应的 -103.53%，显然技术的进步是实现碳减排的最主要因素；经济增长与人口增长都是导致碳排放总量增加的原因，其中人口增长使得碳排放总量年均增长 6099.99 万吨，仅占总效应的 13.02%，也就是说人口增长虽然在一定程度上促

使碳排放总量增长，但是人口增长效应并不明显；经济增长效应则使得碳排放总量年均增长 99114.90 万吨，这是总效应的 211.63%，经济增长是碳排放总量增长的最主要原因。

3.5.2.1 结构效应

结构效应对碳排放总量的影响可以分为 2000—2013 年与 2013—2018 年两个阶段。在第一阶段（2000—2013 年），结构效应的减排效果呈波动变化，在 2001—2002 年、2003—2004 年、2006—2009 年及 2011—2012 年，结构效应都起到了很好的碳减排效果，而在 2000—2001 年、2002—2003 年、2004—2006 年、2009—2011 年及 2012—2013 年中，结构效应反而促进了碳排放的增加。其中，2011—2012 年结构效应的碳减排效应最好，在结构效应的作用下，其间碳排放量减少 29033.45 万吨，占总效应的 -95.93%，是影响碳减排的主要因素之一。而在 2012—2013 年，结构效应反而促使碳排放增加了 43727.91 万吨，增加量达总效应的 2462.31%，这使得结构效应成为当年碳排放总量增加的最主要原因。在第二阶段（2013—2018 年），结构效应对碳排放则始终具有减排效果。从整体来看，结构效应总体在实现碳减排中做出了一定的贡献。尤其是 2013 年以后，结构效应持续发挥着减排作用，这表明自 2013 年以来，我国能源结构得到一定程度的优化，进而在一定程度上缓解了我国碳排放问题，结构效应碳减排的贡献度虽然在 2000—2018 年仅为 -21.13%，但是在 2013—2018 年结构效应碳减排的贡献度高达 -439.79%，在此期间，技术效应对碳减排的贡献度也仅 -189.20%，结构效应一跃成为碳排放量下降的最主要因素。结合我国实际情况来看，以往我国能源消费结构中煤炭占比相当大，而一些清洁能源的占比则相对偏低。自 2009 年我国对世界做出节能减排的承诺后，就在能源消费结构优化方面做出不断探索，呼吁各地积极用清洁能源替代煤炭等化石能源，随着我国清洁能源使用率的提高与煤炭等化石能源使用率的下降，我国能源结构效应也从 2013 年开始稳定发挥碳减排效用，改善能源结构仍然是我国未来实现碳减排的主要途径之一。

3.5.2.2 技术效应

从 2000—2018 年总体来看，技术效应是实现碳减排的主要原因。除

2001—2002 年及 2017—2018 年,其余年份技术效应都起到了很好的碳减排效果。其中,2012—2013 年技术效应起到的碳减排效应最为显著,实现了 153290.41 万吨的碳减排,占总效应的 -8631.75%,这表明技术效应在该时段对我国碳减排发挥了极其重要的作用。然而,技术效应也并非始终都发挥着减排效果,在 2001—2002 年及 2017—2018 年技术效应不仅没有减少碳排放量,反而还促进了碳排放量的增加。2001—2002 年技术效应使得碳排放量增加了 4273.52 万吨,仅为总效应的 10.86%,影响并不大。但到了 2017—2018 年,在技术效应的作用下,碳排放量增加了 100311.50 万吨。总的来说,技术效应的贡献值也占到了总效应的较高比例,技术效应对实现碳减排具有重要作用,故而减低碳排放强度是我国实现碳减排的另一重要途径,这也是我国在哥本哈根会议中提出的是碳强度减排而不是总量减排的原因。

3.5.2.3 经济增长效应

经济增长效应是我国碳排放量增长的最主要推动因素,在 2000—2018 年年均增加的碳排放量高达 211.63%,也就是说,排除结构效应与技术效应的作用,单经济增长效应作用就能使得我国年均碳排放量增加两倍有余。2000—2011 年经济增长效应对我国碳排放的促进作用整体呈现不断加强的趋势,由 2000—2001 年促进碳排放量增长 43949.14 万吨变化为 2010—2011 年促进碳排放量增长 198771.62 万吨。2011 年以后,经济增长效应对碳排放量增长的促进作用逐渐减弱,到 2017—2018 年,经济增长效应促进碳排放增长量又回落至 47697.09 万吨。这表明在 2000—2011 年我国经济虽然得到高速增长,但是我国碳排放总量也随之增长,经济增长以环境为代价,但在 2011 年以后,这种状况得到一定的改善,这不仅与我国日益重视绿色发展的观念兴起密切相关,也与我国经济增长速度逐渐放缓有关。未来我国应更加重视经济增长与环境保护的协调发展,在实行减排目标的基础上维持我国的经济增长速度,走经济高质量发展之路。

3.5.2.4 人口规模效应

人口规模效应虽整体上会促进我国碳排放量增长,但其促进作用并不显著,仅为总效应的 13.02%。其中除 2000—2001 年及 2004—2005 年人口规模效应具有一定的碳减排效果外，其余年份人口规模效应都会增加我国碳排放量。2009—2010 年人口规模效应对碳排放量的促进作用最为显著，其间碳排放量增加了 18644.67 万吨，2010 年以后人口规模效应的促进作用维持在一个较为稳定的状态，在人口规模效应的作用下，碳排放量的增加值为 6000 万 ~7500 万吨。

3.5.2.5 总效应

2000—2018 年碳排放的总效应呈波动变化，这是 4 种效应独自或者交互影响的结果。据 4 种效应的总体贡献来看，技术效应是实现碳减排的最主要因素，结构效应次之；而经济增长则是推动碳排放增长的主要力量，人口规模效应虽然也会在一定程度上推动我国碳排放增长，但是其推动作用与经济增长效应相比就变得微乎其微了。

3.6 中国工业部门碳排放峰值预测及减排潜力研究

中国在世界各国中作为后起之秀，低碳经济发展远落后于个别发达国家。作为发展低碳经济的必经之径，碳减排的现实意义毋庸置疑，而工业部门的碳减排攻坚工作更是重中之重。本节首先梳理政策背景与相关文献，其次对工业行业碳排放进行测度分析，再次通过基于 BP 算法的 NAR 神经网络模型对工业八大部门碳排放峰值进行预测，并对减排潜力进行比较分析，最后给予相关建议。

3.6.1 碳排放峰值

作为世界上温室气体排放量最大的国家，中国一直致力于发展低碳经济，承担环境责任。目前我国已经提出整体碳排放达峰目标，即计划 2030 年前后二氧化碳排放达到峰值，但对工业部门的碳排放达峰目标未做具体规划。工业部门作为温室气体的重要来源，其达峰路径研究具有重要价值。

3.6.1.1 政策背景

早在 2009 年 9 月，胡锦涛同志就在联合国气候变化峰会上承诺，中国将进一步把应对气候变化纳入经济社会发展规划，并继续采取强有力的措施。通过加强节能、提高能效工作，争取到 2020 年单位 GDP 二氧化碳排放比 2005 年有显著下降。

2010 年 3 月，党的十八大提出要大力推进生态文明建设，把生态文明建设放在突出地位，并将"单位 GDP 能源消耗和二氧化碳排放大幅下降"作为全面建成小康社会的主要目标之一。

2014 年 APEC 峰会上，中美签订了《中美气候变化联合声明》，中美两国元首"第一次"宣布了两国各自 2020 年后应对气候变化的行动，习近平总书记宣布中国计划 2030 年二氧化碳排放达到峰值且将努力早日达峰，并计划到 2030 年非化石能源占一次能源消费比重提高到 20% 左右。

2020 年 9 月 25 日，生态环境部宣布：我国积极实施应对气候变化的国家战略，目前已取得成效。截至 2019 年底，中国碳强度较 2005 年降低约 48.1%，非化石能源占一次能源消费比重达 15.3%，提前完成我国对外承诺的到 2020 年目标。

3.6.1.2 文献综述

迄今为止，中国以二氧化碳为主的温室气体排放问题一直是国内外学者关注的热点问题，目前学术界围绕碳排放我国政府提出的 2030 年碳排放峰值目标已取得丰富成果。

大量文献基本围绕中国总体的碳排放峰值展开。基于 1980—2008 年的我国省级面板数据，渠慎宁和郭朝先（2010）利用 STIRPAT 模型对中国整体碳排放峰值进行预测，研究发现中国的峰值到达时间为 2020—2045 年，技术进步对峰值的影响较为重要。该研究对我国总体碳排放达峰年份进行范围估计，提供可信参考；基于现有情景、能源系统和土地利用模型，Michel 等（2016）预测出 CO_2 排放轨迹并将其峰值目标与进行对比，发现两者具有一致性（2030 年前达到碳排放峰值），笔者通过比对的方式验证碳排放峰值目标的可行性。Kai Su Chien - Ming Lee（2020）研究清洁发展机制（CDM）对减排能力的影响，发现碳排放可能于 2028 年达到峰值，估计为 117.70 $MtCO_2$，这种考虑特定机制的思路具有更丰富的价值。

工业作为碳减排攻坚战的前沿，其现实意义不言而喻。郭朝先（2014）通过经济核算方法，对我国工业部门碳减排潜力进行估算，推断中国不宜承诺于 2030 年之前实现总量达峰，并坚持绝对减排应在 2035 年之后，这为我国碳减排工作敲响警钟；袁晓玲等（2020）利用岭回归，针对基准、低碳和高耗能 3 种情境，对工业整体及分部门的碳排放峰值进行预测，发现八大细分行业达峰是工业部门整体达峰的前提，基准情境下仅轻工和石油部门能够2030年达峰，低碳情境下各行业均能在2030年前达峰，而高耗能情境下各行业只有在2040年前后才能达峰。基于三种情境设置，笔者对我国工业碳排放进行更为深入的剖析，为本节提供重要实证支持。

综上，现有文献通过多种方法对我国碳减排工作进行预测且成果颇丰，大多文献均运用传统计量方法进行研究，并且就达峰时间存在较大争议。基于此，本节运用数据挖掘方法对工业部门碳排放峰值进行预测，据此分析工业部门碳减排能力，希望为我国工业碳排放峰值研究提供新的参考。

3.6.2 我国工业行业碳排放现状

碳排放峰值预测需要往年工业行业碳排放数据作为建立模型的数据基础，在最新国民统计中的工业分类（GB/T 4754—2011）①中，合计三大类41小类②，根据此分类对41个工业行业碳排放展开测度分析。

3.6.2.1 碳排放计算说明

利用IPCC计算公式对2000年至2018年41个工业行业碳排放量进行测度，具体公式如下：

$$CE = \sum_{i}^{m} \sum_{i}^{n} F_{ij} * CV_j * CCF_j * COF_j * (\frac{44}{12}) \quad (3.11)$$

其中，$i=1,2,\cdots,m$，表示工业行业；$j=1,2,\cdots,n$，表示能源种类；CE 为碳排

---

① 从2012年起，国家统计局执行国民经济行业分类标准（GB/T 4754—2011），原来的工业行业大类由39个调整为41个，具体请参见《国民经济行业分类标准》。

② 三大类分别为：采掘业，制造业，电力、煤气及水生产和供应业，41小类分别为：隶属于采掘业的煤炭采选业，石油和天然气开采业，黑色金属矿采选业，有色金属矿采选业，非金属矿采选业，开采辅助活动，其他矿采选业，木材及竹材采运业，隶属于制造业的食品加工业，食品制造业，饮料制造业，烟草加工业，纺织业，服装及其他纤维制品制造业，皮革毛皮羽绒及其制品业，木材加工及竹、藤、棕、草制品业，家具制造业，造纸及纸制品业，印刷及记录媒介复制业，文教体育用品制造业，石油加工及炼焦业，化学原料及化学品制造业，医药制造业，化学纤维制造业，橡胶制品业，塑料制品业，非金属矿物制品业，黑色金属冶炼及压延加工业，有色金属冶炼及压延加工业，金属制品业，普通机械制造业，专用设备制造业，汽车制造业，铁路、船舶、航空航天和其他运输设备制造业，电气机械及器材制造业，电子及通信设备制造业，仪器仪表文化办公用机械制造业，其他制造业，隶属于电力，煤气及水生产和供应业的电力蒸汽热水的生产和供应业，煤气生产和供应业，自来水的生产和供应业。

放总量(万吨);*F* 为终端化石能源消费量(万吨或亿立方米,不包括用于产品制造原料的消费量),数据来自 2000 年至 2018 年《中国能源统计年鉴》;*CV* 为平均低位发热值(千焦/千克或千焦/立方米),来自 2013 年《中国能源统计年鉴》;*CCF* 为燃料的碳含量(千克/106 千焦),来自《2006 年 IPCC 国家温室气体清单指南》;*COF* 为碳氧化率,来自《中国省级温室气体清单编制指南》;44 和 12 分别表示 CO_2分子量和 C 原子量。

由于某些化石能源的 *CV* 或 *CCF* 或 *COF* 存在数值缺失,在碳排放测算中未纳入范畴,包括:高炉煤气、石脑油、润滑油、石蜡、溶剂油、石油焦、液化天然气。因此,在工业分行业的碳排放测算中,统计在内的化石能源总共 14 种,包括原煤、其他洗煤、焦炭、焦炉煤气、其他煤气、原油、汽油、煤油、柴油、燃料油 、液化石油气、炼厂干气、其他石油制品、天然气。

3. 6. 2. 2 工业行业碳排放测度分析

计算可得工业 41 个行业 2000—2018 年的二氧化碳排放量。由于行业新分类,2000—2018 年在国民统计中工业分类有新行业的产生,隶属于采掘业的开采辅助活动与隶属于制造业的铁路、船舶、航空航天和其他运输设备制造业在 2012 年前为空值。

(1)采掘业碳排放测度分析

表 3. 25 为 2000—2018 年采掘业 7 个子行业的二氧化碳排放量。

由表 3. 25 可知,大多数采掘业的二氧化碳排放量波动幅度比较大,且趋势不稳定,煤炭开采和洗选业、石油和天然气开采业尤为明显。其中,煤炭开采和洗选业 2000 年至 2018 年的二氧化碳排放总量在 2500 万吨至 11000 万吨徘徊,并且变化呈波浪式(二氧化碳排放量在 2000 年至 2001 年和 2012 年至 2016 年下降,在 2001 年至 2012 年和 2016 年至 2018 年上升),在 2001 年达到最低值 2645 万吨,在 2012 年达到峰值 10908 万吨。而石油和天然气开采业 2000 年至 2018 年的二氧化碳排放总量在 267 万吨和 7515 万吨之间徘徊,并且变化同样呈波浪式,且比煤炭开采和洗选业更为短促(二氧化碳排放量在 2000 年至 2003 年、2004 年至 2008 年和 2012 年至 2014 年上升,在 2003 年至 2004 年、2008 年至 2012 年和 2014 年至 2018 年下降),在 2000 年达到最低值 267 万吨,在 2008 年达到峰值 7515 万吨。

表 3.25　2000—2018 年采掘业二氧化碳排放量　单位：万吨

年份	I1	I2	I3	I4	I5	I6	I7
2000	7495	267	279	301	356	—	121
2001	2645	5744	272	215	541	—	13
2002	2721	6014	305	252	572	—	9
2003	3482	6443	392	274	710	—	213
2004	6483	5220	493	250	761	—	8
2005	6500	5322	560	244	880	—	7
2006	6402	5779	606	246	862	—	7
2007	7093	5970	629	243	867	—	7
2008	9641	7515	829	272	1035	—	11
2009	9686	6437	736	291	1118	—	9
2010	9428	6612	973	295	1027	—	10
2011	9988	5925	1330	376	845	—	1
2012	10908	5762	1425	421	1558	807	3
2013	10554	6201	1551	385	1234	655	6
2014	8249	6312	1478	405	1283	691	6
2015	6670	6127	1224	377	1184	543	3
2016	5936	5324	1081	350	1118	446	7
2017	6879	5279	868	304	901	549	3
2018	6570	5087	984	388	1045	589	3

注：I1：煤炭开采和洗选业；I2：石油和天然气开采业；I3：黑色金属矿采选业；I4：有色金属矿采选业；I5：非金属矿采选业；I6：开采辅助活动；I7：其他采矿业，下表同。

有三类采掘业行业基本保持步调一致：黑色金属矿采选业、有色金属矿采选业、非金属矿采选业，其二氧化碳排放量均在 2012 年至 2013 年达到了峰值，黑色金属矿采选业、有色金属矿采选业、非金属矿采选业的二氧化碳排放量在 2000 年至 2012 年、2013 年前后一直呈爬升趋势，在此之后又均转而下降。推测原因，一方面可能为国家绿色生态、节能减排政策的推行和落实；另一方面我国经济转向高质量发展，注重保护国内资源，矿类需求更加依靠从国外进口。

开采辅助活动和其他采矿业的二氧化碳排放量从 2000 年至 2018 年基本呈逐渐下降的趋势。开采辅助活动的二氧化碳排放量推测可能易受科学技术的影响，采掘工具技术的更新换代能够大幅度提升采掘效率。其他采矿业则因为其他矿种需求量不高，且自身行业规模小，所以其二氧化碳排放量常年较其他采掘业少，仅有少数年份的二氧化碳排放量超过 20 万吨(2000 年二氧化碳排放量为 121 万吨，2003 年为 213 万吨，其他年份均处于 20 万吨以下)。

综上所述，煤炭开采和洗选业、石油和天然气开采业的二氧化碳排放量在 2000 年至 2018 年总体上呈波浪式；黑色金属矿采选业、有色金属矿采选业、非金属矿采选业的二氧化碳排放量在 2012 年至 2013 年达到峰值之后直至 2018 年呈下降的趋势；开采辅助活动和其他采矿业的二氧化碳排放量从 2000 年至 2018 年基本呈逐年下降的趋势。

(2)制造业碳排放测度分析

表 3.26 为 2000—2018 年制造业 31 个子行业的二氧化碳排放量。

表 3.26　2000—2018 年制造业二氧化碳排放量(其一)　单位：万吨

年份	I8	I9	I10	I11	I12	I13	I14	I15
2000	36574	1207	741	779	825	1492	229	133
2001	194	1399	816	742	313	2066	300	177
2002	193	1433	840	750	320	2099	315	178
2003	1460	824	821	327	2346	347	208	397
2004	1763	1093	1078	233	3046	427	273	593
2005	1865	1189	1072	200	2848	478	265	599
2006	1812	1165	1063	196	2806	472	268	589
2007	1860	1172	1015	174	2809	469	260	567
2008	2484	1538	1307	183	3360	588	294	744
2009	2472	1611	1316	164	3206	576	283	745
2010	2251	1477	1147	146	2748	555	229	683
2011	2070	1396	1168	190	2348	491	188	658
2012	3279	1750	1638	139	3599	675	388	1020
2013	3115	1745	1686	123	3231	551	330	896
2014	3313	1605	1658	100	2411	487	276	923
2015	3424	1529	1561	90	2340	450	266	750
2016	3472	1738	1597	76	2088	394	242	528
2017	2849	1684	1421	68	1736	288	176	384
2018	2947	1763	1731	80	2074	303	258	472

表 3.26　2000—2018 年制造业二氧化碳排放量(其二)　单位:万吨

年份	I16	I17	I18	I19	I20	I21	I22	I23
2000	256	323	1416	125	14188	10149	8515	2198
2001	302	84	1606	162	98	15181	17278	627
2002	301	88	1752	164	98	16478	19483	650
2003	106	1930	174	114	18698	22577	736	2598
2004	86	2756	136	131	21913	26422	779	617
2005	102	2690	139	124	21931	28094	770	687
2006	100	2647	139	123	22376	31835	763	735
2007	98	2524	137	123	23945	33862	749	802
2008	152	3598	207	164	24172	37777	1043	767
2009	157	3671	191	154	26601	36642	1026	654
2010	163	3224	187	146	19320	32503	1040	567
2011	129	3041	140	90	22336	34839	1065	529
2012	195	3343	184	274	25804	41982	1970	988
2013	178	2881	201	270	24900	42511	1903	909
2014	154	2400	229	296	25259	45240	1782	766
2015	157	2166	226	281	26208	47901	1783	791
2016	138	2184	234	282	26348	47338	1753	847
2017	106	2124	194	247	26735	44572	1442	776
2018	116	2336	167	276	26009	42490	1551	761

表 3.26　2000—2018 年制造业二氧化碳排放量(其三)　单位:万吨

年份	I24	I25	I26	I27	I28	I29	I30
2000	541	593	3519	13566	25697	1641	838
2001	2032	448	457	14361	27922	1910	977
2002	2232	454	425	15084	32720	2052	1088
2003	517	478	16703	40581	2345	1021	1412
2004	668	716	25485	50055	3222	1039	1699
2005	648	714	25855	64637	3559	1058	2105
2006	647	704	26081	75601	3896	1093	2379
2007	632	668	25510	82582	4095	1122	2542
2008	796	892	34633	87413	5043	1420	2684

续表

年份	I24	I25	I26	I27	I28	I29	I30
2009	775	854	36324	94335	5488	1441	3281
2010	725	877	33338	97631	4796	1284	3210
2011	654	700	35435	108185	4536	1076	4009
2012	1754	55270	127608	5648	1801	3566	1132
2013	1576	50504	129735	5296	1769	3079	1175
2014	1392	51542	130332	5416	1442	2953	1148
2015	1346	49021	121236	5271	1387	2872	961
2016	1257	48393	125490	5397	1224	2799	899
2017	1023	46044	122988	5506	972	2028	720
2018	1174	45625	121568	5548	1002	2723	809

表 3.26　2000—2018 年制造业二氧化碳排放量(其四)　　单位:万吨

年份	I31	I32	I33	I34	I35	I36	I37	I38
2000	1135	—	917	882	577	134	493	1513
2001	1152	—	749	1095	490	478	108	822
2002	1296	—	754	1091	526	599	117	822
2003	880	—	1151	600	619	172	791	4
2004	1110	—	1642	720	674	107	684	29
2005	1077	—	1790	746	734	102	503	25
2006	1104	—	1842	762	743	101	492	25
2007	1147	—	1865	770	748	104	470	25
2008	1431	—	2474	1005	986	148	653	44
2009	1512	—	2530	1030	899	162	592	51
2010	1595	—	2509	1054	862	168	474	79
2011	1376	—	2528	835	573	118	422	86
2012	1726	785	1049	538	135	158	191	96
2013	1706	699	965	508	130	132	197	56
2014	1640	551	775	487	111	121	209	39
2015	1419	505	716	453	96	187	134	160
2016	1127	423	609	493	89	81	186	37
2017	912	603	466	485	72	67	155	55

续表

年份	I31	I32	I33	I34	I35	I36	I37	I38
2018	908	603	409	484	76	56	108	57

注：I8：农副食品加工业；I9：食品制造业；I10：酒、饮料和精制茶制造业；I11：烟草制品业；I12：纺织业；I13：纺织服装、服饰业；I14：皮革、毛皮、羽毛及其制品和制鞋业；I15：木材加工和木、竹、藤、棕、草制品业；I16：家具制造业；I17：造纸和纸制品业；I18：印刷和记录媒介复制业；I19：文教、工美、体育和娱乐用品制造业；I20：石油加工、炼焦和核燃料加工业；I21：化学原料和化学制品制造业；I22：医药制造业；I23：化学纤维制造业；I24：橡胶和塑料制品业；I25：非金属矿物制品业；I26：黑色金属冶炼和压延加工业；I27：有色金属冶炼和压延加工业；I28：金属制品业；I29：通用设备制造业；I30：专用设备制造业；I31：汽车制造业；I32：铁路、船舶、航空航天和其他运输设备制造业；I33：电气机械和器材制造业；I34：计算机、通信和其他电子设备制造业；I35：仪器仪表制造业；I36：其他制造业；I37：废弃资源综合利用业；I38：金属制品、机械和设备修理业；下表同。

由表 3.26 可知，大多数制造业二氧化碳排放量同样波动幅度较大，且趋势不稳定，具体包括：橡胶和塑料制品业，非金属矿物制品业，家具制造业，文教、工美、体育和娱乐用品制造业，医药制造业，化学纤维制造业，食品制造业，酒、饮料和精制茶制造业，纺织业，纺织服装、服饰业，皮革、毛皮、羽毛及其制品和制鞋业，木材加工和木、竹、藤、棕、草制品业。这类制造业行业二氧化碳排放量变化呈波浪式，大多和衣食住行存在固定联系，受当年的经济发展、市场供需、物价水平、社会文化等因素影响深。因此，这类制造业行业的二氧化碳排放量基本围绕该行业平均水平上下波动。

部分制造业行业的二氧化碳排放量同样存在于某年达到峰值后持续下降的变化趋势，包括：汽车制造业（2012 年），电气机械和器材制造业（2013 年），计算机、通信和其他电子设备制造业（2011 年），仪器仪表制造业（2008 年），其他制造业（2002 年），废弃资源综合利用业（2003 年），有色金属冶炼和压延加工业（2011 年），通用设备制造业（2012 年），专用设备制造业（2011 年），造纸和纸制品业（2009 年），印刷和记录媒介复制业（2002 年）。其中，大部分制造业行业同采掘业行业一样，在 2012 年至 2013 年达到峰值，包括汽车制造业（2012 年），电气机械和器材制造业（2013 年），计算机、通信和其他电子设备制造业（2010 年），有色金属冶炼和压延加工业（2011 年），通用设备制造业（2012 年），专用设备制造业（2011 年），占总体比例一半以上，该现象可能与前文采掘业行业同因。

铁路、船舶、航空航天和其他运输设备制造业，金属制品、机械和设备修理业，金属制品业，烟草制品业这四类制造业行业二氧化碳排放量从 2000 年至 2018 年基本呈逐渐下降的趋势。铁路、船舶、航空航天和其他运输设备制造业，金属制品、机械和设备修理业，金属制品业的二氧化碳排放量同样易受科学技术的影响，能够通过科学工具、技术的更新换代提高研发效率，从而减少二氧化碳排放量。烟草制品业的二氧化碳排放量逐年降低的可能原因为 2020“健康中国”的烟草税政策使得烟草需求有所减少。

此外，有四类制造业行业的二氧化碳排放量一直处于居高不下的水平，这些制造业行业包括：黑色金属冶炼和压延加工业在 2012 年后一直处于高排放水平，石油加工、炼焦和核燃料加工业在 2000 年至 2018 年的二氧化碳排放量一直居高不下，化学原料和化学制品制造业及农副食品加工业的二氧化碳排放量则呈现越来越高的趋势。

综上所述，有 11 类制造业行业：橡胶和塑料制品业，非金属矿物制品业，家具制造业，文教、工美、体育和娱乐用品制造业，医药制造业，化学纤维制造业，食品制造业，酒、饮料和精制茶制造业，纺织业，纺织服装、服饰业，皮革、毛皮、羽毛及其制品和制鞋业的二氧化碳排放量在 2000 年至 2018 年总体变化呈波浪式；有 11 类制造业行业：汽车制造业（2012 年），电气机械和器材制造业（2013 年），计算机、通信和其他电子设备制造业（2010 年），仪器仪表制造业（2008 年），其他制造业（2002 年），废弃资源综合利用业（2003 年），有色金属冶炼和压延加工业（2011 年），通用设备制造业（2012 年），专用设备制造业（2011 年），造纸和纸制品业（2009 年），印刷和记录媒介复制业（2002 年）的二氧化碳排放量在 2000 年至 2018 年达到排放峰值后一直呈现下降趋势；有 4 类制造业行业二氧化碳排放量从 2000 年至 2018 年基本呈逐渐下降的趋势：铁路、船舶、航空航天和其他运输设备制造业，金属制品、机械和设备修理业，金属制品业，烟草制品业；最后，仍有 4 类制造业行业的二氧化碳排放量基本处于居高不下的水平甚至呈上升的趋势，包括：黑色金属冶炼和压延加工业，石油加工、炼焦和核燃料加工业，化学原料和化学制品制造业及农副食品加工业。

（3）公共事业碳排放测度分析

表 3. 27 为 2000—2018 年公共事业 3 个子行业的二氧化碳排放量。

由表 3. 27 可知，电力、热力生产和供应业是公共事业总体二氧化碳排放的主要来源。在2018年,其值约为燃气生产和供应业的11.52倍,约为水的生产和供应业的55.59倍。

电力、热力生产和供应业在2009年达到峰值,燃气生产和供应业在2006年达到峰值,此后均一直处于下降趋势,两个行业二氧化碳排放量的变化趋势相似。而水的生产和供应业基本处于二氧化碳低排放的水平,其二氧化碳排放量与其他公共事业行业相去甚远。

表3.27 2000—2018年公共事业二氧化碳排放量 单位:万吨

年份	I39	I40	I41
2000	3765	2967	283
2001	3348	421	53
2002	3370	463	51
2003	4275	522	57
2004	4184	834	72
2005	4416	820	71
2006	4358	842	70
2007	4136	814	69
2008	4612	781	87
2009	5154	468	87
2010	4652	366	82
2011	3700	275	61
2012	2745	146	69
2013	2961	197	55
2014	1912	107	45
2015	1538	148	51
2016	1705	177	52
2017	1812	103	52
2018	1890	164	34

注:I39:电力、热力生产和供应业;I40:燃气生产和供应业;I41:水的生产和供应业;下表同。

3.6.2.3 工业总体碳排放测度分析

对2000年至2018年工业三大类即采掘业、制造业和公共事业以及工业总体分别进行二氧化碳排放量统计,得到结果如表3.28所示。

由表 3. 28 可知,工业行业在 2000 年至 2018 年具有一定规律,二氧化碳排放量同前文大多数呈现“山丘状”的多个工业分支行业一样同样存在峰值,在 2000 年至 2012 年一直呈现逐步上升的趋势,在 2012 年达到峰值 312527 万吨,在 2012 年后至 2018 年一直呈下降的趋势。其中,工业三大类中的采掘业、制造业的二氧化碳排放量均在 2012 年达到峰值后呈现持续下降的趋势,采掘业的二氧化碳排放量在 2012 年达到峰值 20884 万吨,制造业的二氧化碳排放量在 2012 年达到峰值 288684 万吨,公共事业二氧化碳排放量在 2000 年至 2018 年呈现波浪状,但在 2009 年后同样呈逐渐下降的趋势。这说明我国工业行业二氧化碳排放量存在拐点:2012 年,且正逐渐转为下降趋势。

表 3. 28　2000—2018 年工业三大类及工业整体二氧化碳排放量

单位:万吨

年份	采掘业	制造业	公共事业	工业
2000	8817	131194	7015	147026
2001	9430	94346	3822	107599
2002	9873	104397	3884	118154
2003	11513	120937	4853	137304
2004	13215	149197	5090	167502
2005	13514	166605	5307	185425
2006	13902	182560	5269	201732
2007	14808	192848	5020	212676
2008	19302	217998	5479	242778
2009	18276	228743	5710	252729
2010	18346	214991	5100	238436
2011	18465	231210	4036	253711
2012	20884	288684	2960	312527
2013	20586	282957	3213	306756
2014	18423	285059	2064	305546
2015	16129	275685	1737	293550
2016	14262	277762	1934	293958
2017	14783	266895	1967	283644
2018	14666	266373	2089	281237

3.6.3 工业部门碳排放峰值预测

为实现对工业部门碳排放峰值的合理预测，首先对41个工业行业进行部门分类以便于观测分析，其次就模型可行性进行探讨以遴选最优模型，再次基于BP神经网络对八大工业部门碳排放峰值进行精确预测，最后对拟合精度进行验证以保证预测结果的有效性。

3.6.3.1 工业部门分类

由上文得知，41个工业行业的碳排放趋势不尽相同，如果直接对41个细分行业进行碳排放峰值预测将过于杂乱无序。因此，根据工业行业内在联系和研究需要，并参考袁晓玲等（2020），最终将36个工业行业划分为八大部门。其中，剔除的工业行业包括：开采辅助活动、其他采矿业、其他制造业、废弃资源综合利用业、金属制品机械和设备修理业。以上5个工业行业由于不便纳入分类等在本节分析中不予考虑。

经过划分后，得到工业八大部门分类如表3.29所示。

表3.29 工业八大部门分类

工业部门	工业行业
采掘	煤炭开采和洗选业；石油和天然气开采业；黑色金属矿采选业；有色金属矿采选业
轻工	农副食品加工业；食品制造业；酒、饮料和精制茶制造业；烟草制品业；木材加工和木、竹、藤、棕、草制品业；家具制造业；造纸和纸制品业；印刷和记录媒介复制业；文教、工美、体育和娱乐用品制造业
纺织	纺织业；纺织服装、服饰业；皮革、毛皮、羽毛及其制品和制鞋业
石油	石油加工、炼焦和核燃料加工业
化工	化学原料和化学制品制造业；医药制造业；化学纤维制造业；橡胶和塑料制品业；非金属矿物制品业
钢铁	黑色金属冶炼和压延加工业；有色金属冶炼和压延加工业；金属制品业
机电	通用设备制造业；专用设备制造业；汽车制造业；铁路、船舶、航空航天和其他运输设备制造业；电气机械和器材制造业；计算机、通信和其他电子设备制造业；仪器仪表制造业
电力	电力、热力生产和供应业；燃气生产和供应业；水的生产和供应业

3.6.3.2 模型设计

设计思路如下:对传统的线性与非线性预测模型进行精度对比;对传统最优拟合模型进行可行性分析;对基于 BP 算法的 NAR 神经网络模型进行解释说明;对神经网络模型进行设定与训练。

(1)传统最优拟合模型

从工业行业碳排放测度分析中可知,工业行业碳排放的非线性趋势越发明显,传统线性回归和一般非线性回归势必难以达到良好的拟合效果,以采掘业部门为例,图 3.6 为最优线性拟合结果,图 3.7 为最优非线性拟合结果。

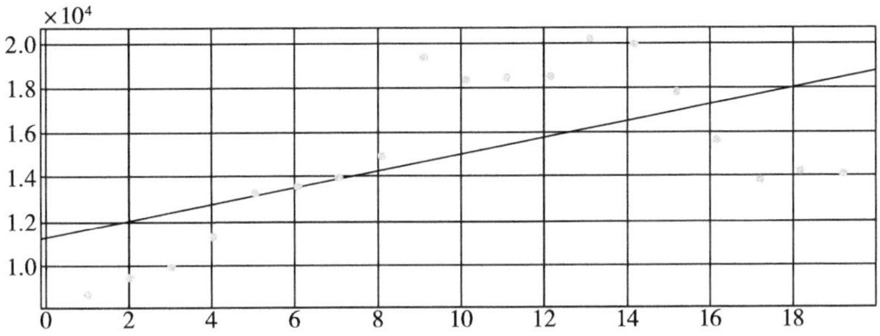

图 3.6 对采掘部门碳排放的最优线性拟合

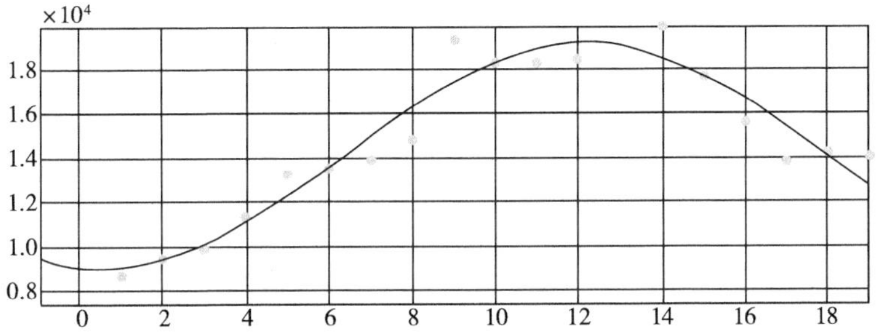

图 3.7 对采掘部门碳排放的最优非线性拟合

表 3.30 为最优线性拟合和最优非线性拟合模型的精度对比。

表 3.30 对采掘部门碳排放的传统拟合对比

类别	线性拟合	非线性拟合
SSE	1.507e+08	1.739e+07
R-square	0.346	0.9246

续表

类别	线性拟合	非线性拟合
Adjusted R - square	0. 2642	0. 9095
RMSE	3069	1077

由图3. 6 和图3. 7 及表3. 30 可知，对采掘部门的最优线性拟合效果明显弱于非线性拟合，不仅在均方误差上存在显著差别(3069 > 1077)，并且最优非线性拟合的精度也远远高于最优线性拟合(0. 9095 > 0. 2642)，因此碳排放峰值预测势必选择非线性模型进行拟合。事实上，最优非线性拟合函数为：

$$F(x) = 14070 - 5024 \times \cos(0.2701 \times x) - 758.8 \times \sin(0.2701 \times x)$$

注意到对采掘业的最优非线性拟合存在正余弦函数，在 2018 年后的趋势模拟中势必存在与 2000 年至 2018 年碳排放极值相等幅度的周期波动，这与碳排放峰值预测的初衷不合。因此，传统非线性拟合虽然能够在很大程度上拟合样本时期内的数值，但是无法对样本期后的未来数值进行精准预测。

(2)基于 BP 算法的 NAR 神经网络模型

基于现有文献基础，最终使用基于 BP(Back Propagatony) 算法的 NAR (Nonlinear Auto Regressive)神经网络模型实现对中国工业部门碳排放峰值进行预测。BP 即后向传播学习算法，其根据预测值与实际值之间的误差反向调整神经元的权值与阈值[xiv]。NAR 即非线性自回归，其利用单组数据做回归变量，利用基础随机变量组合描述未来某时刻该变量的非线性回归模型。NAR 神经网络模型表达公式如式(3. 12)所示：

$$Y(t) = f(y(t-1), y(t-2), \cdots y(t-n)) \tag{3.12}$$

其中，$Y(t)$ 代表未来值，$y(t-1), y(t-2), \cdots y(t-n)$代表过去值，$f(*)$代表数个过去值与未来值之间的激活函数。

经过 BP 算法训练和优化后，得到本节采用的 BP 神经网络模型。BP 神经网络模型是一种多层前馈神经网络，不仅能够高性能、高稳定地识别非线性系统，而且能够利用后向传播学习算法科学地拟合并预测时间序列趋势。这主要是由该模型的学习算法和基本框架决定的，其一，BP 学习算法可以通过输出层反向传播误差信号来达到期望值；其二，神经网络可以通过学习逼近任何非线性映射。

整个BP神经网络模型类似人大脑传递信息的过程，其结构模拟人大脑的神经网络结构。BP神经网络由输入层、隐含层和输出层三部分组成，其主要思想为信号的前向传播和误差的反向传递，即当输入层接受到信号刺激时，会将其传递给隐含层，隐含层依据神经元之间相互联系的权重将信号传递给输出层，将输出层输出的结果与预想的结果进行对比，如果存在误差，则将误差进行反向传递，重新调整权重和阈值。

设 $X_1, X_2, \cdots X_p$ 为神经元的输入，$W_1, W_2 \cdots W_p$ 为调节各个输入的权重，运用线性加权求和可得第 i 个神经元的净输出为：

$$N = \sum_{i=1}^{N} \omega_i * x_i$$

神经网络输出层输出结果依赖于激活函数，设 σ 表示激活函数，第 l 层第 j 个神经元的激活为：

$$\delta_j = \sigma\left(\sum_k \omega_{jk}^l \delta_k^{l-1} + \tau_j^l\right)$$

其中，τ_j^l 表示偏置，ω^l 为权重矩阵，可以表示为：

$$\omega^l = \begin{pmatrix} \omega_{11}^1 & \omega_{12}^1 & \cdots & \omega_{1n}^1 \\ \omega_{21}^2 & \omega_{22}^2 & \cdots & \omega_{2n}^2 \\ \cdots & \cdots & \cdots & \cdots \\ \omega_{n1}^n & \omega_{n2}^n & \cdots & \omega_{nn}^n \end{pmatrix}$$

在本节中，输入层为测度的工业行业碳排放数据，输出层为预测的工业行业碳排放数据，神经网络模型将基于已有数据进行训练、验证与拟合，最后得出相对合理的未来值。

BP神经网络模型是一种深度学习的应用模型，包括训练集、验证集、测试集三个数据子集。其中，训练集主要用来拟合模型；验证集主要是对训练集训练的多个模型进行验证从而找出效果最佳的模型；在通过训练集和验证集得出最优模型后，测试集用于对该最优模型进行预测，用来衡量该最优模型的预测效果。

本节BP神经网络模型的设置如下。

①节点设置。设置隐含层节点即中隐含神经元为10个，输出层节点数1个即碳排放。在设置节点后，对编码长度进行了初始化，以避免后续操作中出

现超维错误。

②分集设置。训练集、验证集与测试集的比例为 7.5∶1∶1。由此,训练集的个数为 15 个,验证集与测试集的个数均为 2 个。

③数据处理。将输入输出数据和预测数据均进行了归一化处理,并对预测输出进行了反归一化处理。

最终构建 BP 神经网络模型基本结构如图 3.8 所示。

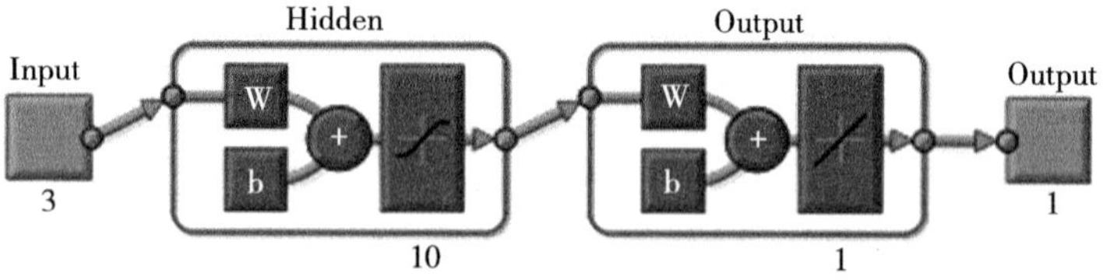

图 3.8　BP 神经网络模型基本结构

3.6.3.3　预测结果

经过最优处理后,通过比较预测值和真实值,得到八大工业部门(从上至下,从左到右的顺序依次为:采掘、轻工、纺织、石油、化工、钢铁、机电、电力)的拟合效果图。其中,上半表左侧横坐标轴表示该工业部门碳排放阈值,黑线为串联预测值的线条,竖直的黄线代表预测值和真实值之间的距离,下半表表示不同年份的预测误差值(见图 3.9)。

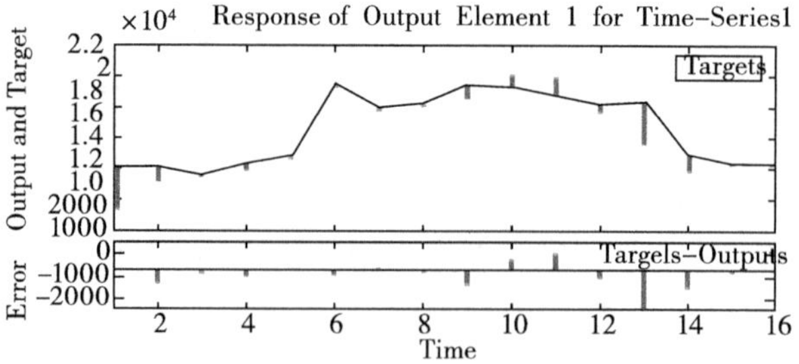

图 3.9　基于 BP 神经网络模型的八大工业部门拟合效果

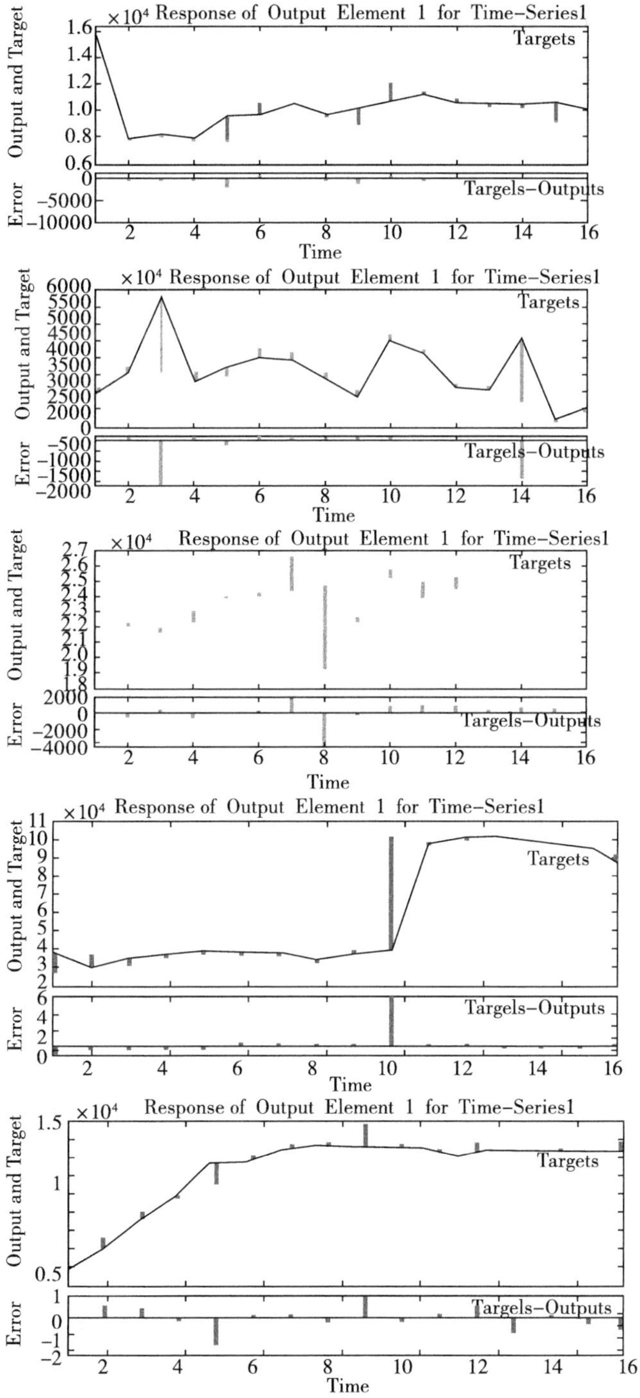

图 3.9　基于 BP 神经网络模型的八大工业部门拟合效果(续图)

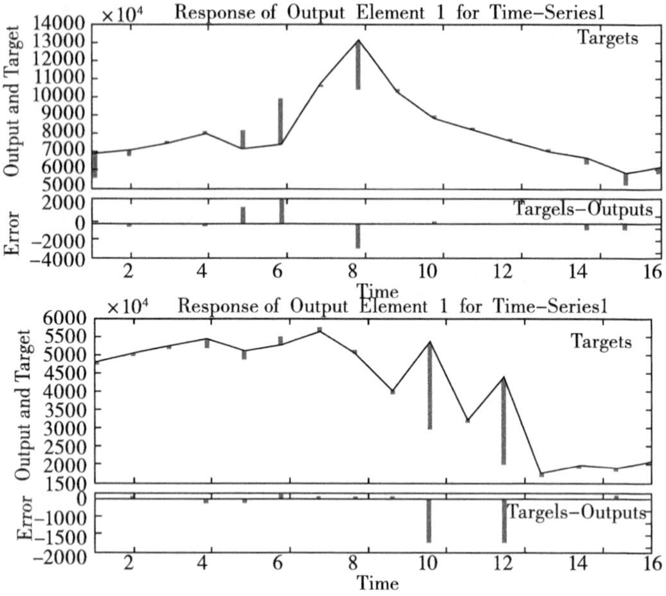

图 3.9　基于 BP 神经网络模型的八大工业部门拟合效果(续图)

由图 3.9 可知,除个别极端值或异常值以外,BP 神经网络模型对八大工业部门样本数据的拟合效果较佳。基于此模型,并考虑到:在预测模型中,预测时间跨度不宜超过样本时间,因此对 2019—2035 年碳排放进行预测得到结果如表 3.31 所示。其中,第一列代表预测年份,第二列至第九列代表八大工业部门相应年份的碳排放量,第十列代表总体工业(包括八大工业部门 36 个工业行业)该年份产生的碳排放总值。

表 3.31　2019—2035 年八大工业部门碳排放预测　　单位:万吨

年份	采掘	轻工	纺织	石油	化工	钢铁	机电	电力	工业
2019	15636	10328	4598	25615	100157	131704	7045	1938	297022
2020	12620	10152	6030	25860	109452	133647	9016	1733	308511
2021	7318	10085	3420	25718	112781	134354	10441	1774	305891
2022	16770	10313	2345	25701	100671	135095	13468	1977	306341
2023	14934	10341	2560	25761	108558	134903	13509	2225	312789
2024	8547	10287	4369	25629	109360	134499	14447	2387	309524
2025	8657	10306	6034	25641	104565	134363	14961	2194	306721
2026	23809	10337	4482	25658	115930	134299	12493	1627	328634

续表

年份	采掘	轻工	纺织	石油	化工	钢铁	机电	电力	工业
2027	6243	10333	2474	25604	105223	135150	11073	1671	297772
2028	10032	10446	2800	26029	97666	136391	8915	2102	292382
2029	18113	10334	7889	25618	90108	134427	8235	3941	298664
2030	4951	10337	5208	25597	82551	134430	7778	3290	274142
2031	9769	10336	2699	25604	110197	134429	7075	3121	303230
2032	18457	10336	2597	25604	131953	134420	6842	3267	333476
2033	4905	10336	2526	25596	114532	134417	5839	3413	301564
2034	9846	10337	3280	25600	117552	134415	6315	3559	310903
2035	4771	10337	4577	25599	117552	134416	5971	3704	306926

由表 3. 31 可知，八大工业部门的碳排放峰值各有不同。根据 BP 神经网络的预测，采掘部门将于 2026 年达到峰值，二氧化碳排放量为 23809 万吨；轻工部门将于 2028 年达到峰值，二氧化碳排放量为 10446 万吨；纺织部门将于 2029 年达到峰值，二氧化碳排放量为 7889 万吨；石油部门将于 2028 年达到峰值，二氧化碳排放量为 26029 万吨；化工部门将于 2032 年达到峰值，二氧化碳排放量为 131953 万吨；钢铁部门将于 2028 年达到峰值，二氧化碳排放量为 136391 万吨；机电部门将于 2025 年达到峰值，二氧化碳排放量为 14961 万吨；电力部门将于 2029 年达到峰值，二氧化碳排放量为 3941 万吨。整个工业部门将于 2032 年达到峰值，二氧化碳排放量为 333476 万吨。

从上述预测结果可知，化工、钢铁这类二氧化碳排放量基数大的工业部门达到峰值的时间明显较晚，一是由于这类部门本身对化石能源的需求量大，大多数生产经营活动基本围绕能源开采和使用而展开；二是由于本身产业规模较大且已定型，绿色发展方式的转变还有待时间磨合。

根据八大工业部门的碳排放变化趋势，可将其大致划分为三类。第一类为采掘、纺织和电力部门，这两大工业部门的碳排放变化存在周期波动，周期大致为 4 年左右，同样存在高峰和低峰，受宏观经济波动影响较大。第二类为轻工、石油、化工、钢铁部门，这四大工业部门的碳排放变化较为稳定，其中轻工部门二氧化碳排放量在 2019 年至 2035 年基本维持在 10300 万吨，石油部门二氧化碳排放量在 2019 年至 2035 年基本维持在 25000 万吨，化工部门二氧化碳排放量在2019年至2035年基本维持在110000万吨,钢铁部门二氧化碳排放量在2019年至2035年基本维持在134000万吨,这类部门的工业较为发达,且产出需求较为稳定。第三类为机电部门,该部门存在明显变化趋势,即达到高峰后保持稳定下降趋势,说明我国机电部门已经实现一定程度的绿色发展。

3.6.3.4 模型检验

为验证BP神经网络的拟合效果,对样本散点的拟合效果进行可视化如图3.10所示。其中,R代表自变量与因变量之间的相关系数,散点在直线附近的聚集程度表示BP神经网络模型在训练集、验证集、测试集、总集中的拟合效果。

由图3.10可知,无论是训练集、验证集、测试集还是总集,BP神经模型对样本总体的拟合效果均很好,3个样本子集的预测精度分别为0.99、1、1,且总集预测精度为0.88,在85%以上,而且样本散点的集聚程度均较佳,这说明碳排放峰值预测模型效果较优。

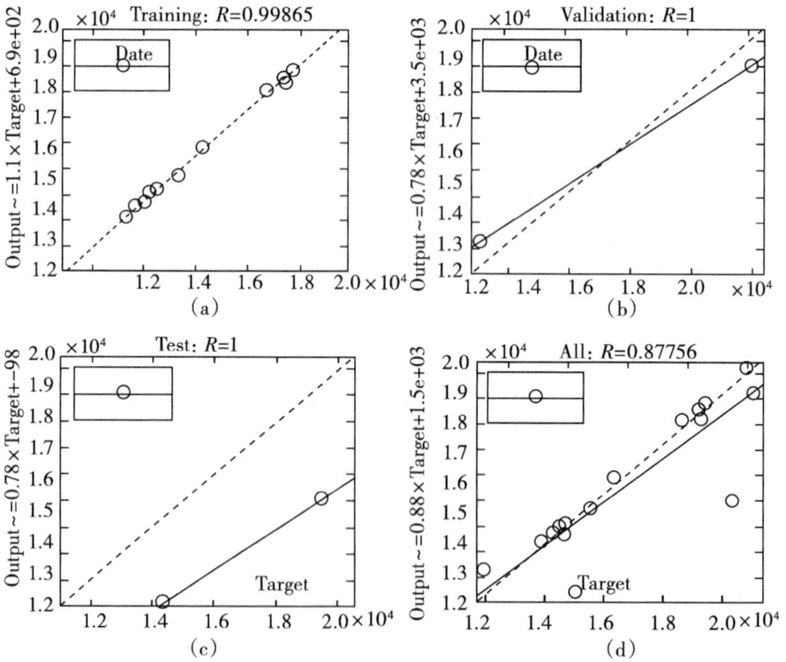

图3.10 BP神经网络训练集、验证集、测试集和总集的拟合精度

3.6.4 减排能力分析

BP 神经网络模型以 BP 算法为基础,神经因子上下级之间能够频繁互动、反馈、矫正,因此本身带有优化性质。将 BP 神经网络模型的预测视为工业产业优化后的低碳情景,并对比袁晓玲等(2020)利用岭回归测算的碳排放基准情景,由于碳排放的界定和计量单位不同,换算后得到结果如表 3.32 所示。

表 3.32 工业整体及部门碳排放峰值及达峰时间 单位:亿吨

行业名称	BP 神经网络		岭回归		碳减排潜力
	峰值	达峰时间	峰值	达峰时间	
工业	333	2032	382	2033	49
采掘	24	2026	31	2031	7
轻工	10	2028	19	2029	9
纺织	8	2029	11	2032	3
石油	26	2028	26	2028	0
化工	132	2032	117	2033	-15
钢铁	136	2028	113	2032	-23
机电	13	2025	21	2034	8
电力	39	2029	47	2031	8

由表 3.32 可知,BP 神经网络和岭回归对碳排放峰值及达峰时间的预测存在差异。在 BP 神经网络预测中,工业总体和八大工业部门的达峰时间大多均早于岭回归中的预测结果,时间跨度在 0 ~ 9 年。其中,石油部门的差距最小,且达峰时间均为 2028 年;BP 神经网络对工业总体、轻工部门、化工部门达峰时间的预测均比岭回归预测提前一年;差距最大的为机电部门,预测年份差距达到 9 年。

在碳排放峰值预测方面,石油部门碳排放量均为 26 亿吨,差距最小。在细分部门中,差距最大的为钢铁部门,碳排放量差额达到 23 亿吨。而 BP 神经网络和岭回归对总体工业的碳排放峰值预测差距为 49 亿吨。

通过岭回归的基准情景与 BP 神经网络的低碳情景的碳排放峰值及达峰时间对比,可以挖掘工业整体及部门的碳减排潜力。如工业整体的碳减排潜力为 49 亿吨,并且能够提前达峰 1 年。除此之外,采掘部门、轻工部门、纺织部门、机电部门、电力部门的碳减排潜力均十分明显，若按照BP神经网络模型的预测趋势，则能够在峰值期分别减少7亿吨、9亿吨、3亿吨、8亿吨、8亿吨碳排放，分别能提前达峰5年、1年、3年、9年、2年。而化工和钢铁部门的碳排放差额为负值，分别为15亿吨和23亿吨，说明这两类部门可能面临较大的增排风险，工业转型势在必行。

3.6.5 总结和建议

本节通过IPCC计算公式对41个工业行业碳排放量进行测度，基于BP神经网络模型对八大工业部门碳排放峰值进行预测，通过文献比较对减排能力进行分析。研究结论如下。①我国工业行业二氧化碳排放量在2012年存在拐点，且正逐渐转为下降趋势。②八大工业部门的二氧化碳排放达峰时间与峰值各有不同：采掘部门将于2026年达到峰值（23809万吨）；轻工部门将于2028年达到峰值（10446万吨）；纺织部门将于2029年达到峰值（7889万吨）；石油部门将于2028年达到峰值（26029万吨）；化工部门将于2032年达到峰值（131953万吨）；钢铁部门将于2028年达到峰值（136391万吨）；机电部门将于2025年达到峰值（13509万吨）；电力部门将于2029年达到峰值（3941万吨）；整个工业部门将于2032年达到峰值（333476万吨）。③在减排能力分析中，对比岭回归的基准情景，采掘部门、轻工部门、纺织部门、机电部门、电力部门的碳减排存在较大潜力，能够在峰值期分别减少7亿吨、9亿吨、3亿吨、8亿吨、8亿吨碳排放，分别能提前达峰5年、1年、3年、9年、2年；化工和钢铁部门的碳排放风险较大。

给予建议如下。

第一，通过强制性减排手段严格限制碳排放。强制性减排手段主要包括限额排放和碳税。限额排放主要是根据企业历史排放量对企业进行碳盘查并制定相应奖惩措施，对由温室气体排放过多而造成社会福利减少的企业进行罚款，对为生态建设做出贡献的企业进行奖励，该手段需要着力在政府碳盘查上提高公平性。碳税主要是对企业碳行为进行征税，并将碳税收入用于加强和改善碳减排工作，该手段需要着力保证碳税作为财政支出的流向。此外，强制性减排手段应着重关注化工和钢铁部门的碳行为，并鼓励各部门尤其是公共事业改善能效。

第二,通过自愿性减排手段鼓励碳减排。自愿性减排是指企业自主参与碳减排项目,在市场上购买碳排放权配额或者通过提高企业的减排效率以抵消生产过程中的温室气体排放。一方面,政府在给定各个区域单位主体减排目标后,引导企业客体通过碳交易市场进行碳配额交易,鼓励企业自主减排。另一方面,高排放企业可以通过自研低碳技术或者向有技术优势的企业购买碳配额,从而减少碳排放量。

第三,贯彻减排理念,发展节能技术,实现能源多样化。企业作为生产经营活动的重要载体,首先,在建设办公设施时应选择环境友好型的材料,在集中出行时应选择清洁高效的公共交通等。其次,可以通过从产品生产使用到回收再使用的方式,在降低消耗的同时减少污染排放。最后,企业内部科研力量可以分摊一部分用于新型清洁能源开发和低碳减排技术研究,做到在提高资源利用率的同时树立绿色企业形象。

小　结

本节研究工业部门的碳排放达峰路径及减排能力,发现我国工业部门二氧化碳排放量变化趋势正逐渐下降。此外,在达峰路径的优化模型中,八大工业部门均能在 2035 年前达到峰值,且采掘部门、轻工部门、纺织部门、机电部门、电力部门减排潜力巨大,化工和钢铁部门的碳排放风险较高。据此认为,政府可以通过强制性和自愿性减排手段进一步规制工业行业碳排放,从而达到理想的碳减排成效。

3.7　中国工业碳减排成熟度研究

目前,我国正处于低碳经济发展的初级探索阶段,碳减排等技术不够成熟,如何进行碳减排工作?如何使碳减排趋于成熟?这些都是亟须解决的关键问题。本节基于工业企业数据,从省级层面和行业层面入手,对我国工业碳减排成熟度进行研究。首先对碳减排成熟度进行界定;其次建立碳减排成熟度指标体系;再次对我国当前碳减排工作进行量化评价,并基于灰色系统展开成熟度分析;最后给予相关建议。

3.7.1 碳减排成熟度

成熟度指事物的完善程度，随着学术研究的深入，其被赋予更多的延展含义。本节尝试从碳减排的发展状态和发展趋向入手，对工业碳减排成熟度进行量化评价。

3.7.1.1 成熟度定义

成熟度即研究对象与其完美状态的相对值。其主要内涵有两点：一是确定对象的完美状态（基于当前认识的，相对的完美状态）；二是确定对象的目前状态，以及与完美状态的差距。通常来说，研究对象的成熟度会有一个或多个衡量的分维度，可以用百分数、绝对数值或等级来衡量，其判断标准之间有一定对应联系①。

自 1987 年美国卡内基梅隆大学软件工程研究所成功研制"软件能力成熟度模型"后，"成熟度"这一概念的应用范围越来越广，应用热度越来越高。例如，刘云生（2009）提出"金融成熟度"概念，并据此设计了金融成熟度综合评价指标体系；王文举和陈真玲（2019）运用灰色关联度分析方法和距离协调度模型，构建了发展度指数、协调度指数和协调发展度指数等三个成熟度测度指数；傅为忠等（2018）利用 TOPSIS 和灰色关联度改进距离协调度模型，构造绿色发展成熟度指标。

从上述文献中可以发现，"成熟度"定义已越来越明朗且具有特点。不同于"成长"或"发展"等概念，"成熟度"既意味着事物自身发展状态，也意味着事物发展的趋向性和协调性。趋向性即事物的未来发展是否光明、是否正确，协调性则指事物在过去和现在与积极因素的融合程度、关联程度。

3.7.1.2 碳减排成熟度

至此，本节认为碳减排成熟度是指资源利用效率更高且适应于未来发展趋势的碳减排发展状况，并拟从工业省级和工业行业两个层面对我国工业碳减排成熟度进行研究。

---

① 来源于百度百科，https://baike. baidu. com/item/% E6% 88% 90% E7% 86% 9F% E5% BA% A6/11045588? fr = aladdin。

若该省/该行业利用资源的经济效率较高(在保持经济产出不变的情况下,碳减排量更多;或在保持碳减排不变的情况下,经济产出更高),且碳减排状况能够与积极因素实现越来越好的交融,则称该省/该行业碳减排成熟度高,反之则低。

3.7.1.3 量化方法

对碳减排效率和积极影响因素进行研究,需要对其内在联系进行量化,而我国工业分省、工业分行业的可获得数据有限。因此,选择灰色系统理论作为研究方法。灰色关联度分析是灰色系统理论的重要组成部分,是对系统各因素之间以及各因素与系统之间相互关联程度进行定量分析的方法。该方法不仅能够利用相对缺乏的数据还原尽可能真实的信息,而且能够对联系程度进行直接刻画,在逻辑上正好可以用于对各省份或各行业工业碳减排相对发展度进行分析。

灰色关联度分析规避大部分回归分析方法只适应于分析少因素和线性回归的情况,用关联度来分析某一系统的多种影响因素及其影响的具体数值,从而能够找到这一系统的主要影响因素及次要影响因素,并对影响的关联性进行排序。关联系数和关联度计算公式如下:

$$\zeta_i(k) = \frac{\min[\Delta_i(\min)] + 0.5\max[\Delta_i(\max)]}{| x_0(k) - x_i(k) | + 0.5\max[\Delta_i(\max)]}$$

$$r_i = \frac{1}{N}\sum_{K=1}^{N}\zeta_i(k)$$

其中 $\zeta_i(k)$ 为关联系数,r_i 灰色关联度,N 代表该数组的样本个数,为 min 和 max 分别代表该数组的最小值与最大值,0.5 为分辨系数,一般在(0,1)中选取。

3.7.2 碳减排成熟度指标体系

使用灰色系统理论对碳减排成熟度进行测度。通过灰色关联度计算碳减排成熟驱动因素的权重,后基于无量纲化和归一化后的数据进行成熟度指标合成。

3.7.2.1 指标选取

选择碳强度作为分省碳减排水平的指标,碳排放差额(当年与上年的碳排放量差额)作为分行业碳减排水平的指标。此外,根据细化指标合成最终八个与碳减排成熟度相关的驱动指标,包括经济产出水平、企业运作活力、资金周转能力、核心盈利能力、营销投入水平、管理投入水平、财务投入水平、人力投入水平。以上 8 项合成指标在计算和含义方面均表现为正面意义,若碳减排水平与该八项合成指标的关联度越高,则表明碳减排与这 8 项合成指标之间存在越强的内在联系,发展性和协调性越趋于成熟,碳减排成熟度越高。

其中,碳强度和碳排放差额为自行计算,选取工业销售产值(当年价格)与各省/各行业工业企业单位数的比值作为经济产出水平的指标、流动资产合计与固定资产合计的比值作为企业运作活力的指标、流动资产合计与流动负债合计的比值作为资金周转能力的指标、主营业务收入与主营业务成本的比值作为核心盈利能力的指标、销售费用在主营业务成本中的占比作为营销投入水平的指标、管理费用在主营业务成本中的占比作为管理投入水平的指标、财务费用在主营业务成本中的占比作为财务投入水平的指标、企业单位数与平均用工人数作为各省/各行业工业部门劳动力规模的指标。以上所有合成指标均经过无量纲化和归一化处理。碳减排指标和 8 项合成指标的名称、计算方法及计量单位如表 3.33 所示。

表 3.33 各变量的名称、计算方法及计量单位

变量名称		计算方法及计量单位
碳减排水平	Carbon Reduction(CR)	碳强度(吨/千美元)/碳排放差额(万吨)
经济产出水平	Corporate Development(CD)	工业销售产值(亿元)/企业单位数(个)
企业运作活力	Business Operation(BO)	流动资产/固定资产(%)
资金周转能力	Capital Turnover(CT)	流动资产/流动负债(%)
核心盈利能力	Core Revenue(CR)	主营业务收入/主营业务成本(%)
营销投入水平	Sales Investment(SI)	销售费用/主营业务成本(%)
管理投入水平	Management Investment(MI)	管理费用/主营业务成本(%)
财务投入水平	Financial Investment(FI)	财务费用/主营业务成本(%)
人力投入水平	Labor(L)	企业单位数(个)×平均用工人数(万人)

选择以上 8 项合成指标的考虑如下。

经济产出水平意为单个工业企业的工业销售产值,即总体工业销售产值与企业单位数之比;核心盈利能力意为单个企业主营业务的资本增值能力,即收入与成本之比。以上两项指标均能反映工业企业在经济方面的能力,但也有所差异,经济产出水平指标更侧重表现整个工业企业经济产出的平均水准,核心盈利能力指标更侧重表现工业企业内部的利润转化率。当碳减排水平与这两项经济指标的关联度处于高水平时,说明工业企业的碳减排能力与其经济成果直接挂钩。

企业运作活力意为工业企业在营业周期内可以变现或者运用的资产水平,即流动资产与固定资产之比;资金周转能力意为工业企业在营业周期内规避债务等风险的能力,即流动资产与流动负债之比。以上两项指标均能反映工业企业在经营运作方面的能力,但同样有所差异,企业运作活力指标更侧重于描述工业企业的生产经营潜力,资金周转能力更倾向于表现工业企业规避风险的实力。若碳减排水平与这两项企业指标的关联度水平越高,则说明工业企业的碳减排能力与其生产经营情况的联系越不容忽视。

营销投入水平意为工业企业在包装和销售产品时进行的投入,即为销售费用与主营业务成本之比;管理投入水平意为工业企业在培训、管理公司员工和处理行政事务时进行的投入,即为管理费用与主营业务成本之比;财务投入水平意为工业企业在筹集资金等活动中投入的费用水平,即为财务费用与主营业务成本之比;人力投入水平意为工业企业在生产经营活动中投入的劳动力规模,即为工业企业的用工人数。以上 4 项指标共同反映的是工业企业在统筹和管理公司事务时产生的资金投入,能够帮助主体有效地提升处理效率和经济效益。四者的差异之处在于:营销投入水平侧重反映工业企业利用市场配置资源的能力,管理投入水平侧重表现工业企业在最大化投入产出效率中做出的努力,财务投入水平倾向于表现工业企业所进行和处理的财务活动规模,人力投入水平则更倾向于描述工业企业的劳动力投入要素。若碳减排水平与以上 4 项投入指标的关联度水平越高,则说明碳减排能力越来越与企业投入效率接轨。

值得一提的是,固定资产与流动资产、流动资产与流动负债之间的比值倾向于双面指标,并不存在绝对的正面经济意义。本节基于宏观经济发展趋向的考虑,选择市场化意味更浓的企业运作活力、资金周转能力作为更重要的衡量指标。

3.7.2.2 数据来源及描述性统计分析

基于数据的关联性、可获取性和可利用性，最终选择2013年至2018年30个省份41个工业行业的13项指标数据来构建碳减排成熟度的指标体系，包括：碳强度（吨/千美元）、碳排放差额（万吨）、工业销售产值（当年价格：亿元）、固定资产合计（亿元）、流动资产合计（亿元）、流动负债合计（亿元）、主营业务收入（亿元）、主营业务成本（亿元）、销售费用（亿元）、管理费用（亿元）、财务费用（亿元）、企业单位数（个）、平均用工人数（万人）。在分省统计中，西藏、港澳台地区因为数据缺失不在统计范围内，在分行业统计中，41个行业对齐2012年调整后的国民经济行业分类标准（GB/T 4754—2011）①。

表3.34 分省描述性统计分析

变量	样本数量（个）	平均值	标准差	最小值	最大值
碳强度（吨/千美元）	180	1.47	1.09	0.18	5.22
工业销售产值（亿元）	180	36109.86	37244.27	1747.45	165836.40
固定资产合计（亿元）	180	11907.39	8728.04	720.17	46180.58
流动资产合计（亿元）	180	15178.63	14157.04	798.53	65858.30
流动负债合计（亿元）	180	13918.63	11817.58	780.41	53389.36
主营业务收入（亿元）	180	36511.04	37319.71	1564.45	166126.00
主营业务成本（亿元）	180	31024.69	32284.58	1244.04	142840.20
销售费用（亿元）	180	947.20	949.99	52.81	4787.18
管理费用（亿元）	180	1404.86	1368.53	52.98	7134.41
财务费用（亿元）	180	426.13	345.12	22.76	1757.13
企业单位数（个）	180	12576.76	13236.47	337.00	48787.00
平均用工人数（万人）	180	324.27	337.84	10.50	1470.51

① 从2012年起，国家统计局执行国民经济行业分类标准（GB/T 4754—2011），原来的工业行业大类由39个调整为41个，具体请参见《国民经济行业分类标准》。

表 3.35 分行业描述性统计分析

变量	样本数量(个)	平均值	标准差	最小值	最大值
碳排放差额(万吨)	246	127.2168	887.9464	-4254.059	9096.782
工业销售产值(亿元)	246	25056.79	23321.19	22.32	97482.97
固定资产合计(亿元)	246	8910.42	13040.35	6.32	98642.02
流动资产合计(亿元)	246	10395.69	10007.39	4.06	49206.15
流动负债合计(亿元)	246	9554.56	9832.58	2.30	37008.20
主营业务收入(亿元)	246	25370.86	23628.08	21.21	97726.86
主营业务成本(亿元)	246	21517.77	20879.47	15.54	85604.34
销售费用(亿元)	246	648.90	701.87	-23.08	3200.50
管理费用(亿元)	246	981.22	926.28	1.35	5038.58
财务费用(亿元)	246	306.16	411.59	-18.18	2341.40
企业单位数(个)	246	8978.04	8384.75	19.00	36251.00
平均用工人数(万人)	246	239.60	208.93	0.25	911.93

其中,除碳强度和碳排放差额为自行计算外,其他数据均来源于《中国工业统计年鉴》中规模以上的企业数据①,部分缺失数据采用插值法进行填充。分省份和分行业各变量的描述性统计分析结果如表 3.34 和表 3.35 所示。由表 3.34 和表

① 1998 年,国家统计局将工业统计范围划分为规模以上和规模以下两部分。“规模以上工业企业”,1998—2006 年,是指全部国有和年主营业务收入 500 万元及以上的非国有工业法人单位;2007—2010 年,统计范围调整为年主营业务收入 500 万元及以上的工业法人单位;自 2011 年开始至今,统计范围为年主营业务收入 2000 万元及以上的工业法人单位。

3.35 可知，13 项细化指标数据具有强完整性，统计测度结果具有较强的可信度。

3.7.3 我国碳减排发展现状

经过灰色关联度计算，并采取几何平均法进行处理后，最终得到分省份和分行业 8 项合成指标在 2013 年至 2018 年的关联度时间变化，从中可以窥知我国碳减排工作的发展前瞻性和协调统筹性。

3.7.3.1 省级碳减排发展现状

表 3.36 为省级碳减排成熟度影响因素的关联度时间变化。其中，第一列 CD、BO、CT、CR、SI、MI、FI、L 分别代表经济产出水平、企业运作活力、资金周转能力、核心盈利能力、营销投入水平、管理投入水平、财务投入水平、人力投入水平；第二列至第七列分别代表 8 项合成指标与碳减排水平的关联程度，第七列括号内的内容代表 2018 年相比 2013 年相应关联度水平的数值变化情况。

表 3.36 碳减排成熟度影响因素的关联度时间变化（分省份）

变量	2013 年	2014 年	2015 年	2016 年	2017 年	2018 年
CD	0.78	0.76	0.75	0.71	0.72	0.71（-0.07）
BO	0.69	0.69	0.69	0.68	0.71	0.72（+0.02）
CT	0.69	0.67	0.67	0.66	0.66	0.67（-0.02）
CR	0.74	0.73	0.71	0.69	0.70	0.68（-0.06）
SI	0.69	0.67	0.67	0.68	0.70	0.72（+0.03）
MI	0.69	0.68	0.69	0.69	0.73	0.74（+0.05）
FI	0.82	0.82	0.82	0.82	0.84	0.82（+0.00）
L	0.74	0.74	0.74	0.73	0.75	0.76（+0.02）

由表 3.36 可知，碳减排水平与 8 项合成指标的关联度水平均处于 0.60 以上，这说明在我国 30 个省份统计中，碳减排水平与经济产出水平、企业运作活力、资金周转能力、核心盈利能力、营销投入水平、管理投入水平、财务投入水平、人力投入水平均具有较强的关联性，从侧面反映了指标选取的有效性。更重要的是，这反映出我国各省份碳减排工作的协调性较佳，碳减排成熟度的发展方向呈现多元化。

在经济指标中，工业企业经济产出水平和核心盈利能力的关联度在 2013

年至2018年总体均处于下降趋势。碳减排水平与经济产出水平的灰色关联度在6年间总共下降0.07,达到约8.97%的降幅;而与核心盈利能力的灰色关联度总共下降0.06,约8.11%,且这两项关联度水平的变化趋势基本表现为逐年递减,无明显上升趋势。以上现象说明我国省份碳减排水平与经济效益的联系越来越弱,这一方面是摒弃落后产能和发展生态经济的表现,与我国现今倡导的"绿色发展"主题一致;另一方面是碳减排水平与经济指标的关联度降低,反映出在我国工业企业经济发展较差的省份,碳减排绩效同样能够达到较高水平,说明我国各省的碳减排工作更倾向于全副武装而不是紧急应对,更倾向于主动担责而不是被动负责。

在投入指标中,工业企业营销投入水平、管理投入水平和财务投入水平以及人力投入水平的关联度在2013年至2018年总体均处于上升趋势。碳减排水平与营销投入水平的灰色关联度在6年间总共提升0.03,约4.35%;与管理投入水平的灰色关联度总共提升0.05,达到约7.25%的增幅;与财务投入水平的灰色关联度总共提升0.00;与人力投入水平的灰色关联度总共提升0.02,约2.70%。4项关联度水平的变化趋势从2014年开始基本均表现为逐年递增,无明显下降趋势。以上现象说明我国省份碳减排水平与工业企业内部投入的联系越来越强,这一方面说明我国各省份工业企业进行内部投入存在隐形福利,即通过营销宣传、事务管理、财务整理等手段,不仅能够取得更大的利润,而且工业产品的高附加价值能够在创造同等财富的同时产生相对更少的碳排放,有助于我国整体的碳减排工作;另一方面反映出在我国各省份碳减排工作中,企业内部发展的协调性较佳,通过优化投入内容和提升产出价值齐抓共管,工业产品能够实现高额度的绿色增值。

3.7.3.2 行业碳减排发展现状

表3.37为工业行业碳减排成熟度影响因素的关联度时间变化。

表3.37 碳减排成熟度影响因素的关联度时间变化(分行业)

变量	2013年	2014年	2015年	2016年	2017年	2018年
CD	0.87	0.85	0.84	0.89	0.84	0.89(+0.02)
BO	0.77	0.78	0.79	0.78	0.80	0.79(+0.02)

续表

变量	2013 年	2014 年	2015 年	2016 年	2017 年	2018 年
CT	0.78	0.81	0.85	0.86	0.85	0.87(+0.09)
CR	0.89	0.87	0.88	0.90	0.88	0.89(±0.00)
SI	0.80	0.79	0.80	0.91	0.81	0.90(+0.10)
MI	0.81	0.79	0.80	0.93	0.81	0.92(+0.11)
FI	0.82	0.83	0.85	0.93	0.86	0.92(+0.10)
L	0.75	0.80	0.73	0.74	0.72	0.75(±0.00)

由表 3.37 可知，碳减排水平与 8 项合成指标的关联度水平均处于 0.70 以上，这说明在我国 41 个工业行业中，碳减排水平与经济产出水平、企业运作活力、资金周转能力、核心盈利能力、营销投入水平、管理投入水平、财务投入水平、人力投入水平均存在高度关联性，这一定程度上与数据选取有关（来自《中国工业统计年鉴》的工业行业企业数据），同样从侧面反映了指标选取的有效性。此外，在 41 个工业行业关于提升碳减排成熟度的优化方案上，同样可以从多个思路大施拳脚甚至齐头并进。

在企业指标中，工业企业的企业运作活力和资金周转能力的关联度在 2013 年至 2018 年总体均处于上升趋势。碳减排水平与企业运作活力的灰色关联度在 6 年间总共提升 0.02，约 2.60%；而与资金周转能力的灰色关联度总共提升 0.09，达到约 11.54% 的增幅，且两项关联度水平的变化趋势除一次波动以外，基本表现为逐年递增。以上现象说明，我国工业行业碳减排水平与企业市场化能力的联系越来越强。在我国 41 个工业行业中，企业主体的市场融入能力越来越成为核心竞争力，不仅能够灵活化市场决策、最小化市场风险，而且其在碳减排方面的生态绩效更能够使企业在市场中扎稳脚跟并赢得公共政策的福利和投资者的青睐。与此同时，该现象进一步突出我国加快市场化进程战略的重要性，公平开放、高效运转、规制维持的市场环境能够兼顾经济与环境，实现高度的绿色经济发展。

在投入指标中，工业企业营销投入水平、管理投入水平和财务投入水平以及人力投入水平的关联度在 2013 年至 2018 年总体均处于上升趋势。碳减排水平与营销投入水平的灰色关联度在 6 年间总共提升 0.10，约 12.50%；与管理投入水平的灰色关联度总共提升 0.10，达到约 12.50% 的增幅；与财务投入水平的灰色关联度总共提升 0.11，约 12.20%。这三项关联度水平的变化趋势从 2013 年开始基本均表现为逐年递增，除 2017 年均出现一次集体下跌以外无明显下降趋势，以上现象说明我国 41 个工业行业的碳减排水平与工业企业内部投入的联系同样越来越强。与分省份碳减排工作现状基本相似，在 41 个工业行业碳减排情况中，营销宣传、事务管理、财务整理等额外投入能够在创收更高利润的同时减少工业产品价值的碳排放比例。除此之外，人力投入水平与碳减排水平的灰色关联度在 6 年间上下波动，总体基本维平。事实上，随着我国义务教育的维持推进，高素质劳动力是能够在低碳领域上有所作为的，这在一定程度上说明我国的劳动力从业结构还有待优化。

总体来看，我国各省份和各工业行业的碳减排工作的发展前景较为光明，各方面协调程度较佳。若能建立在一定的前瞻性和统筹性之上，则能够产生更可观的经济效益与生态绩效。

3.7.4 基于灰色系统的碳减排成熟度分析

得到经济指标、企业指标、投入指标的灰色关联程度后，采用加权方法对我国分省份和分行业碳减排成熟度进行合成，并据此进行深入分析。

3.7.4.1 成熟度计算公式

利用经过无量纲化且归一化后的 8 项合成指标数据，乘以对应年份及指标的权重并累加得到碳减排成熟度的绝对总值。具体计算公式如下：

$$Mature_{it} = \sum_{N}^{i} r_{itv} \times Var_{it}$$

其中，下标 i 代表所属省份或所属行业，下标 t 代表所属年份，下标 v 代表所属指标变量。$Mature$ 代表该省份或该行业该年的碳减排成熟度；r 代表该省份或该行业该年对应指标变量的灰色关联度；Var 代表该省份或该行业该年经过无量纲化且归一化后的指标变量数值，包括经济产出水平、企业运作活力、资金周转能力、核心盈利能力、营销投入水平、管理投入水平、财务投入水平、人力投入水平。

值得注意的是，本节构造的碳减排成熟度在数量意义上是绝对而非相对的。

3.7.4.2 省级碳减排成熟度

由上式计算得到30个省份2013年至2018年碳减排成熟度,并从分类、排名和速率三个层面入手分析省级碳减排成熟度。

(1)省级分类

表3.38为30个省份2013年至2018年碳减排成熟度绝对数值。其中,第一列为30个省份对应名称,第二列至第七列为各省份对应年份的碳减排绝对成熟度,第八列为2013年至2018年各省份碳减排绝对成熟度的时期平均值。

表3.38 2013—2018年30个海伦碳减排成熟度

省份	2013年	2014年	2015年	2016年	2017年	2018年	平均值
北京	3.17	3.36	3.38	3.45	3.44	3.54	3.39
天津	1.86	1.99	2.00	2.02	1.96	2.02	1.98
河北	0.91	1.07	1.10	1.09	1.00	1.12	1.05
山西	2.46	2.52	2.30	2.25	2.44	2.77	2.46
内蒙古	2.35	2.49	2.26	2.00	1.84	1.87	2.14
辽宁	1.64	1.66	1.50	1.73	2.11	2.15	1.80
吉林	2.23	2.43	2.51	2.37	2.27	2.36	2.36
黑龙江	2.18	2.22	2.14	1.80	1.47	1.44	1.88
上海	2.96	3.25	3.38	3.41	3.55	3.70	3.38
江苏	2.26	2.32	2.39	2.44	2.35	2.53	2.38
浙江	2.19	2.36	2.34	2.41	2.39	2.49	2.36
安徽	1.34	1.38	1.48	1.41	1.35	1.46	1.40
福建	1.97	2.04	1.91	1.99	1.87	1.96	1.96
江西	0.94	1.05	1.11	1.08	0.97	1.10	1.04
山东	1.84	1.98	1.84	1.88	1.73	1.86	1.86
河南	1.44	1.64	1.58	1.61	1.40	1.59	1.54
湖北	1.74	1.97	2.04	1.91	1.80	1.93	1.90
湖南	2.24	2.43	2.07	2.25	2.20	2.20	2.23
广东	2.92	3.16	3.18	3.18	3.19	3.31	3.16
广西	1.76	1.85	1.87	1.93	1.81	1.94	1.86
海南	2.46	2.84	2.68	2.92	3.07	3.15	2.85
重庆	1.64	1.73	1.83	1.83	1.71	1.83	1.76

续表

省份	2013 年	2014 年	2015 年	2016 年	2017 年	2018 年	平均值
四川	2.02	2.06	1.97	1.98	1.86	1.91	1.97
贵州	2.72	2.93	2.86	2.61	2.33	2.39	2.64
云南	2.50	2.74	2.60	2.58	2.36	2.40	2.53
陕西	2.98	2.95	2.74	2.25	2.07	1.96	2.49
甘肃	1.56	1.34	1.27	1.15	1.11	1.06	1.25
青海	2.77	2.86	2.47	2.25	2.19	2.05	2.43
宁夏	1.61	1.73	1.74	1.59	1.73	1.72	1.69
新疆	2.19	2.20	2.28	2.20	2.13	2.14	2.19

由表 3.38 可知,30 个省份的碳减排成熟度在 2013 年至 2018 年均发生了巨大变化。根据 6 年间碳减排绝对成熟度,利用 k 均值聚类算法,基本可将 30 个省份分为三大类,一类是在我国碳减排成熟度相对较高的省份,包括:北京、上海、广东、海南;一类是碳减排成熟度在我国居中的省份,包括:天津、山西、内蒙古、辽宁、吉林、黑龙江、江苏、浙江、福建、山东、湖北、湖南、广西、重庆、四川、贵州、云南、陕西、青海、新疆;另一类是碳减排成熟度在我国相对较低的省份,包括:河北、安徽、江西、河南、甘肃、宁夏。

可以发现,在碳减排成熟度高的省份中,北京、上海、广东这类拥有强劲实力的省市,其高素质驱动因素能与碳减排水平形成相得益彰的联动作用。雄厚的经济资本、高效的市场运作、优秀的投入增值,这三个省市能够利用充足的资源优势带动碳减排工作的推进。除此之外,海南省的碳减排成熟度同样有一席之地,这反映出海南省生态旅游业工作已取得不错成效。与其他三省市不同,海南省工业类型有海洋工业、生物制药业、旅游工艺品制造业等,这些工业本身致力于开发清洁的新能源或与生态环境工作直接挂钩,随着绿色旅游的日益普及和同步推进,海南省工业的碳减排成熟度能够达到相当高的水平。纵观碳减排成熟度低的省份,大多位于中西部地区,其资源相对东部、南部沿海地区较为匮乏,驱动因素无法发挥强力的带动作用,碳减排工作尚在襁褓之中。

(2)省级排名

在对 30 个省份的碳减排成熟度进行测度与分类后,通过排名进行辅助分析,得到的结果如表 3.39 所示。其中,第一列为碳减排成熟度按数值降序排列的名次，第二列至第八列为从2013年至2018年和6年间平均值的省份。

表3.39　2013—2018年30个省份碳减排成熟度排名

排名	2013年	2014年	2015年	2016年	2017年	2018年	平均值
1	北京	北京	上海	北京	上海	上海	北京
2	陕西	上海	北京	上海	北京	北京	上海
3	上海	广东	广东	广东	广东	广东	广东
4	广东	陕西	贵州	海南	海南	海南	海南
5	青海	贵州	陕西	贵州	山西	山西	贵州
6	贵州	青海	海南	云南	浙江	江苏	云南
7	云南	海南	云南	江苏	云南	浙江	陕西
8	海南	云南	吉林	浙江	江苏	云南	山西
9	山西	山西	青海	吉林	贵州	贵州	青海
10	内蒙古	内蒙古	江苏	陕西	吉林	吉林	江苏
11	江苏	吉林	浙江	湖南	湖南	湖南	浙江
12	湖南	湖南	山西	山西	青海	辽宁	吉林
13	吉林	浙江	新疆	青海	新疆	新疆	湖南
14	浙江	江苏	内蒙古	新疆	辽宁	青海	新疆
15	新疆	黑龙江	黑龙江	天津	陕西	天津	内蒙古
16	黑龙江	新疆	湖南	内蒙古	天津	福建	天津
17	四川	四川	湖北	福建	福建	陕西	四川
18	福建	福建	天津	四川	四川	广西	福建
19	天津	天津	四川	广西	内蒙古	湖北	湖北
20	山东	山东	福建	湖北	广西	四川	黑龙江
21	广西	湖北	广西	山东	湖北	内蒙古	广西
22	湖北	广西	山东	重庆	宁夏	山东	山东
23	重庆	宁夏	重庆	黑龙江	山东	重庆	辽宁
24	辽宁	重庆	宁夏	辽宁	重庆	宁夏	重庆
25	宁夏	辽宁	河南	河南	黑龙江	河南	宁夏
26	甘肃	河南	辽宁	宁夏	河南	安徽	河南
27	河南	安徽	安徽	安徽	安徽	黑龙江	安徽
28	安徽	甘肃	甘肃	甘肃	甘肃	河北	甘肃
29	江西	河北	江西	河北	河北	江西	河北
30	河北	江西	河北	江西	江西	甘肃	江西

由表 3. 39 可知，除前列和后列省份比较稳定以外，大多数省份碳减排成熟度的排名变动频繁。在前 5 名的省份中，除稳定的北京、上海、广东、海南以外，还有陕西、青海、贵州、山西频频出现。这 4 个省份的矿物天然气等资源十分丰富，是传统的能源资源大省，其碳减排成熟度在 2013 年至 2018 年能够呈现高水平特征，一方面有自身碳排放基数大的原因；另一方面说明该四省的碳减排工作成效十分明显，在资源能源开采和利用方面已经小有成效。值得注意的是，陕西从 2013 年的第 2 名退到 2018 年的第 17 名，说明陕西需要及时调整碳减排策略，在提高传统能源利用效率的同时加大清洁新能源的开发力度。

在后 5 名的省份中，安徽、甘肃和河北以及江西常年位居最后 4 名，除此之外，还有出现频率较低的河南，这说明我国中部、西部、东北地区的碳减排工作仍不够成熟，无法与其他驱动因素形成有效的联动作用，碳减排水平还有待提升。

(3) 省级速率

为进一步研究我国 30 个省份碳减排成熟度的变化情况，将各个年份的碳减排成熟度除去上一年的碳减排成熟度得到速率变化如表 3. 40 所示。其中，第一列为省份名称，第二列至第六列分别为 2013—2014 年、2014—2015 年、2015—2016 年、2016—2017 年、2017—2018 年的碳减排成熟度变化情况，第七列为 2018 年除去 2013 年的 6 年变化速率的几何平均值，第八列为 2018 年除去 2013 年的 6 年间碳减排成熟度总变化速率。

表 3. 40　2013—2018 年 30 个省份碳减排成熟度变化速率

省份	2013—2014 年	2014—2015 年	2015—2016 年	2016—2017 年	2017—2018 年	平均速率	总变化速率
北京	1. 06	1. 00	1. 02	1. 00	1. 03	1. 02	1. 12
天津	1. 07	1. 00	1. 01	0. 97	1. 03	1. 02	1. 08
河北	1. 17	1. 03	0. 99	0. 92	1. 12	1. 05	1. 23
山西	1. 02	0. 91	0. 98	1. 09	1. 13	1. 03	1. 13
内蒙古	1. 06	0. 91	0. 88	0. 92	1. 02	0. 96	0. 80
辽宁	1. 02	0. 91	1. 15	1. 22	1. 02	1. 06	1. 32
吉林	1. 09	1. 03	0. 95	0. 96	1. 04	1. 01	1. 06
黑龙江	1. 02	0. 96	0. 84	0. 82	0. 98	0. 92	0. 66

续表

省份	2013—2014 年	2014—2015 年	2015—2016 年	2016—2017 年	2017—2018 年	平均速率	总变化速率
上海	1.10	1.04	1.01	1.04	1.04	1.05	1.25
江苏	1.03	1.03	1.02	0.96	1.08	1.02	1.12
浙江	1.07	0.99	1.03	0.99	1.05	1.03	1.14
安徽	1.03	1.07	0.96	0.96	1.08	1.02	1.09
福建	1.03	0.94	1.04	0.94	1.05	1.00	1.00
江西	1.11	1.06	0.97	0.90	1.13	1.03	1.17
山东	1.08	0.93	1.02	0.92	1.08	1.01	1.01
河南	1.14	0.96	1.02	0.87	1.14	1.03	1.11
湖北	1.13	1.03	0.94	0.94	1.07	1.02	1.11
湖南	1.08	0.85	1.08	0.98	1.00	1.00	0.98
广东	1.08	1.01	1.00	1.00	1.04	1.03	1.13
广西	1.06	1.01	1.03	0.94	1.07	1.02	1.10
海南	1.15	0.95	1.09	1.05	1.03	1.05	1.28
重庆	1.06	1.06	1.00	0.93	1.07	1.02	1.12
四川	1.02	0.96	1.00	0.94	1.03	1.00	0.94
贵州	1.08	0.98	0.91	0.89	1.03	0.98	0.88
云南	1.10	0.95	0.99	0.91	1.02	0.99	0.96
陕西	0.99	0.93	0.82	0.92	0.95	0.92	0.66
甘肃	0.86	0.95	0.91	0.96	0.96	0.93	0.68
青海	1.03	0.86	0.91	0.98	0.94	0.94	0.74
宁夏	1.07	1.00	0.92	1.09	0.99	1.01	1.07
新疆	1.01	1.04	0.96	0.97	1.00	1.00	0.98

由表 3.40 可知，有 22 个省份均为稳定提升的状态，最高的为辽宁，年平均增幅为 1.06，此外还有上海、河北海南均为 1.05；而有 7 个省份的年平均速率低于 1.00，在 2013 年至 2018 年处于下降的态势，包括内蒙古、黑龙江、贵州、云南、陕西、甘肃、青海，最低的为黑龙江和陕西，均为 0.92。

从全国 30 个省份碳减排成熟度的总变化速率来看，有 20 个省份在 2013 年至 2018 年处于总体提升的水平，增幅最高的同样为辽宁，达到了约 1.32，此外还有上海 1.25 和河北 1.23；而有 10 个省份的总体变化率低于 1.00，碳减排成熟度在 6 年间有不同程度的缩减，包括内蒙古、黑龙江、湖南、四川、贵州、云南、陕西、甘肃、青海、新疆。其中，跌幅最大的同样为黑龙江和陕西，达到 0.66，其发展形势不容乐观。

从以上现象可以看出，我国多数省份碳减排成熟度在 2013 年至 2018 年处于稳步提升的状态，而以陕西和黑龙江为首的中西部地区，其碳减排水平仍处于起步阶段。

通过对黑龙江和陕西进一步研究发现，陕西碳减排成熟度在 2013 年至 2018 年基本呈现逐年递减的趋势，其颓势急需得到改变。而黑龙江则是在 2015 年以后形成稳定的下降趋势，对比其他省份，可以发现除江苏（1.03 ~ 1.03）、重庆（1.06 ~ 1.06）在 2015 年维持不变，安徽（1.03 ~ 1.07）、甘肃（0.86 ~ 0.95）、新疆（1.01 ~ 1.04）在 2015 年不降反升以外，大多数省份均在 2015 年发生速率缩减情况，这说明 2015 年的确出现了 GDP 增速部分区域塌方式的下滑，表现为实际 GDP 的持续回落和名义 GDP 的较大下滑，在整体宏观经济较为低迷的经济形势下，碳减排成熟度的发展也受到限制。

3.7.4.3 行业碳减排成熟度

由表 3.41 计算得到 41 个行业 2013 年至 2018 年碳减排成熟度，并从分类、排名和速率三个层面入手分析工业行业碳减排成熟度。

（1）行业分类

表 3.41 为 41 个工业行业 2013 年至 2018 年碳减排成熟度绝对数值。其中，第一列为 41 个工业行业对应部门，第二列为 41 个工业行业的编号（具体如注释所示），第三列至第八列为各工业行业对应年份的碳减排绝对成熟度，第九列为 2013 年至 2018 年各省份碳减排绝对成熟度的时期平均值。

由表 3.41 可知，41 个工业行业的碳减排成熟度同样在 2013 年至 2018 年发生巨大变化。根据 6 年间碳排放绝对成熟度并利用 K 均值聚类算法，将 41 个工业行业分为三大类，一类是碳减排成熟度相对较高的工业行业，仅有烟草制品业；另一类是在我国碳减排成熟度处于中游的工业行业，总共 12 个，包括石油和天然气，其他采矿业，酒、饮料和精制茶制造业，纺织服装和服饰业，医药制造业，非金属矿物制品业，通用设备制造业，专用设备制造业，电气机械和器材制造业，计算机和通信以及其他电子设备制造业，仪器仪表制造业，水的生产和供应业；一类是碳减排成熟度在我国相对较低的工业行业，总共28个，包括煤炭开采和洗选业，黑色金属矿采选业，有色金属矿采选业，非金属矿采选业，开采辅助活动，农副食品加工业，食品制造业，纺织业，皮革、毛皮、羽毛及其制品和制鞋业，木材加工和木、竹、藤、棕、草制品业，家具制造业，造纸和纸制品业，印刷和记录媒介复制业，文教、工美、体育和娱乐用品制造业，石油加工、炼焦和核燃料加工业，化学原料和化学制品制造业，化学纤维制造业，橡胶和塑料制品业，黑色金属冶炼和压延加工业，有色金属冶炼和压延加工业，金属制品业，汽车制造业，铁路、船舶、航空航天和其他运输设备制造业，其他制造业，废弃资源综合利用业，金属制品、机械和设备修理业，电力、热力生产和供应业，燃气生产和供应业。

表3.41　2013—2018年碳减排成熟度(分行业)

部门	行业	2013年	2014年	2015年	2016年	2017年	2018年	平均值
采矿业	I1	0.72	1.42	0.71	1.47	1.43	1.53	1.21
	I2	1.37	2.11	1.34	2.33	1.73	1.98	1.81
	I3	0.54	0.97	0.57	1.00	0.91	1.03	0.84
	I4	0.47	0.88	0.50	0.89	0.82	0.92	0.75
	I5	0.54	1.05	0.57	1.15	1.07	1.21	0.93
	I6	0.63	0.76	0.65	0.82	0.78	0.72	0.73
	I7	2.81	1.41	2.85	1.77	1.64	1.88	2.06
制造业	I8	1.00	1.22	1.02	1.25	1.22	1.35	1.18
	I9	0.75	1.37	0.77	1.41	1.37	1.54	1.20
	I10	0.81	1.58	0.84	1.68	1.55	1.67	1.36
	I11	3.11	4.20	3.18	4.57	4.46	4.71	4.04
	I12	0.96	1.26	0.95	1.24	1.16	1.24	1.14
	I13	1.11	1.50	1.12	1.49	1.41	1.52	1.36
	I14	0.92	1.37	0.96	1.29	1.23	1.34	1.19
	I15	0.58	0.92	0.61	0.97	0.94	1.06	0.85
	I16	0.68	1.16	0.71	1.21	1.14	1.26	1.03

续表

部门	行业	2013 年	2014 年	2015 年	2016 年	2017 年	2018 年	平均值
制造业	I17	0.49	0.96	0.51	1.03	0.99	1.14	0.85
	I18	0.63	1.06	0.66	1.16	1.10	1.24	0.98
	I19	0.87	1.17	0.91	1.20	1.17	1.31	1.11
	I20	0.54	0.75	0.55	0.80	0.84	1.11	0.77
	I21	0.99	1.39	0.98	1.40	1.34	1.49	1.27
	I22	1.05	2.15	1.10	2.33	2.21	2.41	1.88
	I23	0.46	0.76	0.48	0.83	0.81	0.93	0.71
	I24	0.83	1.21	0.85	1.25	1.21	1.36	1.12
	I25	1.20	1.70	1.20	1.70	1.63	1.77	1.53
	I26	0.56	0.80	0.55	0.83	0.77	0.87	0.73
	I27	0.58	0.82	0.60	0.80	0.77	0.86	0.74
	I28	0.94	1.31	0.96	1.25	1.26	1.47	1.20
	I29	1.28	1.73	1.29	1.75	1.67	1.79	1.59
	I30	1.10	1.58	1.12	1.60	1.54	1.68	1.44
	I31	0.99	1.39	1.03	1.44	1.40	1.54	1.30
	I32	0.77	1.20	0.80	1.26	1.21	1.34	1.10
	I33	1.49	2.22	1.49	1.94	1.87	2.00	1.84
	I34	1.32	1.54	1.33	1.70	1.77	2.00	1.61
	I35	1.03	1.53	1.08	1.68	1.67	1.89	1.48
	I36	0.63	1.11	0.67	1.15	1.11	1.25	0.99
	I37	0.75	0.79	0.79	0.87	0.75	0.77	0.79
	I38	0.61	1.22	0.64	1.25	1.26	1.48	1.08
公共事业	I39	0.22	0.76	0.21	0.85	0.76	0.86	0.61
	I40	0.34	0.78	0.35	0.76	0.77	0.94	0.66
	I41	0.50	2.14	0.52	2.41	2.25	2.52	1.72

注：I1：煤炭开采和洗选业；I2：石油和天然气开采业；I3：黑色金属矿采选业；I4：有色金属矿采选业；I5：非金属矿采选业；I6：开采辅助活动；I7：其他采矿业；I8：农副食品加工业；I9：食品制造业；I10：酒、饮料和精制茶制造业；I11：烟草制品业；I12：纺织业；I13：纺织服装、服饰业；I14：皮革、毛皮、羽毛及其制品和制鞋业；I15：木材加工和木、竹、藤、棕、草制品业；I16：家具制造业；I17：造纸和纸制品业；I18：印刷和记录媒介复制业；I19：文教、工美、体育和娱乐用品制造业；I20：石油加工、炼焦和核燃料加工业；I21：化学原料和化学制品制造业；I22：医药制造业；I23：化学纤维制造业；I24：橡胶和塑料制品业；I25：非金属矿物制品业；I26：黑色金属冶炼和压延加工业；I27：有色金属冶炼和压延加工业；I28：金属制品业；I29：通用设备制造

业;I30:专用设备制造业;I31:汽车制造业;I32:铁路、船舶、航空航天和其他运输设备制造业;I33:电气机械和器材制造业;I34:计算机、通信和其他电子设备制造业;I35:仪器仪表制造业;I36:其他制造业;I37:废弃资源综合利用业;I38:金属制品、机械和设备修理业;I39:电力、热力生产和供应业;I40:燃气生产和供应业;I41:水的生产和供应业。分行业的下表同。

可以发现:碳减排成熟度相对高的工业行业中,仅有烟草制品业,6 年间平均碳减排成熟度达到约 4.04,甩开第二名其他采矿业(2.06)1.98,可见在我国烟草生产活动中,碳减排水平已与其他驱动因素形成良好发展的协调关系,其碳减排工作能够得益于关联因素得到进一步发展。在碳减排成熟度相对较低的工业行业中,大多数为传统的矿物资源采选业和生活必需品、低端消费产品制品业等行业,这些行业急需通过增加工业产品增值额度来推动碳减排工作进行。此外,还有一部分化工行业和高端技术领域行业的碳减排成熟度同样较低,这些行业大多以尖端领域科研成果来抑制碳排放,容易遭遇科技瓶颈。

(2)行业排名

在对 30 个省份的碳减排成熟度进行测度与分类后,通过具体排名进行辅助分析,如表 3.42 所示。其中,第一列为碳减排成熟度按数值降序排列的名次,第二列至第八列为从 2013 年至 2018 年和 6 年间平均值的省份排名。

由表 3.42 可知,由于现代工业是日新月异的产业,在分行业碳减排成熟度排名中,除前 5 名以外,大多数工业行业在 2013 年至 2018 年排名变动十分频繁。在前 5 名的工业行业中,烟草制品业碳减排成熟度在 6 年间蝉联第一,在碳减排工作中有绝对优秀的绩效和表现。电器机械和器材制造业同样在 6 年间前 5 名中均有上榜,其他排名前 5 的行业还包括医药制造业、其他采矿业、计算机通信和其他电子设备制造业、石油和天然气开采业、水的生产和供应业,这些行业大多生产必需品、资源能源和机械设备,其碳减排水平的提升也是必然趋势。

而在后 5 名的行业中,电力、热力生产供应业和燃气生产供应业常年垫底,依赖电力热力和燃气的生产供应业势必要消耗大量的化石能源,因此这两个行业的碳减排工作较为艰巨困难。此外,还有造纸和纸制品业、有色金属矿采选业、化学纤维制造业、开采辅助活动、黑色金属冶炼和压延加工业、石油加工炼焦和核燃料加工业、有色金属冶炼和压延加工业、废弃资源综合利用业。这些行业全部是依赖初级原材料如木材、金属、矿物、石油等来进行工业增值的,因此如何提升资源利用效率,在保证产出的同时减少污染气体的排放,成为其碳减排工作最关键的突破口。

表 3.42　2013—2018 年碳减排成熟度排名(分行业)

排名	2013 年	2014 年	2015 年	2016 年	2017 年	2018 年	平均值
1	I11	I11	I11	I11	I11	I11	I11
2	I7	I33	I7	I41	I41	I41	I7
3	I33	I22	I33	I2	I22	I22	I22
4	I2	I41	I2	I22	I33	I33	I33
5	I34	I2	I34	I33	I34	I34	I2
6	I29	I29	I29	I7	I2	I2	I41
7	I25	I25	I25	I29	I35	I35	I34
8	I13	I10	I30	I25	I29	I7	I29
9	I30	I30	I13	I34	I7	I29	I25
10	I22	I34	I22	I10	I25	I25	I35
11	I35	I35	I35	I35	I10	I30	I30
12	I8	I13	I31	I30	I30	I10	I10
13	I21	I1	I8	I13	I1	I9	I13
14	I31	I7	I21	I1	I13	I31	I31
15	I12	I21	I14	I31	I31	I1	I21
16	I28	I31	I28	I9	I9	I13	I1
17	I14	I14	I12	I21	I21	I21	I9
18	I19	I9	I19	I14	I28	I38	I28
19	I24	I28	I24	I32	I38	I28	I14
20	I10	I12	I10	I38	I14	I24	I8
21	I32	I8	I32	I8	I8	I8	I12
22	I37	I38	I37	I28	I24	I32	I24
23	I9	I24	I9	I24	I32	I14	I19
24	I1	I32	I16	I12	I19	I19	I32
25	I16	I19	I1	I16	I12	I16	I38
26	I36	I16	I36	I19	I16	I36	I16
27	I18	I36	I18	I18	I36	I12	I36
28	I6	I18	I6	I5	I18	I18	I18
29	I38	I5	I38	I36	I5	I5	I5
30	I15	I3	I15	I17	I17	I17	I17

续表

排名	2013 年	2014 年	2015 年	2016 年	2017 年	2018 年	平均值
31	I27	I17	I27	I3	I15	I20	I15
32	I26	I15	I5	I15	I3	I15	I3
33	I20	I4	I3	I4	I20	I3	I37
34	I5	I27	I20	I37	I4	I40	I20
35	I3	I26	I26	I39	I23	I23	I4
36	I41	I37	I41	I23	I6	I4	I27
37	I17	I40	I17	I26	I40	I26	I26
38	I4	I23	I4	I6	I27	I27	I6
39	I23	I39	I23	I20	I26	I39	I23
40	I40	I6	I40	I27	I39	I37	I40
41	I39	I20	I39	I40	I37	I6	I39

(3)行业速率

为进一步研究我国 41 个工业行业碳减排成熟度的变化情况,将各个年份的碳减排成熟度除去上一年得到速率变化如表 3.43 所示。其中,第一列为工业部门名称,第二列为工业行业编号,第三列至第七列分别为 2013—2014 年、2014—2015 年、2015—2016 年、2016—2017 年、2017—2018 年的碳减排成熟度变化情况,第八列为 6 年变化速率的几何平均值,第九列为 2018 年除去 2013 年的 6 年间碳减排成熟度总变化速率。

表 3.43　2013—2018 年碳减排成熟度速率(分行业)

部门	行业	2013—2014 年	2014—2015 年	2015—2016 年	2016—2017 年	2017—2018 年	平均速率	总变化速率
采矿业	I1	1. 99	0. 50	2. 08	0. 97	1. 07	1. 16	2. 13
	I2	1. 54	0. 64	1. 74	0. 74	1. 14	1. 08	1. 45
	I3	1. 80	0. 58	1. 76	0. 91	1. 13	1. 14	1. 89
	I4	1. 85	0. 57	1. 79	0. 92	1. 13	1. 14	1. 95
	I5	1. 94	0. 54	2. 02	0. 93	1. 13	1. 17	2. 23
	I6	1. 21	0. 86	1. 26	0. 95	0. 92	1. 03	1. 15
	I7	0. 50	2. 03	0. 62	0. 93	1. 14	0. 92	0. 67

续表

部门	行业	2013—2014 年	2014—2015 年	2015—2016 年	2016—2017 年	2017—2018 年	平均速率	总变化速率
制造业	I8	1. 23	0. 83	1. 23	0. 98	1. 11	1. 06	1. 35
	I9	1. 84	0. 56	1. 82	0. 97	1. 13	1. 16	2. 07
	I10	1. 95	0. 53	2. 00	0. 92	1. 08	1. 16	2. 06
	I11	1. 35	0. 76	1. 44	0. 97	1. 06	1. 09	1. 52
	I12	1. 32	0. 75	1. 30	0. 93	1. 07	1. 05	1. 29
	I13	1. 36	0. 75	1. 33	0. 94	1. 08	1. 07	1. 38
	I14	1. 49	0. 70	1. 34	0. 96	1. 09	1. 08	1. 45
	I15	1. 59	0. 66	1. 59	0. 97	1. 13	1. 13	1. 82
	I16	1. 71	0. 61	1. 71	0. 94	1. 10	1. 13	1. 85
	I17	1. 96	0. 53	2. 03	0. 97	1. 15	1. 19	2. 34
	I18	1. 69	0. 62	1. 75	0. 95	1. 12	1. 15	1. 97
	I19	1. 35	0. 77	1. 32	0. 98	1. 12	1. 08	1. 50
	I20	1. 39	0. 74	1. 45	1. 05	1. 31	1. 15	2. 04
	I21	1. 40	0. 70	1. 43	0. 96	1. 11	1. 08	1. 50
	I22	2. 04	0. 51	2. 13	0. 95	1. 09	1. 18	2. 29
	I23	1. 66	0. 63	1. 73	0. 97	1. 16	1. 15	2. 03
	I24	1. 46	0. 70	1. 47	0. 97	1. 12	1. 10	1. 64
	I25	1. 41	0. 70	1. 42	0. 96	1. 09	1. 08	1. 47
	I26	1. 44	0. 69	1. 52	0. 92	1. 13	1. 09	1. 56
	I27	1. 41	0. 73	1. 34	0. 96	1. 12	1. 08	1. 49
	I28	1. 39	0. 73	1. 31	1. 01	1. 16	1. 09	1. 56
	I29	1. 35	0. 75	1. 36	0. 95	1. 07	1. 07	1. 40
	I30	1. 44	0. 71	1. 43	0. 96	1. 09	1. 09	1. 53
	I31	1. 40	0. 75	1. 40	0. 97	1. 10	1. 09	1. 56
	I32	1. 56	0. 67	1. 58	0. 96	1. 11	1. 12	1. 75
	I33	1. 49	0. 67	1. 30	0. 96	1. 07	1. 06	1. 35
	I34	1. 17	0. 87	1. 27	1. 04	1. 13	1. 09	1. 52
	I35	1. 49	0. 70	1. 56	0. 99	1. 13	1. 13	1. 83
	I36	1. 76	0. 60	1. 72	0. 96	1. 13	1. 15	1. 98
	I37	1. 06	0. 99	1. 12	0. 85	1. 03	1. 01	1. 03
	I38	2. 01	0. 52	1. 97	1. 01	1. 17	1. 20	2. 44

续表

部门	行业	2013—2014年	2014—2015年	2015—2016年	2016—2017年	2017—2018年	平均速率	总变化速率
公共事业	I39	3.48	0.28	4.06	0.90	1.12	1.32	3.93
	I40	2.30	0.45	2.16	1.01	1.21	1.23	2.76
	I41	4.32	0.24	4.67	0.93	1.12	1.38	5.09

由表3.43可知,从全国41个工业行业碳减排成熟度的平均速率来看,40个工业行业均为稳定提升的状态,最高的为水的生产和供应业,年平均增幅为1.38,最低的为废弃资源综合利用业,年平均增幅也有1.01,仅有其他采矿业的年平均速率低于1.00,在2013年至2018年处于下降的态势。

从全国41个工业行业碳减排成熟度的总变化速率来看,同样有40个工业行业在2013年至2018年总体提升明显,增幅最高的仍为水的生产和供应业,甚至达到约5.09,绿色发展态势极佳,这反映出我国水资源利用结构的清洁化和合理化。而其他采矿业的总体变化率低于1,碳减排成熟度在其中三个年际均有较大程度的缩减,这反映出其他采矿业可能缺乏合理有效的引导和规制来优化配置,其碳减排工作的推动还有待进一步提升。

从以上现象可以看出,除其他采矿业以外,我国以水的生产和供应业为首的工业行业碳减排成熟度在2013年至2018年总体处于稳步提升的状态,在6年间提升幅度明显,工业碳减排成熟度的发展态势较好。

3.7.5 总结和建议

基于灰色系统,本节对2013年至2018年省级和行业的工业碳减排成熟度进行测度分析,研究结论如下。①省级和行业的工业碳减排工作的前景较佳,与企业层面驱动因素的协调程度良好。②省级层面,东部、南部沿海地区碳减排成熟度较高,中西部和东北地区碳减排成熟度较低。大多数省份碳减排成熟度呈上升趋势,以陕西和黑龙江为首的部分地区碳减排工作仍然艰巨。③行业层面,烟草制品业碳减排成熟度高,传统矿物资源采选业,生活必需品、低端消费产品制品业和部分化工行业,高端技术领域行业的碳减排成熟度较低。除其他采矿业外,总体工业行业碳减排成熟度提升明显。

根据以上实证结果,启示如下。

第一,加强碳减排技术研究与创新,如能源存储技术、太阳能开发应用技术等。在进一步提升东部、南部沿海地区碳减排成熟度的同时带动中西部和东北地区碳减排攻坚,在保证环保行业碳减排能力的同时推动传统矿物资源采选业,生活必需品、低端消费产品制品业和部分化工行业,高端技术领域行业的碳减排工作进展。

第二,政府应利用金融工具更多地充当中介者和福利提供者。一方面,政府可与联合企业、个人及组织共同出资,建立起以碳减排为目标的碳基金,直接连接碳排放权的买方和卖方,以较低的成本实现减排目标。另一方面,政府可发展绿色信贷,通过提供长期低息贷款,对可再生能源等项目或行业进行扶持,从而加快落实企业碳减排工作。

第三,碳减排水平与经济产出水平、企业运作活力、资金周转能力、核心盈利能力、营销投入水平、管理投入水平、财务投入水平、人力投入水平等因素息息相关。企业可丰富营销宣传、事务管理、财务整理等手段并加强市场融入能力,不仅可以通过灵活化市场决策、最小化市场风险来获取更大利润,而且能够树立企业绿色环保形象以赢得公共政策的福利和投资者的青睐。

小　结

本节对中国工业碳减排成熟度展开研究,发现我国工业碳减排工作现状良好,前景较佳。在省级层面,东南沿海地区碳减排成熟度明显高于中西部地区和东北地区,大多数省份碳减排成熟度呈上升趋势,以陕西和黑龙江为首的部分地区碳减排工作任重道远。在行业层面,烟草行业碳减排成熟度远高于其他行业,除其他采矿业外,总体工业行业碳减排成熟度提升明显。据此认为:工业碳减排成熟度的发展,应以创新为驱动,以政府工作和企业能力为抓手。

3.8　中国省级区域初始碳配额分配方案研究

碳排放所造成的气候变暖属于外部性问题, 从公共福利经济学的角度来看, 治理环境外部性主要从两个角度出发:一个是私人视角,主要包括企业合并使外部性的内部化、科斯定理的运用等方法;另一个是公共部门视角,主要包括强制性政策如罚款和税收、企业治理补贴、碳排放权交易许可证等方法。最为常用的方法是碳税和碳排放权交易许可证。目前,国际上通用的减排手段是发展碳排放权交易市场,所谓的碳排放权交易指的是在政府及相关部门分配的有偿或无偿的初始碳排放额下,碳排放主体可以在规定的限额内排放一定量的污染物,每个碳排放主体均有自己的碳配额,当排放主体的排放需求大于自身的碳配额时,为了满足自身的排放需求,其可以从公开的碳排放权交易市场购入碳配额盈余公司的配额。碳排放权交易市场拥有完整的市场机制,排放主体间可以通过该市场自由交易碳配额,价格也由市场的供需决定。这种利用市场经济来促进环境保护的机制是目前最高效的手段之一,但其中的难点在于我国省级区域发展极不平衡、极不协调导致了发展状况、经济水平、产业结构各个方面产生了诸多差异,因此政府应该如何在各个省域市场分配初始碳配额以及依据哪种方法分配才能保证碳交易市场有序高效地进行。目前,我国已有省份开展了碳排放权交易市场试点,而在未来碳排放权交易范围将拓展至全国各省份,因此研究碳排放权初始配额分配有利于实现碳交易买卖双方、卖者之间以及买者之间的公平,确保配额分配效率的提高,进一步促进碳排放权交易的有序进行。

3.9 碳排放权配额的初始分配原则与方式

3.9.1 碳排放权配额分配原则

碳配额的初始分配是设计碳排放权交易市场的核心,分配方式的公平性以及效率性会对减排效果产生重要的影响。由于我国改革开放后的政策差异以及多样化的地理差异,导致我国长期以来区域发展水平迥异,而且各地区的资源禀赋、人口结构、能源使用结构等方面存在诸多差异,因此在进行碳配额分配时,应当以减排目标为基准,在省级区域间确认“共同但有区别”的责任,根据各地区的发展现状最大化利用碳配额的资源,实现资源的有效配置。

(1)基于公平的分配原则

公平原则认为每个国家或地区都应该拥有经济发展的权利,也应当享有发展经济带来的福利,同时要承担相应的环境保护责任。气候问题是由于全人类的共同活动而产生的,因此地球上每个人都有控制碳排放、保护地球的责任,但地区与地区之间的减排义务是不相同的。美国橡树岭实验室研究报告表明自 1750 年以来,全球累计排放了 1 万多亿吨二氧化碳,其中发达国家排放约占 80%。资本主义发达国家在早期发展时造成了大量的环境破坏,才有了现在的发展水平,历史碳排放量高于其他发展中国家,理应承担更多的减排义务;对于欠发达地区而言,首要义务仍是发展经济,应该给予更多的发展空间和发展机会,在减排责任上要有相应的照顾。总的来说,公平原则体现了区域平等的发展权,包含污染者付费原则、主权准则、平等主义、支付能力、历史累计排放计算等。

(2)基于效率的分配原则

从人类发展历史来看,绝对的公平始终是一种现阶段无法实现的最佳状态,是一种理想状态,对于碳排放初始配额分配而言亦是如此。基于公平的分配原则,政府不仅要核算碳排放的历史数据,还要根据各地区的发展现状和未来规划以及减排能力、潜力等各方面因素制定分配方案,这无疑是一个庞大且难以实现的工程。效率原则是指人类的经济活动必然会导致二氧化碳的排放,但发展程度不同的国家或地区单位二氧化碳排放量的产出效率是有差异的,减排成本也不尽相同,若以公平的原则将减排目标分配至不同排放效率的主体,不仅会徒增产出效率低的地区的发展成本,同时会扩大地区之间的贫富差距。因此,效率原则认为碳排放权应当选择管理成本和交易成本最小的方式,配额首先分配给单位二氧化排放量产出最大化的主体,其实质是强调减排的潜力。

(3)兼顾公平和效率的分配原则

主流观点认为碳配额初始分配的政策想要有所建树,应当兼顾公平与效率,在两者之间寻求平衡,也就是一个分配方案至少应符合公平和效率两个原则。若只关注公平原则,不同减排主体需要付出的努力成本和收益差距巨大,也难有足够的动力在减排活动中做出更多的努力;若只关注效率原则,无法吸引发展中国家和欠发达地区等更广泛的主体参与到减排活动中来,基于碳排放权交易的市场体系也无法有足够的交易量。

3.9.2 碳排放权配额分配方式

碳配额的分配方法主要包括免费分配和有偿分配两种。免费分配法是指政府依据一定的标准无偿将碳配额分配给排放主体,这种方法最直接的优点就是减少企业的初期减排压力,维持或提高企业的竞争力,有利于企业积极参与到市场机制中。如减排效益高的企业以及善用数据造假的企业可能获得了更多的碳配额,并通过市场交易获取额外的财富,对碳市场的允许秩序产生了严重的影响。免费分配的主要方式包括历史法和基准线法。有偿分配法是指排放主体通过付费的方式向政府购买碳排放权配额。碳排放权具有法定效力,各排放主体都必须拥有碳排放权才能排放污染气体。这种方法的好处在于,当排放权具有稀缺性并通过价格体现在市场中,那么其公平性和透明性就更具可靠性。同时国家在有偿分配中获得的收入投入低碳减排项目中,继续支持减排事业的发展。有偿分配的主要方式是拍卖法和混合分配法。

(1)历史法

历史法也称“祖父法”,是免费分配法的一种,指政府依据排放主体的历史排放量数据分配相应的初始碳配额。这种分配方法简化了政府的操作流程,可操作性更强,也避免了大部分的行业和企业的抵触心理,市场交易体系接受度更高。但其缺点在于公平性不高,基于这种方法,在历史上排放量更多的企业可以获得更高的碳排放配额,而这类企业往往有着更多的资本原始积累,也能更轻松地应对减排压力;而对于历史排放量少的发展中企业或者刚进入市场没有历史排放量又没有新的减排技术的企业来说,它们难于获得足够多的碳排放权配额,巨大的减排成本使它们难以成长壮大,导致其减排积极性不高,也会阻碍行业的发展,造成强者愈强,弱者愈弱的局面。同时,碳排放权作为一种商品具有稀缺性,当市场上有大量剩余的碳排放配额而又没有足够多的购买需求时,市场会严重过剩,碳排放权的价格容易崩塌。当碳配额市场价值过低时就无法发挥它的市场性,也就无法带动资本流向低碳和排放效率高的企业。

(2)基准线法

基准线法指政府依据不同的地区和行业设定一个分配的基准额,排放主体符合该分配标准时可向政府分配相应的排放配额。基准线法是包括对新进入企业的分配和针对产品的分配,对没有历史排放量记录的新进入企业来说是一种较好的补充方法。针对产品的分配是采用排放主体的历史排放量与行业标准排放比来确定乘积的每个设备应得的碳排放配额,在此种分配场景下,单位产品二氧化碳排放量低于基准线的企业可以获得高出均值的碳配额，并将多余的碳配额出售给其他方，获得额外的利润用于其他发展或技术改进；而单位产品二氧化碳排放量高于基准线的企业由于获得更少的碳配额，因此需要在市场中购买补足相应的碳配额，鼓励企业加快低碳技术革新，优化碳排放资源配置。然而，无论是依据哪种划定标准都存在着计算方式复杂、流程烦琐、基准线设立难度大的问题，因为不同行业、相同行业的不同产品、相同产品不同的生产设备都不尽相同，同时设立基准线需要海量的数据支持，且需要及时维护更新，这也会增加人力成本，带来经济负担。

(3)拍卖法

拍卖法指政府将碳排放配额作为一种商品在市场中进行拍卖，在此过程中，政府只负责确认总配额中需要拍卖的数量而无须提前做出决策，市场会自发形成配额的拍卖价格和排放主体间碳配额量的分配，这有效规避了在“自上而下”的免费分配方法下，政府政策制定烦琐、企业寻租行为等问题，在鼓励和引导社会资本流向减排技术的研发与推广方面更具有优势。拍卖法简单、公平、价格透明的特点更加符合市场化的运作机制，同时政府在拍卖过程中的收入可以用来投资创新高科技企业，支持清洁能源技术的发展和调配区域间的低碳减排项目。拍卖法面临的最大问题就是企业碳配额的获取代价更高，企业减排成本和参与碳交易市场的成本变高，可能会使部分企业不进入市场竞争机制中，这显然不利于碳交易市场的运行和市场的扩大。欧盟则采用了折中、更温和的拍卖法方案，将拍卖额度分阶段递进增加，从第一阶段按照总配额的 5% 逐步增加到第二阶段的 10%，以此累进，一步步减少免费分配的比例，最终达到以完全拍卖的方式分配碳配额。然而拍卖法又不能完全应用在不同的行业领域，因此对于如何利用好拍卖法仍是现阶段各国应研究的主题。

(4)混合分配法

混合分配法指先将一部分碳配额免费分配给排放主体，剩余的部分通过拍卖等付费方式出售。混合分配法又分为行业分配法和渐进分配法：行业分配法是根据排放强度将免费碳配额分给不同的行业，这种方法考虑到不同行业的特征以及不同行业的排放力度、经济贡献度是有所不同的，“一刀切”的分配方式反而会阻碍经济发展，利用行业特点合理分配碳配额可以引导资源流向减排效益高的行业;渐进分配法是按照不同阶段的减排目标,将逐期减少免费碳配额的分配和增加有偿分配的比例,使排放主体有充足的时间过渡到低碳生产中,企业进入碳交易市场中有一个缓和期,这也有利于稳定市场价格。

3.10 基于公平和效率的省域间碳排放权初始配额分配研究

3.10.1 基于能源的省域碳排放核算

文中选取了2005年、2016—2018年全国30个省份(港澳台、西藏除外)原煤、焦炭、原油、汽油、煤油、柴油、燃料油、液化石油气、天然气9种能源的消费量,并采用IPCC(2006)的折标准煤系数、碳排放因子计算CO_2排放量(见表3.44),得到2005年全国碳排放量,2016—2018年的各省份累计历史碳排放量(见表3.45),以下所有原始数据均来自《中国统计年鉴》,计算方式如下:

$$CO_{2i} = \sum_{i=1}^{n=9} C_i \times A_i$$

C_i表示第i种能源的消耗量,A_i表示第i种能源的二氧化碳排放系数。

表3.44 IPCC(2006)9种能源排放系数

能源名称	平均低位发热量	折标准煤系数	单位热值含碳量(吨碳/TJ)	碳氧化率(%)	二氧化碳排放系数
原煤	20908 kJ/kg	0.7143 kgce/kg	26.37	0.94	1.9003 kg - CO_2/kg
焦炭	28435 kJ/kg	0.9714 kgce/kg	29.5	0.93	2.8604 kg - CO_2/kg
原油	41816 kJ/kg	1.4286 kgce/kg	20.1	0.98	3.0202 kg - CO_2/kg
燃料油	41816 kJ/kg	1.4286 kgce/kg	21.1	0.98	3.1705 kg - CO_2/kg
汽油	43070 kJ/kg	1.4714 kgce/kg	18.9	0.98	2.9251 kg - CO_2/kg
煤油	43070 kJ/kg	1.4714 kgce/kg	19.5	0.98	3.0179 kg - CO_2/kg
柴油	4252 kJ/kg	1.4571 kgce/kg	20.2	0.98	3.0959 g - CO_2/kg
液化石油气	50179 kJ/kg	1.7143 kgce/kg	17.2	0.98	3.1013 kg - CO_2/kg
天然气	38931 kJ/m^3	1.3300 kgce/m^3	15.3	0.99	2.1622 kg - CO_2/m^3

表 3.45　2016—2018 年全国 30 个省份累计历史碳排放计算结果

省份	碳排放总量（万吨）	排名	占比（%）	省份	碳排放总量（万吨）	排名	占比（%）
安徽	534963.61320	13	3.03	江西	292829.09390	24	1.66
北京	199316.27550	28	1.13	辽宁	1096949.70600	5	6.22
福建	351976.35550	21	1.99	内蒙古	1002343.64600	6	5.68
甘肃	297321.88620	22	1.68	宁夏	250533.67570	26	1.42
广东	913329.73820	8	5.18	青海	68552.45438	30	0.39
广西	293372.60780	23	1.66	山东	1744750.65000	1	9.89
贵州	410325.34900	18	2.33	山西	1230476.00900	3	6.97
海南	74032.95223	29	0.42	陕西	566009.08520	10	3.21
河北	1295130.34100	2	7.34	上海	445604.45200	17	2.52
河南	919144.55890	7	5.21	四川	493311.37550	15	2.80
黑龙江	561227.99420	12	3.18	天津	283386.99180	25	1.61
湖北	562233.87390	11	3.19	新疆	522222.87150	14	2.96
湖南	469854.19640	16	2.66	云南	355569.91780	20	2.01
吉林	395021.64970	19	2.24	浙江	673821.62070	9	3.82
江苏	1118422.85100	4	6.34	重庆	226238.76910	27	1.28

2014 年，国务院发布的《国务院关于国家应对气候变化规划（2014—2020 年）》中指出，到 2020 年，单位 GDP 二氧化碳排放量将比 2005 年下降 40% ~ 45%。根据“十三五”规划的目标要求，以相对于 2005 年，2020 年达到 45% 的减排量为目标减排量，根据上述可计算 2005 年全国二氧化碳排放量为 731244.7891 万吨，GDP 为 18.3217 万亿元人民币，在国际货币基金组织（IMF）发布《世界经济展望报告 2020》中预测中国经济将增长 1.9%，在 2020 年将达到 100.96914 万亿元人民币，按照这两组数据，可以预测 2020 年的目标碳排放量为 1463536.064 万吨。

3.10.2　基于公平的分配方案研究

3.10.2.1　公平分配原则

（1）历史公平

历史公平是按照某一基准年全国碳排放量和省域碳排放量的比例来分配

总的排放量。学术上认为,基于历史排放量的分配原则有助于保持各省级现发展状况,历史排放量高的省份说明该省份在未来期间为了保持和以前年度相同的发展水平,也需要更多的碳排放权配额,历史排放量较低的省份则相反。基于历史公平的分配原则描述如下:

$$C_i = C \times \frac{C_i^S}{\sum_{i=1}^{30} C_i^S}$$

其中,C 为全国碳排放目标,C_i 为 i 省碳排放配额,C_i^S 为 S 年 i 省碳排放。

(2)人口公平

人口公平强调了地球上所有资源均为所有地球公民共享,体现的是"人均"原则,具体是指以各省人口占全国总人口的比例将碳排放总量进行分配。人口公平原则保证人口较多的省份能获得更多的碳排放权配额以满足人生存与经济发展的要求。人口公平下的分配方程为:

$$C_i = C \times \frac{H_i}{\sum_{i=1}^{30} H_i}$$

其中,H_i 为中国 i 省的人口各项解释。

(3)支付能力平等

基于碳减排和经济增长相矛盾这一现实,支付能力平等以各省份的减排经济能力来分配总的碳配额,因此经济发展水平更高的省份须承担更多的减排责任,保障发展较落后的地区的经济社会发展。支付能力平等的分配方程为:

$$C_i = C \times \frac{\frac{P_i}{G_i}}{\sum_{i=1}^{30} \frac{P_i}{G_i}}$$

其中,P_i 为减排成本。

3.10.2.2 公平原则优先的配额分配结果

基于上述省份碳排放权初始配额分配的公平影响因素加上我国区域间的差异性,本研究根据人口、GDP、历史排放、当期排放变量,利用主成分分析法进行分析,得到各省份的分配系数,最终得到以下分配结果(见表 3.46)。

表 3.46　2020 年各省份碳排放初始配额分配结果

省份	初始碳配额（万吨）	分配系数（%）	排名	省份	初始碳配额（万吨）	分配系数（%）	排名
安徽	8988.639896	0.61	28	江西	30700.711140	2.10	18
北京	52299.587930	3.57	11	辽宁	34509.297860	2.36	15
福建	19067.948960	1.30	26	内蒙古	22062.286110	1.51	24
甘肃	55595.360020	3.80	10	宁夏	69710.895470	4.76	7
广东	120023.639400	8.20	2	青海	91124.658690	6.23	4
广西	30132.237350	2.06	19	山东	170690.350500	11.66	1
贵州	33797.611210	2.31	16	山西	43581.739170	2.98	14
海南	86710.075160	5.92	5	陕西	6306.369214	0.43	30
河北	77256.775180	5.28	6	上海	26610.076360	1.82	21
河南	67354.449700	4.60	8	四川	19899.709280	1.36	25
黑龙江	22329.950330	1.53	23	天津	60578.417320	4.14	9
湖北	11610.248360	0.79	27	新疆	22940.950210	1.57	22
湖南	7622.801899	0.52	29	云南	29382.402300	2.01	20
吉林	45388.472680	3.10	13	浙江	32191.000490	2.20	17
江苏	115977.406900	7.92	3	重庆	49091.994940	3.35	12

从表 3.46 中可以看出，全国配额分配最多的是经济发展水平较高的城市，前三位分别为山东、广东、江苏，累计占比达到了 27.78%，这三个省份的 GDP 和碳排放量也常年居全国前三位，而河南、河北等省份的占比次之，这些占比较高的地区大部分发展水平、GDP、人口都排在全国前列，累计的碳排放量也在前几位，而新疆、内蒙古等省份无论是从发展水平还是人口规模来看都处于靠后的位置，因此碳排放的初始配额也较小。

3.10.3　基于效率的分配方案研究

1978 年，美国学者 Charner 提出了 DEA 模型，这是目前被广泛用来衡量一组具有相同目标的运营单位的相对效率。在传统 DEA 模型中，任意决策单元（DMU）的投入/产出都不会影响其他 DMU 的投入/产出，我国现阶段的发展方向是在保证经济稳步发展的同时，加大绿色经济的发展，力求在经济发展和环境保护之间寻求平衡，因此本文选择了非期望产出的 SBM – DEA 模型对此前公平分配方案进行优化，能在保证完成2020年全国碳排放总量指标的情况下，兼顾分配效率。综合考虑下，人力投入、物力投入、财力投入指标分别为省级人口总量、能源消耗量、资本存量，非期望产出为碳排放量，期望产出为GDP。

假设每一个省份使用 M 种投入，计 $x = (x_1, x_2, \cdots, x_m) \in R_m^+$，生产出 n 种期望产出 $y = (y_1, y_2, \cdots, y_n) \in R_n^+$ 以及 i 种非期望产出 $a = (a_1, a_2, \cdots, a_i) \in R_i^+$，生产可能性集表示为：$K = \{(x, y, a):(x)产出(y, a)\}, x \in R_m^+$。测量技术效率的产出导向DEA模型，表示技术水平不变的情况下，在满足被评价决策单元不增加投入的条件下，寻求所有产出比例式扩张至生产边界的最优产出水准，但又不能超过生产边界对应的产出水平，同时没有任何投入低于生产边界投入水平。考虑了坏产出（非期望）的产出导向DEA模型可表示如下：

$$\max\alpha$$

$$s.t. \sum_{T=1}^{T} \lambda_t x_{tm} \leqslant x_{0m} m = 1, 2, \cdots, m$$

$$\sum_{T=1}^{T} \lambda_t y_{tn} \geqslant (1 + \alpha) y_{0n} n = 1, 2, \cdots, n$$

$$\sum_{T=1}^{T} \lambda_t b_{tq} \geqslant (1 + \alpha) b_{0q} q = 1, 2, \cdots, q$$

$$\sum_{i=1}^{T} \lambda_t = 1, \lambda_t \geqslant 0 t = 1, 2, \cdots, t$$

在一定投入的条件下，期望产出GDP和二氧化碳的最大扩张程度用 α 表示，α 值越大代表评价单元离前沿面越远，无效的成分越大，且效率越小，因此它既可以代表 CO_2 排放效率，也可以代表联合效率。用 $\mu = 1 - \alpha$ 代表效率值，令 $\sum_{i=1}^{I} \lambda_i^k = 1$ 表示VBS规模报酬可变使模型各变量取得最优解。

在径向DEA模型中，对无效率程度的测量只包含了所有投入（产出）等比例缩减（增加）的比例。对于无效DMU来说，其当前状态与强有效目标值之间的差距，除了等比例改进的部分之外，还包括松弛改进的部分。而松弛改进的部分在效率值的测量中并未得到体现。出于这样的考虑，Tone K（2001）提出了SBM（Slack Based Measure, SBM）模型。因此，为了改进公平分配下减排效率非最优化的问题，本文采用基于松弛变量的 SBM 测量方法。在一般的改进策略中，被评价 DMU 的投入和产出投影值的计算方法可统一表示为：目标值 = 原始值 + 改进值，本文使用松弛改进值（Slack Movement）即强有效目标值 = 原始值 + 比例改进值 + 松弛改进值。非期望产出的 SBM - DEA 模型可为：

$$\gamma = \min \frac{1 - \frac{1}{n}\sum_{j=1}^{n}\frac{D_i}{x_{i0}}}{1 + \frac{1}{d_1 + d_2}\left(\sum_{g=1}^{d_1}\frac{d_g^y}{y_{g0}} + \sum_{g=1}^{d_2}\frac{d_g^b}{b_{g0}}\right)}$$

$$s.t.\ x_0 = x\lambda + d^-$$

$$y_0^s = y\lambda - g^s$$

$$y_0^b = b\lambda - g^b$$

$$d^- \geqslant 0, g^b \geqslant 0, \lambda \geqslant 0,$$

其中权重向量、投入/产出松弛量分别为 λ 、s ，对于目标函数 γ ，γ 属于 [0,1] 且 d^- 、d^d 、d^b 关于 γ 都是严格递减的，在特定的 DMU 中，当且仅当 $\gamma = 1$ ，也就是 $d^- = 0$ 、$d^d = 0$ 、$d^b = 0$ 时是有效的。SBM - DEA 模型把松弛变量直接放入了目标函数中，解决了投入产出松弛性和非期望产出存在下的效率评价问题。为了更准确地考察 CO_2 排放效率，对人口、能源消耗、资本存量、GDP、二氧化碳排放量指标进行无量纲处理，具体操作为：设 max $z_{ab} = x_a$ ，max $z_{ab} = y_a$ ，第 b 项决策单元的第 a 项指标的最大值、最小值分别为 x_a 、y_a ，利用公式，分别将相关指标无量纲处理，随后利用产出导向模型计算各省域 CO_2 配额效率，如表 3.47 所示。

表 3.47　各地区效率值排名以及优化后的目标碳配额及排名变化

省份	效率值及排名	二氧化碳松弛值	目标碳配额（万吨）	排名及变化	省份	效率值及排名	二氧化碳松弛值	目标碳配额（万吨）	排名及变化
安徽	1.00(1)	0	8988.64	28	江西	1.00(1)	0	30700.71	16(↓2)
北京	1.00(1)	0	52299.59	10(↑1)	辽宁	0.44(29)	-7899.22	26610.08	20(↓5)
福建	1.00(1)	0	19067.95	25(↑1)	内蒙古	1.00(1)	0	22062.29	24
甘肃	1.00(1)	0	55595.36	8(↑2)	宁夏	1.00(1)	0	69710.90	6(↑1)
广东	1.00(1)	0	120023.64	1(↑1)	青海	1.00(1)	0	91124.66	3(↑1)

续表

省份	效率值及排名	二氧化碳松弛值	目标碳配额(万吨)	排名及变化	省份	效率值及排名	二氧化碳松弛值	目标碳配额(万吨)	排名及变化
广西	0.65(21)	0	30132.24	18(↑1)	山东	0.46(28)	-96210.42	74479.93	5(↓4)
贵州	1.00(1)	0	33797.61	14(↑2)	山西	0.50(25)	0	43581.74	13(↑1)
海南	1.00(1)	0	86710.08	4(↑1)	陕西	1.00(1)	0	6306.37	30
河北	0.30(30)	-24211.06	53045.71	9(↓3)	上海	1.00(1)	0	26610.08	21
河南	0.49(26)	-37210.69	30143.76	17(↓9)	四川	0.81(19)	-923.57	18976.14	26(↓1)
黑龙江	0.63(24)	0	22329.95	23	天津	0.64(23)	0	60578.42	7(↑2)
湖北	1.00(1)	0	11610.25	27	新疆	1.00(1)	00	22940.95	22
湖南	1.00(1)	0	7622.80	29	云南	0.64(22)	0	29382.40	19(↑1)
吉林	0.47(27)	0	45388.47	11(↑2)	浙江	1.00(1)	0	32191.00	15(↑2)
江苏	1.00(1)	0	115977.41	2(↑1)	重庆	0.75(20)	-3926.51	45165.48	12

从表3.47的数据可以看到，广东、上海、北京、福建等18个省份的效率值达到了1.00，效率值最高；而四川、重庆、天津、广西、黑龙江、云南等地区的效率值均在0.60以上；而如山西、河北等资源消耗大省，主要依靠能源拉动经济增长，导致排放效率较低，均低于0.50。在引入松弛变量后能在更大的可行域内求解。当CO_2松弛量等于0时，则会收敛到原来的状态，即保持投入值不变，而当CO_2为非0时表示松弛会高估DMU的效率，为了使这些省份的松弛变量为0，需要对其配额的结果进行调整，以达到可行范围内最优解，因此会调整原始的CO_2初始配额，从而得到调整后的配额情况。

从数据上来看，诸如河南、河北、山东等人口、碳排放量大省在基于公平原则下的初始碳配额较高，但经过效率值和松弛变量调整后可以明显看到在基于效率的分配原则下，这些省份的初始碳配额在全国的排名中有明显的下降，说明其排放效率有待提高，往后可以通过调整产业结构、优化资源配置、降低第二产、发展第三产业和旅游业等手段发展绿色低碳型经济，以达到目标减排量；而诸如广东、江苏、山东、上海等沿海省份，虽然在碳排放量上一骑绝尘，但是相应的经济产出量也位列前茅，在经过效率优化后，在全国排名略有上升，如广东升至了全国第1，而此前全国排名第1的山东省掉到了第5位。这些碳排放量、经济总量"双高"的省份应在保持原有的经济发展基础上，借助资本和区位优势，加大低碳技术创新，同时城市化率高、教育水平高、城市基础设施完善和人文素质高的优势也利于这些地区推广低碳经济文化，发展绿色公共交通，鼓励居民进行环境保护。另外，河南、河北等省份的排名也有些许的下降，这些省份能源消耗量大，未来应着重在能源技术改进和工业企业转型方面努力。

3.11 本章小结

本章首先分析了影响我国省域碳排放量初始分配的因素，并考虑我国省域间的实际情况构建了基于公平分配的多因素模型，利用主成分分析法对 2020 年省域二氧化碳初始配额进行分配，再应用加入松弛变量后的 SBM - DEA 模型对此前基于公平原则下得到的初始分配额进行实证优化，最终得到各省域的目标配额以及相关的发展方向分析。

①分析公平原则下的省域初始碳配额影响因素。从污染者付费、主权准则、平等主义、支付能力、历史累计排放计算等公平分配原则出发，结合我国各省份的实际情况，最终选取了人口量、GDP、历史排放量以及当期排放量指标，并利用主成分分析法得到分配系数，最后算出各省域的初始碳配额分配。

②构建非期望产出的 SBM - DEA 模型。根据公平原则下的初始碳配额分配，综合考量了人口、能源消耗量、资本存量三个投入指标，期望产出和非期望产出分别为 GDP 和二氧化碳，最终得到了经过效率值和松弛变量调整后的省域初始碳配额分配。

③基于上述实证的分配结果，提出省域间碳排放初始分配的发展建议。其主要包括了“双高”省份应利用自身的发展优势加大低碳创新力度，并带动周边城市加入低碳经济循环中。高排放量低产出的省份应着重提高能源的利用效率和企业转型的产业引导。而落后地区的发展一方面要依靠国家产业转移的大背景抓住经济腾飞的机会；另一方面利用地广人稀的地理优势提高碳中和的效率，并大力开发旅游业等低碳的第三产业。

参考文献

[1]渠慎宁,郭朝先. 基于STIRPAT模型的中国碳排放峰值预测研究[J]. 中国人口·资源与环境,2010,20(12):10-15.

[2]MICHEL DEN ELZEN,HANNA FEKETE,NIKLAS HÖHNE,et al. Greenhouse gas emissions from current and enhanced policies of China until 2030: Can emissions peak before 2030? 2016, 89:224-236.

[3]KAI SU,CHIEN-MING LEE. When will China achieve its carbon emission peak? A scenario analysis based on optimal control and the STIRPAT model. 2020, 112.

[4]郭朝先. 中国工业碳减排潜力估算[J]. 中国人口·资源与环境,2014,24(9):13-20.

[5]袁晓玲,郗继宏,李朝鹏,等. 中国工业部门碳排放峰值预测及减排潜力研究[J]. 统计与信息论坛,2020,35(9):72-82.

[6]李永,付智博,李海英. 中国能源进口贸易联系是否稳定:来自1992—2012年的经验证据[J]. 财贸经济,2015(5):109-120.

[7]高松,刘宏,孟祥轶. 烟草需求、烟草税及其在中国的影响:基于烟草成瘾模型的经验研究[J]. 世界经济,2010,33(10):98-119.

[8]袁鲁山. 基于NAR神经网络的车速预测及应用[D]. 大连:大连理工大学,2016.

[9]李萍,曾令可,税安泽,等. 基于MATLAB的BP神经网络预测系统的设计[J]. 计算机应用与软件,2008(4):149-150+184.

[10]高铁梅,孔宪丽,刘玉,等. 中国钢铁工业供给与需求影响因素的动态分析[J]. 管理世界,2004(6):73-81.

[11]顾佰和,谭显春,池宏,等. 化工行业二氧化碳减排潜力分析模型及应用[J]. 中国管理科学,2013,21(5):141-148.

[12]张友国,郑玉歆. 碳强度约束的宏观效应和结构效应[J]. 中国工业经济,2014(6):57-69.

[13]蒋惠琴. 碳排放权初始配额分配研究[D]. 杭州:浙江工业大学,2015.

[14]吴濛. 碳排放配额初始分配模式和方法研究:欧盟碳排放权初始的特点和启示[D]. 杭州:浙江工业大学,2017.

[15]TONE K. A Slacks – Based Measure of Efficiency in Data Envelopment Analysis[J]. European Journal of Operational Research,2001(3):498 – 509.

[16]王文举,陈真玲. 中国省级区域初始碳配额分配方案研究:基于责任与目标、公平与效率的视角[J]. 管理世界,2019,3(1):84 – 87.

[17]张为付,李逢春,胡雅蓓. 中国 CO_2 排放的省际转移与减排责任度量研究[J]. 中国工业经济,2014(3).

[18]王慧慧,刘恒辰,何霄嘉. 基于代际公平的碳排放权分配研究[J]. 中国环境科学,2016(6)

[19]李涛,傅强. 中国省际碳排放效率研究[J]. 统计研究,2011,28(7)

[20]王倩,高翠云. 公平和效率维度下中国省际碳权分配原则分析[J]. 中国人口·资源与环境,2016,26(7)

[21]傅京燕,黄芬. 中国碳交易市场 CO_2 排放权地区间分配效率研究[J]. 中国人口·资源与环境,2016,26(2)

[22]段福梅. 中国二氧化碳排放效率及边际减排成本分析[D]. 大连:东北财经大学,2018.

第 4 章

中国经济低碳转型的三维效应研究

本章以低碳转型下的经济成本、收益的视角,构建政府、第二产业大型企业、消费者三者之间的博弈演化模型,分别考虑政府是否实行环境规制、企业是否低碳生产以及消费者是否购买低碳产品不同条件下的主体成本、收益效应,并利用仿真实证的方法来研究相关参数变动对多利益主体博弈模型的实际演变过程。

4.1 引言

传统的经济发展模式中各种经济增长理论主要研究最为快速的经济增长手段,即"以 GDP 论英雄"的发展理念是当时的主流模式,而资本积累和技术进步是最为主要的指标。随着全球经济的快速发展,全球环境问题也日益突出,传统的发展模式并不能解决这一突出的问题。因此,为应对 21 世纪最大的环境难题,可持续发展理论被提出,各个国家开始关注提升经济增长的"质",开始反思过去经济发展迅速下的环境牺牲是否值得。经济学家们开始在经济增长模型上加入"绿色""环保"等环境指标因素,开始探讨可持续的经济发展道路。可持续发展的思想具体产生于 20 世纪 60 年代掀起的绿色革命,当时人类为应对资源危机、减少资源环境破坏,环境经济学家认为必须在自然环境和人类自身能够承受的要求下发展经济,不能盲目追求发展而对自然环境造成掠夺性破坏,否则,经济不能可持续发展,人类本身也将受到生存和发展的威胁。而低碳经济是以实现可持续发展为最终目标,以提高资源与能源利用率、实现清洁生产的生态化技术为手段,以生态与经济系统协调发展为核心,以包括人类在内的生态大系统为研究对象,借鉴生态学的物质循环和能量转化原理,考虑资源和环境的可持续发展问题。发展低碳经济,是一个需要从理念、技术到产业结构等方方面面配合完整的低碳经济体系。从政府的角度来说,环境规制下的低碳补贴、减免税收等方法是引导企业和消费者传统的消费理念向低碳消费理念转变的有效途径之一,但这些方法在地方区域所实行的比例不高,导致消费者与企业的低碳意识不强,意识理念的转变还需一定的时间影响。从企业的角度来说,第二产业企业作为能源消费和低碳生产的主体,具有营利性的天然动机,在缺乏政府环境管制的约束下,大部分企业将会以高能源消耗、高碳含量排放的生产模式进行生产经营,从而降低企业的环境成本,对此会造成低碳转型的内在动力不足,企业转型受到阻碍。从消费者的角度来说,消费者是低碳经济体系的基石,它的消费理念是真正推动社会低碳转型的根本动力。

在第二产业转型的发展过程中,高碳企业如何在促增长和降减排的双重压力下改变现有的传统生产模式、加快低碳转型的节奏是政府、企业、消费者三方共同博弈的结果,要求三者之间协调合作、共同努力。一方面,在博弈演变的过程中,三方博弈主体为获取低碳转型而带来的成果效益,形成一个有机整体,实现信息、技术等资源共享。另一方面,不同的博弈主体追求的实际效用存在差异性,多个利益相关者之间对效用诉求的博弈行为影响着各自的低碳行为策略选择,因此对于第二产业来说,未来的低碳转型是多方面利益主体之间不断冲击融合、合作进步的曲折向上的动态转变过程,而企业转型的内在动力来源于利益相关者的相互博弈,最终的博弈结果将会在满足各利益主体的经济效益下达到平衡。为尽早达到这一平衡点,政府、企业、消费者需找寻最为有效的措施来更快地促进中国低碳经济转型的社会目标。三维动态博弈模型能够直观、形象地反映政府、第二产业、消费者之间在参数变动下各博弈主体实际的演变进程,结合具体的实际情况,对各主体参数进行数值模拟,运用仿真手段研究各利益主体根据所处博弈情景不断改变自身低碳转型策略的机理,为建立一个完善的低碳经济体系而提供有效的理论参考。

4.2 文献综述

低碳转型相关文献主要有两种不同的研究思路：一是从实证的角度出发，利用企业的相关数据来探寻、分析影响低碳转型的主要因素；二是从低碳转型的相关利益主体出发，研究主体不同决策下对低碳转型的影响程度。本章研究方法主要为第二种研究思路，因此收集、整理了政府、企业以及消费者之间的相关博弈文献，具体包括政府之间、政府与企业之间、企业之间三个方面。

政府之间：分析中央政府与地方政府之间低碳相关政策的制定及产生的影响。Barrett（1994）在基于市场处于不完全竞争的背景下，分析了地方政府之间关于环境污染的博弈行为策略。Elerlein 和 Kerwer（2004）认为随着环境治理技术的不断提高，政府和机构的规制手段仍旧是环境治理的不二法则。魏巍贤（2009）研究了我国化石能源征收税对经济转型的影响，结果表明，征税和部分补贴是能源征税最有效的方法。此外，政府的引导和控制是形成低碳企业的有效机制。朱平芳等（2011）研究地方政府在环节规制行为策略上差异实施而引起的不同影响。高明等（2016）基于政府之间的信息、资源共享，分析了政府在大气污染治理层面的治理演变过程和相关行为策略。范斌和周德群（2017）研究地方政府与中央政府在光伏产业不同政策实施的演化和优化过程。秦炳涛和葛力铭（2018）研究表明环境规制与环境污染存在显著正向关系，总结了环境规制相关政策的必要存在性以及重要性。

政府与企业之间：主要分析政府不同环境规制政策对企业低碳生产的行为影响。Moledina 等（2007）构建了基于信息不对称的政府、企业动态博弈模型，以此研究企业在环境策略选择上的倾向性。张学刚和钟茂初（2011）通过研究政府的环境监管和企业的污染治理策略内在关系，在动态博弈模型中引入政府声誉成本。Sheu 和 Chen（2012）采用三阶段博弈模型对政府、企业的策略进行研究分析，结果表明绿色税收和资金补贴是促进企业低碳供应链发展的有效措施。王志国等（2016）在政府与企业的演化博弈模型中，选取低碳技术创新成本和碳税作为模型指标，以此研究政府和企业的策略选择。刘小兰和李洁云（2017）以政府、旅游企业、旅游消费者为行为主体，构建三方动态博弈模型。模型结果显示,旅游企业与旅游消费者的决策是互相影响的,政府对旅游罚金和低碳补贴的增多或减少会直接影响到消费者的低碳旅游比例。

企业之间:企业与企业之间的相互合作、竞争对低碳发展的影响。牛晓叶(2013)从双方企业的低碳决策影响因素出发,以不同的研究角度来研究企业博弈演变进程,结果表明,利益成本驱动、创新收益等低碳决策指标是影响碳减排行为的关键因子。Kim 和 Cho(2014)以韩国、美国以及全球建筑市场的企业低碳行为为研究背景,认为频繁的碳交易和可再生能源的占比是促进建筑企业低碳转型的主要影响因素。Przychodzen J 和 Przychodzen W(2015)以多个企业的机制传导分析,得出企业的资产和股权回报率可以有效地促进低碳环保创新。Cao 等(2016)认为,企业之间的技术创新水平的差异对中国重工业的低碳发展有着显著的促进作用。

在已有的研究文献中,模型方法、研究内容、阐述角度多种多样,但更多的是以博弈行为主体之间的概率性的策略选择即双方决策者处于完全理性的条件下展开分析的,基于现实背景、完全理性的博弈行为主体过于“完美”以及博弈主体的多元性,因此文章研究概率特征化的有限理性博弈主体对低碳转型的影响更具有参考价值以及现实意义。研究内容方面,已有的文献多数从企业之间、企业与政府之间的博弈行为策略分析出发,很少涉及政府、第二产业以及消费者的三方动态博弈,尤其是对不同主体的博弈演变进程研究。尽管现有的文献已经开始研究消费者对于低碳产品的偏好程度,但很少涉及第二产业企业,多数考虑的是双方主体二维博弈。国内文献的阐述角度侧重于政府监管层面,即政府的环境规制制度对于某一个地区或企业的低碳转型影响,很少将消费者加入博弈主体模型。消费者的低碳消费行为是构建社会低碳经济体系的重要一环,因此将消费者层面纳入第二产业的动态博弈模型,构建一个以政府、第二产业企业、消费者的三维主体动态博弈演化模型,能够更好地体现现有的政策背景和场外因素对社会低碳转型的演变影响,进而找寻出各利益主体在不同的选择策略模式下的最佳实施方案。同时本章参考已有文献,将政府的抽象形象具体化,考虑政府的形象收益,以及政府在进行环境规制时对企业和消费者的污染补偿,通过动态的博弈演化进程,分析企业低碳转型的内在原因、外在条件和策略选择,对于构建有效的低碳经济体系具有一定的指导意义。

4.3 第二产业企业低碳转型的演化进程分析

企业的低碳转型是社会历史发展的必然选择,也是企业责任意识提升、政府环境规制和民众消费者环保意识增强的体现,具体来说,它是一个企业、政府、消费者等参与主体的动态博弈不完全理性的演变过程。博弈过程的演变方向以及最终的平衡结果受到博弈规制、信息传递的有效性、各主体的认知程度等各方面的影响。第二产业低碳转型的进程速度和最终结果取决于各博弈参与者的策略方向选择。因此,为更好地研究、解决第二产业低碳转型过程中存在的一些难解问题,运用演化进程的分析方法将抽象问题具体化,对各博弈主体的成本利益下的策略选择以及所处的环境背景因素进行机制机理分析,演化进程具有以下三个方面的特点。

第一,第二产业低碳转型往往具有诱导性。“趋利性”作为多数企业的经营特征,其未来发展方向和战略往往会受到利益的影响。第二产业的诱导性又分为内部诱导和外部诱导,内部诱导因素主要包括低碳转型动机、管理层变革、决策导向等内部因素;外部诱导主要体现在外界的碳减排趋势、政府的环境政策导向以及大众消费者的主流消费理念等外部因素。

第二,第二产业低碳转型往往具有竞争性和合作性。第二产业企业类型众多,包括采矿业、建筑业、电力、制造业等行业,虽然各行业的运行状态各不相同,表面上为无法相交的平行线,但行业之间的竞争是其保持自身高水平、高效率运作的不可或缺因素,企业之间的竞争往往能带来各行业的优势互补,促进企业的结构优化。而合作性使得各企业变为一个整体,竞争与合作缺一不可,缺少合作的竞争环境犹如一潭死水,只会造成企业的惰性。缺少竞争的合作环境是无力的、孤独的,只会诱导企业内部消耗。竞争与合作存在对立统一关系,因此,企业既要有竞争意识,也要有合作意识。在竞争中合作,在合作中竞争,力求双赢和多赢,共同成为第二产业低碳转型演化的动力因素。

第三,第二产业低碳转型往往具有开放性和复杂性。一个产业的转型升级需要与外界进行积极的资金流通、信息交流、人才引进等开放性措施,从而借此引进先进的低碳生产技术、设备和管理经验,因此,第二产业转型往往具备开放性的特点。此外,外界的不确定因素(如技术进步、政策导向、经济基础等)对各博弈主体的影响途径和传导机制是不同的,造成各利益主体的策略选择差异化,同时各个利益主体行为的异质性偏好也会影响其策略选择,因此外界因素的不确定性和利益主体的异质性偏好共同导致了第二产业企业低碳转型的复杂性。

当代社会低碳转型之路是政府、企业及消费者三者之间共同博弈的演变过程,其中,企业作为低碳转型的主体模块,既要面临政府的环境规制要求,又要同时考虑到来自公众消费者的环保舆论压力。但资本的利益趋动使得企业决策在高额低碳技术成本下的低碳之路犹豫不决。如何在保证利益最大化的条件下,实现较为平和的低碳转型生产路径是企业在多利益主体博弈过程中要找寻的最优策略。同理,政府作为监管部门和相关政策的制定者,在产业发展和低碳环保之间找准平衡点是其博弈的首要解决问题。受到来自生态环境的压力,政府制定一系列的环境规制政策(如提高企业生产环节各污染物的排污标准、对高污染企业进行高额罚款甚至勒令关闭等举措)来实现节能减排的目标,但与此同时要注意的是,相关的环境规制政策往往需考虑到经济发展和民生就业问题,执行与落实方面有待加强。此外,由于环境外部性的特点,地方政府之间可能存在“搭便车”的现象,不利于产业以及社会的低碳转型,甚至会造成政府形象在企业和大众之间的丢失,影响政府信誉。公众消费者作为博弈模型中最为活跃的主体,既是低碳转型社会和低碳产品好坏的直接反馈者,又是环境的非正式监管者,消费者对于低碳产品的偏好程度将直接影响到企业的生产结构,刺激其低碳产品生产数量,形成绿色低碳体系的良性循环。但消费者低碳消费偏好存在差异,仅仅依靠民众的环保意识和社会责任感来支撑他们购买低碳产品是无法达到预期的效果的,站在消费者的层面来看,只有当消费者购买低碳产品让其感受到切实利益时,才会积极地、可循环地购买低碳产品。因此,社会低碳转型是企业、政府、消费者从矛盾冲突、利益协调到各方互利共赢的动态博弈演化过程,构成了第二产业低碳转型的内在动力。

4.4 构建第二产业企业低碳转型的三维主体演化博弈模型

通过对文献综述的相关梳理以及企业低碳转型的演化进程分析后,本小节将会在政府、企业、消费者多利益主体的参与下，构建一个三维主体演化动态博弈模型。下面将会对模型的假设、建立等做出详细说明。

4.4.1 模型的假设与构建

假设1：我国低碳转型的三维效应主体为政府、第二产业企业、消费者。其中，政府策略选择有两种，进行环境规制和不进行环境规制；第二产业企业根据政府的策略选择，并结合自身企业的实际利益，有两种选择空间，进行低碳生产和不进行低碳生产；消费者根据企业策略方案也有两种选择空间，进行低碳消费和不进行低碳消费。分别用 x,y,z 代表企业低碳生产、政府环境规制和消费者低碳消费，且 x,y,z 同时满足(0,1)范围的时间函数。

假设2：政府、第二产业企业、消费者组成的博弈模型作为一个完整的生态系统，三方博弈主体均为具有学习能力的理性个体。

根据上述模型中的假设得到八种策略的博弈树，如图4.1所示。

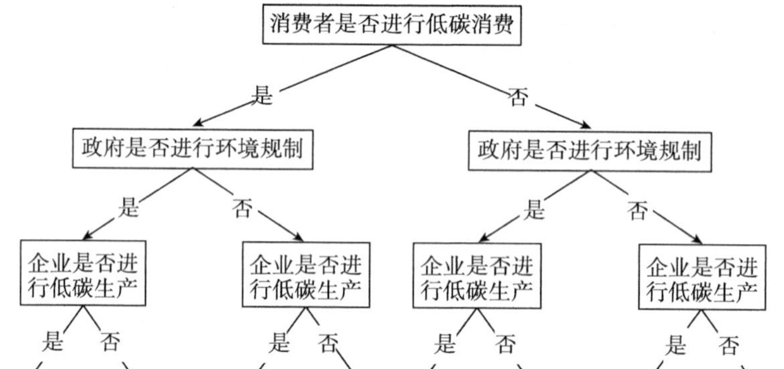

图4.1 政府、企业、消费者三方动态博弈树

除了搭建上述博弈树外，三维主体动态博弈模型还需构建演化博弈支付矩阵，各利益主体的相关参数含义如下：R_1 、R_2 分别表示第二产业企业进行低碳生产的实际收益利润和不进行低碳生产的实际收益利润，且 $R_1 < R_2$（企业在生产同一件商品时，进行低碳生产所耗成本高于常规生产，因此，进行低碳生产时的企业利润小于不进行低碳生产的企业利润收益）。R_3 、R_4 分别表示第二产业企业选择低碳生产时政府所给予的财政补贴和企业在进行低碳生产时所获得

的形象收益，参考多数企业的会计成本核算可得 $R_1 + R_3 + R_4 < R_2$ 。R_5 、R_6 分别表示政府在企业进行低碳生产时所获得的实际收益和政府在企业选择不进行低碳生产时的实际收益(此处的实际收益指政府税收)，且 $R_5 < R_6$ 。R_7 代表政府在企业进行低碳生产的形象收益。R_8 表示消费者购买低碳产品时所获得的额外收益，随着民众环保意识的不断提高，消费者在选择购买低碳产品时往往能获得来自外界的正面评价，他人的赞誉更容易让自身获得成就感和满足感，即消费者获得的额外收益。另外，消费者购买低碳产品比例的提高，会促进企业的低碳产品销售量，同时会相应地刺激到企业生产低碳产品的效率，使企业获得比正常生产时更多的企业收益，记为 R_9 。政府在选择环境规制的策略时，若企业不进行低碳生产，将会由政府对那些不进行低碳生产的企业实施罚金，记为 F。在污染补偿方面，政府在环境规制的选择下，企业选择不进行低碳生产，政府会对消费者给予 B_1 的污染补偿。同时，当消费者在购买低碳产品时，企业将会给予消费者 B_2 的污染补偿。当企业进行低碳生产时，社会生态环境得到改善，民众的生活质量得到提高，因此，无论消费者是否购买低碳产品，都将获得环境福利 W。当然，企业进行低碳生产还需额外的技术成本，记为 C_1 。C_2 、C_3 分别表示政府进行环境规制时对第二产业企业进行管理的成本费用和政府不进行环境管制时，社会、民众对于政府环境不作为的风险舆论而产生的声誉成本。C_4 、C_5 分别表示为政府不进行环境规制时，企业将部分成本向政府转移的政府转移成本和向消费者转移的消费者转移成本，且 $C_4 + C_5 < C_1$ 。

表 4.1　各利益主体相关的参数说明

参数	参数说明	参数	参数说明
R_1	企业进行低碳生产的实际收益利润	C_1	企业进行低碳生产时额外的技术成本
R_2	企业不进行低碳生产的实际收益利润	C_2	政府进行环境管制时的管理成本
R_3	企业进行低碳生产政府给予的财政补贴	C_3	政府不进行环境管制的声誉成本
R_4	企业进行低碳生产获得的形象收益	C_4	政府不进行环境管制时企业对政府的转移成本
R_5	政府在企业进行低碳生产时的收益	C_5	政府不进行环境管制时企业对消费者的转移成本
R_6	政府在企业不进行低碳生产时的收益	B_1	政府进行环境管制时对消费者的污染补偿
R_7	政府在企业进行低碳生产时的形象收益	B_2	消费者购买非低碳产品时企业给予的污染补偿

续表

参数	参数说明	参数	参数说明
R_8	消费者在购买低碳产品时的额外收益	F	政府对不进行低碳生产的企业罚金
R_9	消费者在购买低碳产品时企业获得的额外收益	W	消费者在企业低碳生产时获得的环境福利

因此，根据上述模型的假设和相关参数的介绍，结合博弈树的八种策略，得到三个博弈主体在不同选择策略下的收益支付矩阵，按照博弈树的顺序结构，得到表4.2。

表4.2 企业、政府、消费者三方不同策略下的收益支付矩阵

策略	策略组合	第二产业企业	政府	消费者
①	(是,是,是)	$\Delta_{11} = R_1 + R_9 + R_3 + R_4 - C_1$	$\Delta_{12} = R_5 + R_7 - C_2$	$\Delta_{13} = R_8 + W$
②	(是,是,否)	$\Delta_{21} = R_2 - B_2 - F$	$\Delta_{22} = R_6 + F - C_2 - B_1$	$\Delta_{23} = B_1 + B_2$
③	(是,否,是)	$\Delta_{31} = R_1 + R_9 + R_3 + R_4 - C_1 + C_4 + C_5$	$\Delta_{32} = R_5 + R_7 - C_3 - C_4$	$\Delta_{33} = R_8 + W - C_5$
④	(是,否,否)	$\Delta_{41} = R_2 - B_2$	$\Delta_{42} = R_6 - C_3$	$\Delta_{43} = B_2$
⑤	(否,是,是)	$\Delta_{51} = R_1 + R_3 + R_4 - C_1$	$\Delta_{52} = R_5 + R_7 - C_2$	$\Delta_{53} = W$
⑥	(否,是,否)	$\Delta_{61} = R_2 - F$	$\Delta_{62} = R_6 + F - C_2 - B_1$	$\Delta_{63} = B_1$
⑦	(否,否,是)	$\Delta_{71} = R_1 + R_3 + R_4 - C_1 + C_4 + C_5$	$\Delta_{72} = R_5 + R_7 - C_3 - C_4$	$\Delta_{73} = W - C_5$
⑧	(否,否,否)	$\Delta_{81} = R_2$	$\Delta_{82} = R_6 - C_3$	$\Delta_{83} = 0$

4.4.2 模型的分析与求解

通过调整 x, y, z 的值（在0与1之间变动）来模拟第二产业企业、政府和消费者三个博弈主体之间的获取信息不对称和动态的学习过程，从而动态调整三方博弈主体的动态策略。为得到三者的期望收益总和，需结合各策略下的收益支付矩阵来构建第二产业企业、政府和消费者的平均期望收益函数，对此分别用 E_1，E_2，E_3 表示。

第二产业企业平均期望收益函数可表示为：

$$E_1 = x \times E_{11} + (1 - x) \times E_{12} \tag{4.1}$$

其中，E_{11}、E_{12} 分别表示为第二产业企业进行低碳生产时的平均期望收益和第二产业企业不进行低碳生产时的平均期望收益。E_{11} 、E_{12} 的表达式为：

$$E_{11} = yz\Delta_{11} + (1 - y)z\Delta_{31} + y(1 - z)\Delta_{51} + (1 - y)(1 - z)\Delta_{71} \quad (4.2)$$

$$E_{12} = yz\Delta_{21} + (1 - y)z\Delta_{41} + y(1 - z)\Delta_{61} + (1 - y)(1 - z)\Delta_{81} \quad (4.3)$$

根据马尔萨斯动态方程，可得到第二产业企业的复制动态方程：

$$F_{企}(x) = \frac{dx}{dt} = x(1 - x)(E_{11} - E_{12})$$

$$= x(1 - x)[z(R_9 + B_2) + y(F - C_4 - C_5) + R_1 + R_3 + R_4 - C_1 + C_4 + C_5 - R_2] \quad (4.4)$$

根据方程(4.4)可计算第二产业企业处于稳态时的 y 值，即令 $F_{企}(x) = 0$ 时

$y = \frac{C_1 + R_2 - [R_1 + R_3 + R_4 + C_4 + C_5 + z(R_9 + B_2)]}{F - C_4 - C_5}$，此时的 x 可取任意值。

当 $y > \frac{C_1 + R_2 - [R_1 + R_3 + R_4 + C_4 + C_5 + z(R_9 + B_2)]}{F - C_4 - C_5}$ 时，企业动态方程 $F'_{企}(0) > 0$ 、$F'_{企}(1) < 0$ ，此时 x 取 1，企业复制动态方程演化达到平衡点，即第二产业企业的策略选择为低碳生产。

当 $y < \frac{C_1 + R_2 - [R_1 + R_3 + R_4 + C_4 + C_5 + z(R_9 + B_2)]}{F - C_4 - C_5}$ 时，企业动态方程 $F'_{企}(0) < 0$ 、$F'_{企}(1) > 0$ ，此时 x 取 0 企业复制动态方程演化达到平衡点，即第二产业企业的策略选择为不进行低碳生产。

根据企业的复制动态方程解析，当 $\frac{C_1 + R_2 - [R_1 + R_3 + R_4 + C_4 + C_5 + z(R_9 + B_2)]}{F - C_4 - C_5}$ 越小时，x 越趋向于 1，即政府对不进行低碳生产的企业罚金力度越大、企业低碳转型的创新成本花费越小、企业进行低碳生产政府给予的财政补贴越多、企业进行低碳生产获得的形象收益越明显等举措时，第二产业企业的选择策略越趋于低碳生产。

按照上述的推理、计算步骤，同理可得政府的复制动态方程：

$$F_{政}(y) = \frac{dy}{dt} = y(1 - y)(E_{21} - E_{22})$$

$$= y(1 - y)[x(B_1 + C_4 - F) + F + C_3 - C_2 - B_1] \quad (4.5)$$

其中，E_{21}、E_{22} 分别为：

$$E_{21} = yz\Delta_{12} + (1 - y)z\Delta_{32} + y(1 - z)\Delta_{52} + (1 - y)(1 - z)\Delta_{72} \quad (4.6)$$

$$E_{22} = yz\Delta_{22} + (1 - y)z\Delta_{42} + y(1 - z)\Delta_{62} + (1 - y)(1 - z)\Delta_{82} \quad (4.7)$$

根据方程(4.5)可计算博弈主体政府处于稳态时的 x 值，即令 $F_{政}(y) = 0$ 时，

$x = \dfrac{C_2 + B_1 - (F + C_3)}{B_1 + C_4 - F}$，此时的 y 可取任意值。

当 $x > \dfrac{C_2 + B_1 - (F + C_3)}{B_1 + C_4 - F}$ 时，政府动态方程 $F'_{政}(0) > 0$、$F'_{政}(1) < 0$，此时 y 取1，企业复制动态方程演化达到平衡点，即政府的策略选择为环境规制。

当 $x < \dfrac{C_2 + B_1 - (F + C_3)}{B_1 + C_4 - F}$ 时，政府动态方程 $F'_{政}(0) < 0$、$F'_{政}(1) > 0$，此时 y 取0，企业复制动态方程演化达到平衡点，即政府的策略选择为不进行环境规制。

根据政府的复制动态方程解析，当 $\dfrac{C_2 + B_1 - (F + C_3)}{B_1 + C_4 - F}$ 越小时，y 越趋向于1，即政府通过高效管理模式来减少政府进行环境管制的成本、对自身的威信和权威等无形的信誉越重视以及增加那些不进行低碳生产的企业罚金等举措越能驱使政府实行环境规制策略。

消费者的复制动态方程：

$$F_{消}(z) = \frac{dy}{dt} = z(1 - z)(E_{31} - E_{32}) = z(1 - z)[(R_8 - B_2)x + B_2] \quad (4.8)$$

其中，E_{31}、E_{32} 分别为：

$$E_{31} = yz\Delta_{13} + (1 - y)z\Delta_{33} + y(1 - z)\Delta_{53} + (1 - y)(1 - z)\Delta_{73} \quad (4.9)$$

$$E_{32} = yz\Delta_{23} + (1 - y)z\Delta_{43} + y(1 - z)\Delta_{63} + (1 - y)(1 - z)\Delta_{83} \quad (4.10)$$

根据方程(4.8)可计算博弈主体消费者处于稳态时的 x 值，即令 $F_{政}(z) = 0$

时 $x = \frac{B_2}{R_8 - B_2}$，此时的 z 可取任意值。

当 $x > \frac{B_2}{R_8 - B_2}$ 时，政府动态方程 $F'_{消}(0) > 0$、$F'_{消}(1) < 0$，此时 z 取 1，消费者复制动态方程演化达到平衡点，即消费者的策略选择为购买低碳产品。

当 $x < \frac{B_2}{R_8 - B_2}$ 时，政府动态方程 $F'_{消}(0) < 0$、$F'_{消}(1) > 0$，此时 z 取 0，消费者复制动态方程演化达到平衡点，即消费者的策略选择为不购买低碳产品。

根据消费者的复制动态方程解析，当 $\frac{B_2}{R_8 - B_2}$ 越小时，z 越趋向于 1，即消费者在购买低碳产品时的额外收益越大，消费者就越趋向于购买低碳产品。

4.4.3 博弈模型的稳健性分析

上述公式(4.4)、公式(4.5)、公式(4.8)分别反映了第二产业企业、政府、消费者在有限理性学习的状态下各自选择的策略环境。但复制动态方程有所欠缺的是只考虑了单个主体的博弈均衡点，未能找寻各博弈方均达到稳定状态时的博弈均衡点，对此，联合公式(4.4)、公式(4.5)、公式(4.8)，计算出三方博弈主体都处于均衡状态下的 x, y, z 值。令：

$$\begin{cases} F_{企}(x) = 0 \\ F_{政}(x) = 0 \\ F_{消}(x) = 0 \end{cases} \tag{4.11}$$

$$\begin{cases} z(R_9 + B_2) + y(F - C_4 - C_5) + R_1 + R_3 + R_4 - C_1 + C_4 + C_5 - R_2 = 0 \\ x(B_1 + C_4 - F) + F + C_3 - C_2 - B_1 = 0 \\ (R_8 - B_2)x + B_2 = 0 \end{cases} \tag{4.12}$$

解方程组(4.11)可得，方程组存在 8 个有理数解，分别为(0,0,0)、(1,0,0)、(0,0,1)、(0,1,0)、(1,1,0)、(1,0,1)、(0,1,1)、(1,1,1)；解方程组(4.12)得唯一解(x_0, y_0, z_0)。对此，有以下分析。

分析一：当复制动态方程组的均衡解为(0,0,0)时，可得此时的雅可比矩

阵——方程(4.11)的一阶导数行列式为:

$$\begin{pmatrix} R_1 + R_3 + R_4 - C_1 + C_4 + C_5 - R_2 & 0 & 0 \\ 0 & F + C_3 - C_2 - B_1 & 0 \\ 0 & 0 & B_2 \end{pmatrix} \tag{4.13}$$

矩阵(4.13)为非零对角矩阵,根据李雅普诺夫间接理论可知,若对角线元素均为负数,则此时的方程组解(0,0,0)为矩阵的平衡解,即为博弈模型的演化稳定解;若对角线元素均为正数,则均衡点(0,0,0)为方程组的非平衡解;若对角线元素中有一个或两个负数,则此时的解(0,0,0)称为“鞍点解”(均衡点沿着某一个方向是稳定的,另一个方向是不稳定的奇点,叫作“鞍点”)。因为 $R_1 + R_3 + R_4 < R_2$、$C_4 + C_5 < C_1$,可知 $R_1 + R_3 + R_4 - C_1 + C_4 + C_5 - R_2 < 0$ 恒成立,B_2 大于0,所以此均衡解(0,0,0)为鞍点解。

分析二:当复制动态方程组的均衡解为(1,0,0)时,可得此时的雅可比矩阵为:

$$\begin{pmatrix} R_1 + R_3 + R_4 - C_1 + C_4 + C_5 - R_2 & 0 & 0 \\ 0 & C_4 + C_3 - C_2 & 0 \\ 0 & 0 & R_8 \end{pmatrix} \tag{4.14}$$

由矩阵(4.14)可知,均衡解(1,0,0)为鞍点解。

分析三:当复制动态方程组的均衡解为(1,0,1)时,可得此时的雅可比矩阵为:

$$\begin{pmatrix} R_2 + R_3 + R_4 + C_1 - C_4 - C_5 - R_1 - R_9 - B_2 & 0 & 0 \\ 0 & C_4 + C_3 - C_2 & 0 \\ 0 & 0 & -R_8 \end{pmatrix} \tag{4.15}$$

矩阵(4.15)为不确定类型,若要使均衡解为稳定解,需同时满足 $C_4 + C_3 - C_2 < 0$、$R_2 + R_3 + R_4 + C_1 - C_4 - C_5 - R_1 - R_9 - B_2 < 0$,很显然,$C_2 > C_4 + C_3$ 为反事实结果,政府进行环境管制时的管理成本要多于政府不进行环境管制时的声誉成本和政府不进行管制时企业对政府的转移成本。此外,此种情况需控制的参数变量偏多且难以控制,所以均衡解(1,0,1)不做过多的讨论。

分析四：当复制动态方程组的均衡解为(1,1,1)时，可得此时的雅可比矩阵为：

$$\begin{pmatrix} -R_2+R_3+R_4+C_1+R_1-R_9-B_2-F & 0 & 0 \\ 0 & C_2-C_3-C_4 & 0 \\ 0 & 0 & -R_8 \end{pmatrix} \quad (4.16)$$

要使(1,1,1,)成为稳定的均衡解，需满足 $R_9+B_2+F+R_2>R_1+R_3+R_4$ 和 $C_3+C_4>C_2$ ，即需提高消费者在购买低碳产品时的额外收益、消费者购买非低碳产品时企业给予的污染补偿和政府对不进行低碳生产的企业罚金。此外，政府进行规制时的总成本(管理成本)小于不进行规制时的总成本(不进行规制的政治成本和低碳生产时企业对政府的成本转移之和)。

同理，分析其他均衡解的雅可比矩阵，多数为不确定的演化均衡点，其参数变量难以控制，不再过多讨论。

4.5　三维效应下的博弈模型仿真分析

为贴合博弈演化模型中低碳基准期和高碳基准期相关参数的具体数值，以第二产业建筑业在 2000—2018 年的碳排放数据为例。根据《建筑业统计年鉴》和建筑业统计分析的数据发现，建筑行业碳排放量自 2000 年以来呈现波动下降趋势，2002 年的碳排放强度最高，2018 年最低。基于此，以 2002 年的碳排放量作为高碳生产基准期，2018 年碳排放量为低碳生产基准期。其中，2018 年全国建筑企业利润总额 79748233 万元、平均收益为 400 元/平方米。2002 年建筑企业利润 3703572 万元、平均收益为 500 元/平方米。R_1 、R_2 分别赋值为 4、5。参考环保局对二氧化碳超标企业的处罚力度以及相关文献，F 取 100 元/平方米。建筑企业在 2018 年的节能减排项目中技术投入经费为 42.3 元/平方米、政府管制时对消费者的污染补偿为 4.02 元/平方米，分别取 C_1 、B_1 为 40 元/平方米、4 元/平方米。企业进行低碳生产获得的形象收益衡量方式参考多数文献中政府执政能力指标体系构建方法，以生态建设和生活质量对其进行评估，最终取 R_4 为 60 元/平方米，其他参数参考建筑企业成本情况以及文献资料综合选取。

令初始状态博弈模型下的企业、政府和消费者选择各自策略的概率均为0.5，假定 $R_1 = 4$，$R_2 = 5$，$R_3 = 0.05$，$R_4 = 0.6$，$R_8 = 0.8$，$C_1 = 0.4$，$B_1 = 0.04$，$C_2 = 0.8$，$C_3 = 1$，$C_4 = 0.1$，$B_2 = 0.04$。

将上述参数代入初始状态下的博弈模型，可以得到企业、政府、消费者在不同演化时间下的策略选择概率大小，如图4.2所示，并以此图作为比较的基准。

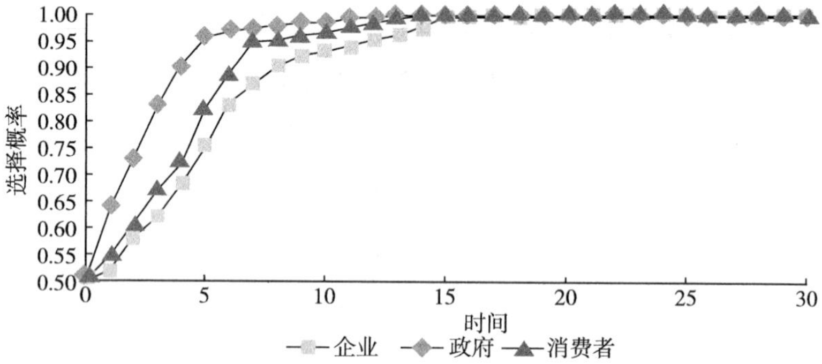

图4.2　初始状态下的三方主体时间演化仿真图

以下仿真分析将会从政府和消费者层面展开论述，主要有五点：提高政府环境规制力度、增加政府环境管制管理成本、提高政府不进行环境规制的声誉成本、提高消费者购买非低碳产品时企业给予的污染补偿和减少消费者购买低碳产品时的额外收益。

仿真分析一：提高政府环境规制力度（提升 F 数值）。将政府对不进行低碳生产的企业罚金 F 从初始值1提升到3，各主体的演化时间轨迹如图4.3所示。图4.3中三方主体轨迹大致与图4.2相似，最终都达到(1,1,1)的理想稳定状态。与图4.2比较不同的是，图4.3在提高政府对企业的罚金后，企业到达均衡状态的时间点为 $t = 10$，早于图4.2的均衡时间点。换言之，对于企业来说，提高政府对环境规制力度如增加对高碳企业的罚款金额、提高碳税税率等负向激励措施能够更快地提升其低碳生产转型速度。对于消费者主体而言，提高政府环境规制力度会加深消费者对于低碳生产、低碳消费、低碳购买等环保理念的内在认同感，潜移默化地影响消费者的消费理念，因此相比初始状态下的演化图，图4.3中消费者主体的均衡时间点早于图4.2中的均衡时间点。

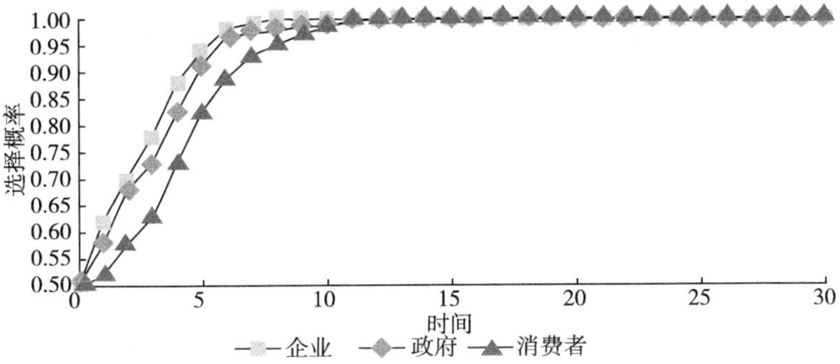

图 4.3　提高政府环境规制力度下的三方主体时间演化仿真图

仿真分析二:增加政府环境规制管理成本(提升 C_2 数值)。将政府进行环境管制时的管理成本从 0.8 增加到 1.5,各主体的演化时间轨迹如图 4.4 所示。从图 4.4 中可以发现,模型最终演化结果为(0,0,1),即消费者低碳消费、企业不进行低碳生产、政府不进行环境管制,博弈路径未能达到理想均衡状态。分析原因主要有以下几点:首先从政府层面来说,地方政府虽存在节能减排的环保需求,但"以 GDP 论英雄"的特殊官员晋升机制会刺激政府过度地重视经济建设而忽略环境保护,因此相关主体为协调整体利益,会选择不进行环境规制的路径策略;其次从企业角度来说,政府选择不进行环境规制的策略会相应地放低企业的环境生产条件,出于利益的驱使最终选择不进行低碳生产,与此同时,系统中只有消费者采取积极的低碳购买策略,但由于第二产业企业的传统生产特性,即使消费者选择低碳购买策略获得的也仍然是高碳排放的传统产品,难以形成良好的低碳循环和完整的低碳经济体系。由此推断政府环境规制成本的降低可以促进政府进行环境规制,有利于整个系统达到理想的均衡状态。

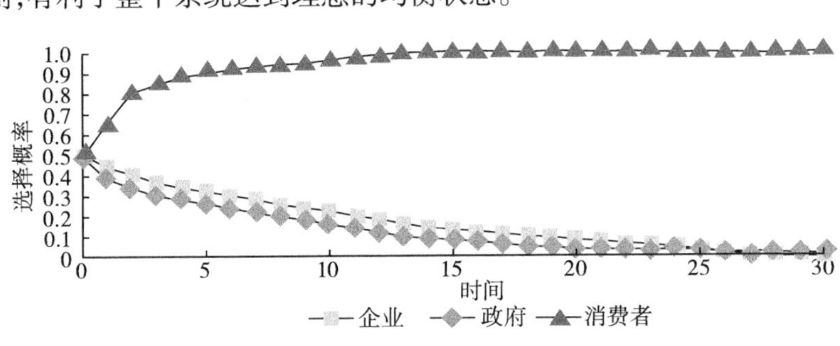

图 4.4　增加政府环境规制管理成本下的三方主体时间演化仿真图

仿真分析三:提高政府不进行环境管制的声誉成本(提升 C_3 值)。将政府不进行环境规制的声誉成本从 1 提升到 2,各主体的演化时间轨迹如图 4.5 所示,三方博弈主体最终都达到(1,1,1)的理想稳定状态。相比图 4.2 而言,企业和政府两主体分别向低碳生产、环境规制演化的时间更短,政府演化时间早于企业演化时间。分析原因如下:政府声誉成本的高低取决于当地政府的执政能力,政府声誉成本越高反映出政府执政能力水平越强。从政府执政能力的内涵和外延出发,执政能力主要包括经济发展能力、可持续发展能力、社会发展能力、公共服务能力和行政管理能力五个方面。环境规制策略既能提高政府的可持续发展能力,也能提高相应的公共服务能力,因此对于政府而言,环境规制能够建立一个良好的社会舆论体系,增强政府的执政能力,也能相应地提高消费者的环保理念。政府在考虑到声誉成本对于自身执政能力和社会影响后,会顺利地保证环境规制策略的有效实施。企业在受到政府环境规制策略的政策导向后,企业决策方向会向低碳生产倾斜,因此可以解释政府演化时间均衡点会早于企业的演化均衡点。总的来说,政府不进行环境规制声誉成本的增加,能够较为有效地加速整个博弈系统中各主体低碳转型的演变速度,尤其是对政府和企业而言。

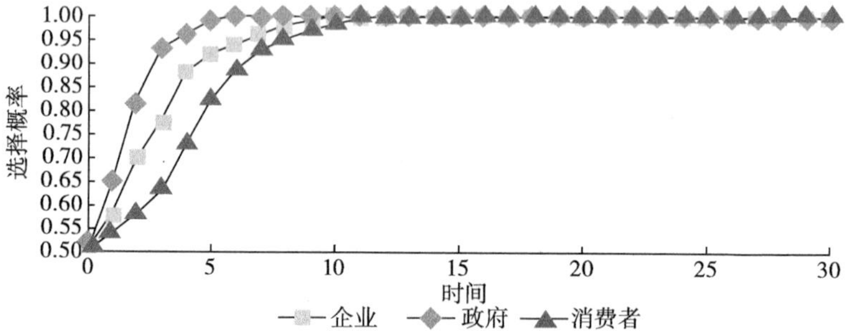

图 4.5 提高政府不进行环境管制的声誉成本下的三方主体时间演化仿真图

仿真分析四:提高消费者购买非低碳产品时企业给予的污染补偿(提升 B_2 值)。将企业给予的污染补偿 B_2 从 0.04 提升到 0.20,各主体的演化时间轨迹如图 4.6 所示。从中发现,消费者作为提升污染补偿 B_2 的直接受益者,其演化路径更快地向购买低碳产品策略下演变,演变均衡点早于图 4.2 中的企业到达低碳生产均衡点和政府主体实行环境规制时的均衡点。由于第二产业的传统生产模式,非低碳产品仍处于初期主流商品,当消费者倾向于购买非低碳产品时,企业会从整体利益出发,比较生产低碳产品成本和消费者购买非低碳产品时企业给予的污染补偿成本,做出非低碳生产、给予消费者污染补偿的决策。污染补偿决策的有效性将保证消费者的低碳消费理念不会消减,同时,企业考虑到污染补偿中的收益转移效应,将会减少传统生产模式带来的经济效益,转而向低碳生产模式靠近,促使企业做出最优决策。图 4.6 中各主体的演化路径表明,消费者在整个博弈系统中充当着尤为重要、不可替换的角色,通过提升消费者购买非低碳产品时企业给予的污染补偿诱导其购买意愿,进而逆向反馈促使企业向低碳生产转变,最终有效加速整个系统向积极方向演化。

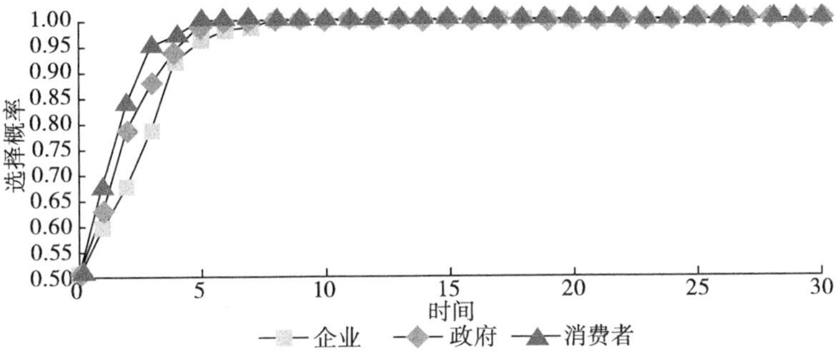

图 4.6 提高消费者购买非低碳产品时企业给予的污染补偿下的三方主体时间演化仿真图

仿真分析五:减少消费者购买低碳产品时的额外收益(降低 R_8)。将消费者购买低碳产品时的额外收益 R_8 从 0.8 降低到 0.4,各主体的演化时间轨迹如图 4.7 所示。相比图 4.2,图 4.7 中的 t 从 30 增加到 50 后,三维模型中各主体演化均衡路径才缓慢达到均衡状态,尤其是消费者的策略演化路径,其均衡点 t 约为 48。企业在时间初期的演化路径趋向于非低碳生产模式,在 t 为 18 时达到其低碳生产均衡点。企业进行低碳生产所带来的外部环境效益将辐射到整个消费者群体,因此选择购买低碳商品的消费者将会获得额外的收益,即正面性的社会评价,额外收益的产生有利于消费者转变传统消费模式,促进其对低碳商品的购买欲望,对于这种抽象的非物质形象收益的产生,需要充分调动政府的宣传力度、群众的购买积极性和相关媒体的宣传,营造整个社会体系对节能减排理念的集中关注。良好的舆论氛围使得购买低碳产品的消费者获得较大的个人声誉,激励消费者购买低碳产品。消费者积极购买低碳产品的消费行为也将进一步促进企业的低碳转型。总而言之,减少消费者购买低碳产品时的额外收益将拉长时间演化周期,不利于模型三维主体向最优策略演化转变。

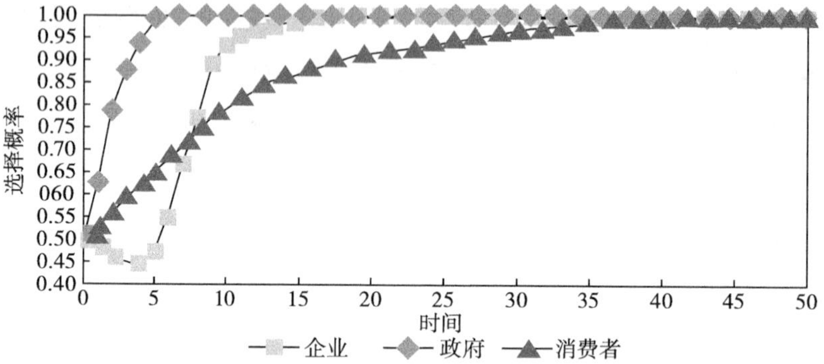

图 4.7　减少消费者购买低碳产品时的额外收益下的三方主体时间演化仿真图

4.6　本章小结

本章首先建立了以政府、第二产业企业、消费者三方为主体的动态博弈演化模型,通过对三方博弈模型的影响机制分析及研究推理,得到每种状态下的博弈均衡解;其次深度解析了在碳约束下的企业低碳转型演化路径;最后利用仿真数据模拟分析参数变动下三方主体的时间演化路径图,总结上述仿真分析,得到以下主要结论。

①第二产业企业低碳转型的关键在于政府的环境规制力度和企业低碳生产时的技术创新成本,政府环境规制力度与企业低碳转型倾向概率呈正比例关系,其规制力度越大,第二产业企业的低碳转型越迅速。低碳生产的技术成本与企业低碳转型倾向概率呈反比例关系,企业积极参与低碳转型而损失部分利润与转型设备的升级改造技术成本总和要高于其不进行低碳转型损失的机会成本,企业才会倾向于进行低碳转型。

②政府是否选择实行环境规制的行为策略取决于政府财政税收的收支平衡。政府选择环境规制时对高碳企业的罚金要高于环境规制的管理成本,此时

的政府在整体调控上才是最为经济、有效的，否则政府主体将选择非环境规制策略，因此政府和高碳企业需找到一个平衡点，既能积极鼓励企业参与商品生产低碳转型，又不给政府施加过多的财政压力。政府声誉成本的增加会提高政府的执政能力和正向的社会舆论影响，有利于政府做出实行环境规制的决策。

③消费者对于低碳消费的选择方向取决于自身低碳消费和非低碳消费的实际效用对比。购买动机是促使消费者行为发生以及为消费者行为提供目的和方向的动力。当消费者认为购买低碳产品比购买非低碳产品所能获取的收益以及额外补偿多时，消费者所做出的决策将高概率地倾向于购买低碳商品，低碳经济下的消费者购买动机是由消费者在消费过程中的低碳生活原则所构成的内在驱动力，包括消费者的心理和生理需求。消费者积极地购买低碳产品，有利于加快企业低碳转型和政府环境管制的演化速度，进而促进整个系统的积极演化进程，最终达到所需的稳定均衡状态。

针对上述所总结的三维博弈模型结论，给出以下建议。

①平衡政府财政收支，强化低碳减排的政策引导作用。当今第二产业企业的能源利用率普遍低下、环境等问题日益尖锐，政府的政策引导显得尤为重要。对于企业来说，低碳转型的实现需要对其生产技术和机器设备进行大面积的更新，包括技术方面的产业升级和硬件设备的更新换代，从而以技术的角度突破现有的能源利用率，使得清洁能源替换传统的化石能源，实现低能耗排放。但是高碳企业在进行产业升级和机器设备更新时需要大量的资金消耗，这就要求政府实施财政补贴策略来对其进行资金补充。此外，企业在产业升级初期，相关技术部门要有扎实的基础理论来对生产流程进行改善。我国低碳理论研究相比国外来说，起步相对较晚、基础较差，需要政府制定相应的鼓励政策，给予企业创新资金支持以及鼓励企业与高校、研究所构建合作关系，实现资源共享。

②内外拉动第二产业企业低碳转型动力。低碳转型的内部动力依赖于企业自身的技术创新水平，外部动力取决于低碳市场交易机制和低碳市场活跃度。技术创新水平的提高，如提高能源利用率、降低污染治理的成本等，能够打破传统的企业收支稳定状态，提升其低碳产品的回报率，增加企业低碳生产效用性，使得企业倾向于选择低碳生产，提高其转型的内部动力。消费者作为企业低碳产品的终端使用者，其低碳商品的需求程度是企业进行低碳生产的外部

直接拉力，由上述结论可知，企业在增加消费者购买低碳商品的额外收益时，其决策越倾向于低碳生产；同时消费者在购买低碳产品获得的补偿和额外收益更多时，其购买行为越倾向于低碳消费。因此，完善低碳市场交易机制，如对非低碳商品和低碳商品实行价格区分、对低碳商品进行补贴等措施将会提升低碳市场活跃性，进而加快整个系统的低碳转型进程。

③发挥政府宏观调控的作用。由上述结论可知，政府选择加大非低碳生产企业的罚金数额，可以促使企业改变其生产策略，进行低碳生产。政府调控所能取得的罚金大于其管制成本时的措施是有效的，这就要求政府对企业的监管力度得到落实，增加企业低碳转型的强制性动力。提高罚金、勒令高污染企业休业整顿、建立污染排放评价体系等措施的实施，既增加了企业的环境污染成本，又可以积极有效地刺激政府参与环境规制。

参考文献

[1] BARRETT S. Strategic environmental policy and international trade [J]. Journal of Public Economics, 1994, 54(3): 435 – 445.

[2] Elerlein B, D. Kerwer. New Governance in the EU: A Theoretical Perspective[J]. Journal of Common Market Studies, 2004, 42(1): 121 – 142.

[3] 魏巍贤. 基于 CGE 模型的中国能源环境政策分析[J]. 统计研究, 2009(7).

[4] 朱平芳，张征宇，姜国麟. FDI 与环境规制：基于地方分权视角的实证研究[J]. 经济研究, 2011(6): 133 – 145.

[5] 高明，郭施宏，夏玲玲. 大气污染府际间合作治理联盟的达成与稳定：基于演化博弈分析[J]. 中国管理科学, 2016, 24(8): 62 – 70.

[6] 范斌，周德群. 中央与地方政府促进产业发展的关系：基于光伏产业准入规制政策的演化博弈分析[J]. 北京理工大学学报（社会科学版），2017, 19(3): 8 – 14.

[7] 秦炳涛，葛力铭. 相对环境规制、高污染产业转移与污染集聚[J]. 中国人口·资源与环境, 2018(12).

[8] MOLEDINA A,COGGINS J S,POLASKY S. Dynamic environmental policy with strategic firms: prices versus quantities[J]. Journal of Environmental Economics & Management ,2007,45(2):356-376.

[9]张学刚,钟茂初. 政府环境监管与企业污染的博弈分析及对策研究[J]. 中国人口·资源与环境,2011,126(2):31-35.

[10] SHEU J B, CHEN Y J. Impact of government financial intervention on competition among green supply chains[J]. International Journal of Production Economics,2012,138(1):201-213.

[11]王志国,李磊,杨善林,等. 动态博弈下引导企业低碳技术创新的政府低碳规制研究[J]. 中国管理科学,2016,24(12):139-147.

[12]刘小兰,李洁云. 政府、旅游企业和旅游消费者的演化博弈分析:基于低碳视角[J]. 会计与经济研究,2017(3):117-127.

[13]牛晓叶. 企业低碳决策是利益驱使抑或制度使然?[J]. 中国科技论坛,2013(7):105-111.

[14] KIM S B,CHO J H. A study on forecasting green infrastructure construction market[J]. Ksce Journal of Civil Engineering,2014,18(2):430-443.

[15] PRZYCHODZEN J,PRZYCHODZEN W. Relationships between eco-innovation and financial performance-evidence from publicly traded companies in Poland and Hungary[J]. Journal of Cleaner Production,2015(90):253-263.

[16] CAO X, WEN Z, CHEN J. Contributing to differentiated technology policy-making on the promotion of energy efficiency technologies in heavy industrial sector: a case study of China[J]. Journal of Cleaner Production,2016(112):1486-1497.

第5章

中国碳减排政策演变及其效应评测研究

5.1　中国碳减排的国际承诺与政策演变

为应对全球气候变化，碳减排理念已成为世界共识及各国社会经济发展的新常态。1962年，Rachel Carson撰写了《寂静的春天》，使世界人民意识到生态环保的重要性。1992年《公约》的首次发布及1997年《京都协定书》在京都气候大会上的签订，将全球气候变化问题的严重性以及碳减排行动的重要性提到了一个十分紧迫的位置。

5.1.1　国际承诺

(1)中国为“巴厘岛路线图”做出自己的贡献

1997年京都气候大会召开之后，又一巴厘岛气候大会于2007年7月成功召开，此次大会意在于2009年前，就气候变化问题达成一份新协议并部署新安排。在会议初始，欧盟原本希望在此次会议上能够提出一个具体减排目标，即发达国家于2020年前将温室气体排放相较于1990年降低25%～40%，并未向包括中国在内的发展中国家提出量化要求。

“巴厘岛路线图”中明确指出为阻止人类活动对全球气候造成的危害，必须减少温室气体排放，并于2020年前将温室气体排放量相较于1990年降低25%～40%。通过此次会议，虽未向发展中国家提出具体要求，但中国把环境保护列为一项基本国策。中国政府根据《公约》规定，结合中国社会经济发展规划及可持续发展战略，出台《中国应对气候变化国家方案》，同时国务院成立国家应对气候变化领导小组并颁布一系列法律法规。

(2)“哥本哈根世界气候大会”中国政府提出量化减排目标

继《京都议定书》签署及“巴厘岛路线图”通过之后,哥本哈根世界气候大会于 2009 年 12 月成功召开,此次会议被视为世界人民为遏制全球气候变化的一次重要努力。在该会议上,中国政府作为《公约》缔约方同时也是最大发展中国家,一向致力于推动公约及协议书的实施,在应对全球气候变化问题上始终发挥积极、建设性作用。在此次会议中,国务院总理温家宝发表了题为《凝聚共识 加强合作 推进应对气候变化历史进程》的重要讲话,提出到 2020 年单位 GDP 二氧化碳排放比 2005 年下降 40% ~45%,非化石能源占一次能源消费的比重要达到 15%左右,同时要通过加强森林管理和植树造林,扩大森林面积,增加碳汇。到 2020 年森林面积要比 2005 年增加 4000 万公顷,森林蓄积量比 2005 年增加 13 亿立方米。

截至 2009 年,从各次气候大会上发达国家的表态不难看出,发达国家已享受百年的“高碳”生活,在面对碳减排问题却逃避过多责任。而中国作为一个发展中国家,正处于城镇化、工业化建设高速发展阶段,却被要求进行自主减缓碳排放,更不用提以“高碳”促发展。中国人口众多且区域发展不平衡,同时能源结构又多以煤炭和石油为主,被要求同发达国家一样进行碳减排是不公平的,压力也是巨大的。但是在此次会议上,中国明确提出量化减排目标,用一个很高的目标来严格约束自己,这不仅是对会议的支持,也是借此向世界传达正在走向全球化的中国会承担自己应该承担的国际责任。

(3)中国在“巴黎气候大会”上再做承诺

2015 年 12 月,巴黎气候大会的召开是继 2009 年后的又一新时间节点,此次会议不再是发展中国家被发达国家强制要求碳减排,而是发展中国家自主贡献。中国在这次会议上,就气候变化问题已与美国、欧盟、印度等国签署多项双边声明,国家主席习近平在开幕式发表讲话表示,《巴黎协定》应该依据各国国情,应尊重各国,尤其是发展中国家与发达国家在国内政策、能力建设、经济结构等方面的差异,应对气候变化更不应妨碍发展中国家消除贫困、提高人民生活质量水平。同时,习近平主席还表示,中国二氧化碳排放将在 2030 年达到峰值,并争取尽早实现,届时森林蓄积量将比 2005 年增加 45 亿立方米。此次大会对于中国来讲，是自联合国气候变化大会召开以来，第一次由国家最高领导人参与的会议，这就给世界传出一个信号，为应对全球气候变化中国展现出最高程度的重视和关注。

(4)中国为应对气候变化问题再展担当

2018 年 12 月，在卡托维兹顺利召开第 24 届联合国气候变化大会，会议共邀请来自 200 多个国家代表团共同商议遏制全球气候变化问题。在此次会议“共筑中国企业气候行动”边会上，邀请中国代表企业京东集团现场分享在绿色消费、绿色电商践行上的创新经验。同月 13 日，“推进绿色制造体系建设，促进工业绿色低碳发展”边会在“中国角”成功召开，中国受邀代表为工业和信息化部电子五所、工业和信息化部国际经济技术合作中心及中国绿色制造联盟等机构。在此次大会期间，在公共展区由中国社会科学院城市发展与环境研究所、中国绿色制造联盟等单位专门设置了绿色制造专题展台，向世界展示中国工业在遏制全球气候变化上采取的行动及取得的成效。

2019 年 12 月，第 25 届联合国气候变化大会边会“中国工业应对气候变化的行动及成效”由中国绿色制造联盟、中国社会科学院生态文明研究智库、工业和信息化部电子第五研究所等单位联合举办。参会嘉宾详细介绍了中国工业绿色发展政策及应对全球气候变化在工业产业领域取得的成效，同时分享了欧盟、澳大利亚、美国等国家和地区在工业领域为应对气候变化采取的先进实践行动，共同讨论中国及世界未来工业产业的发展趋势，向世界再展中国担当。

5.1.2 政策演变

(1)中国为应对气候变化政策演变的阶段性特征

中国作为发展中大国，自 20 世纪 90 年代首次作为缔约国参与国际气候会议，历经 30 余年磨砺，从初始推进国内生态文明建设，到如今引领全球共同应对气候变化，取得显著成绩。然而，即使在今天，能源消耗及碳减排等问题对于中国来说仍然是一项艰巨任务，应对气候变化问题对于中国乃至世界来说仍然是一项长期任务。在这 30 余年中，国际气候变化格局一再变更，其间国家政策也做出相应演变。

中国于 1990 年起首次正式制定气候政策，完善组织机构建设，健全应对气候变化的规章制度,设定与当前发展阶段相匹配的减排目标,迄今为止政策变化历经起步期、夯实期及深化期。

起步期(1990—2006 年),中国将气候问题视为发展问题。1990 年中国政府专门设立国家气候变化协调小组,其 1998 年更名后为国家气候变化对策协调小组,该调查小组被用于参加国际气候会议并制定相应气候政策,而日常气候工作则改由当时国家发展计划委员会负责,即现在的国家发展改革委,这几项举措表明中国政府将气候问题视为一项重要发展问题。对于节能减排问题,“九五”计划纲要首次提出节能率达到平均每年 5%,“十五”计划纲要明确要求减少主要污染排放 10% 以上,正式将节能减排列入经济社会发展目标。

夯实期(2007—2014 年),中国政府正式针对气候问题建立规章制度。自 2007 年起,为应对气候变化中国政府逐渐完善相应体制机制建设。同期中国也正值高速发展,环境与经济发展矛盾凸显,碳减排压力巨大。据美国能源署统计,2003 年中国碳排放量为 40.52 亿吨,超过欧盟 28 国的 39.42 亿吨。2006 年中国碳排放量为 59.12 亿吨,超过美国的 56.02 亿吨,成为世界第一大碳排放国。值此转型节点,国务院于 2007 年首次成立国家应对气候变化及节能减排领导小组,作为国家应对气候变化、节能减排等相关问题的议事机构,同年在颁布的《中国应对气候变化国家方案》中明确提出“到 2010 年,实现单位 GDP 能源消耗比 2005 年降低 20% 左右,相应减缓二氧化碳排放”。“十二五”计划纲要提出单位 GDP 二氧化碳排放量降低 17% 的目标,能耗强度和碳排放强度均被列为发展的约束性指标。中共十八大报告进一步强调“坚持共同但有区别的责任原则、公平原则、各自能力原则,同国际社会一道积极应对全球气候变化”,更加明确了中国应对气候变化的决心和基本路径。

深化期(2015 年至今),中国政府以减排为目标倒逼经济发展方式实现转型。《国家应对气候变化规划(2014—2020 年)》出台成为这一时期应对气候变化中长期纲领,指导中国政府通过供给侧结构性改革改变经济发展依赖能源消耗路径,走低碳环保之路。“十三五”计划纲要专门设立“积极应对全球气候变化”章程,同时将资源环境类相关指标项数扩大至 10 项。面对新阶段、新矛盾、新目标,中国政府启动新一轮体制机制改革,十三届全国人大一次会议第五次全体会议通过国务院机构改革方案,将应对气候变化和减排职责划入生态环境部，为制定环保政策及应对气候变化提供制度保障。近年来，持续的减排行动为中国治理气候问题积累了丰厚经验，赋予中国引导世界减排行动更多底气。

（2）国内应对气候变化政策

减缓和适应是应对气候变化的双重支柱，2013 年及 2014 年接连出台的《国家适应气候变化战略 2035》和《国家应对气候变化规划（2014—2020 年）》等重要文件，正式将“减缓”和“适应”纳入国内应对气候变化的政策体系。“减缓”意味着要在根源上减少碳排放，涉及生产及消费方式的根本转型。“适应”则意味着要全方位适应气候变化，既要灵活应对及管理气候风险，也要兼顾发展中国家经济发展需求，这一点尤为重要。

首先是我国“减缓”政策行动与成效。“十一五”时期以来，中国大力推动产业结构改革，进行清洁能源革命，推广绿色产业、绿色建筑及绿色交通等，通过供给侧及消费侧改革双重发力，实现从源头上减少碳排放。在生态环境上采取荒漠治理、种植防护林等大型生态环保行动，旨在通过生态系统促进碳吸收，从末端减少碳含量。同时，通过低碳城市、碳交易市场等发展政策创新，平衡碳减排与经济发展之间的关系，统筹推进各领域、各部门减排工作顺利进行。

第一，节能减排，建立绿色消费模式，打造绿色发展体系。2007 年，国家发展改革委成立应对气候变化和节能减排工作小组并制定《节能减排综合性工作方案》，正式将节能减排工作放在突出位置。2011 年，国务院印发的《“十二五”节能减排综合性工作方案》中明确提出节能减排总体要求和主要目标、强化节能减排工作责任、调整产业结构、大力发展循环经济、完善节能减排经济政策等。目前，中国能源消费情况得到有效控制，能源消耗强度下降，能源结构明显优化。

2008 年国际金融危机后，驱动中国经济增长的投资模式逐渐转变为消费模式，因此减缓消费环节、生活领域中造成的碳排放将成为未来碳减排工作的核心。“十五”计划纲要首次提出“提高全面环保意识，推进绿色消费方式”理念，此前有倡议提出“提倡绿色消费、培养绿色市场、开辟绿色通道”，将绿色消费理念深入居民生活，此后节能产品认证、绿色食品认证、节能产品政府采购等工作相继进行，更是依靠制度推动绿色消费领域的节能减排。同时，阶梯电价、阶梯水价等充分体现出能源稀缺性，促进节能工作进一步进行。

中国在“十一五”时期提出能源供应基本满足国民经济和社会发展需求，能源节约及能源效率工作得到明显提高，结构进一步取得优化并大力发展循环经济。随后，2012 年国务院通过《“十二五”国家战略性新兴产业发展规划》，将发展高效节能、先进环保和资源循环利用的新装备新产品、推进可再生能源技术产业化、引导材料工业结构调整、制造新能源汽车等作为新兴产业重点发展方向和主要任务。2012 年中国第三产业增长值占国民经济生产总值比重首次与第二产业增长值占国民经济生产总值比重持平，并于三年后达到 50.2%。随后，服务业增长值占比于 2018 年上升为 51.6%，成为经济增长的主动力，绿色发展体系初步呈现。

第二，植树造林，增加碳汇，从末端减少碳含量。“十二五”计划纲要提出推进植树造林，新增森林 1250 万公顷，并将增加森林碳汇完成情况纳入单位 GDP 内 CO_2 排放降低目标考核中。联合国粮农组织 2015 年报告显示“2010 年至 2015 年期间，中国是世界上净增森林面积最多的国家，是世界榜样”。随后，“十三五”计划纲要明确要求应全面停止具有商业性质的天然林采伐，加大对森林、土壤、水环境等生态环境的保护力度。到目前为止，中国在生态环保方面建立了多项政策制度，加大生态环保和建设的投入，大力开展生态环保宣传。同时，主要开展清洁发展机制、核证自愿减排、中国绿色碳汇基金会等重点项目，推进森林管理升级，并积极开展湿地保护、蓝色海洋碳汇等行动，从多方位、多渠道保证碳汇的有效增加。

第三，以低碳城市试点和碳交易市场建设推动低碳发展。国家发展改革委分别于 2010 年、2012 年和 2017 年先后开展低碳省市试点工作，各试点按照顶层设计的部署要求及责任目标，先行在各自省市区域编制低碳发展规划，探索低碳发展路径，目前各试点均取得初步成效。2012 年，国家发展改革委组织进行的控制温室气体排放目标责任评价考核结果显示，列入试点的 10 个省市碳强度比 2010 年下降平均幅度约为 9.2%，高于全国 6.6% 的总体降幅。与此同时，碳交易市场建设是国家另一项重点碳减排举措。2011 年，国家发展改革委公布 7 个碳交易市场建立城市，并于 2013 年、2014 年相继正式运作，北京、上海、天津、广东、深圳、重庆和湖北 7 个试点省市将初步以碳市场作为探索控制温室气体排放的市场手段，截至 2017 年取得显著成效。2017 年底，中国以发电行业为突破口正式启动全国碳排放交易体系，未来将有序纳入化工、钢铁、造纸、有色金属、建材、航空制造业等，力求通过碳约束倒逼产业结构转型，为实现绿色低碳发展探索新路径。

其次是我国“适应”政策行动与成效。中国政府在联合国环境与发展大会做出履行《中国21世纪议程》等文件的庄严承诺，并首次提出适应气候变化的概念。2007年，巴厘岛气候大会将“适应”气候变化概念与“减缓”气候变化概念放在同样重要的位置，同年中国发布《中国应对气候变化国家方案》系统阐述了各项适应气候变化的具体方案。2013年，国家发展改革委发布的《国家适应气候变化战略》将适应气候变化问题纳入国家发展规划，并将全国重点区域划分为城市、农业、生态安全三大区域，指明为适应气候变化的初步战略框架。

第一，建设气候适应型城市。对于雨洪治理问题，住建部分别于2015年、2016年设立共30个海绵城市试点，力求探索出一条符合中国国情的气候适应道路，使城市在适应气候变化及雨洪灾害面前具有良好“弹性”。对于城市建设中出现的“马路拉链”“空中蜘蛛网”等现象，住房和城乡建设部于2015年起计划在3年左右开展36个城市地下综合管廊试点工程，建成一批集供排水、燃气运输、供电、输暖、电子通信于一体的地下综合管廊系统。对于城市扩张与生态破坏矛盾，住房和城乡建设部于2015年将三亚市作为首个试点城市，主张“城市修补、生态修复”的双修理念，并于2017年将双修试点城市扩张为57个，全面修复由于城市扩张造成的生态破坏。国家发展改革委员会与住房和城乡建设部共同发布《城市适应气候变化行动方案》，为打造气候适应型城市根据各城市不同规模、功能及气候风险适应情况，提出到2020年再建20个气候适应型城市，目前取得初步成效。

第二，提升农业适应能力建设。中国农业生产劳动力高度密集，且受土地资源、水资源约束，气候变化会对农业生产造成不确定影响。为此，中国将健全农田水利设施作为重点，推动农田水利重点区域建设，促进节水灌溉工程，在东北地区进行“节水增粮行动”，在华北、西北和西南地区建设11个高标准节水农业示范区。在农作物生产上，主张不肆意破坏生态环境，进行保护性农作，同时开展“到2020年农药使用和化肥使用零增长行动”，调整农业产业结构。2013年，国家农业部与全球环境基金在粮食主产区设立气候智慧型农业试点区域，力求探索出一条能够增强农作物气候适应能力的有效路径。

第三，推动生态工程建设，提高生态安全。在水资源管理和保护上，中国政府加强防洪防汛等水利工程建设，初步建成大江大河流域防洪减灾体系、水资源合理配置体系和水资源保护体系。“十三五”期间，启用水资源消耗与强度双向控制方案，开展农业、工业、城市等方面节水与保护工作，加大对水资源的管理和保护。在陆地生态系统保护上，加大水土流失治理力度，采取植树造林、退耕还林等方式减少荒漠化的发生，取得显著成效，荒漠化土地面积连年减少。在海洋生态系统保护上，自 2008 年以来，中国设立多个海洋环境保护示范区，健全一系列海洋灾害预案及响应机制，加强沿海城市海岸线管理，截至 2017 年共建立起 260 处海洋保护区。

（3）对外气候外交政策

中国依据自身国情，积极参与联合国气候会议谈判，在应对全球气候变化问题上不断提高自身话语权，作为一个发展中国家却在气候问题上从“跟随者”逐步成为“引领者”，走向全球气候治理舞台中央。同时，中国政府以资金帮扶、搭建国家之间交流平台、开展绿色项目等方式进行国际交流合作，建立具有中国特色的气候外交政策体系，为应对气候变化做出中国贡献。

自联合国气候变化会议以来，中国政府在气候外交路线上可以分为三个阶段，从最初的“跟随者”到“参与者”，最终成为应对全球气候变化问题的“引领者”。中国始终坚定本国立场，立足本国国情，充分落实减排责任，有力推动世界气候治理进程。

重视生态问题，成为应对全球气候变化的“跟随者”。1979 年，在首届世界气候大会上中国派出代表团，提出将气候问题与经济发展问题相结合。1992 年《公约》颁布，成为世界首个应对气候变化问题的国际公约，提出“共同但有区别的责任”原则，中国作为缔约国之一，同时是最大的发展中国家，坚定此项原则，并以此作为制定本国为应对气候变化问题规划的有效原则。1993 年，中国正式在本国批准《公约》协定，并逐步建立起本国为应对全球气候变化问题的机制体系。自 1995 年起，联合国气候变化大会基本每年都会在不同国家召开，中国作为缔约方均积极参与并做出中国贡献。

在国际气候谈判上积极发声，成为应对全球气候变化的“参与者”。2007

年至 2014 年，国际形势基本趋于稳定，是各国发展的重要时期。在此期间，随着新兴国家的逐渐崛起，国际气候谈判形成了一个由欧盟、欧盟外发达国家、中国加七十七国集团组成的三方制衡格局。2007 年《公约》第 13 次缔约方大会即巴厘岛气候大会打开了发展中国家同发达国家双足并进的谈判局面，中国代表团提出“减缓、适应、技术、资金”独立进行，并向发达国家强调“资金和技术”支持在帮助发展中国家应对气候变化问题上的关键性，且被《巴厘行动计划》方案收录。2009 年《公约》第 15 次缔约方大会即哥本哈根气候大会，美国和中国分别成为发达国家与发展中国家代表国，中国主动提出量化减排目标，向与会各国及世界充分表达了为应对气候问题的诚意与决心。尽管此次会议各方未能就“共同但有区别的责任”原则达成共识，但中国仍努力推进《公约》的实施，在“德班平台会议”上建设性地提出“基础四国”和“立场相近发展中国家”等机制，维护广大发展中国家的利益，有力推进了《公约》持续有效的实施。

建立中国立场，成为应对全球气候变化的“引领者”。2015 年《公约》第 21 次缔约方大会即巴黎气候大会上，世界各国相继作出 2020 年后的减排部署，中国于会前便提交了为应对全球气候问题的国家自主贡献文件，并主动与欧盟、美国、法国、巴西、印度等国家和地区就气候问题展开磋商，形成中国立场，为会议达成共识奠定基础。国家主席习近平在巴黎气候大会开幕式上发表重要讲话，强调“巴黎协定要加强《公约》的实施，为推动全球更好实现可持续发展注入动力；有利于凝聚全球力量，鼓励广泛参与；有利于加大在气候变化问题上的资金投入，强化行动保障，引领绿色发展；有利于照顾各国国情，讲求务实有效”，为谈判进程中出现的焦点问题指明了方向。2017 年 10 月 18 日，在中共十九大会议上习近平总书记作题为《决胜全面建成小康社会，夺取新时代中国特色社会主义伟大胜利》的报告，强调“要打赢蓝天保卫战；中国对外开放的大门不会关闭，只会越开越大；应对气候变化问题，要引导国际合作，成为全球生态文明建设的参与者、贡献者和引领者”，指明中国为应对气候问题未来的发展方向，对国际期待做出积极回应。

除在国际气候大会谈判以外，中国还积极深化与发达国家、发展中国家及非政府组织的合作交流，表明中国立场，建立话语权，传播绿色发展理念，分享绿色发展经验，与国际社会共同携手参与气候治理。中国与广大发展中国家为应对全球气候变化共同打造南南气候合作治理平台。自 2011 年起，在中央预算支持下，国家发展改革委通过向发展中国家无偿赠送节能环保低碳产品和举办气候变化研修班等形式开展南南合作，国家主席习近平在巴黎气候大会上更是专门设立 200 亿元人民币作为中国参与打造南南气候合作治理平台专项资金。同时，中国也在联合国框架下推动南南气候合作的实施，为全球应对气候变化问题注入新动力。目前，中国已与欧盟共同组织开展碳交易能力建设项目合作；与德国、澳大利亚、瑞典、瑞士等国签署气候变化谅解备忘录，促进技术、可再生能源等领域的双边合作；召开中美气候智慧型低碳城市峰会等。此外，中国还广泛开展与国际组织的深入合作，积极推动全球气候治理进程。例如，与国家联盟能源署结成联盟，在能源安全、数据、政策等领域加强合作；与世界银行共同启动全球环境资金，保证有效实施"通过国际合作促进中国清洁绿色低碳城市发展"项目；与地球科学系统联盟合作开展多项科研计划，推动应对气候变化问题基础性研究等。但是，发达国家仍然以其强大的经济实力及先进的技术在制定全球气候变化规则上占据主导作用，中国需要与广大发展中国家结成合力，共建多边全球气候治理机制。

5.2 碳排放权交易市场的有效性研究

碳排放权交易，指在设定国内企业二氧化碳排放额度的同时，允许企业将温室气体排放权作为标的物在市场上交易。目前，我国碳排放权交易市场发展已几年有余，本节将基于市场有效性假说，对我国七所碳排放权交易市场的有效性展开研究。首先梳理碳排放权交易市场的国际背景、理论机制及相关文献，其次对实证方法及数据设定进行解释说明，再次通过正态性检验、ADF 检验和方差比率检验对我国七所碳排放权交易市场的有效性进行分析，最后根据实证结果给予相应政策建议。

5.2.1 理论与文献梳理

古典经济学认为经济活动中市场机制是最具效率的手段，主张用市场"看不见的手"去调节经济社会的运行。对于低碳减排来说，利用市场机制解决环境外部性问题同样是一种高效率的手段。

5.2.1.1 政策背景

相对于行政命令型减排政策,国际社会所采用的碳排放总量和交易制度是促进国家低碳转型的一种普遍形式。自《京都议定书》对41个国家的强制减排目标进行明确规定后,温室气体的排放权成为一种稀缺且可以流通的资源。借此,西方发达国家建立起以二氧化碳排放权为主的碳交易市场。

2005年1月1日,欧盟建立世界上第一个国际性碳排放交易体系——欧洲二氧化碳排放权交易体系(European Union Emission Trading Scheme,EUETS),标志着全球碳排放权交易体系正式进入新阶段。随后,各个承担减排责任的发达国家均建立具有标志性的交易体系,如美国的芝加哥气候交易所(Chicago Climate Exchange, CCX)和澳大利亚的新南威尔士温室气体减排体系(The New South Wales Greenhouse Gas Abatement Scheme,NSWGGAS)。

我国作为发展中国家,在低碳发展的本质要求下,同样相继出台相关政策建立碳排放权市场交易体系。2008年,北京市成立国内首家自愿碳交易市场——北京环境交易所;2011年,国家发展改革委发布《碳排放权交易试点工作通知》,启动北京市、天津市、上海市、重庆市、福建省、湖北省、广东省7个国内地方性碳排放权交易试点,并于2013年开始运作,同年,深圳上线国内首个强制性碳交易市场,标志着我国碳交易市场体系正式运行;2017年12月,国家发展改革委印发《全国碳排放权交易市场建设方案(发电行业)》,我国碳排放交易体系实现行业深层发展。

碳排放权交易,是指在《京都议定书》强制减排义务下,设定国内企业二氧化碳排放额度的同时,允许企业将温室气体排放权作为标的物在市场上交易。碳市场交易模式主要包含两种,基于配额的碳交易和基于项目的碳交易。前者是在总量控制下企业产生的减排单位配额的交易机制,即对每个控排企业设定一个碳排放总量限额,若企业实际排放低于减排规定的二氧化碳排放量额度,则可以在市场上交易剩余的排放权利获取减排收益。若超出排放限额,为避免政府的处罚和制裁,企业可以在市场上购买排放许可额度,以完成减排目标。这种方式有助于激励控排企业加快低碳技术创新,从而减少企业碳排放量、降低自身履约费用。基于项目的交易,是指企业通过《京都议定书》中的清洁发展机制(Clean Development Mechanism,CDM)、联合履约机制(Joint Implementation Mechanism,JIM)和排放贸易机制(Emission Trading Mechanism,ETM)辖下的减排项目获取碳排放权。中国作为发展中国家,主要参与的项目市场是 CDM,其交易标的物为核证减排量(Certified Emission Reduction,CER),企业开发节能项目可获得中国核证自愿减排量(China Certified Emission Reduction,CCER)用于出售获得收益,保证低碳节能项目的营利性。

完善的碳排放权市场机制,不仅能帮助实现对二氧化碳排放量的总量控制、助力节能减排目标的实现、产生巨大的生态效益和社会经济效益,而且能催生出与碳相关的关联服务产业并推进低碳技术的创新发展。

5.2.1.2 理论机制

碳交易市场既符合经济规律的运行,也有经济学理论的支撑。

(1)排污权交易理论

碳排放权交易的理论基础最早追溯至排污权理论。1968 年,经济学家 Dales 首次提出排污权交易理论,指政府通过量化排污权利,在限定的时间和空间内定量分配权利,并允许企业通过市场买卖该权利。该项理论最早被运用于美国治理大气及水污染的环境问题治理中,其具体做法是:首先,当地政府量化评估该区域内的环境最大承载量,并将排污量进行单位化划分;其次,政府将排放权部分免费分配给企业,部分通过公开拍卖流通给企业,以此形成初始固定排污权,这类排污权可以在市场上自由交易;最后,政府在每期减排活动结束时核实各单位的履约情况,对未达标企业进行相应惩处。随着环境问题的日益严重,排污权处理方式从最初的企业自觉自愿参与减排活动,逐步演变为限额控排。因此,企业会重新评估自己的生产活动,同时考虑生产效益与社会福利,以达到私人效益和社会效益的最大化。

(2)科斯定理

基于科斯定理,碳排放权交易可以通过明确产权和低交易成本的方式实现效益最大化,提升社会发展效率。科斯定理是指在某些特定条件下,当事人通过谈判能纠正经济的外部性和非效率性,从而达到社会效益的最大化。科斯定理的核心是产权确定,只要赋予公共资源明晰的产权,并且交易成本为零或者很低,任一主体拥有该产权,都能解决外部性问题,并使市场达到帕累托最优(资源分配的一种理想状态)。

企业基于自身利益最大化的考虑,在进行生产活动的同时产生负外部性的包括温室气体在内的污染物,并且没有为这种污染行为买单,对社会造成环境负担。科斯定理主张利用市场化手段解决该问题,实现资源最优配置有两个前提条件:低交易成本和明确产权。碳排放权交易市场能为参与者提供最有利的交易方式,从而使交易成本最小化成为可能。明确产权即通过建立碳市场,赋予温室气体的排放初始产权。与碳税最不同的地方在于,市场机制对政府的作用要求最低,政府只需要使产权明晰和依法保障产权,产权方与侵权方就可以在无须政府干涉的情况下进行谈判,交由私人市场去取得效率性成果,使整个社会的发展效率和生产收益得到提高。

(3)比较优势理论

基于比较优势理论,碳排放权交易可以通过明确产权和低交易成本的方式实现资源最优配置,实现社会低碳发展。David Ricardo 在研究国际贸易中提出比较优势理论,指在各国劳动生产率不同的情况下,每个国家应该集中生产并出口具有比较优势的产品,同时进口具有比较劣势的产品,从而获得专业化分工,提高劳动生产率。在企业生产活动中,比较优势理论主要基于生产的机会成本。一般情况下,企业虽然可以通过公司策略使自身利益最大化,但是也要承担社会边际成本溢出造成的损失。在政府设定减排目标的情况下,企业要衡量不同生产活动付出的机会成本来进行生产和交易。如果一个企业在减排效率方面没有比较优势,为了完成减排目标,则可以选择从市场上购买具有比较优势的企业的排放权,或者进行低碳领域的改革创新,降低减排成本。基于此,拥有减排优势的企业可以继续保持其创新能力以获取减排收益,处于比较劣势的企业可以通过交易或者改革来使自身利益最大化,使整个社会的减排效率和低碳创新能力得到提高。

5.2.1.3 文献综述

我国碳交易市场发展已几年有余,但其市场的有效性还有待检验。

关于碳市场有效性的假说基本分为三个流派:有效市场假说、分形市场假说和行为金融学,目前对我国碳排放权交易所的市场有效性研究主要围绕前两者展开。

有效市场假说是指在理性经济人、股票价格反映供求平衡且信息有效等前提下,根据对不同信息的不同反应程度,可以将金融市场划分为强式、半强式和弱式三种。在弱式有效市场中,投资者可以根据历史证券价格信息进行预测分析从而获得超额利润;在半强式有效市场中,投资者无法利用历史信息获得经济效益,但通过内幕市场信息可获得超额利润;在强式有效市场中,投资者很难通过渠道获得超额利润。基于有效市场假说,王倩等(2014)通过方差比率检验方法对北京市、天津市、上海市和深圳市的碳排放权交易市场的有效性进行检验,研究结果发现:北京市和上海市碳市场达到弱式有效,而天津市和深圳市碳市场未达到弱式有效,且碳市场的有效性受市场流动性与投机性的影响,提出通过市场机制倒逼企业节能减排、倒逼产业结构升级的建议。吕靖烨等(2019)以湖北碳排放权交易市场 963 个日收盘价格组成的收益率序列建立 GARCH - M 模型分析发现:该序列不满足随机游走,并具有波动积聚的特点,没有达到弱式有效市场的条件,并认为其他 8 个试点市场交易, 同样存在表现较差、参与主体少、金融产品不丰富等问题, 并且还受产业结构和自身特点的制约,达到弱式市场的可能性更小。

分形市场假说强调稳定的市场都应存在分形结构,并认为交易价格的变动并不总是具有随机游走特征,还有可能服从偏随机游走,交易行为包括价格信息的相关性和记忆性,有效市场是分形市场情况下满足一定假设条件时的特殊状态。基于分形市场假说,王扬雷等(2015)通过 R/S 分析法对北京市碳排放权交易市场的有效性进行实证分析,结果发现北京市碳市场效率尚未达到弱式有效的水平,且 Hurst 指数值显示出碳排放权价格序列具有明显的记忆性,上一时刻的价格变化对下一时刻的价格影响较大。

以上文献均对本节的理论与实证分析起到良好支撑作用,但从梳理中可以发现:其对碳市场有效性的研究较少,且研究对象比较单一,没有覆盖全部 7 个碳排放权交易所的实证分析。考虑到该问题,本节拟基于有效市场假说,通过正态性检验、ADF 单位根检验、方差比率检验,对我国 7 个碳排放权交易所的市场有效性进行验定。

5.2.2 检验策略和描述分析

为验定7个碳排放权交易所的市场有效性，选择正态性检验、ADF检验和方差比率检验的方法进行研究。在量化分析中，选择碳排放权成交均价和碳资产收益率作为数据支撑。

5.2.2.1 检验模型

选择正态性检验进行分布特征判别，选择ADF单位根检验进行随机游走判别，通过方差比率检验进行市场有效性判别。

(1) 正态性方法

采用Shapiro – Wilk、Shapiro – Francia、Doornik – Hansen三种正态性检验方法对正态性进行判别。Doornik – Hansen检验方法为通常的卡方检验法，采用的统计量为χ，Shapiro – Wilk和Shapiro – Francia两种检验方法均采用W统计量，Shapiro – Wilk检验方法适用于小样本估计，Shapiro – Francia检验方法适用于大样本估计，W统计量计算公式为：

$$W = (\sum \alpha_i y_i)^2 / \sum (y_i - \bar{y})^2$$

其中，$\bar{y}$为样本均值，$(\sum \alpha_i y_i)^2$为$(n-1)\sigma^2$的最佳无偏估计，σ为正态分布的样本标准差，$\sum (y_i - \bar{y})^2$为$(n-1)\sigma^2$常用的无偏估计。

三种正态性检验的假设相同。

H_0：样本数据与正态分布没有显著区别。

H_1：样本数据与正态分布存在显著区别。

若通过显著性检验，则拒绝原假设，样本数据不服从正态分布；若未通过显著性检验，则接受原假设，样本数据服从正态分布。

(2) ADF单位根检验

ADF单位根检验通过引入滞后差分项解决高阶滞后相关的问题，能够对绝大多数时间序列数据进行准确检验。检验模型如下：

$$\Delta X = \alpha + \beta_t + \sigma X_{t-1} + \sum_{i=1}^{m} \beta_i \Delta X_{t-i} + \varepsilon_t$$

其中，ΔX为时间序列X_t的一阶差分，σ为检验统计量，m为滞后项阶数，

β_i 为参数函数，α 为截距项，β_t 为趋势项，ε_t 代表误差项。

ADF 单位根检验的假设如下。

H_0:原序列存在单位根,为非平稳序列。

H_1:原序列不存在单位根,为平稳序列。

若通过显著性检验,则拒绝原假设,时间序列 X_t 不存在单位根,观测序列为平稳的;若未通过显著性检验,则接受原假设,时间序列 X_t 存在单位根,观测序列为非平稳的,且具有随机游走性。

(3)方差比率检验

方差比率检验假设样本区间内的随机游走增量的方差为线性,方差比率与收益水平成比例。第 q 期投资水平的方差水平检验统计定义如下:

$$VR(q)=\frac{Var(\ln P_t/\ln P_{t-q})}{[q\times Var(\ln P_t/\ln P_{t-1})]}$$

其中，$VR(q)$ 代表滞后 q 阶的方差比率，P_t 为 t 时刻碳价，$Var(*)$ 为其方差的无偏估计。方差比率检验采用 Z 统计量,若通过显著性检验,则拒绝随机游走的原假设,市场未达到弱式有效;若未通过显著性检验,则接受随机游走的原假设,市场达到弱式有效。

5.2.2.2 变量设定

研究碳排放权交易市场的有效性,以碳价和碳资产收益率作为指标变量。

(1)碳价

选择碳排放权平均成交价作为碳价指标。价格是反映碳排放权交易市场相关特征的最直接指标,是判别市场有效性最重要的数据基础。对碳价进行描述性统计后得到结果的如表 5.1 所示。其中,第一列为我国 7 个碳排放权交易所,第二列至第十列分别为该碳排放权交易所碳价的均值、最大值、最小值、极差、方差、标准差、离散系数、偏态系数、峰态系数。其单位为元/吨,序列时间为自记录以来至 2020 年 11 月 10 日,表 5.2 同。

表 5.1 碳价描述性统计分析

单位:元/吨

碳排放权交易所	均值	最大值	最小值	极差	方差	标准差	离散系数	偏态系数	峰态系数
北京市	59. 44	102. 96	30. 32	72. 64	251. 47	15. 87	0. 27	0. 87	-0. 32

续表

碳排放权交易所	均值	最大值	最小值	极差	方差	标准差	离散系数	偏态系数	峰态系数
天津市	24.07	50.11	7.00	43.11	37.02	6.09	0.25	0.52	1.92
上海市	32.17	49.93	4.21	45.72	107.61	10.38	0.32	-1.32	0.91
重庆市	12.21	44.86	1.00	43.86	124.77	11.18	0.92	1.10	0.05
福建省	22.49	42.28	7.19	35.09	65.53	8.10	0.36	0.58	-0.53
湖北省	22.98	54.64	9.38	45.26	42.14	6.49	0.28	0.44	0.49
深圳市	34.73	122.97	3.30	119.67	371.36	19.28	0.55	1.12	1.23

由表5.1可知，在7个碳排放权交易所中，碳价均值排序为北京市、深圳市、上海市、天津市、湖北省、福建省、重庆市，最高的为北京市，达到59.44元/吨，最低的为重庆市，只有12.21元/吨，北京是其4.87倍，7所碳市场的碳排放权成交均价差异较大；在碳市场价格波动中，极差排序分别为深圳市、北京市、上海市、湖北省、重庆市、天津市、福建省，深圳市的碳排放权成交均价波动最大，最低时碳价仅为3.30元/吨，最高时达到122.97元/吨，差距高达119.67元/吨，市场波动大，福建省的碳排放权成交均价波动小，最低时为7.19元/吨，最高时为42.28元/吨，差距为35.09元/吨，市场波动幅度较小；从市场波动的剧烈程度来看，方差和标准差排序均分别为深圳市、北京市、重庆市、上海市、福建省、湖北省、天津市，深圳市的方差和标准差分别为371.36和19.28，波动频率最高，碳价变化相对稳定的为天津市，其方差和标准差分别仅为37.02和6.09；从自身波动幅度来看，离散系数排序分别为重庆市、深圳市、福建省、上海市、湖北省、北京市、天津市，重庆市的碳排放权成交均价波动最大，离散系数高达0.92，天津市的碳排放权成交均价波动最小，离散系数仅为0.25；从偏态系数来看，7个碳排放权交易所的碳价偏幅绝对值排序分别为上海市、深圳市、重庆市、北京市、福建省、天津市、湖北省，其偏幅不大且大多为正偏态，仅上海市碳价为负偏态；从峰态系数来看，7个碳排放权交易所的碳价峰态绝对值排序分别为天津市、深圳市、上海市、福建省、湖北省、北京市、重庆市，天津市和深圳市的碳价呈现明显的尖峰特征。

(2)碳资产收益率

将碳排放权平均成交价进行对数化处理后取一阶差分，作为碳资产收益率指标。收益率能够完全且不受规模限制地概括投资机会的概念,且相比价格,收益率具有两个重要的统计特征,如平稳性和遍历性。由于目前时间序列分析基本上是以平稳时间序列为基础,因此基于平稳性的时间序列分析有更多理论与方法;基于遍历性,时间序列的所有结果均为可观测的、可达到的,从而保证对事件的全局观察,时间序列分析才有意义。对碳资产收益率进行描述性统计后得到结果如表 5.2 所示。

表 5.2　碳资产收益率描述性统计分析　　单位:元/吨

碳排放权交易所	均值	最大值	最小值	极差	方差	标准差	离散系数	偏态系数	峰态系数
北京市	5.97E-04	0.21	-0.28	0.49	0	0.07	117.25	-0.65	3.32
天津市	-2.56E-04	0.73	-0.69	1.42	4.03E-03	0.06	-248.63	-0.08	51.63
上海市	3.54E-04	1.04	-0.84	1.88	0.01	0.08	227.26	1.35	42.22
重庆市	-1.23E-03	0.30	-0.34	0.64	0.02	0.14	-109.79	-0.21	-1.14
福建省	-1.30E-03	0.80	-0.58	1.38	0.01	0.10	-76.32	0.56	14.46
湖北省	7.00E-05	0.29	-0.28	0.57	1.45E-03	0.04	543.92	0.05	7.75
深圳市	1.24E-04	1.96	-1.71	3.67	0.05	0.23	1841.30	0.14	13.73

由表 5.2 可知,在 7 个碳排放权交易所中,碳资产收益率均值排序为北京市、上海市、深圳市、湖北省、天津市、重庆市、福建省,其中,正值的为北京市、上海市、湖北省、深圳市,这 4 所碳市场从记录以来获得较为客观的正经济收益,而天津市、重庆市和福建省的碳市场仍未实现正向经济收益,其他统计特征与碳价差别不大。

5.2.2.3　数据来源及预处理

本节以 7 个碳排放权交易所的碳排放成交均价作为数据基础,采集北京市、天津市、上海市、重庆市、深圳市、湖北省、福建省共 7 个碳排放权交易市场从记录开始截至 2020 年 11 月 10 日的全部单日数据(见表 5.3)。

表 5.3　碳排放权交易所样本量及时间区间　　单位:个

碳排放权交易所	样本量	时间区间
北京市	1057	2013-11-29—2020-11-10
天津市	648	2013-12-26—2020-11-10

续表

碳排放权交易所	样本量	时间区间
上海市	1029	2013 - 12 - 03—2020 - 11 - 10
重庆市	530	2014 - 06 - 19—2020 - 11 - 10
福建省	547	2017 - 01 - 09—2020 - 11 - 10
湖北省	1539	2014 - 04 - 28—2020 - 11 - 10
深圳市	1616	2013 - 06 - 18—2020 - 11 - 10

资料来源：Wind 数据库。

5.2.3 实证分析

现已对模型和变量设定完毕，实证分析步骤如下：首先通过 Shapiro - Wilk、Shapiro - Francia、Doornik - Hansen 三种正态性检验方法对有效市场假说的基本假设进行判别，并通过核密度分布图和正态分位数 Quantile - Quantile（Q - Q）图对 7 个碳排放权交易所的相关分布特征进行分析；其次通过 ADF 单位根检验判断时间序列的随机游走性，判断 7 所碳市场是否具备弱式有效的基本条件；最后通过方差比率检验对阶数为 12 的方差进行计算，判断 7 所碳市场是否达到弱式有效。

5.2.3.1 正态性分析

（1）正态性检验

正态性假设是有效市场假说的最基本的假设，通过正态性检验可以了解我国碳市场的相关分布特征，通过 Shapiro - Wilk、Shapiro - Francia、Doornik - Hansen 三种正态性检验方法对北京市、天津市、上海市、重庆市、福建省、湖北省、深圳市 7 个碳排放权交易所的碳资产收益率进行正态性检验，得到的结果如表 5.4 所示。

表 5.4 碳资产收益率的正态性检验

碳排放权交易所	正态性检验	统计量	显著值	结论
北京市	Shapiro - Wilk	W：0.8551	4.7119E - 30	拒绝正态分布假设
	Shapiro - Francia	W：0.8547	0.0001	拒绝正态分布假设
	Doornik - Hansen	χ：161.48	1.6725E - 33	拒绝正态分布假设

续表

碳排放权交易所	正态性检验	统计量	显著值	结论
天津市	Shapiro - Wilk	W:0. 6307	5. 1015E - 35	拒绝正态分布假设
	Shapiro - Francia	W:0. 6208	0. 0001	拒绝正态分布假设
	Doornik - Hansen	χ:4074. 99	3. 0416E - 53	拒绝正态分布假设
上海市	Shapiro - Wilk	W:0. 7522	1. 2182E - 36	拒绝正态分布假设
	Shapiro - Francia	W:0. 7453	0. 0001	拒绝正态分布假设
	Doornik - Hansen	χ:4373. 56	1. 4513E - 117	拒绝正态分布假设
重庆市	Shapiro - Wilk	W:0. 934	1. 2216E - 14	拒绝正态分布假设
	Shapiro - Francia	W:0. 9353	0. 0001	拒绝正态分布假设
	Doornik - Hansen	χ:63. 16	4. 3105E - 52	拒绝正态分布假设
湖北省	Shapiro - Wilk	W:0. 8781	4. 3291E - 33	拒绝正态分布假设
	Shapiro - Francia	W:0. 8755	0. 0001	拒绝正态分布假设
	Doornik - Hansen	χ:1147. 354	5. 6248E - 53	拒绝正态分布假设
福建省	Shapiro - Wilk	W:0. 8192	2. 5744E - 24	拒绝正态分布假设
	Shapiro - Francia	W:0. 8125	0. 0001	拒绝正态分布假设
	Doornik - Hansen	χ:834. 857	1. 5031E - 34	拒绝正态分布假设
深圳市	Shapiro - Wilk	W:0. 8163	1. 7706E - 39	拒绝正态分布假设
	Shapiro - Francia	W:0. 8136	0. 0001	拒绝正态分布假设
	Doornik - Hansen	χ:2415. 259	5. 3849E - 77	拒绝正态分布假设

由表 5. 4 可知，在 Shapiro - Wilk、Shapiro - Francia、Doornik - Hansen 三种正态性检验方法下，7 个碳排放权交易所的碳资产收益率均未通过正态性检验，这说明我国碳市场的碳资产收益率波动更为复杂，而不是常态的正态分布。

(2)核密度分布图

根据 7 个碳排放权交易所的碳资产收益率，绘制散点图及核密度分布图如图 5. 1 所示。其中，上为样本散点图，散点图的横坐标代表从记录起的按时间顺序的碳资产收益率序号，纵坐标代表碳资产收益率的数值。下图为核密度分布图，橙色曲线代表其最贴近的正态分布，蓝色矩阵代表样本的正态估计。

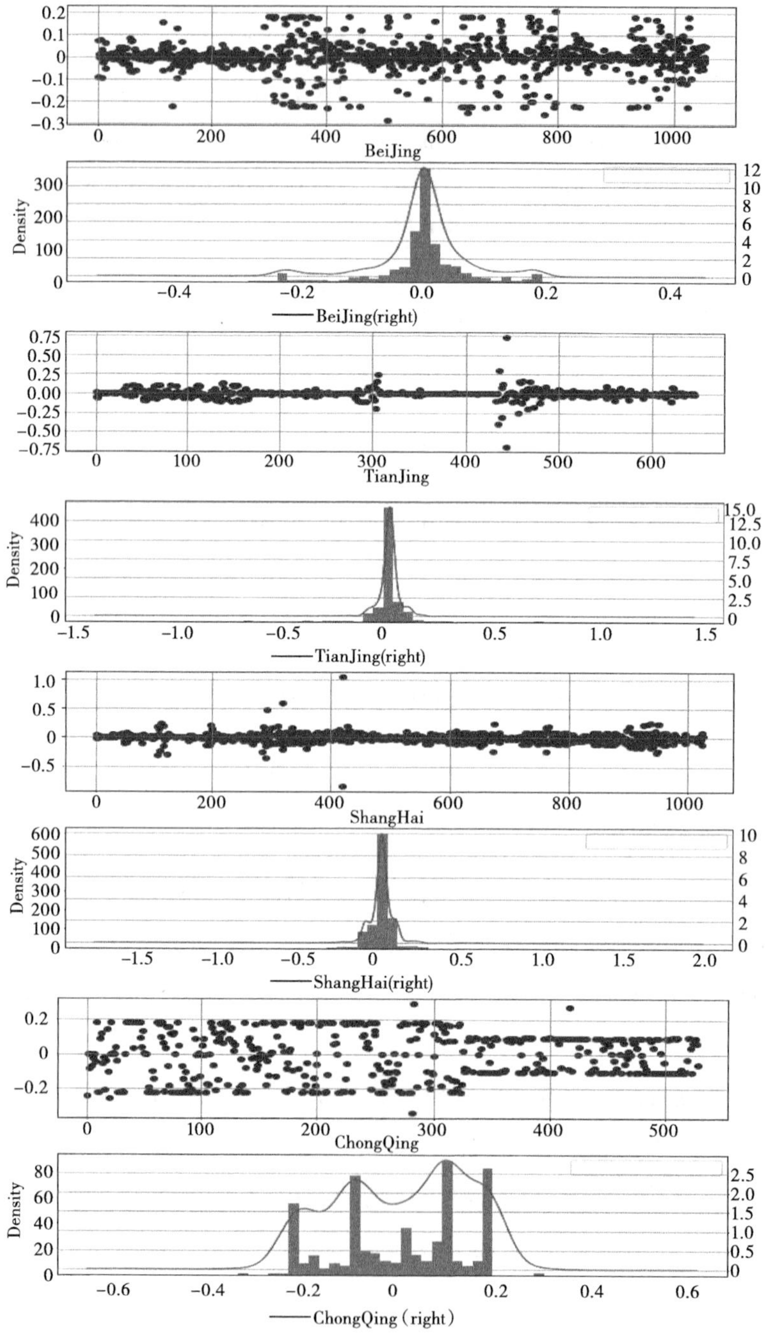

图 5.1　7 个碳排放权交易所的核密度估计

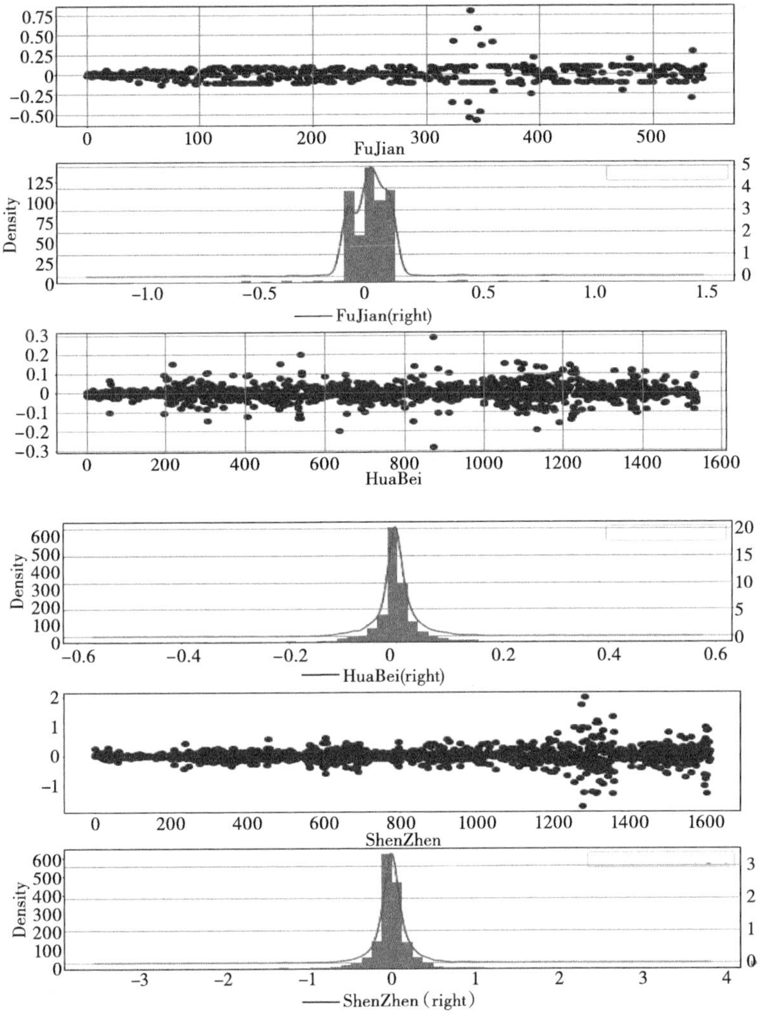

图 5.1　7 个碳排放权交易所的核密度估计(续图)

由图 5.1 可知,7 个碳排放权交易市场的碳资产收益率在观测期年内基本在 0 刻度线上下波动,不存在明显的正负倾向,且均不符合严格的正态分布。

从散点图可以看出,天津市的碳资产收益率分布最为平稳,波动范围小,市场秩序较为稳定。重庆市的碳资产收益率波动幅度较大,但在碳市场发展一定时间后波动范围逐渐缩小。此外,北京市、福建省、湖北省、深圳市碳市场的碳资产收益率在近年来变化较为不稳定,与初期波动幅度相比有明显扩大的迹象。

从核密度分布图中可以看出,北京市、上海市、福建省、深圳市均具有较明显的“尖峰厚尾”特征，重庆市和福建省的碳资产收益率核密度分布图出现多个高值波峰，随机波动较大，反映出我国碳排放权交易市场存在一定的投机性，追涨杀跌的投机行为较为普遍。这些现象说明我国碳排放权交易市场发展还不够成熟，市场秩序并不稳固，同时投机者对市场信息的敏感度较高，由此导致一定投机行为的发生。

(3)正态分位数 Q－Q 图

利用正态分位数 Q－Q 图对碳资产收益率进一步分析。采取自然对数转换并将值标准化，比例估算采用布洛姆公式，分配给绑定值的指定为平均值。其中，图中直线代表高斯分位数，散点构成的曲线代表碳资产收益率的实际分位数(见图 5.2)。

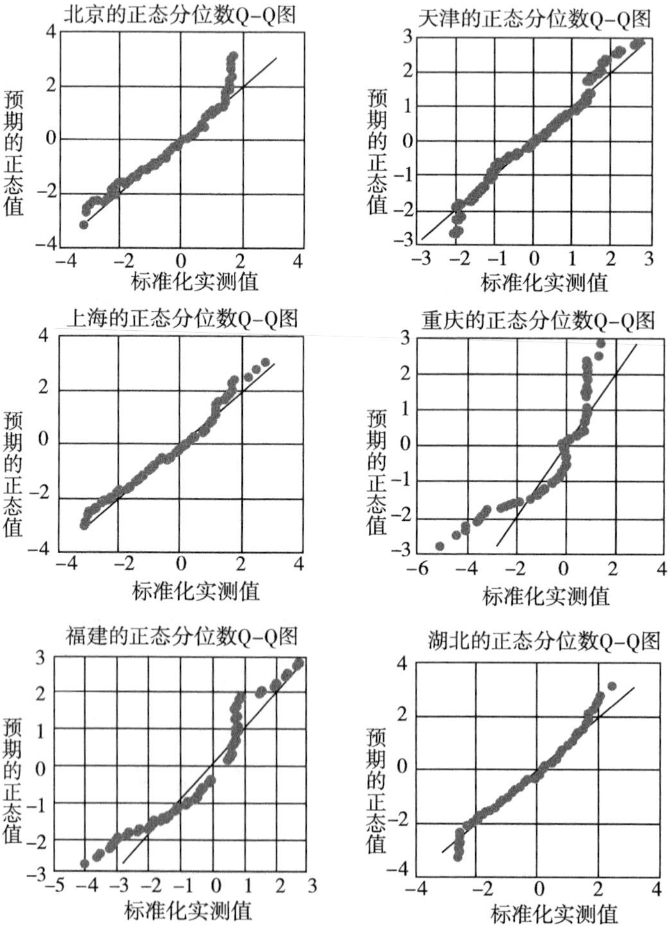

图 5.2　七所碳排放权交易市场的正态分位数 Q－Q 图

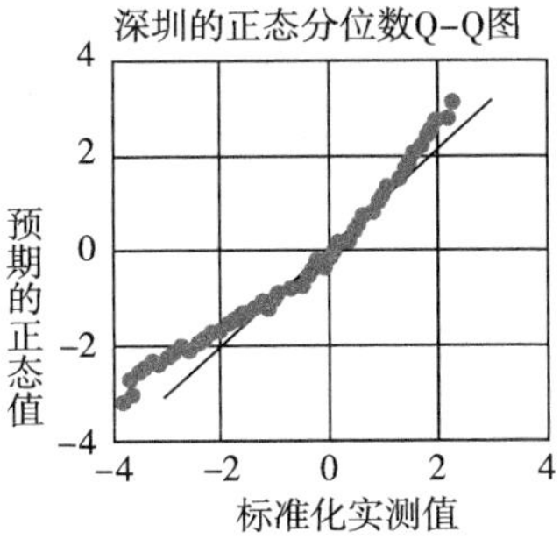

图 5.2　七所碳排放权交易市场的正态分位数 Q－Q 图(续图)

在正态分位数 Q－Q 图中,若该事件序列服从正态分布,则其分位数曲线与直线走向一致。由图 5.2 得知,我国 7 个碳排放权交易市场的碳资产收益率均不服从正态分布,预期正态值与标准化实测值之间具有较大差距,仅有天津市和湖北省的碳资产收益率走势较为贴近,而重庆市和福建省的碳资产收益率走势较为无序。这说明我国试点地区碳排放权交易的市场信息机制并不健全,信息存在堆积、滞后的现象,导致极端收益率的出现频率高于正态分布的预测期望值,“厚尾”特征明显。

5.2.3.2　有效性检验

由上文得知,我国 7 个试点地区碳市场的资产收益率分布均不服从正态分布,不满足有效市场假说的正态分布假设,“尖峰厚尾”特征明显,追涨杀跌的投机现象较为普遍。因此,选择 ADF 单位根检验对七组时间序列的随机游走性进行初步检验,并采用假设较为宽松的方差比率检验方法对 7 个碳排放权交易所的市场有效性进行判别。

(1)ADF 检验

ADF 方法相比于 DF 检验,可以适用于存在高阶滞后相关的时间序列。采用 ADF 单位根检验对七组时间序列进行随机游走性判别,得到的结果如表 5.5 所示。其中,第一列为碳排放权交易所,第二列为该时间序列计算所得的 ADF 统计量,第三列为 P 值,第四列至第六列分别为 1%、5%、10% 显著性水平下的临界值,第七列为平稳性结果。

表 5.5　碳价的 ADF 检验

碳排放权交易所	ADF 统计量	P 值	1% 临界值	5% 临界值	10% 临界值	是否平稳
北京市	-0.8825	0.7937	-3.4367	-2.8643	-2.5683	否
天津市	-2.1375	0.2297	-3.4408	-2.8661	-2.5692	否
上海市	-1.3775	0.5930	-3.4368	-2.8644	-2.5683	否
重庆市	-2.6329	0.0864	-3.4430	-2.8671	-2.5697	否
福建省	-2.8012	0.0581	-3.4425	-2.8669	-2.5696	否
湖北省	-1.3894	0.5874	-3.4347	-2.8635	-2.5678	否
深圳市	-2.0122	0.2812	-3.4345	-2.8634	-2.5677	否

注：本节的统计检验以 5% 临界值作为判别标准。

由表 5.5 可知，7 个碳排放权交易市场的碳价均存在单位根，均未通过平稳性检验，初步推断我国 7 个试点碳市场的价格序列均具有随机游走性，市场信息有效。通过对 ADF 统计量绝对值的进一步比较发现，重庆市和福建省碳市场的价格序列能够通过 10% 显著性水平的平稳性检验，在一定程度上反映出这两个试点碳市场因为发展时间较短，因此价格序列的随机游走性并不确定，市场不能达到弱式有效条件。

(2)方差比率检验

现已对我国 7 个碳排放权交易市场价格序列的随机游走性进行判别，其市场的有效性还有待进一步剖析。取滞后阶数最高为 16 的方差比率检验，得到的结果如表 5.6 所示。其中，第一列为碳排放权交易所，第二列为滞后阶数，第三列 VR 为方差比率，第四列 R_s 为标准化方差比率，第五列为 P 值，第六列为结论。

由表 5.6 可知，在 7 个碳排放权交易所中，天津市在滞后 2 阶、12 阶和 16 阶时均接受随机游走假设，达到弱式有效。湖北省碳市场在滞后 2 阶、4 阶、8 阶、12 阶和 16 阶时均接受随机游走假设，达到弱式有效。北京市、上海市、重庆市、福建省和深圳市在滞后 2 阶、4 阶、8 阶、12 阶和 16 阶时均拒绝随机游走假设，碳市场发展还较为稚嫩，未达到弱式有效。

这一现象说明市场有效性可能与市场的开放度、机制丰富程度和覆盖范围有一定关联。天津市和湖北省在交易主体方面允许个人、国内外社会团体、企业和机构参与交易；交易方式趋于多样化，如事务协议、网络现货和拍卖交易等;具有较为完善的 MRV(监测、报告、核查)体系,能够在一定程度上确保碳排放权的明晰。在 2015 年,天津市碳交易覆盖的减排行业已经包括钢铁、化工、电力、热力、石化、油气开采六大重点排放企业和民用建筑领域,参与企业二氧化碳直接或间接排放量大于 2 万吨,参与企业排放占比达到 60%,实现全方位覆盖和重点减排。天津市和湖北省碳市场达到弱式有效,意味着两个试点地区的投资者依靠历史信息进行预测并取得利润的方式存在一定程度的失效性,需要转向依靠市场信息进行投资抉择。北京市、上海市、重庆市、福建省和深圳市试点地区的投资者仍能通过历史信息进行预测投资,获得经济利益。

表 5.6　碳价的方差比率检验

碳排放权交易所	滞后阶数	VR	R_s	P 值	结论
北京市	2	0.8610	-4.4999	0	拒绝原假设
	4	0.7510	-4.3023	0	拒绝原假设
	8	0.5450	-4.9787	0	拒绝原假设
	12	0.4110	-5.0753	0	拒绝原假设
	16	0.3400	-4.8331	0	拒绝原假设
天津市	2	1.0690	1.7444	0.0811	接受原假设
	4	1.2200	2.9715	0.0030	拒绝原假设
	8	1.2550	2.1849	0.0289	拒绝原假设
	12	1.1800	1.2129	0.2252	接受原假设
	16	1.1360	0.7821	0.4341	接受原假设
上海市	2	0.7840	-6.8932	0	拒绝原假设
	4	0.5430	-7.8060	0	拒绝原假设
	8	0.3250	-7.2717	0	拒绝原假设
	12	0.2920	-6.0276	0	拒绝原假设
	16	0.2630	-5.3129	0	拒绝原假设
重庆市	2	1.2400	5.4818	0	拒绝原假设
	4	1.5810	7.0771	0	拒绝原假设
	8	1.8650	6.6715	0	拒绝原假设
	12	1.8850	5.3610	0	拒绝原假设
	16	1.8010	4.1182	0	拒绝原假设

续表

碳排放权交易所	滞后阶数	VR	R_s	P 值	结论
福建省	2	0.7880	-8.3056	0	拒绝原假设
	4	0.7140	-5.9856	0	拒绝原假设
	8	0.6150	-5.0826	0	拒绝原假设
	12	0.4670	-5.5521	0	拒绝原假设
	16	0.4120	-5.2048	0	拒绝原假设
湖北省	2	0.9180	-1.8977	0.0577	接受原假设
	4	0.8690	-1.6215	0.1049	接受原假设
	8	0.8080	-1.5015	0.1332	接受原假设
	12	0.7550	-1.5011	0.1333	接受原假设
	16	0.6800	-1.6728	0.0944	接受原假设
深圳市	2	0.5500	-18.0360	0	拒绝原假设
	4	0.3920	-13.0341	0	拒绝原假设
	8	0.2820	-9.7308	0	拒绝原假设
	12	0.2140	-8.4087	0	拒绝原假设
	16	0.1650	-7.5910	0	拒绝原假设

注：本节的统计检验以5%临界值作为判别标准。

5.2.4 总结和建议

本节通过正态性检验、ADF 检验和方差比率检验，验证我国 7 个碳排放权交易所的市场有效性，研究结论如下。(1)我国 7 个碳排放交易所均具有随机游走特征。(2)重庆市和福建省的碳排放权交易市场。(3)天津市和湖北省的碳排放权交易市场已达到弱式有效，而其余 5 所碳排放权交易市场均未达到弱式有效。

根据以上实证结果，提出政策启示如下。

第一，政府需要在明确产权的同时对产权进行有效保护，产权界定越明确，交易成本越低廉。碳排放权市场在我国作为新生事物，若要迅速发展，需提升企业对其的认可度。政府应当加强与相关企业的沟通，加大对碳排放权交易市场的宣传力度，帮助企业快速了解碳排放权交易流程，提升其碳资产管理能力，同时对碳排放权资产进行明确界定和保护，确保碳排放权交易稳步推进。

第二，采取多样化的市场机制促进低碳发展，如碳税、绿色金融等。通过纠正二氧化碳的外部性,使得私人成本和私人利益与相应的社会成本和社会利益相等,碳税不仅能改善环境,还能提高税的效率,进而提高社会福利水平。在贷款对象、贷款条件、贷款种类、贷款政策和贷款方式上对绿色环保产业在信贷投放、期限及利率等方面给予优先与倾斜,并研究如何使用多样性的金融工具来减少资源的消耗,绿色金融可以促进环境资源的保护和经济资源环境协调发展。

第三,在确保碳市场平稳运行的同时提升其灵活性与活跃度。在交易主体方面,北京市和上海市的碳排放权交易未纳入个人投资者,这在一定程度上提升了碳市场的稳定性和碳交易投资的期望值,但会减少碳市场的灵活性与活跃度。在天津市和湖北省的碳市场,个人开户无须费用,入市门槛极低,在引导个人理性投资的前提下,交易主体和交易方式的多样化能够扩大碳交易的辐射范围且加强碳减排的政策力度。

小　结

本节验证了 7 个碳排放权交易所的市场有效性,发现天津市和湖北省的碳排放权交易所已达到弱式有效,北京市、上海市、重庆市、福建省、深圳市的碳排放权交易所均未达到弱式有效。据此认为,碳排放权交易市场的管理应当明确产权,丰富市场手段、交易主体和交易方式,提升碳市场的活跃度。

5.3　碳税的动态 CGE 研究

随着全球经济活动的扩大和煤、石油等燃料使用的快速增长,二氧化碳等温室气体的排放大幅度增加,由此导致的温室效应和全球气候变化已引起国际社会的广泛关注。联合国等国际组织正在全球范围内积极采取各种措施,力图使大气中的温室气体浓度稳定在防止气候系统受到危险的人为干扰的水平上,以保证人类的可持续发展。碳税作为温室气体减排的市场手段之一,受到国际社会广泛推崇。它主要是通过价格机制,针对化石能源燃烧、生产工艺过程等产生的 CO_2 排放征税,从而改变相关需求因素和供给因素,最终影响环境质量和经济发展。那么碳税征收究竟对节能减排和宏观经济影响如何? 其影响程度有多深? 这对于中国将来可能面临的减排或限排谈判,以及中长期发展战略的制定，都具有非常重要的现实意义。

5.3.1 CGE 模型说明

世界银行在 20 世纪 80 年代推出的“一般代数模型系统”（GAMS），美国的国际商业委员会与普度大学共同开发的基于美国经济的全球贸易分析项目（GTAP）系统，澳大利亚莫纳什大学开发的基于澳大利亚经济的大型 CGE 模型 ORANI 和 MONASH，是当今世界比较流行的三种 CGE 模型。

5.3.1.1 可计算一般均衡模型

可计算一般均衡（Computable General Equilibrium，CGE）模型是以一般均衡理论为基本原则，刻画了宏观经济和各个独立决策经济个体之间的相互作用与影响。CGE 模型经过不断演化、发展与完善，可以解决一系列的理论问题和应用于不同领域如宏观经济、国际贸易以及环境污染的政策评估研究中。

（1）CGE 模型简介

CGE 模型刻画了各经济体的供求决策，从而决定了商品和要素的价格。对于每一种商品和要素，都要求市场出清，总供给等于总需求，因此称为“均衡的”；CGE 模型融入了一系列经济体如家庭和企业的最优化行为，这些最优化行为通过商品和要素的价格来影响企业、家庭的决策以及政府的行为，因此称为“一般的”；CGE 模型参照估计的基准数据库方程的系数和参数，通过模拟政策的变化与外生冲击对经济以及预测的宏观变量的影响，得到运算结果，因此称为“可计算的”。追溯可计算一般均衡模型的历史，它是基于现代微观经济学的 Walras 一般均衡理论建立的，起源于 20 世纪 60 年代，经过 40 多年的发展，逐渐走向成熟，成为相当规范的模型。自从 1960 年 Johansen 创建了第一个挪威模型以来，CGE 模型经过近 50 年的不断发展与完善，已经成为应用经济学的正式分支和政策分析的重要工具。

（2）CGE 模型优势

近几年，用 CGE 模型来评估环境政策的影响引起了学者们广泛的兴趣。应用 CGE 模型定量评估环境政策的优势有以下五个方面。

①CGE 模型提供了一个统一的框架，即有合理的微观经济基础，能够刻画政策变化对经济的直接和间接影响。

②CGE 模型在分析各经济体之间的相互作用关系时考虑了市场出清条件和经济约束,这样更符合现实情况。

③致力于减少污染的环境政策对于价格、数量和经济结构中的生产者行为及消费者福利都会有显著的影响。CGE 模型可以将经济理论和应用的环境政策联系起来,在一般均衡框架下分析环境政策,更好地理解政策工具对生产和福利的影响结果(Bergman,1990a,1990b)。

④CGE 模型能够分析不同经济体和行业间的联系,因此可以更好地体现经济间的相互影响,这一点是局部均衡分析框架下的成本—效益分析所不具备的(Conrad and Schroder,1993)。

⑤动态 CGE 模型可以分析基于动态基线政策冲击的变化,并且比较不同政策措施的优劣,这样能够更加反映现实经济。

(3)CHINGE 模型与 MCHUGE 模型对比

本书运用的中国静态可计算一般均衡模型——CHINGE 模型和中国动态可计算一般均衡模型——MCHUGE (Monash - China Hunan University General Equilibrium)模型是由澳大利亚莫纳什大学和中国湖南大学共同开发的,它们是以 ORANI 模型和 MONASH 模型为蓝本的基于中国经济的大型 CGE 模型。

CHINGE 模型属于静态可计算一般均衡模型,是在 ORANI 模型的基础上进行构建开发的。CHINGE 模型的主要内容包括了方程组体系、数据库以及闭合条件,其运行环境为 GEMPACK 软件。CHINGE 模型是一个有着严密理论基础的典型静态 CGE 模型,它包含了 4 万多个方程,如生产者对中间产品投入和基本要素投入的需求方程、居民消费需求方程、进出口贸易方程、政府支出方程、中间流通消耗方程、商品市场和要素市场出清方程以及大量的宏观经济指标方程和价格指标方程。需求和供给方程都建立在新古典经济学中个体行为最优化问题(生产成本最小化、效应最大化等)推动的基础上。模型假设产品市场和要素市场为完全竞争结构,厂商或居民都是价格的接受者,生产者无套利,每个产业生产一种产品或服务,不同产地同一商品间具有不完全替代性。模型方程体系具体可分为生产模块、需求模块、流通消耗模块、进出口贸易模块、价格模块、地区模块等六大模块。

同 CHINGE 模型一样,MCHUGE 模型的建立是基于瓦尔拉斯一般均衡理论以及投入产出理论,故其基本的方程体系以及基本方程与静态相类似,主要包括生产模块、需求模块、流通模块、贸易模块、价格模块等。相比之下,MCHUGE模型的优势在于它的动态部分,动态部分将前后两个时期相应的静态 CGE 模型进行了跨时链接,从而实现对未来进行较好的预测模拟和政策模拟。MCHUGE 模型跨期链接主要体现在资本的累积,金融资本(债务)的累积以及劳动力市场的调整三个方面。这三种跨期链接体现了模型的动态化。模型构建及相关应用可参见赖明勇和祝树金(2008)。

5.3.1.2 MCHUGE 模型

CGE 模型的动态化延伸是将资本存量的增长率与投资建立关联,通过投资报酬率的高低影响投资者的投资意愿,进而影响产业的资本存量的累积。

在静态一般均衡模型中一般不考虑资本的折旧和再投资积累,由不同产业部门对资本的最终需求决定投资。而在动态可计算一般均衡模型中,资本的积累过程不仅体现在投资的追加上,而且反映了资本的折旧,资本的产业特性将影响经济增长的路径。资本的增长由投资回报率决定,而投资回报率取决于资本形成后在下一期资本租金、下一期预期资本形成价格、当期资本形成价格以及利率,资本积累(投资)与预期回报率呈正相关关系。由如下四个方程来具体实现这一动态过程:

$$K_j(t+1) = K_j(t) \times (1 - D_j) + I_j(t) \tag{5.1}$$

$$E_t[ROR_j(t)] = -1 + \frac{E_t[Q_j(t+1)]}{C_j(t)} \times \frac{1}{1+r} + (1 - D_j) \times \frac{E_t[C_j(t+1)]}{C_j(t)} \times \frac{1}{1+r} \tag{5.2}$$

$$E_t[ROR_j(t)] = f_{jt}(\frac{K_j(t+1)}{K_j(t)} - 1) \tag{5.3}$$

$$E_t[Q_j(t+1)] = Q_j(t+1) \quad E_t[C_j(t+1)] = C_j(t+1) \tag{5.4}$$

其中,j 代表产业,K 为资本,D 是资本折旧率, E_t 是 t 期的期望值,ROR 是投资的回报率,Q 是资本租金率,r 是利息率,C 是增加一单位资本所需的成本,f_{jt} 是一个非增函数。资本积累方程(5.1)表明下一期资本存量等于本期资本存量减去本期资本折旧再加上本期投资。方程(5.2)为当期投资回报率决定方程，表明投资预期回报率等于单位投资的预期收益现值加上单位货币形成投资经过折旧后的现值，减去单位投资成本。方程(5.3)是资本增长决定方程，表示资本的增长由投资收益率决定。

MCHUGE 模型中资本增长的动态调整过程可以用图 5.3 来表示，其反映的是投资收益率边际递减，即投资回报率随着资本累积量的增加而下降。模型同时采用了理想预期的假设，将实际回报率和预期回报率结合起来，并通过逐步迭代收敛的算法使理性预期在模型中得以实现。

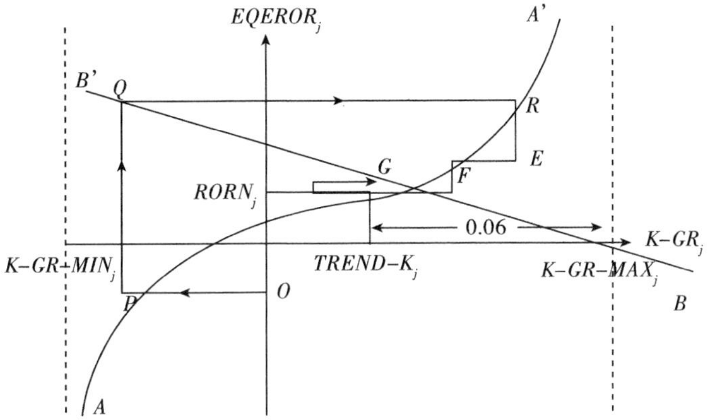

图 5.3　资本增长的动态调整过程

MCHUGE 的第二类跨期链接是通过刻画金融资产或债务的积累来实现的，下一期资产(负债)都由当期资产(负债)在下一期的终值、负债产生的利息以及新增债务的终值等决定。方程如式(5.5)所示：

$$D_q(t+1) = D_q(t) \times V_q(t,t+1) + \left[\frac{D_q(t) + D_q(t+1)}{2}\right] \times R_q(t) + J_q(t) \times V_q(t_m,t+1) \tag{5.5}$$

其中，D_q 是资产或债务水平，R_q 是资产或债务的平均利息率，J_q 是追加的资产或债务，V_q 是到 $t+1$ 期的贴现率。式(5.5)表明下一期的资产或债务水平等于本期资产或债务水平到下一期的终值、资产或债务水平的利息的平均值以及本期内追加投资或债务到下一期的终值的总和。

劳动力市场的动态调整是 MCHUGE 模型的第三个动态链接。MCHUGE 模型在处理劳动力市场的动态化时，采用了一个更符合现实情况的假设，即一个外生冲击导致的当期工资变动，使得劳动力市场供需失衡将进行逐步调整而不是立即调整，最后通过工资的逐步变动吸收了冲击对劳动力市场失衡的影响，而不是工资的调整在当期必须立即让劳动力市场出清。其具体方程如下：

$$\frac{LTOT(t)}{LTOT_f(t)}-1=\left[\frac{LTOT(t-1)}{LTOT_f(t-1)}-1\right]\times EM+F(t) \quad (5.6)$$

$$\left\{\frac{W(t)}{W_f(t)}-1\right\}=\left\{\frac{W(t-1)}{W_f(t-1)}-1\right\}+\alpha\left\{\frac{LTOT(t)}{LTOT_f(t)}-1\right\}+F\_W(t) \quad (5.7)$$

其中，W 是实际工资率，$LTOT$ 是就业水平，下标 f 代表基于基年的劳动力市场供需情况确定的工资或劳动力就业的期望值，F 为冲击函数，即在发生失衡的当年赋予其一个函数值，以后各年其值则为零，EM 和 α 分别为就业调整和工资调整参数。方程(5.6)表示，当 t 年赋予 $F(t)$ 一个值后，劳动力市场将发生失衡，即 $\frac{LTOT(t)}{LTOT_f(t)}\neq 1$，但在随后的年度，$\frac{LTOT(t+n)}{LTOT_f(t+n)}$ 对 1 的偏离将逐渐减小，其减小的幅度由 EM 的值决定，极端的情况是，$EM=1$ 时，劳动力市场的失衡一直保持 t 年的情况，而 $EM=0$ 时，在 $t+1$ 年，劳动力市场回复均衡。方程(5.7)则为工资的动态调整，方程左边为实际工资与预期工资的偏离，其值在劳动力市场均衡时为零，右边第一项为 $t-1$ 年的工资偏离，第二项为劳动力就业的偏离，第三项为冲击函数，通过该方程可以看出，如果劳动力就业发生失衡，则工资的偏离会逐年增加，经济环境中如果产生了单纯影响工资的因素而劳动力就业不变，则劳动力工资在基年增加以后各年都不变，这两个工资动态调整方程的假设是一个外生冲击导致的劳动力市场供需的失衡将进行逐步调整，而不是立即调整，最后通过工资的逐步变动吸收冲击对劳动力市场失衡的影响。

图 5.4 给出了劳动力市场供给与需求的动态调整过程。劳动力市场初始状态为劳动力需求 D 曲线与劳动力供给 S 曲线的交点 I，此时实际雇用劳动力与期望就业水平比值为 1，即为充分就业水平，且劳动力工资水平与其期望值比值为 1。当劳动力需求增加，即劳动力需求曲线 D 向上平移时，此类变动的结果导致了实际工资和雇用劳动力大于期望值，根据模型的动态调节机制，下期雇用劳动力倾向减少，工资倾向增加，劳动力供给曲线向上平移，最终 S 曲线到达 S^{∞}，此时雇用劳动力与预期相同，工资增长，到达新的平衡点，在此点，劳动力就业重新回到充分就业水平，而劳动力工资则相对上升了一定的幅度。

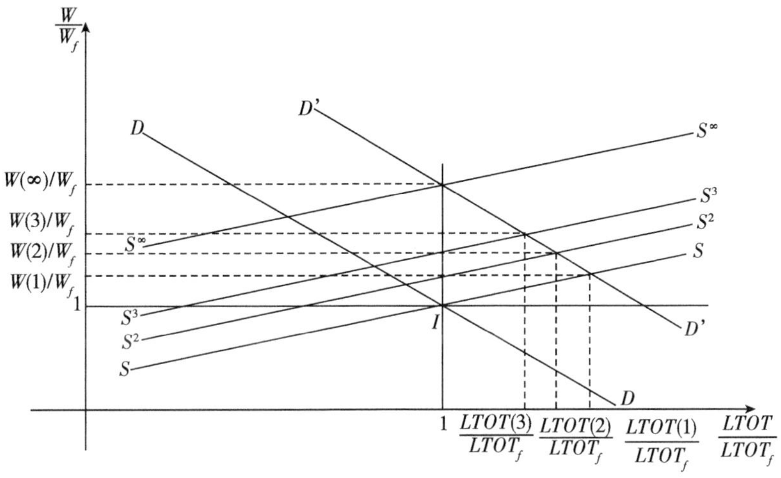

图 5.4　劳动力市场动态平衡调整过程

5.3.1.3　模型拓展

肖皓(2009)对 MCHUGE 模型进行了适当的拓展,使得该模型能够用于评估燃油税开征带来的环境效果。本书主要参照肖皓的建模方法来评估碳关税征收所带来社会福利的变动。

(1)能耗模块的嵌入

设计两种能耗评估指标:

$$EEU1_i(j) = VEU_i(j)/VTOT_i \tag{5.8}$$

$$EEU_2 = \sum_{j2}[XEU(j_2) \times CET(j_2)]/X_0GDP \tag{5.9}$$

式(5.8)代表 j 类能源产品投入到用途 i 的能耗使用率,用于反映含价格因素的能源使用情况,用能源使用金额与总投入金融的比例来表示;式(5.9)代表单位 GDP 能耗系数,用于反映单位 GDP 能耗水平,用标准煤与实际 GDP 的比例来表示。其中,i 代表产品的 6 类使用用途(中间投入、投资、消费、政府支出、出口、库存),j 代表 6 类能源产品,j_2 代表一次能源产品。$VEU_i(j)$ 代表 j 类能源产品投入用途 i 的价值量,$VTOT_i$ 代表用途 i 的总需求投入价值量。$XEU(j_2)$ 代表一次能源产品实际投入总量,$CET(j_2)$ 代表一次能源产品折合成标准煤的转换系数(见表 5.7),X_0GDP 代表价格平减后的实际 GDP。

(2)环境模块的嵌入

对环境模块做以下处理:

$$Pol_k(h) = inp_k(h) \times activity_k \tag{5.10}$$

$$Tpol(h) = \sum_k Pol_k(h) \tag{5.11}$$

式(5.10)用于反映排污总量情况,式(5.11)用于反映第 h 种污染物的排放总量。其中,k 代表不同行业,h 代表 4 种污染物(工业废水、废气、固体废物及二氧化碳),inp 代表污染系数,$activity$ 代表工业总产出水平,

(3)CO_2排放的处理和碳关税的嵌入

CO_2的排放主要依赖于含碳产品的最终消费使用。这些产品包括了一次能源(原煤、原油、天然气)和二次能源中的焦炭与成品油。其中,一次能源转化为二次能源(焦炭和成品油)是能源形式的转化,并不属于最终消费,因此,在计算碳排放量时,该部分需要从能源产品消耗总量中扣除。如下所示:

$$QECO_2(e) = \sum_{dc} QENG(e) - Q1T_2(e) \tag{5.12}$$

$$PCO_2 = \sum QECO_2(e) \times EcCO_2(e) \tag{5.13}$$

其中,e 代表含碳的能源产品,dc 表示国内销售,包括国内产品和进口品投入生产、投资、家庭消费、政府支出等。$QECO_2$ 表示含碳能源品按照标准煤计算的最终消费量,$QENG$ 表示国内销售(生产、投资、消费、出口四种流向)按照标准煤计算的消费量,$Q1T_2$ 代表生产投入中一次能源转化为二次能源中的焦炭和成品油按照标准煤计算的一次能源转换量。PCO_2 代表 CO_2的总排放量,$EcCO_2$ 代表含碳能源品使用过程中产生 CO_2的系数,如表 5.8 所示。

表 5.7 各种含碳能源折标准煤系数

煤	石油	天然气	石化产品和焦炭	燃气与热力
0.7143	1.4286	1.1 ~ 1.33	1.4554	1.286
标准煤/千克	标准煤/千克	标准煤/立方米	标准煤/千克	标准煤/立方米

注:石化产品和焦炭的能源折标准煤参考系数是按照焦炭、汽油、煤油、柴油、燃料油的 2008 年国内消费情况进行加权平均得到的。

资料来源:《中国能源统计年鉴 2009》。

表 5.8　含碳能源品的 CO_2 排放系数　单位：吨/标准煤

煤	石油	天然气	石化产品和焦炭	燃气与热力
2.292	1.746	1.288	2.37	1.5

注：排放系数参考肖皓的博士论文，其中石化产品和焦炭的 CO_2 排放系数是按照焦炭、汽油、煤油、柴油、燃料油的 2008 年国内消费情况进行加权平均得到的。

CO_2的排放主要来自煤、石油、天然气等化石燃料的燃烧，由于对 CO_2 排放的监控与核算较为困难而且需要额外成本，本文将 CO_2 转化为相应的能源产品，根据不同能源品种的含碳量进行换算，如下所示：

$$V(e) \times Tp(e) = \frac{V(e)}{P(e)} \times C(e) \times EcCO_2(e) \times Tq \qquad (5.14)$$

其中，e 代表含碳的能源产品，V 代表某种含碳能源产品的消费值，Tp 表示某种能源的从价税，P 代表能源价格，C 表示含碳能源产品转化为标准煤系数（见表 5.7），Tq 代表从量税。

将碳关税折算成出口品在国际市场面临的关税税率（从价税）的具体做法是将碳关税税率乘以出口产生的二氧化碳排放量，再除以相应出口品的总额（FOB 价），折算成各行业出口的额外关税税率。公式如下：

$$ATariff_i = EXCO_{2i} \times Tq/EX_i \qquad (5.15)$$

其中，$ATariff_i$ 为折算后的碳关税税率（从价税）；$EXCO_{2i}$ 为行业 i 的出口品引起的 CO_2 排放。

5.3.1.4　场景设置

2010 年，国家发展改革委和财政部有关课题组经过调研，作了《中国碳税税制框架设计》的专题报告。课题组表示，中国碳税比较合适的推出时间是 2012 年前后；由于采用二氧化碳排放量作为计税依据，需要采用从量计征的方式，所以适合采用定额税率形式；在税收的转移支付上，应利用碳税重点对节能环保行业和企业进行补贴。财政部有关课题组建议，中国的碳税最终应该根据煤炭、天然气和成品油的消耗量来征收。碳税在起步的时候，每吨二氧化碳排放征税 10 元，征收年限可设定在 2012 年；到 2020 年，碳税的税率可提高到 40 元/吨。而环保部规划院课题组则建议，每吨二氧化碳排放征税 20 元，到 2020 年可以按 50 元/吨征收。

由于碳税征收还没有真正实施，因此其税率的确定仍然无依据可循，本文设置了4种税率对碳税征收产生的经济社会福利效应影响进行模拟分析，假设从2012年开始征收碳关税，每年征收的碳关税定为10元/吨、20元/吨、30元/吨3个情景，碳税收入用于降低要素所得税；情景4是2012年起征20元/吨，以后逐年增加10元/吨，碳税收入用于补贴个人消费者。碳税是根据产品加工过程所排放碳的多少收税的一种环境税，在现实操作中也常常采用能源税的形式，直接提高燃料最终用户支付的价格。碳税从量征收，即按照各单位生产过程的排放量进行征收。

5.3.2 仿真研究结果分析

本文利用MCHUGE模型针对发达国家征收碳关税对于中国宏观经济变量、产业发展、节能减排以及进出口贸易和就业的影响程度进行了仿真研究，主要分析结果如表5.8、表5.9和表5.10所示。

5.3.2.1 宏观经济效应分析

碳税政策作为一项减排政策，其可行性不仅应考虑减排效果的有效性，还应从经济可行性方面进行评价。首先来看征收碳税对整体宏观经济的影响。

表5.9列出了征收碳税时主要宏观经济变量的变化情况，受篇幅限制，本文只列出4种情景2012年、2016年和2020年的数据。由表5.9可以看出：在充分调整条件下，碳税收入用于降低要素所得税的3种情景下，征收碳税对整体经济造成了负面影响，包括GDP、居民福利、消费、投资、政府支出、进口和出口在内的大多数宏观经济变量都有不同程度的下降，且变化幅度随着征收碳税税率的增加而递增。而在碳税收入用于补贴个人消费者的情景下，征收碳税给整体经济带来了较为正面的效应，GDP、居民福利、消费、投资、政府支出、进口和出口在内的大多数宏观经济变量呈现出不同程度的正向偏离。

对GDP的影响。GDP变化取决于消费、投资、净出口和政府支出的变化。从表5.9可以看出，碳税收入用于降低要素所得税的3种情景，拉动经济增长的“四驾马车”都在不同程度上出现下降趋势，对GDP造成了实质性的负面影响。而碳税收入用于补贴个人消费者的情景，“四架马车”的利好拉动了经济发展。

对贸易的影响。碳税收入用于降低要素所得税的3种情景,贸易条件呈现正向偏离。进口、出口总额均有不同程度的下降,且进口下降的幅度要大于出口下降的幅度,故净出口额为正值。而在情景4下,碳税收入用于补贴个人消费者,在一定程度上刺激了投资的扩大,进而促进了出口的扩大,同时碳税收入用于补贴个人消费者后有利于收入的提高(实际工资和税后实际工资都呈正向偏离),加大了复合产品的需求量,对外贸产品需求量也在增加,进口总额上升。

表5.9　宏观模拟结果(相对基期的百分比变动率)

	情景1			情景2			情景3			情景4		
	2012年	2016年	2020年	2012年	2016年	2020年	2012年	2016年	2020年	2012年	2016年	2020年
宏观经济变量												
支出法GDP	-0.11	-0.08	-0.06	-0.21	-0.15	-0.13	-0.32	-0.23	-0.19	0.49	1.09	0.93
居民福利(GNP)	-0.09	-0.06	-0.04	-0.18	-0.11	-0.09	-0.27	-0.17	-0.13	0.48	1.10	1.04
消费	-0.09	-0.06	-0.04	-0.18	-0.12	-0.08	-0.28	-0.17	-0.13	0.75	2.06	2.49
投资	-0.21	-0.16	-0.16	-0.42	-0.31	-0.32	-0.63	-0.47	-0.47	0.17	0.07	-0.44
政府支出	-0.09	-0.06	-0.04	-0.18	-0.12	-0.08	-0.28	-0.17	-0.13	0.75	2.05	2.49
出口	-0.05	-0.04	-0.02	-0.10	-0.08	-0.05	-0.15	-0.12	-0.07	0.41	0.80	0.40
进口	-0.11	-0.08	-0.07	-0.22	-0.15	-0.13	-0.33	-0.23	-0.20	0.39	0.80	0.57
要素市场												
收入法GDP	-0.11	-0.08	-0.06	-0.21	-0.15	-0.13	-0.32	-0.23	-0.19	0.49	1.09	0.93
资本租赁价格	-0.22	-0.11	-0.08	-0.43	-0.21	-0.17	-0.64	-0.32	-0.25	0	-0.38	-0.87
实际工资	-0.03	-0.12	-0.15	-0.07	-0.23	-0.29	-0.10	-0.35	-0.44	0.16	1.29	2.39
税后实际工资	-0.03	-0.12	-0.15	-0.07	-0.23	-0.29	-0.10	-0.35	-0.44	0.16	1.29	2.39
土地租赁价格	-0.72	-0.66	-0.63	-1.41	-1.28	-1.23	-2.08	-1.89	-1.81	0.77	1.43	0.07
就业	-0.17	-0.08	-0.04	-0.35	-0.15	-0.08	-0.52	-0.23	-0.11	0.79	1.69	1.41
资本存量	0	-0.09	-0.12	0	-0.18	-0.24	0	-0.26	-0.37	0	0.09	-0.05
土地存量	0	0	0	0	0	0	0	0	0	0	0	0
价格指数												
GDP平减指数	0	0	-0.01	0	0	-0.02	0.01	0	-0.03	-0.49	-1.39	-1.74
投资品价格指数	-0.01	-0.02	-0.02	-0.03	-0.03	-0.04	-0.04	-0.05	-0.06	-0.17	-0.36	-0.34

续表

	情景 1			情景 2			情景 3			情景 4		
	2012 年	2016 年	2020 年	2012 年	2016 年	2020 年	2012 年	2016 年	2020 年	2012 年	2016 年	2020 年
消费者物价指数	-0.01	-0.01	-0.01	-0.02	-0.01	-0.03	-0.03	-0.02	-0.04	-0.91	-2.95	-4.23
实际贬值	0	0	0.01	0	0	0.02	-0.01	0	0.03	0.49	1.41	1.78
贸易条件	0.02	0.02	0.02	0.04	0.04	0.03	0.06	0.06	0.05	-0.05	-0.06	0.06
节能减排												
单位 GDP 能耗	-0.02	-0.07	-0.10	-0.04	-0.14	-0.20	-0.06	-0.20	-0.29	-0.60	-1.55	-1.97
CO2 排放	-0.29	-0.27	-0.25	-0.58	-0.53	-0.50	-0.86	-0.79	-0.74	0.07	-0.04	-0.85

数据来源：模拟结果。

碳税政策的节能减排效果如表 5.9 所示。从表 5.9 可以看出，碳税的征收能起到一定的节能减排效果。碳税的征收在一定程度上有助于促进厂商技术进步，提高能源利用效率，降低能源消耗总量，单位 GDP 能耗在不同情景下都呈现出逐年下降趋势。随着碳税税率的提高，碳税的征收会通过市场的价格机制使能源价格上升，而且含碳量越高的能源价格上升幅度越大，因此生产部门会选择低碳能源替代原高碳能源，倾向于清洁生产，而消费者也倾向于消费绿色低碳产品，从而降低整个社会的能源消费以及碳排放。

5.3.2.2 产业效应分析

碳税征收对中国不同行业产出水平的影响是不尽相同的，这主要体现在对农业相关部门和非农业相关部门、能源行业和高碳行业与低碳行业的差异上。同时，从表 5.10 中也可以看出，大部分产业受碳税征收影响，短期内产出水平受到的影响较大，长期来看这种影响呈现出先下降后回升的趋势。

从表 5.10 可以看出，在碳税收入用于降低要素所得税的三种情景下，除了家畜肉类（猪肉除外）加工业、服装业、皮革制品业等三个行业的产出有所上升之外，其他行业的产出水平均出现不同程度的下降，而且随着碳税税率的增加，行业产出下降或上升的幅度递增。其中，下降幅度最大的行业有石油化工、煤炭开采业、化学工业、天然气开采业、建筑业、非金属矿冶炼业、钢铁产业；下降幅度较小的行业主要有农业部门、纺织业、房地产等。在碳税收入用于补贴个人消费者的情景下，各行业产出水平较前面三种情景，大部分产业产出均有所上升，表现出正向偏离，而煤炭开采业、石油化工等两个行业的产出有所下降，且受碳税征收影响，从长期来看，石油开采业、天然气开采业、化学工业、非金属矿冶炼业、钢铁产业、建筑业、燃气和暖气供应业等行业的产出有所下降。其原因是这些行业皆属于高能耗行业，碳税的开征直接导致生产成本的大幅度提升。

表 5.10　碳税征收对各产业产出水平影响(相对基期的百分比变动率)

序号	产业	情景 1			情景 2			情景 3			情景 4		
		2012 年	2016 年	2020 年	2012 年	2016 年	2020 年	2012 年	2016 年	2020 年	2012 年	2016 年	2020 年
1	水稻种植业	-0.08	-0.05	-0.04	-0.16	-0.11	-0.09	-0.24	-0.16	-0.13	0.51	1.27	1.27
2	小麦种植业	-0.06	-0.01	0.01	-0.11	-0.03	0.02	-0.17	-0.04	0.03	0.59	1.50	1.68
3	其他谷物种植业	-0.07	-0.04	-0.02	-0.14	-0.07	-0.04	-0.20	-0.11	-0.06	0.45	1.00	0.89
4	蔬菜水果种植业	-0.07	-0.03	-0.01	-0.14	-0.06	-0.02	-0.20	-0.09	-0.03	0.57	1.47	1.69
5	油料作物业	-0.06	-0.02	0.00	-0.13	-0.05	-0.01	-0.19	-0.07	-0.01	0.54	1.27	1.28
6	糖料作物业	-0.10	-0.09	-0.08	-0.20	-0.17	-0.16	-0.30	-0.26	-0.23	0.30	0.60	0.29
7	麻类作物业	-0.02	0.01	0.03	-0.05	0.02	0.06	-0.07	0.03	0.10	0.52	1.12	1.02
8	其他作物业	-0.13	-0.13	-0.12	-0.27	-0.25	-0.24	-0.40	-0.38	-0.35	0.13	0.06	-0.55
9	家畜(猪除外)饲养业	-0.06	-0.02	-0.01	-0.13	-0.05	-0.02	-0.19	-0.07	-0.03	0.57	1.25	1.09
10	猪、家禽业	-0.05	-0.01	0.01	-0.10	-0.02	0.02	-0.15	-0.03	0.03	0.57	1.36	1.52
11	奶产品生产业	-0.08	-0.04	-0.03	-0.16	-0.09	-0.07	-0.24	-0.13	-0.10	0.50	1.05	0.80

续表

序号	产业	情景1			情景2			情景3			情景4		
		2012年	2016年	2020年	2012年	2016年	2020年	2012年	2016年	2020年	2012年	2016年	2020年
12	皮革羊毛业	-0.01	0.02	0.04	-0.03	0.05	0.09	-0.04	0.07	0.13	0.53	1.15	1.09
13	林业	-0.14	-0.10	-0.08	-0.29	-0.20	-0.15	-0.43	-0.30	-0.23	0.42	0.80	0.40
14	渔业	-0.06	-0.03	-0.01	-0.11	-0.05	-0.03	-0.17	-0.08	-0.04	0.40	0.94	0.99
15	煤炭开采业	-0.35	-0.35	-0.35	-0.70	-0.70	-0.68	-1.04	-1.03	-1.01	-0.34	-1.19	-2.34
16	石油开采业	-0.01	-0.02	-0.02	-0.03	-0.04	-0.03	-0.04	-0.05	-0.05	0.01	-0.02	-0.07
17	天然气开采业	-0.21	-0.22	-0.22	-0.42	-0.43	-0.43	-0.63	-0.65	-0.65	0.04	-0.28	-1.29
18	其他矿业开采业	-0.12	-0.10	-0.09	-0.25	-0.21	-0.18	-0.37	-0.31	-0.28	0.27	0.44	0.02
19	家畜肉类加工业	0.05	0.11	0.16	0.10	0.23	0.32	0.15	0.34	0.48	0.98	2.38	2.60
20	猪肉加工业	-0.06	-0.03	-0.01	-0.12	-0.06	-0.02	-0.18	-0.08	-0.03	0.52	1.22	1.23
21	动植物油加工业	-0.12	-0.10	-0.09	-0.23	-0.21	-0.19	-0.35	-0.31	-0.28	0.39	0.81	0.46
22	乳品加工	-0.02	0.03	0.05	-0.03	0.05	0.10	-0.05	0.08	0.15	0.85	2.02	2.01
23	大米加工业	-0.07	-0.05	-0.04	-0.14	-0.09	-0.07	-0.21	-0.14	-0.11	0.52	1.34	1.41
24	糖类制品加工业	-0.09	-0.08	-0.06	-0.19	-0.15	-0.12	-0.28	-0.23	-0.19	0.32	0.66	0.43
25	其他食品加工	-0.08	-0.05	-0.04	-0.16	-0.11	-0.08	-0.24	-0.16	-0.11	0.43	1.01	0.94
26	饮料和烟草加工业	-0.10	-0.07	-0.06	-0.20	-0.14	-0.11	-0.30	-0.21	-0.17	0.71	1.78	1.85
27	纺织业	-0.02	0.02	0.04	-0.04	0.03	0.08	-0.06	0.05	0.12	0.61	1.39	1.34
28	服装业	0.01	0.10	0.15	0.03	0.20	0.30	0.04	0.30	0.45	1.17	2.87	3.22

续表

序号	产业	情景 1			情景 2			情景 3			情景 4		
		2012 年	2016 年	2020 年	2012 年	2016 年	2020 年	2012 年	2016 年	2020 年	2012 年	2016 年	2020 年
29	皮革制品业	0. 05	0. 12	0. 16	0. 11	0. 24	0. 32	0. 16	0. 35	0. 49	1. 04	2. 47	2. 67
30	木制品业（除家具外）	-0. 13	-0. 10	-0. 08	-0. 26	-0. 19	-0. 16	-0. 39	-0. 29	-0. 24	0. 36	0. 74	0. 44
31	造纸和印刷出版业	-0. 11	-0. 08	-0. 06	-0. 23	-0. 16	-0. 12	-0. 34	-0. 24	-0. 18	0. 55	1. 22	0. 96
32	石油化工	-0. 51	-0. 55	-0. 58	-1. 01	-1. 10	-1. 16	-1. 51	-1. 64	-1. 74	-0. 40	-1. 81	-4. 20
33	化学工业	-0. 24	-0. 27	-0. 29	-0. 49	-0. 54	-0. 57	-0. 73	-0. 81	-0. 85	0. 10	-0. 34	-1. 78
34	非金属矿冶炼业	-0. 19	-0. 14	-0. 14	-0. 37	-0. 29	-0. 28	-0. 55	-0. 43	-0. 42	0. 27	0. 35	-0. 15
35	钢铁产业	-0. 19	-0. 17	-0. 15	-0. 38	-0. 34	-0. 31	-0. 57	-0. 51	-0. 46	0. 35	0. 54	-0. 21
36	其他金属冶炼业	-0. 12	-0. 11	-0. 09	-0. 25	-0. 23	-0. 18	-0. 37	-0. 34	-0. 28	0. 38	0. 75	0. 25
37	金属制品业	-0. 12	-0. 09	-0. 07	-0. 23	-0. 18	-0. 15	-0. 35	-0. 27	-0. 22	0. 47	0. 94	0. 52
38	汽车产业	-0. 13	-0. 10	-0. 09	-0. 26	-0. 20	-0. 18	-0. 38	-0. 30	-0. 27	0. 58	1. 21	0. 83
39	其他运输工具生产业	-0. 16	-0. 12	-0. 11	-0. 32	-0. 24	-0. 22	-0. 48	-0. 37	-0. 33	0. 45	0. 87	0. 47
40	办公设备和通信设备业	-0. 01	0. 02	0. 04	-0. 03	0. 03	0. 07	-0. 04	0. 05	0. 11	0. 59	1. 32	1. 26
41	机械设备制造业	-0. 08	-0. 05	-0. 03	-0. 17	-0. 10	-0. 06	-0. 25	-0. 15	-0. 10	0. 58	1. 24	0. 97
42	其他制造业	-0. 01	0. 01	0. 04	-0. 03	0. 03	0. 07	-0. 04	0. 04	0. 11	0. 53	1. 28	1. 27
43	电力行业	-0. 17	-0. 15	-0. 14	-0. 33	-0. 30	-0. 28	-0. 50	-0. 45	-0. 42	0. 34	0. 62	0. 05
44	燃气和暖气供应业	-0. 15	-0. 15	-0. 14	-0. 31	-0. 29	-0. 28	-0. 46	-0. 44	-0. 42	0. 31	0. 49	-0. 17
45	水的生产和供应业	-0. 12	-0. 10	-0. 09	-0. 24	-0. 21	-0. 18	-0. 36	-0. 31	-0. 27	0. 50	1. 15	0. 92

续表

序号	产业	情景 1			情景 2			情景 3			情景 4		
		2012 年	2016 年	2020 年	2012 年	2016 年	2020 年	2012 年	2016 年	2020 年	2012 年	2016 年	2020 年
46	建筑业	-0.20	-0.15	-0.15	-0.41	-0.31	-0.31	-0.61	-0.46	-0.46	0.19	0.14	-0.36
47	贸易行业	-0.11	-0.08	-0.06	-0.21	-0.15	-0.13	-0.32	-0.23	-0.19	0.50	1.06	0.80
48	陆地运输业	-0.13	-0.10	-0.09	-0.25	-0.20	-0.18	-0.38	-0.30	-0.27	0.40	0.76	0.34
49	水运业	-0.12	-0.10	-0.09	-0.24	-0.21	-0.18	-0.36	-0.31	-0.27	0.29	0.50	-0.01
50	空运业	-0.10	-0.09	-0.07	-0.19	-0.17	-0.15	-0.29	-0.26	-0.22	0.28	0.51	0.03
51	通信业	-0.11	-0.09	-0.08	-0.21	-0.18	-0.15	-0.32	-0.27	-0.23	0.48	1.20	1.11
52	金融服务业	-0.10	-0.07	-0.05	-0.20	-0.14	-0.11	-0.30	-0.21	-0.16	0.59	1.44	1.40
53	保险业	-0.11	-0.11	-0.10	-0.22	-0.22	-0.20	-0.34	-0.33	-0.30	0.35	0.73	0.32
54	租赁业	-0.12	-0.09	-0.08	-0.23	-0.18	-0.15	-0.35	-0.27	-0.23	0.53	1.24	1.12
55	娱乐文化体育业	-0.11	-0.08	-0.06	-0.22	-0.15	-0.12	-0.33	-0.23	-0.18	0.58	1.36	1.27
56	公共事业	-0.10	-0.06	-0.05	-0.20	-0.13	-0.09	-0.30	-0.19	-0.14	0.73	1.95	2.29
57	房地产业	-0.05	-0.06	-0.05	-0.10	-0.13	-0.10	-0.15	-0.19	-0.15	0.44	1.53	1.67

注：家畜肉类加工业不包含猪肉。

各生产部门的产出水平受碳税的影响呈现不同变化趋势的原因可由均衡价格决定的原理得到解释：生产部门的均衡产出是由供给和需求之间的相互作用决定的，即供给曲线和需求曲线移动幅度的相对大小决定了生产部门的均衡产出水平的变化程度以及变化方向。碳税一方面将提高生产部门的能源成本，从而使这些部门的供给曲线内移；另一方面使得生产部门对含碳量大的能源的需求减少，对清洁能源的需求上升。而能源需求的变化又进一步影响了能源部门的均衡产量和均衡价格，从而影响到了其他部门的生产成本。考虑到这种价格机制产生的联动效应，各生产部门的供给和需求曲线都出现了不同的移动情况，从而出现了如表 5.10 所示的变化。

5.3.2.3 就业效应分析

表 5.11 报告了碳税征收对各产业部门的就业影响。可以看出，在碳税收入用于降低要素所得税的 3 种情景下，受碳税征收影响，短期内天然气开采业、

煤炭开采业、石油化工、电力行业、化学工业、水的生产和供应业、房地产业、通信业、空运业、非金属矿冶炼业受到的影响最大。长期内,天然气开采业、煤炭开采业、石油化工、化学工业、钢铁行业、其他作物业、非金属矿冶炼业、建筑业、其他运输工具生产业受到较大冲击,家畜肉类(猪肉除外)加工业、皮革制品业、服装业、房地产业、其他制造业、乳品加工业、皮革羊毛业等产业的就业形势较为乐观。在碳税收入用于补贴个人消费者的情景下,各行业的就业形势呈现出一片利好。

表 5.11 碳税征收对各产业部门的就业影响(相对基期的百分比变动率)

序号	产业	情景 1			情景 2			情景 3			情景 4		
		2012 年	2016 年	2020 年	2012 年	2016 年	2020 年	2012 年	2016 年	2020 年	2012 年	2016 年	2020 年
1	水稻种植业	-0.11	-0.07	-0.06	-0.22	-0.14	-0.11	-0.32	-0.21	-0.17	0.70	1.67	1.62
2	小麦种植业	-0.07	-0.02	0.01	-0.15	-0.03	0.03	-0.22	-0.05	0.04	0.77	1.87	2.00
3	其他谷物种植业	-0.09	-0.05	-0.02	-0.19	-0.09	-0.05	-0.28	-0.14	-0.07	0.63	1.32	1.12
4	蔬菜水果种植业	-0.11	-0.05	-0.02	-0.21	-0.09	-0.03	-0.32	-0.14	-0.05	0.92	2.30	2.59
5	油料作物业	-0.09	-0.03	0	-0.17	-0.06	-0.01	-0.26	-0.09	-0.01	0.73	1.64	1.58
6	糖料作物业	-0.16	-0.13	-0.12	-0.32	-0.26	-0.23	-0.47	-0.39	-0.35	0.48	0.93	0.44
7	麻类作物业	-0.05	0.02	0.06	-0.09	0.04	0.13	-0.14	0.06	0.19	0.99	2.15	1.95
8	其他作物业	-0.21	-0.19	-0.17	-0.42	-0.38	-0.35	-0.63	-0.57	-0.52	0.20	0.09	-0.81
9	家畜(猪除外)饲养业	-0.11	-0.04	-0.01	-0.21	-0.08	-0.03	-0.32	-0.11	-0.04	0.96	2.07	1.79
10	猪、家禽业	-0.09	-0.01	0.02	-0.18	-0.03	0.04	-0.27	-0.05	0.06	1.06	2.62	2.97
11	奶产品生产业	-0.14	-0.07	-0.05	-0.28	-0.15	-0.11	-0.41	-0.22	-0.16	0.88	1.83	1.39

续表

序号	产业	情景1			情景2			情景3			情景4		
		2012年	2016年	2020年	2012年	2016年	2020年	2012年	2016年	2020年	2012年	2016年	2020年
12	皮革羊毛业	-0.03	0.05	0.10	-0.05	0.10	0.19	-0.08	0.14	0.29	1.09	2.43	2.36
13	林业	-0.17	-0.11	-0.09	-0.34	-0.23	-0.17	-0.51	-0.34	-0.26	0.50	0.93	0.45
14	渔业	-0.11	-0.05	-0.03	-0.22	-0.11	-0.05	-0.34	-0.16	-0.08	0.82	1.97	2.09
15	煤炭开采业	-1.43	-1.42	-1.43	-2.80	-2.76	-2.78	-4.09	-4.04	-4.07	-1.37	-4.66	-8.93
16	石油开采业	-0.15	-0.12	-0.10	-0.29	-0.24	-0.21	-0.44	-0.37	-0.31	0.06	-0.09	-0.57
17	天然气开采业	-1.96	-1.71	-1.78	-3.84	-3.37	-3.49	-5.64	-4.98	-5.15	0.37	-2.55	-10.5
18	其他矿业开采业	-0.28	-0.21	-0.19	-0.55	-0.43	-0.38	-0.83	-0.64	-0.57	0.60	0.96	0.02
19	家畜肉类加工业	0.11	0.21	0.27	0.22	0.43	0.54	0.33	0.64	0.81	2.16	4.24	3.98
20	猪肉加工业	-0.09	-0.02	0.00	-0.17	-0.05	0.01	-0.26	-0.07	0.01	0.74	1.65	1.60
21	动植物油加工业	-0.24	-0.14	-0.09	-0.48	-0.28	-0.18	-0.73	-0.42	-0.27	0.81	1.55	0.86
22	乳品加工业	-0.03	0.06	0.10	-0.06	0.12	0.21	-0.10	0.19	0.31	1.66	3.41	3.01
23	大米加工业	-0.12	-0.05	-0.02	-0.24	-0.11	-0.05	-0.36	-0.16	-0.07	0.88	2.10	2.05
24	糖类制品加工业	-0.27	-0.10	-0.03	-0.54	-0.19	-0.05	-0.81	-0.29	-0.08	0.92	1.66	1.02
25	其他食品加工业	-0.20	-0.06	0	-0.40	-0.11	0	-0.60	-0.17	0	1.09	2.16	1.80
26	饮料和烟草加工业	-0.17	-0.08	-0.05	-0.34	-0.16	-0.09	-0.50	-0.24	-0.14	1.20	2.74	2.61
27	纺织业	-0.03	0.04	0.09	-0.07	0.09	0.18	-0.10	0.13	0.27	1.06	2.24	2.06
28	服装业	0.02	0.14	0.20	0.04	0.28	0.41	0.06	0.42	0.61	1.66	3.86	4.13

续表

序号	产业	情景 1			情景 2			情景 3			情景 4		
		2012 年	2016 年	2020 年	2012 年	2016 年	2020 年	2012 年	2016 年	2020 年	2012 年	2016 年	2020 年
29	皮革制品业	0.08	0.16	0.22	0.15	0.32	0.43	0.23	0.49	0.65	1.47	3.33	3.44
30	木制品业（除家具外）	-0.20	-0.11	-0.07	-0.41	-0.23	-0.13	-0.61	-0.34	-0.20	0.55	1.16	0.76
31	造纸和印刷出版业	-0.17	-0.09	-0.05	-0.34	-0.18	-0.09	-0.51	-0.27	-0.14	0.83	1.78	1.38
32	石油化工	-1.15	-0.86	-0.74	-2.28	-1.71	-1.48	-3.41	-2.55	-2.22	-0.91	-3.08	-6.60
33	化学工业	-0.43	-0.36	-0.33	-0.86	-0.73	-0.66	-1.29	-1.09	-0.99	0.17	-0.39	-2.34
34	非金属矿冶炼业	-0.29	-0.17	-0.14	-0.57	-0.35	-0.28	-0.86	-0.52	-0.42	0.41	0.61	-0.01
35	钢铁产业	-0.27	-0.20	-0.16	-0.54	-0.41	-0.31	-0.80	-0.61	-0.47	0.50	0.80	-0.15
36	其他金属冶炼业	-0.19	-0.13	-0.08	-0.38	-0.27	-0.17	-0.57	-0.40	-0.25	0.58	1.16	0.47
37	金属制品业	-0.17	-0.10	-0.06	-0.35	-0.20	-0.12	-0.52	-0.30	-0.18	0.71	1.37	0.81
38	汽车产业	-0.23	-0.12	-0.07	-0.47	-0.24	-0.15	-0.70	-0.37	-0.22	1.07	2.06	1.36
39	其他运输工具生产业	-0.25	-0.15	-0.11	-0.51	-0.30	-0.21	-0.76	-0.44	-0.32	0.71	1.37	0.79
40	办公设备和通信设备业	-0.02	0.05	0.09	-0.05	0.09	0.17	-0.07	0.14	0.26	1.07	2.23	2.00
41	机械设备制造业	-0.14	-0.05	0	-0.28	-0.10	-0.01	-0.42	-0.15	-0.01	0.97	1.95	1.47
42	其他制造业	-0.03	0.06	0.11	-0.06	0.11	0.22	-0.09	0.17	0.33	1.21	2.57	2.30
43	电力行业	-0.70	-0.04	0	-1.39	-0.09	0	-2.08	-0.13	-0.01	1.43	1.75	1.27
44	燃气和暖气供应业	-0.24	-0.12	-0.08	-0.48	-0.24	-0.16	-0.71	-0.35	-0.24	0.48	0.97	0.35
45	水的生产和供应业	-0.36	-0.01	0.03	-0.72	-0.02	0.07	-1.08	-0.03	0.10	1.50	2.39	2.17

续表

序号	产业	情景 1			情景 2			情景 3			情景 4		
		2012 年	2016 年	2020 年	2012 年	2016 年	2020 年	2012 年	2016 年	2020 年	2012 年	2016 年	2020 年
46	建筑业	-0.26	-0.17	-0.16	-0.52	-0.34	-0.31	-0.78	-0.51	-0.47	0.25	0.25	-0.28
47	贸易行业	-0.17	-0.06	0	-0.35	-0.11	0	-0.52	-0.17	0	0.81	1.81	1.58
48	陆地运输业	-0.22	-0.06	-0.01	-0.43	-0.13	-0.03	-0.65	-0.19	-0.04	0.69	1.46	1.08
49	水运业	-0.21	-0.06	-0.01	-0.42	-0.13	-0.02	-0.62	-0.19	-0.03	0.51	1.17	0.72
50	空运业	-0.31	0.02	0.08	-0.61	0.04	0.16	-0.92	0.07	0.23	0.91	1.76	1.36
51	通信业	-0.34	-0.02	0.03	-0.68	-0.04	0.06	-1.01	-0.07	0.09	1.55	2.57	2.21
52	金融服务业	-0.16	-0.05	-0.01	-0.33	-0.10	-0.01	-0.49	-0.15	-0.02	0.98	2.16	2.03
53	保险业	-0.20	-0.10	-0.05	-0.41	-0.20	-0.10	-0.61	-0.30	-0.15	0.63	1.31	0.80
54	租赁业	-0.18	-0.08	-0.04	-0.37	-0.16	-0.08	-0.55	-0.24	-0.12	0.83	1.82	1.64
55	娱乐文化体育业	-0.14	-0.07	-0.04	-0.29	-0.14	-0.08	-0.43	-0.21	-0.12	0.75	1.72	1.59
56	公共事业	-0.12	-0.06	-0.04	-0.23	-0.13	-0.08	-0.35	-0.20	-0.12	0.85	2.23	2.58
57	房地产业	-0.35	0.06	0.12	-0.70	0.13	0.24	-1.05	0.19	0.36	3.06	4.30	3.35

注：家畜肉类加工业不包含猪肉。

5.3.2.4 主要结论

本节利用 MCHUGE 模型仿真分析了 4 种情景下碳税征收对中国宏观经济变量、产业发展、节能减排以及就业的影响程度，得到了一些有益的结论。

碳税征收方式、税率大小及税收返还方式不同，碳税征收对中国宏观经济变量、产业发展、节能减排以及就业的影响程度也呈现出不同方向、大小的变动趋势。总体来说，情景 4——2012 年起征 20 元/吨、以后逐年增加 10 元/吨，碳税收入用于补贴个人消费者的征收方式对中国社会经济和能源环境影响效果是最好的，因此，国家在今后正式实施碳税征收的情况下，可以考虑这种模式。

在碳税收入用于降低要素所得税的 3 种情景下，征收碳税会在一定程度上给中国宏观经济增长带来负面影响，并且此负面影响会随着税率的提高逐渐加剧。这一结论与现有的基于全国层面的研究结果基本一致。有别于国内研究，碳税收入用于补贴个人消费者的情景下，征收碳税会在一定程度上给中国宏观经济增长带来正面影响。

在行业部门影响方面,碳税对各行业的产出水平、就业状况都产生了不同程度的影响。其中,影响较大的是天然气开采业、煤炭开采业、石油化工、化学工业、钢铁行业等能源密集型行业,受影响最小的是农业部门。

小 结

本节利用低碳经济主要影响因素间的长期均衡关系,构建最优决策模型,分析当前地区低碳经济发展总体优劣情况,给地区发展低碳经济的优化途径指明方向,为决策者发展低碳经济提供参考建议。以湖南省数据为例,同等要素投入前提下,其在发展过程中更加侧重于提高经济发展水平,提高污染治理能力,能够更有利于促进低碳经济运行质量的进一步提升。此外,湖南作为中部省份,经济发展水平在全国各地区中处于中等偏上位置,湖南省情况对全国平均水平具有一定替代性。因此,经济发展水平、污染治理能力是现阶段全国发展低碳经济的主要侧重点。

通过借助动态 CGE 模型——MCHUGE 模型仿真分析了 4 种情景下碳税征收对中国宏观经济变量、产业发展、节能减排及就业的影响程度。研究结果表明:碳税征收方式、税率大小及税收返还方式不同,碳税征收对中国宏观经济变量、产业发展、节能减排及就业的影响程度也呈现出不同方向、大小的变动趋势。碳税收入用于降低要素所得税的 3 种情景下,征收碳税会在一定程度上给中国宏观经济增长带来负面影响,并且此负面影响会随着税率的提高逐渐加剧。碳税收入用于补贴个人消费者的情景下,征收碳税会在一定程度上给中国宏观经济增长带来正面影响。在行业部门影响方面,碳税对各行业的产出水平、就业状况都产生了不同程度的影响。其中,受影响较大的是天然气开采业、煤炭开采业、石油化工、化学工业、钢铁行业等能源密集型行业,受影响最小的是农业部门。因此,国家在今后制定碳税税率时,还是要遵循渐进原则和谨慎性原则,建立合理的税收减免与返还机制,顺利实现向低碳经济的平稳过渡。

5.4 非正式环境规制能否降低碳排放?——来自环境信息公开的准自然实验

二氧化碳等温室气体的排放使得全球变暖的趋势愈演愈烈,作为世界上最大的发展中国家,中国积极参与到全球化的气候治理中,彰显了大国的责任担当。在第七十五届联合国大会上,习近平主席郑重承诺,中国将采取积极措施使二氧化碳排放水平在2030年达到峰值,并且努力争取在2060年实现碳中和。为了实现这一目标,政府需要改变以政府为主导的单位环境治理模式,积极引入市场力量和社会公众力量,采取环境规制措施,不断降低中国的碳排放水平。已有较多的文献研究了正式的环境规制对于碳排放水平的影响,其中大多数的文献表明,正式的环境规制可以有效地降低碳排放水平(张华,2020;周迪等,2019),如新环境法的颁布、低碳城市试点政策、中央的环保督察制度都能够有效地降低地区的碳排放水平。同时,积极依靠市场机制也能够有效地降低地区的碳排放水平,如不少学者研究了2013年我国实施的碳排放权交易试点政策对于地区碳排放水平的影响(崔连标等,2013;张芳,2006),认为市场机制的引入有效地发挥了“成本节约”效应,从而降低了碳排放量。

不可否认,由政府部门主导的环境规制政策对于企业的约束力更强,在碳减排和环境污染治理方面发挥了重要作用。但是由于信息不对称等问题,容易造成政府的环境监管成本高,难以形成长期的约束,导致环境规制政策流于形式,规制的效果无法充分发挥。并且环境规制力度上升会约束经济的发展,地方政府需要在经济和环境两个方面进行权衡,在地方经济发展面临竞争的时候,个别地方会由于经济发展的需要而降低环境规制的强度,导致环境规制失效。

鉴于正式环境规制在实践中存在局限性,非正式环境规制应运而生,成为我国环境治理体系中不可或缺的组成部分。非正式环境规制往往由除政府和企业以外的第三方机构或者公众主导。通过引入社会力量对环境问题进行监督,并且对环境相关问题的信息进行披露,可以提高公众的环保意识,形成舆论的优势,进而引起地方政府对环境问题的重视。而公众对于环保的诉求和污染信息的透明度增加，可以给予污染企业更多的压力，从而形成了非正式环境规制的政策效应。公众的广泛关注与环境信息的披露有利于减少社会各方的环境信息的不对称程度，有利于降低正式环境规制的实施成本和效率。

从现有的文献来看，研究正式环境规制的文献较多，而非正式环境规制对于碳排放水平影响的文献较少。因此本文研究了以环境信息披露为主要形式的非正式环境规制政策的碳减排效应，既是对现有文献的一个补充，也为非正式环境规制的碳减排效应提供了相应的经验证据。同时，本文使用双重差分法对于非正式环境规制这一"准自然实验"进行检验，可以有效地缓解以往模型中的内生性问题，更加清晰地反映非正式环境规制政策与碳排放水平之间的因果关系。并进一步使用多重中介效应模型检验了产业结构转型和能源结构调整两个方面探讨非正式环境规制减排的可能机制与作用路径。

5. 4. 1　非正式环境规制政策介绍

相比世界上其他国家，中国的正式环境规制在中华人民共和国成立之时就已经出台，中国的环境治理体系建设从无到有，从小到大，在不断探索中逐渐完善；并使用正式的环境制度和非正式的环境规制政策相结合的办法，使得环境治理体系逐步适应了社会经济发展以及生态文明建设的进程。但是，相较其他国家而言，我国的非正式环境规制制度成形较晚，直到 2006 年出台的《环境影响评价参与暂行办法》才正式规定社会公众在获得有关环境信息的基础上可以参与环境影响的评价。在环境信息公开方面，2005 年国务院就发布了《关于落实科学发展观加强环境保护的决定》中要求企业环境质量公告制度，对环境信息进行披露，并将环境保护作为领导干部考核的重要依据。而后国家环保总局在 2008 年正式施行了《环境信息公开办法（试行）》，要求有关环保的行政部门公开环境信息，维护各个社会主体获取环境信息的权益。该措施正式将公众力量纳入环境治理体系，为全社会共同参与环境保护提供了政策依据。

随着《环境信息公开办法（试行）》的实施，一些非政府组织逐渐开始参与环境污染治理的监督，并引起了社会的广泛关注，其中最有代表性的组织是公众环境研究中心（IPE）和自然资源保护协会，其共同开发的污染源监管信息公开指数（以下简称"PITI 指数"），通过综合评价的方法，首次对地区环境信息的公开程度进行量化，直观地展现了地区环境信息公开的水平，并且有利于地区间的对比。

PITI 指数于 2008 年首期公布，一共对 113 个城市的环境信息公开程度进行评价，城市范围涵盖了我国东中西部，具有一定的代表性。其中东部城市 52 个，中部城市 31 个和西部城市 30 个。2013 年及以后，公布环境信息公开程度评价的城市增加至 120 个，新增的城市中，有东部城市 1 个，中部城市 1 个，西部城市 5 个。在全国的 290 个城市中，公布了 PITI 指数的城市占到了 41%。PITI 指数作为一种民间组织自发公布的一个指标，可以有效地对地区的环境治理进行监督，是正式环境规制的一个补充。本文将污染源监管信息公开作为一项非正式的环境规制政策，该政策可以视为一项准自然实验，为本文使用双重差分法估计非正式环境规制政策的碳减排效应提供了有利条件。

5.4.2 实证分析

5.4.2.1 模型构建

本文将 IPE 这一非营利性的环境保护组织从 2008 年开始对于我国部分城市的污染源监管信息公开政策视为一项准自然实验，采用双重差分法（Difference – In – Difference, DID）对于该项政策对地区的节能减排效应进行评价。DID 可以有效地消除个体在政策实施前后不随时间变化的异质性和随时间变化的增量而剥离出来的政策实施冲击对于个体的净效应，因而在公共政策的评估中得到了广泛的应用。

从理论上而言，实施了污染源监管信息公开的地区与未实施地区的碳排放水平会存在显著差异，然而地区的碳排放水平也会更多地受到个体内部的异质性影响，如产业结构、经济发展水平、地理位置等因素的影响。因此，单纯比较非正式的环境规制政策实施前后地区间碳排放水平的差异无法反映出政策对于碳排放影响的有效性，使用双重差分的方法则可以在政策实施前后，比较处理组和控制组的碳排放水平是否存在差异，由此检验政策的有效性。以样本期内开展污染源信息公开的地区作为处理组，而其他城市作为控制组。由于污染源信息公开这种非正式环境规制在地区间是分批次展开的，第一批 113 个地区于 2008 年正式开展，而 2013 年及以后，环境信息公开的地区增加到了 120 个，

因此参考 Becketal(2010)以及 Wang(2013),本文构造如下的渐进双重差分模型:

$$\ln carbon_{it} = \alpha_0 + \alpha_1 did_{it} + \lambda Z_{it} + \nu_i + \mu_t + \varepsilon_{it} \tag{5.16}$$

式(5.16)中,i 、t 分别表示城市和年份,被解释变量 $\ln carbon_{it}$ 为第 i 个城市第 t 年的碳排放水平,did_{it} 表示非正式的环境规制政策双重差分估计量,如果城市 i 在第 t 年实施了非正式的环境规制,城市 i 在第 t 年及以后的年份中 $did_{it}=1$,否则为 0。Z_{it} 为一系列的控制变量,为其他可能影响地区碳排放水平的变量。ν_i 表示个体固定效应,μ_t 表示时间固定效应,ε_{it} 为随机扰动项。其中 did_{it} 为本文的核心解释变量,如果 did_{it} 的估计系数 α_1 显著小于 0,则说明非正式的环境规制能够有效地降低地区间的碳排放水平,假说 1 将得到验证。

5.4.2.2 样本选择与数据来源

(1)样本选取与数据处理

考虑数据的可得性,本文选取的样本期为 2006—2018 年全国 290 个城市的面板数据,在实证分析前对样本数据进行预处理。其中,成都、巢湖、毕节、铜仁、拉萨和海东 6 个城市由于部分变量缺失值严重,因此将这些城市从样本中剔除。对于剩余样本中的部分缺失值,本文使用插值法进行补齐,同时对于极端值进行 1% 水平的缩尾处理,最终得到了 2006—2018 年 284 个城市的平衡面板数据。本文实证研究所涉及的数据均来自历年的《中国城市统计年鉴》《中国统计年鉴》,以及国泰安数据库。

(2)变量定义

碳排放水平:参考周迪等(2019)的方法计算地区的碳排放水平,由于地区碳排放量主要是化石燃料的消耗导致的,因此基于地区电力、天然气、液化石油气等能源的消耗量对地区的碳排放量进行推算,并使用各地区碳排放量的对数值来衡量地区的碳排放水平,以碳排放量除以总人口人均碳排放量的对数值衡量地区的人均碳排放水平。

非正式环境规制:将实施了污染源监管信息公开的城市政策开展当年及滞后的各年视为 1,否则为 0。由上文可知,非正式环境规制政策的实施时间是分阶段的,其中第一阶段开展的时间是 2008 年,一共有 117 个城市对环境信息进行了公开;第二阶段政策发生的时间是2013年,环境信息公开的城市增加了7个,一共达到了120个。非正式环境规制政策的时间存在差异,并不是一个"一刀切"政策,因此本文应该构建一种渐进式的DID对于环境信息公开对碳排放水平下降的政策效应进行评价。由于环境信息公开的报告于每年底公布,因此在变量处理时,本文将政策的实施时间滞后了一年。

控制变量:本文参考周迪等(2019)、张华(2020)的做法,选择影响地区碳排放水平的控制变量。其主要有:产业结构水平是影响地区碳排放水平的重要因素,工业化的程度越高,消耗的各种化石能源就越多,从而导致了地区碳排放水平的上升,产业结构水平分别使用第一产业和第二产业的产值占GDP的比重衡量。经济发展水平也会影响到地区的碳排放水平,各类消费产生的碳排放也是影响地区碳排放水平的重要因素,经济发展水平使用地区人均GDP衡量,并对数据进行对数化处理。财政支出水平,使用政府的财政支出占GDP的比重衡量。科技支出,使用政府的科技支出占GDP的比重衡量。政府的财政支出以及科技支出的水平是政府发展地区经济的方式的一个具体反映,而经济的发展方式也会影响地区的碳排放水平,因此需要予以控制。金融的发展可以推动地区产业结构的转型升级,因而也要加以控制,采用金融机构的贷款余额占GDP的比重衡量。变量的具体定义如表5.12所示。

表5.12 主要变量的定义及说明

变量名称	符号	定义
碳排放水平	ln*carbon*	碳排放水平的对数
	ln*pcarbon*	人均碳排放水平的对数
非正式环境规制	*did*	政策实施当年及以后为1,否则为0
控制变量	*first*	第一产业占GDP的比重
	second	第二产业占GDP的比重
	ln*pgdp*	人均GDP的对数
	*s*1	科技支出占GDP的比重
	*f*1	金融发展水平,金融机构的贷款余额占GDP的比重
	*g*1	财政支出占GDP的比重

表5.13是对于表5.12中主要变量的描述性统计。

表 5.13　变量的描述性统计

变量	均值	标准差	最小值	最大值	样本量
ln*carbon*	18.9733	1.6042	14.7081	23.1073	3692
ln*pcarbon*	14.3645	1.2224	10.5949	17.2921	3692
*s*1	0.0024	0.0022	0.0001	0.0124	3692
*f*l	1.1781	0.6277	0.3005	3.3977	3692
*g*1	0.1604	0.0790	0.0419	0.4705	3692
first	6.7067	6.1956	0.3200	29.4100	3692
second	49.1902	11.9163	19.1500	79.1400	3692
ln*pgdp*	10.7200	0.7651	8.0786	13.1851	3692

进一步地，将所有样本城市依据非正式环境规制政策的实施情况分为处理组和控制组。其中实施了环境信息公开的城市为处理组，其他城市为控制组，比较不同组之间主要变量的差异性，结果如表 5.14 所示。其对比了主要变量的平均数和中位数之间的差异性，样本差异的 T 检验结果表明，处理组和控制组之间的主要变量的差异明显。其中，处理组的碳排放水平与人均碳排放水平均明显高于控制组城市的水平，这也进一步说明了在较高碳排放水平的城市实施非正式的环境规制的必要性。而在控制变量方面，处理组在科技支出、金融业的发展水平、第二产业的发展水平与人均 GDP 方面的平均数和中位数均明显地高于控制组城市，但是在政府支出和第一产业发展水平上均低于控制组城市。这说明实施了非正式环境规制的地区往往有着更高的经济发展水平和工业化程度，这也可能是导致处理组碳排放水平较高的原因。因此，接下来使用渐进的双重差分模型研究以环境信息公开为表现形式的非正式环境规制政策对于碳排放水平降低的政策效应。

表 5.14　主要变量的样本差异

变量	控制组 N = 2145		处理组 N = 1547		样本差异检验	
	平均值	中位数	平均值	中位数	平均值（T 值）	中位数（chi 值）
ln*carbon*	18.210	18.260	20.040	20.010	−1.829 ***	1083.873 ***
ln*pcarbon*	13.920	14.000	14.990	14.980	−1.070 ***	664.818 ***
*s*1	0.002	0.001	0.003	0.002	−0.001 ***	148.228 ***

续表

变量	控制组		处理组		样本差异检验	
	$N=2145$		$N=1547$			
	平均值	中位数	平均值	中位数	平均值（T 值）	中位数（chi 值）
fl	1.117	0.986	1.262	1.050	−0.145***	11.350***
gl	0.182	0.164	0.130	0.122	0.052***	302.009***
one	9.061	7.310	3.442	2.260	5.619***	586.693***
two	48.370	48.800	50.340	50.170	−1.970***	7.665***
ln*pgdp*	10.420	10.440	11.140	11.130	−0.716***	534.331***

5.4.2.3 实证结果分析

表5.15是报告了非正式的环境规制对于碳排放水平影响的双重差分结果，考虑到在我国城市有不同的类型和规模，或是承担了不同的功能，由此可能对基准回归结果产生影响。因此，本文将所有的城市样本按照国家的计划划分为非直辖市样本和普通城市样本。非直辖市的样本剔除了北京、天津、上海和重庆4个城市，普通城市样本则剔除了直辖市、省会城市和计划单列市，并分别对全部的城市样本、非直辖市样本和普通城市样本进行了回归。

如表5.15所示，以第2列和第3列的全部城市样本的结果作为基准的回归结果，而其他列的结果作为稳健性检验的结果，可以发现，在控制了城市固定效应和时间固定效应以及省份时间趋势以后，无论模型是否包含控制变量，非正式环境规制政策的估计变量 *did* 始终显著为负，控制变量的加入也没有显著地改变 *did* 的符号以及显著性水平，这证明了非正式环境规制的实施可以有效地降低地区内部的碳排放水平。通过环境信息的披露以及污染源监管信息的公开，可以有效地促进地区的节能减排。非正式环境规制政策发挥了预期的减排效应，证实了假说H1。从第3列到第6列的结果里不难发现，改变了城市样本以后，*did* 的估计结果的符号和显著性水平也未发生显著变化，非正式环境规制的减排效应并没有受到城市级别的影响。

非正式环境规制政策的估计系数 *did* 的估计结果表明，在其他条件不变时下，相较于未公开环境信息的城市，实施环境信息公开后将使地区的碳排放水平平均降低11.24%。非正式环境规制政策始于2008年，由于本文进行了滞后一期的处理，因此基准回归模型的估计系数一共识别了 10 年的平均处理效应，这也意味着环境信息公开的政策促使碳排放量每年减低约 1.12%（11.24%/10）。从样本的均值角度而言

表 5.15　基准回归结果

变量	全部城市		非直辖市		普通城市	
	lncarbon	lncarbon	lncarbon	lncarbon	lncarbon	lncarbon
did	−0.1447***	−0.1124**	−0.1441***	−0.1123**	−0.1265***	−0.0960*
	(0.0423)	(0.0444)	(0.0427)	(0.0447)	(0.0473)	(0.0495)
*s*1		−17.9627		−18.2178		−14.9061
		(10.9256)		(11.1547)		(11.7421)
*f*l		−0.0919***		−0.0916***		−0.1149***
		(0.0337)		(0.0339)		(0.0444)
*g*1		0.3932*		0.3934*		0.5265**
		(0.2287)		(0.2296)		(0.2405)
ln*pgdp*		−0.1908**		−0.1912**		−0.1655**
		(0.0785)		(0.0787)		(0.0842)
first		−0.0062		−0.0061		−0.0053
		(0.0067)		(0.0068)		(0.0069)
secorld		0.0077***		0.0077***		0.0078***
		(0.0025)		(0.0026)		(0.0027)
_cons	18.6098***	20.3509***	18.5514***	20.2909***	18.2575***	19.6784***
	(0.0620)	(0.8393)	(0.0620)	(0.8410)	(0.0655)	(0.8991)
城市固定效应	有	有	有	有	有	有
时间固定效应	有	有	有	有	有	有
省份时间趋势	有	有	有	有	有	有
R^2	0.8797	0.8806	0.8690	0.8700	0.8426	0.8439
N	3692	3692	3640	3640	3250	3250

以表 5.15 第 2 列和第 3 列的全部城市样本的回归结果作为控制变量的估计结果进行分析，其中科技支出对于碳排放的影响并不显著，结合描述性统计的结果可知，现阶段我国政府的科技支出占 GDP 的比重较低，未形成规模效应，应提升地区创新水平，因此对于碳排放水平的影响并不显著。金融发展水平显著为负，金融业的发展可能通过推动地区的产业结构向服务业转型，从而降低

了地区的碳排放水平。政府支出的估计系数显著为正,说明政府的财政支出促进了地区碳排放水平,现阶段地方政府正处于经济发展的转型阶段,财政支出更加倾向于经济的发展,而不是绿色环保。人均 GDP 对数的估计系数显著为负,说明人均收入的上升可以有效地降低地区的碳排放水平,根据环境库兹涅茨曲线可知,人均收入和环境污染程度呈现出倒"U"形关系,人均收入的增加对于环境污染程度的影响呈现出"先上升,后下降"的关系。因此,我国现阶段正处于环境库兹涅茨曲线的右半部分,人均收入上升使得碳排放水平下降了。在产业结构的指标中,第一产业的发展对于碳排放水平没有显著的影响,而第二产业的发展显著地提高了地区的碳排放水平,工业发展增加了化石能源的消耗,提高了地区的碳排放水平。

5.4.2.4 异质性分析

我国幅员辽阔,国土面积较大,因此城市在地理位置、经济发展水平和环境信息的公开程度上都存在着显著的差异,这些差异可能会导致非正式环境规制的减排效应存在异质性。鉴于此,本文进一步研究非正式的环境规制政策影响碳排放的地区差异。

本文主要从两个思路进行考察。第一,按照城市的地理位置,将全部样本划分为东部城市、中部城市和西部城市 3 个子样本,并进行分组回归。回归结果如表 5.16 第(1)列至第(3)列所示。第二,按照地区的经济发展水平,将全部的样本城市三等分,划分成高、中、低三个层次,同样也进行分组回归。具体而言,计算城市样本期内 2006—2018 年的 GDP 平均值,然后按照高低进行排序,最后将结果三等分。结果如表 5.16 第(4)列至第(6)列所示。

表 5.16 非正式环境规制政策对碳排放影响的异质性回归结果

变量	不同地理位置			经济发展水平		
	东部	中部	西部	低	中	高
	(1)	(2)	(3)	(4)	(5)	(6)
did	-0.1693**	-0.0218	-0.0605	0.1088	-0.1011	-0.2241**
	(0.0741)	(0.0600)	(0.0830)	(0.1509)	(0.0778)	(0.1024)
*s*1	-28.4020	8.3976	-16.1799	5.6916	7.2566	-62.834***
	(20.7002)	(7.8316)	(21.7732)	(16.0032)	(12.6638)	(22.7043)

续表

变量	不同地理位置			经济发展水平		
	东部	中部	西部	低	中	高
	(1)	(2)	(3)	(4)	(5)	(6)
*f*1	0.0681	0.0048	-0.0630	-0.0293	0.3079 ***	-0.0192
	(0.0691)	(0.0412)	(0.0634)	(0.0615)	(0.0805)	(0.0508)
*g*1	0.2298	0.7181 **	0.8147 **	0.5972 **	-0.0963	0.6651
	(0.5716)	(0.3273)	(0.3453)	(0.2890)	(0.4268)	(0.7331)
ln*pgdp*	0.0220	0.5215 ***	0.0118	0.2692 **	0.2451 *	0.0697
	(0.1882)	(0.0926)	(0.1945)	(0.1321)	(0.1461)	(0.1694)
first	-0.0528 ***	-0.037 ***	-0.0154	-0.0204 ***	-0.0318 **	-0.0703 ***
	(0.0177)	(0.0068)	(0.0133)	(0.0073)	(0.0155)	(0.0178)
second	-0.0033	0.0015	0.0099 **	0.0038	-0.0033	-0.0003
	(0.0053)	(0.0028)	(0.0047)	(0.0034)	(0.0049)	(0.0046)
_*cons*	14.9323 ***	8.6983 ***	13.8240 ***	10.4186 ***	12.3217 ***	14.6428 ***
	(2.1284)	(0.9850)	(2.1303)	(1.3442)	(1.6160)	(1.8625)
城市固定效应	有	有	有	有	有	有
时间固定效应	有	有	有	有	有	有
省份时间趋势	有	有	有	有	有	有
R^2	0.6620	0.8865	0.8812	0.8255	0.8177	0.6966
N	1313	1300	1079	1235	1235	1222

如表5.16所示，非正式环境规制的估计系数在东部地区城市样本中显著为负，但是在中部和西部城市的样本中并不显著，这说明，非正式环境规制在东部地区更为有效，环境信息公开的减排效应存在明显的地区异质性。同时，在经济发展水平的结果中，*did* 的估计系数只在经济发展水平较高的地区显著，当经济发展水平较低时，非正式环境规制无法有效地降低地区的碳排放水平，环境监管信息公开的政策存在明显的经济水平异质性。这与张华(2020)的研究结果相互印证，低碳城市试点政策只在西部城市和经济发展水平较低的地区显著，在经济发展水平较高的地区都不显著。这说明在经济发展水平较低的时候，居民的环保意识不足，政府出台的正式的环境规制政策往往能更加有效地降低碳排放水平。而当经济发展到一定程度以后，居民的生态环境意识逐渐提

高，对于环境污染的容忍程度不断下降，此时，非正式环境规制通过公开环境污染的监管信息，充分发挥了公众对于环境问题的监督作用，调动其积极性，能够有效地降低地区的碳排放水平。因此，政府在采取相应的措施治理环境问题时，应充分考虑地区经济的发展水平，采取有针对性的措施提高政策的效率。

进一步地考虑到不同地区环境监管信息的披露程度对于非正式环境规制政策的减排效应的影响，借鉴胡宗义等（2020）的做法，根据公众环境研究中心联合自然资源保护协会于2019年共同发布的PITI评价报告的得分将实验组的城市分为三组，强环境信息披露（SR）、中等环境信息披露（MR）和弱环境信息披露（WR），通过在模型中加入交互项的方法，研究环境监管信息的披露程度对于碳排放水平的影响，具体结果如表5.17所示。

从表5.17的结果中可以看出，环境监管信息的披露程度对于非正式环境规制政策的减排效应的调节作用是逐步递增的，环境监管信息披露的程度越高，非正式环境规制对于碳排放水平降低的作用就越大。并且当监管信息的公开程度较低时，说明非正式的环境规制力度较小，政策没有得到较好的实施，失去了其监管的作用，从而无法有效地较低地区的碳排放水平。

表5.17 环境信息披露程度的异质性检验

变量	(1)	(2)	(3)
	lncarbon	lncarbon	lncarbon
$did \times SR$	-0.1409*		
	(0.0723)		
$did \times MR$		-0.1275**	
		(0.0567)	
$did \times WR$			0.0235
			(0.0610)
_cons	20.3043***	20.2201***	20.1924***
	(0.8353)	(0.8334)	(0.8372)
控制变量	有	有	有
城市固定效应	有	有	有
时间固定效应	有	有	有
省份时间趋势	有	有	有

续表

变量	(1)	(2)	(3)
	lncarbon	lncarbon	lncarbon
R^2	0. 8805	0. 8805	0. 8804
N	3692	3692	3692

5. 4. 2. 5 稳健性检验

(1)稳健性检验

第一,替换被解释变量,使用人均碳排放量的对数衡量地区的碳排放水平,结果如表 5. 18 第 2 列所示。替换了被解释变量以后,本文的基本结论未发生改变,非正式的环境规制政策能够有效地降低地区的人均碳排放水平。第二,考虑到非正式环境规制对于碳排放影响的政策效应可能存在滞后,因此对非正式环境规制政策这一核心解释变量滞后一期处理;同时为了避免联立方程偏误对于估计结果的影响,对所有的控制变量也进行滞后一期处理。回归结果如表 5. 18 第 3 列所示。解释变量的一期滞后并未改变本文的基本结论。第三,消除极端值影响。为了避免个别极端值对于估计结果产生影响,对所有的变量进行 5% 水平的缩尾处理,估计结果见表 5. 18 第 4 列。其中,*did* 的估计系数仍然显著为负,支持了前文的基本结论。综合来看,本文的基本结论是稳健的。第四,排除政策干扰,政府对于环境问题的重视使得地区间的环境政策往往会出现重叠现象。因此,地区碳排放水平变化可能是由于正式环境规制和非正式环境规制共同作用的结果,可能会对政策效果的评估造成影响。因此,参考胡宗义等(2020)的结果,本文收集并整理了自 2008 年起在城市层面实行的大型环境政策,主要有自 2010 年起开始实施的低碳城市试点政策、2011 年的碳排放交易权交易试点政策、2013 年的大气污染物限制政策。为了控制其他的环境规制政策对碳排放水平的影响导致估计结果的偏误,将这些政策的虚拟变量与时间线性趋势的交叉项在基准模型中进行控制。回归结果如表 5. 18 第 5 列所示。不难发现,在控制了其他的环境政策以后,非正式环境规制政策的估计系数仍然显著为负,并且除了大气污染物限制政策以外,其他环境政策的虚变量与时间线性趋势交叉项的系数较小且统计结果不显著,证明了非正式环境规制对于碳排放的影响是真实存在的。

表 5.18 稳健性检验的回归结果

变量	人均碳排放量	滞后一期	剔除极端值	正式环境规制
did	-0.0739 *	-0.1839 ***	-0.0972 **	-0.0976 **
	(0.0416)	(0.0455)	(0.0389)	(0.0441)
*s*1	-12.6648	-15.2305	-16.1149 *	-17.7331
	(10.3708)	(12.3215)	(9.7625)	(10.8737)
*f*1	0.0142	-0.0685 **	-0.0671 **	-0.0876 ***
	(0.0320)	(0.0348)	(0.0330)	(0.0335)
*g*1	0.6022 ***	0.1057	0.5052 **	0.3606
	(0.2234)	(0.2411)	(0.2499)	(0.2290)
ln*pgdp*	0.2365 ***	-0.1751 *	-0.0374	-0.1736 **
	(0.0821)	(0.0993)	(0.0668)	(0.0784)
first	-0.0341 ***	0.0033	0.0038	-0.0055
	(0.0063)	(0.0076)	(0.0073)	(0.0068)
second	0.0005	0.0073 **	0.0065 ***	0.0079 ***
	(0.0024)	(0.0029)	(0.0021)	(0.0025)
碳排放交易权政策				-0.0028
				(0.0196)
低碳城市政策				-0.0079
				(0.0055)
大气污染物限值政策				0.0216 ***
				(0.0078)
_*cons*	11.8033 ***	20.2803 ***	18.7078 ***	20.0689 ***
	(0.8809)	(1.0444)	(0.7411)	(0.8611)
城市固定效应	有	有	有	有
时间固定效应	有	有	有	有
省份时间趋势	有	有	有	有
R^2	0.8220	0.8805	0.8962	0.8811
N	3692	3408	3692	3692

(2)平行趋势项

did 有效的前提条件是满足共同趋势的假设,及在政策实施之前,处理组和控制组的样本在碳排放水平上没有显著的差异,平行趋势项很好地阐释了双重

差分模型的内生性问题。针对本文的研究而言,基准回归模型的结果显示,实施了非正式环境规制的城市与未实施的城市相比,碳排放水平有了明显的下降。但是这种差异的原因有可能并不是非正式环境规制这一外生的政策所导致的,而是由于如地方经济发展、产业结构调整等内生的因素决定的,也有可能是一些无法观测的时间因素共同作用的影响,而在基准回归模型的结果中并没有考虑这些因素,由此可能导致政策效应的评价出现偏误,从而得出错误结论。因此为了保证结果的稳健性,参考事件分析法的研究方法,构建如下的计量模型:

$$Y_{it} = \sigma_0 + \sum_{k \geqslant -8}^{9} \beta_k D_{it}^{\ k} + X'_{it}\gamma + \alpha_i + \lambda_t + \varepsilon_{it} \tag{5.17}$$

其中, i 和 t 代表城市和年份。Y_{it} 为被解释变量,分别表示地区的碳排放水平和人均碳排放水平。$D_{it}^{\ k}$ 表示非正式环境规制这一准自然实验的虚拟变量,定义如下:用 z_i 表示第 i 个城市实施非正式环境规制具体年份,令 $t - z_i = k(k \in [-8,9])$,则定义 $D_{it}^{\ k} = 1$,否则为 $D_{it}^{\ k} = 0$, k 为样本年份与政策起始年份的差值。$D_{it}^{\ k}$ 是非正式环境规制开始实施的虚拟变量,当 k 取负数时,表示政策实施的前 k 年,当 k 取正数的时候,表示政策实施的后 k 年。根据非正式环境规制政策的实施时间,本文 k 的最小取值为 -8,最大取值为 9,在具体回归的分析中,本文以 $k = -1$ 即非正式环境规制实施的前一年作为基准期,因此式(5.17)中并不包含 $D_{it}^{\ -1}$ 这个虚拟变量。本文主要关注的参数 β_k ,若 $k < 0$ 时, β_k 不显著,即不能拒绝 β_k 为 0 的原假设。那么双重差分的方法满足平行趋势项的假设。同时式(5.17)也可以用于研究非正式环境规制减排效应的时间异质性,考虑在政策实施的不同时间,政策减排的动态效应。为了更加直观地展示平行趋势项检验的结果以及政策的动态效应,分别绘制了图 5.5 和图 5.6 的碳排放量与人均碳排放量两个方程中的参数 β_k 的系数估计结果以及 90% 的置信区间。

从图 5.5 和图 5.6 中可以发现,在政策实施之前,无论是碳排放量还是人均碳排放量方程,参数 β_k 的估计值都不显著,这说明在政策实施之前处理组和控制组之间的碳排放水平没有显著差异,符合平行趋势项的假设,双重差分的结果是有效且真实存在的。

从政策的动态效应来看,非正式环境规制政策的效应存在明显的滞后性,

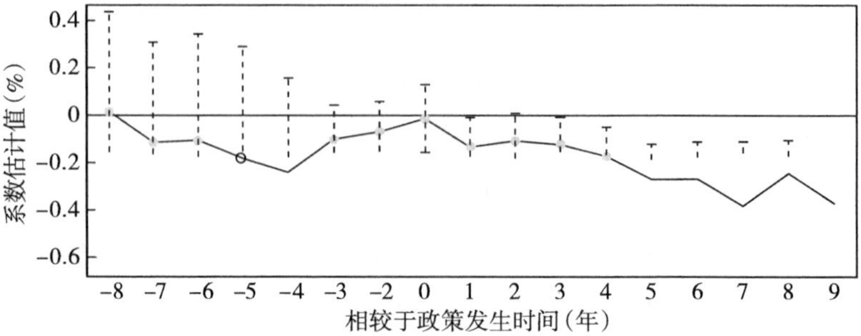

图 5.5　碳排放量的平行趋势项检验

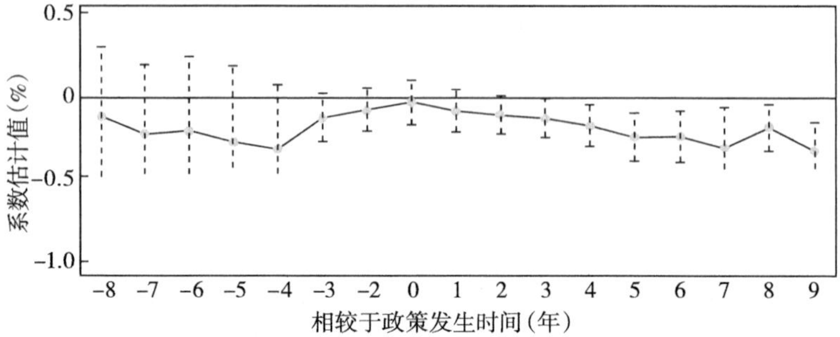

图 5.6　人均碳排放量的平行趋势项检验

在政策实施的当年并没有展现明显的减排作用,并且这种效应在政策实施以后的前两年并不稳定。在碳排放量的方程中,政策实施以后的前两年政策呈现出倒“U”形的特征,即政策效应出现波动。而在人均碳排放量的方程中,政策实施以后的前两年也不能有效地降低地区的人均碳排放水平。直到政策实施的3年以后,政策的减排效应开始凸显,并随着时间的推移逐步增强。这说明非正式环境规制政策的减排效应是逐步增大的,政策的时间异质性明显。整体而言,由于信息的不对称性和滞后性,环境监管信息的披露并不会立即对地区的碳排放水平产生影响,但是随着时间推移,信息不对称程度下降,政府和公众的关注会促使碳排放的企业开始增加清洁生产的比重以及投资污染处理设备,从而降低了地区的碳排放水平。

(3)安慰剂检验

在实际中,地区碳排放量除了受到本文已经控制的可观测变量影响以外,还会受其他不可观测的随时间变化的城市特征的影响,这可能也会影响双重差分政策识别效应的准确性。因此,参考 Chetty 等(2009)和 Laferrara 等(2012)的方法,使用安慰剂检验减轻不可观测因素对估计结果的影响。

使用随机化的处理组和控制组的方法进行安慰剂检验。具体而言,根据研究样本,2008 年有 113 个城市实施了非正式环境规制,2013 年增至 120 个城市,因此本文通过随机产生一个实施了非正式环境规制的地区名单,为新的处理组,其他地区为控制组,保持政策的实施时间不变,从而"人为"地构建了一个处理变量 did_{it}^{false}。基于新构建的处理变量利用式(5.16)进行双重差分的估计,将以上过程重复 500 次和 1000 次,并绘制了处理变量 did_{it}^{false} 估计系数的概率密度分布图,如图 5.7 所示。可以发现,在图 5.7 中,did_{it}^{false} 的估计系数都服从正态分布,符合预期,并且估计系数的均值都为正数,明显高于基准估计结果的 -0.1124 和 -0.0739。安慰剂检验的结果从反事实的角度证明了非正式环境规制对于地区碳排放水平降低的作用是真实存在的,受到的不可观测的潜在因素影响较少。

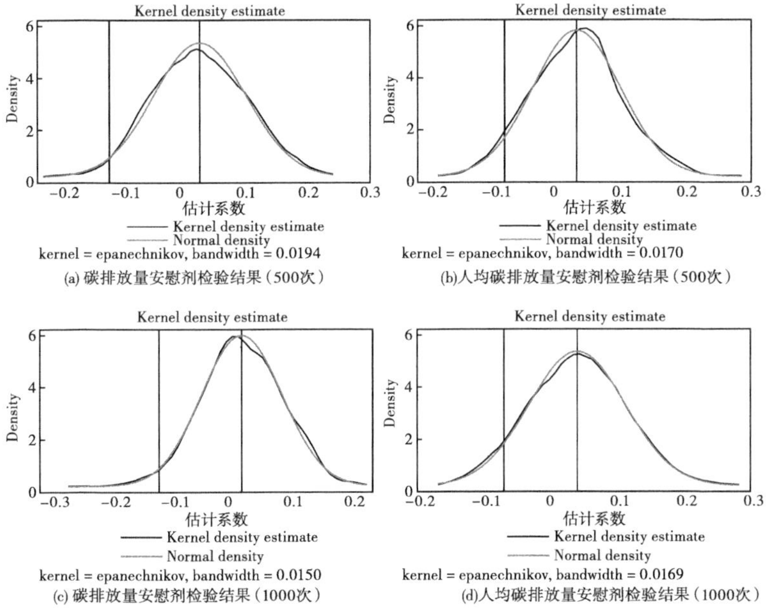

图 5.7 非正式环境规制安慰剂检验结果

(4)增加额外的协变量

为了进一步消除地区层面的因素对估计结果可能造成的影响,借鉴

Chakraborty 等(2017)和胡宗义(2020)的做法,在模型中控制不同地区的碳排放水平时间变化的线性趋势和非线性趋势。通过在模型(1)中设置不同地区时间变化线性趋势项($\gamma_p \times t$)、地区随时间变化的非线性趋势项($\gamma_p \times t^2$),可以在一定程度上消除不同城市的地区差异影响双重差分模型的政策评价效果,考虑到模型自由度的要求,在省级层面进行分地区考察。估计结果如表 5.19 所示。结果显示,无论是碳排放量还是人均碳排放量方程,在进一步控制了各地区间时间变化的线性趋势和非线性趋势以后,*did* 的估计系数仍显著为负,这表明非正式环境规制对于碳排放水平下降的作用依然存在,并未影响本文基本结论。

表 5.19　增加额外协变量后的检验结果

变量	碳排放量	人均碳排放量
did	-0.1296***	-0.0858**
	(0.0428)	(0.0409)
_cons	-5.2124	-10.7076
	(25.1001)	(23.9760)
控制变量	有	有
$\gamma_p \times t$	有	有
$\gamma_p \times t^2$	有	有
城市固定效应	有	有
时间固定效应	有	有
省份时间趋势	有	有
R^2	0.5691	0.5328
N	3692	3692

5.4.3　机制分析

上一节的实证分析的结果表明,非正式环境规制政策能够有效地降低地区的碳排放水平,因此在本节中,进一步地加入非正式环境规制的减排路径探讨,考察非正式环境规制影响地区碳排放水平的主要机制。

根据前文的理论分析,本文从产业结构和能源消费结构两个方面研究非正式环境规制引起碳排放水平下降的主要作用机制。使用服务业和工业增加值的比值(Structure)衡量地区的产业结构水平,该值越大,表明地区产业结构转型的水平越高。同时,为了衡量地区的能源消费结构,考虑到城市层面的能源消费数据的缺失,参考张华(2020)的做法,使用与能源消费结构高度相关的电力消费数据进行替代,以地区的电力消费总量的对数值来衡量地区的能源消费结构(lnele)。

参考 Heckman 等(2013)和 Gelbach(2016)的方法,构建多重中介效应模型,具体模型如下所示:

$$\begin{cases} \ln carbon_{it} = \alpha_0 + \alpha_1 did_{it} + \lambda^T \times Control_{it} + v_i + \mu_t + \varepsilon_{it} \\ M_{it}{}^j = \delta_0 + \delta_1{}^j did_{it} + \gamma^T \times Control_{it} + v_i + \mu_t + \varepsilon_{it} \\ \ln carbon_{it} = \rho_0 + \sum \rho^j M_{it}{}^j + \kappa did_{it} + \omega^T \times Control_{it} + v_i + \mu_t + \varepsilon_{it} \end{cases} \tag{5.18}$$

其中,$M_{it}{}^j$ 表示第 i 个城市第 t 年的非正式环境规制减排的机制 j , $Control_{it}$ 为一系列的控制变量,主要包括科技支出,金融发展水平,财政支出水平和地区经济发展水平。其他变量的含义与式(1)相同。为了进一步比较分析不同机制的解释效果,本文采用 Gelbach(2016)的方法,对于机制变量的具体中介效应进行量化,以机制 j 为例,进行分解方法说明:

$$\hat{\alpha}_1 = \hat{\kappa} + \sum \rho^j \delta_1^j \tag{5.19}$$

其中,机制 j 所解释的效果为 $\hat{\rho}^j \hat{\delta}^j$,剩下的未解释的部分为 $\hat{\kappa}$,所解释的效果比重为 $\hat{\rho}^j \hat{\delta}_1 / \hat{\alpha}_1$ 。

表 5.20 是基于多重中介效应的机制检验结果,其中第 2、第 3 列分别为非正式环境规制政策对产业结构和能源消费结构的影响。第 4 列为机制变量产业结构和能源消费结构对与非正式环境规制政策共同对于碳排放水平的影响。结果显示,非正式环境规制政策显著地正向影响了地区的产业结构水平,非正式环境规制通过提升社会对于环境问题的关注程度,减轻政府和公众对于环境问题的信息不对称程度,加强了对于环境问题的监管力度。这使得地区内部产生较多碳排放的工业企业受到力度更强的监管,从而促使企业生产结构转型,将更多的要素投入碳排放量较少的服务业,或是向其他未实行非正式环境规制

的地区转移来避免监管。随着工业生产企业的转型或者退出,地区的产业结构不断向服务业调整,逐步向高级化迈进。而非正式环境规制对于地区能源消费结构的影响显著为负,这与张华(2020)的结论一致,非正式环境规制有效地减少了地区对于电力的需求,同样非正式环境规制公开了企业的污染排放情况,使得企业不断提高污染处理设备方面的投资,提升清洁生产的能力,从而减少了对于能源消费的需求。总的来看,非正式环境规制政策对于产业结构和能源消费结构两个中介机制的影响与预期一致。

从表 5.20 第 4 列的结果中,不难发现,相比于表 5.14 第 2 列中的 *did* 估计系数,表 5.20 中 *did* 系数的绝对值变小了,但是仍然在 5% 水平上显著。产业结构对于地区碳排放水平的影响显著为负,而能源消费结构对于碳排放水平的影响显著为正,符合中介效应的检验条件。以上结果有力地证明了非正式环境规制能够通过促进产业结构转型和调整地区的能源消费结构实现地区碳排放水平的下降。

表 5.20　基于多重中介效应模型的机制检验结果

变量	产业结构	能源消费结构	碳排放水平
did	0.0977***	−0.1154***	−0.1056**
	(0.0169)	(0.0203)	(0.0432)
*s*1	−0.3964	−0.4076	−19.0677*
	(3.8058)	(3.3581)	(10.9119)
*f*1	0.1247***	−0.0312*	−0.0801**
	(0.0211)	(0.0182)	(0.0343)
*g*1	0.0725	−0.2340	0.4767**
	(0.1403)	(0.1585)	(0.2288)
lnpgdp	−0.3056***	0.0977***	−0.1078
	(0.0382)	(0.0329)	(0.0685)
stracture			−0.1170***
			(0.0445)
lnele			0.1433***
			(0.0520)
_cons	4.0944***	11.8399***	18.0452***
	(0.4164)	(0.3608)	(0.9457)

续表

变量	产业结构	能源消费结构	碳排放水平
城市固定效应	有	有	有
时间固定效应	有	有	有
省份时间趋势	有	有	有
R^2	0. 8705	0. 9601	0. 8808
N	3692	3692	3692

接下来，进一步使用式(5. 19)对于非正式环境规制影响地区碳排放水平的作用机制进行量化分解，结果如表 5. 21 所示。不难发现，非正式环境规制对碳排放影响的直接效应最大，占到总效应将近 80% 的比重。在中介效应方面，能源消费结构的间接效应占总效应的比重为 12. 38%，明显高于产业结构机制的间接效应，非正式环境规制对于碳排放水平影响的间接效应主要来自能源消费结构的调整。上述结果表明，尽管非正式环境规制对于碳排放水平的影响存在中介机制，但是主要通过环境监管信息的披露，减轻社会对于环境污染信息的不对称程度，从而达到对碳排放水平较多的企业的监督目的，直接降低了企业的碳排放水平。

表 5. 21　中介机制的量化分解

变量	碳排放水平
总效应	-0. 1335
直接效应(*did*)	-0. 1056
占总效应比重	79. 08%
间接效应(*stracture*)	-0. 0114
占总效应比重	8. 56%
间接效应(ln*ele*)	-0. 0165
占总效应比重	12. 38%

5. 4. 4　结论

非正式环境规制作为正式环境规制的一种补充，正不断在我国生态文明建设和环境质量改善的过程中发挥重要作用。中国作为世界上最大的发展中国家，积极地承担起了推动全球碳减排的任务，促进经济绿色低碳发展，体现了中国参与全球气候治理的大国担当。中国碳排放下降的目标需要正式环境规制政策和非正式环境规制政策的相互配合，实现不同类型规制政策的优势互补，由此实现中国碳排放水平尽早达峰。本文主要研究以环境监管信息为代表的非正式环境规制政策对碳排放水平的影响，准确评估非正式环境规制政策的减排效果，可以为进一步政策在全国进行推广实行提供经验证据，也为地区更好地发挥非正式环境规制降低地区碳排放水平作用具有重要意义。

因此，本文将非正式环境规制政策视为一项准自然实验，基于中国2006—2018年的284城市的面板数据，使用DID估计了非正式环境规制政策的实施对地区碳排放水平的影响及其作用机制。

结果表明，非正式环境规制的实施有效地降低了地区的碳排放水平。政策的碳减排效应显著。在其他条件未发生改变的情况下，相较于未实行非正式环境规制的地区，在非正式环境规制政策实行后，将使得地区碳排放水平平均降低11.24%。在整个样本期内，非正式环境规制政策将使得实施地区的碳排放水平每年降低约1.12%，证实了该政策的有效性。

同时，本文从地区、经济发展水平和信息公开程度三个层面，分析非正式环境规制政策对于碳排放水平影响的异质性。结果表明，非正式环境规制的碳减排效应存在明显的异质性。在地区和经济发展水平层面，非正式环境规制的碳减排效应在东部地区和经济发展水平较高的城市样本中更显著，这说明地区经济发展水平越高，社会对于环境问题的容忍度就越低，对于环境制度的要求就越高。因此非正式环境规制政策的实施，通过公开污染源的监管信息，减轻公众和政府面临的环境污染问题的信息不对称程度，从而加强了碳排放水平较高的企业的监管，有效地降低了地区碳排放水平。而经济发展水平较低的地区，由于环境意识较弱，对于经济发展的需要使得公众对环境问题的容忍度更高，因此，非正式环境规制的碳减排效应还未凸显。在信息公开程度的异质性检验结果中，不难发现，环境信息公开程度的异质性效应显著，环境信息公开程度对于非正式环境规制政策的碳减排效应的调节作用是逐步递增的，环境信息公开的程度越高，非正式环境规制对于地区碳排放水平降低的作用就越大。并且当环境信息的公开程度较低时，说明非正式环境规制政策没有得到较好的实施，未对污染企业起到有效的监管作用，从而使得政策的碳减排作用不再显著。

从平行趋势项的检验结果来看，以非正式环境规制政策的实施作为处理变量划分的处理组和实验组较好地满足了平行趋势项的假设，本文使用的 DID 是有效的。非正式环境政策的碳减排效应存在滞后，在政策实施的前两年，政策效应容易出现波动，在实施的第三年以后政策的碳排放效应趋于上升并逐步稳定。

机制检验的分析结果表明，非正式环境规制可以通过产业结构转型和调整地区能源消费结构，从而实现碳排放水平的下降。但是，多重中介效应模型的量化分解结果表明，非正式环境规制的碳减排效应主要来自直接效应，而能源消费结构调整的间接效应大于产业结构。从非正式环境规制的中介效应角度来看，能源消费结构的调整对于地区碳排放水平下降的作用更大。本文使用多种稳健性检验的方法证明了本文结论的可靠性，非正式环境规制对于地区碳排放减少的政策效应是真实存在的。

综合来看，本文使用 DID 研究了非正式环境规制政策的碳减排效应，在一定程度上缓解了以往研究中的内生性问题，证明了非正式环境规制政策的实施与地区碳排放水平之间的因果关系。本文的研究结论对于中国完善全社会共同参与的环境治理体系，实现我国在第七十五届联合国大会上的碳减排的承诺，具有重要启示作用。第一，非正式环境规制能够有效地降低地区的碳排放水平，将与正式环境规制政策的作用相辅相成，合力推动地区碳排放水平的下降。因此，政府在实施正式环境规制的同时，要充分考虑非正式环境规制的作用，积极将社会力量纳入环境治理体系，大力推广环境信息公开等方式的非正式环境规制政策，提高环境规制政策的效率，降低碳排放水平。第二，由于非正式环境规制政策的碳排放水平，受到环境信息的公开程度影响，并且随着信息公开程度的提升而逐渐增强。这表明应积极完善信息公开程度，完善环境信息披露制度和政策的执行力度。从政府层面对环境信息公开的方式进行合理的设计和规划，建立与环境信息公开的相应配套措施，保障政策的有力执行。第三，非正式环境规制政策可以通过地区产业结构转型和能源消费结构的调整降低地区的碳排放水平。因此，可以充分发挥非正式环境规制对于产业结构调整的重要作用，促进地区产业结构转型升级。同时，鼓励企业增加环境污染处理设备的投资，大力发展节能减排新技术，调整企业的生产结构，不断提高清洁生产的比重,进一步降低地区的碳排放水平。

5.5 低碳城市试点政策能够降低碳排放吗?——来自准自然实验的证据

随着中国特色社会主义进入新时代,人民日益增长的美好生活的需要不仅对物质生活提出了更高的要求,而且对环境生活提出了更高的要求,那么如何在发展经济的同时有效地控制温室气体的排放呢?我国在低碳发展上进行了一系列积极的探索,高度重视发挥城市在低碳减排工作中的创造性。2007 年 9 月,胡锦涛在亚太经合组织第十五次领导会议上首次提出发展低碳经济;2009 年 6 月,温家宝提出将降低二氧化碳排放强度纳入国民经济和社会发展规划中,同年 8 月国家发展改革委副主任解振华表示将在特定区域或行业内探索性开展碳排放交易。2010 年 7 月 19 日,我国国家发展改革委发布了《关于低碳省区和低碳城市试点工作的通知》,将广东、辽宁、湖北、陕西、云南 5 省及天津、重庆、深圳、厦门、杭州、南昌、贵阳和保定 8 市作为首批试点省市;2012 年 11 月 26 日,又增设了北京、上海、海南 3 个省市和石家庄等 26 个地级市共 29 个地区成为第二批低碳政策试点省区与城市;2015 年 12 月在巴黎气候变化大会上,中国政府在《巴黎协定》框架下提出"双约束"的国家自主贡献目标:总量上,2030 年碳排放达到峰值,且将努力早日达峰;强度上,2030 年单位 GDP 碳排放比 2005 年下降 60% ~65%;2017 年 1 月 7 日,我国低碳试点城市再次增设乌海、沈阳等 45 个城市(区、县)作为低碳城市政策试点。城市是我国经济发展的重要单元,而城市试点政策的实施是我国低碳经济发展的一项重要政策,对于其政策效果进行科学评估,不仅有利于验证低碳试点政策的科学性与有效性,还对低碳试点城市政策的推广具有重要价值。

当前,国内学者对于低碳试点城市政策的研究多在于探究其实施对城市空气质量、电能消费强度、产业结构优化升级、企业技术创新以及对外贸易依存度的影响。宋弘等(2019)利用双重倍差法系统地评估了低碳城市的建设对空气质量的影响与作用机制,研究发现我国低碳试点城市的政策实施能显著降低城市的空气污染;李顺毅(2018)同样以第二批低碳试点城市为研究对象,通过合成控制法分析了低碳城市试点对电能消费强度的影响，表示低碳城市的建设显著地降低了电能消费强度；逯进等(2020)通过构建 PSM－DID 模型对低碳试点城市政策对产业结构升级的影响进行评估，结果显著，低碳城市真诚个能够显著地促进城市产业结构的优化升级，并且该政策具有正向的空间溢出效应；李林红等(2019)利用双重差分模型探究了低碳试点城市政策对企业技术创新的影响，实证结果显示，低碳试点城市政策有助于企业技术创新的发展，能很好地提升企业的技术创新能力；张志新等(2019)则基于双重差分模型对低碳试点城市政策对贸易依存度的影响进行分析，研究结果发现，低碳试点城市政策对低碳试点城市的进出口贸易依存度皆产生了显著的抑制作用；孙林等(2020)则通过倍差法研究了中国低碳试点政策对外商直接投资质量的影响，研究表明，低碳试点政策的实施是欧冠利用外商直接投资质量提高的重要因素，其中中部地区的外商直接投资质量在东中西部地区中提升幅度是最大的，实际上，低碳试点政策的实施正是通过降低环境污染、产业结构升级以及技术创新等途径来有效提高外商直接投资质量的。

也有学者立足低碳试点城市政策本身，对低碳试点城市政策的碳减排效果进行评估。周迪等(2019)以第二批低碳试点城市为研究对象，通过倾向得分—双重差分的方法探究了低碳试点城市政策能显著降低城市的碳排放强度，并且将持续地推动城市碳排放强度的下降；张华等(2020)通过双重差分模型评估了低碳城市建设对碳排放的影响，该估计基于我国 2003—2016 年 285 个城市的样本数据，发现低碳试点城市政策的实施能够显著降低城市碳排放水平。

本文以“低碳城市”试点政策为研究对象，将低碳试点政策冲击看成一次准自然实验，在控制城市固定效应与时间固定效应的基础上，利用渐进性双重差分对低碳政策效果做出评估，进一步探索低碳城市建设的碳减排效应。

5.5.1 理论基础与机制分析

1. 双重差分方法

双重差分法是一种常用的政策效应评估方法，通过构造受政策影响的“实验组”和不受政策影响的“对照组”同时控制其他可能影响的因素，通过对政策发生前后实验组和对照组进行比较，从而得出政策的实施效果，其基本模型公式为：

$$Y_{it} = \beta_0 + \beta_1 D_{it} + \beta_2 T_{it} + \beta_3 (D_{it} \times T_{it}) + \varepsilon_{it} \tag{5.20}$$

其中，i 与 t 分别表示地区和年份，Y_{it} 为被解释变量，D_{it} 与 T_{it} 皆为虚拟变量，若地区 i 在 t 年受到政策影响，则 $D_{it} = 1$，否则 $D_{it} = 0$，若地区 i 在 t 年政策已经实施，则 $T_{it} = 1$，否则 $T_{it} = 0$，交乘项 $D_{it} \times T_{it}$ 为双重差分估计量，ε_{it} 为随机扰动项。

相较于其他政策效应评估方法，双重差分法具有以下优越性：一方面，双重差分法能够很好地避免内生性问题；另一方面，相较于传统政策效应评估方法中值设置一个政策发生与否的虚拟变量，DID 两个虚拟变量的设置则更加科学，能够更加准确地评估政策效应。基于以上优点，DID 越来越受国内外研究学者的青睐。

2. 理论机制分析

我国选择不同类型、不同发展阶段、不同资源禀赋的地区分批次开展低碳试点政策，低碳政策的具体任务包括以下六个方面：第一，制定低碳发展规划，将调整产业结构、优化能源结构、节能增效、增加碳汇等工作结合起来，积极探索低碳绿色发展模式；第二，制定支持低碳绿色发展的配套政策；第三，构建低碳产业体系；第四，建立温室气体排放数据统计和管理体系并建立相应的目标考核制度；第五，建立控制温室气体排放目标责任制；第六，积极倡导低碳绿色生活方式和消费模式。基于以上内容，本文认为低碳试点将通过产业结构优化升级、技术创新水平提升等途径实现碳减排效应。

第一，低碳城市试点政策通过优化低碳政策试点城市的产业结构实现碳减排的目标。在低碳城市试点政策下，一方面具有高污染、高耗能、高排放特征的“三高”企业的发展受限，控制温室气体排放数据统计和管理体系的建立，无疑会给“三高”企业不小的环境压力，如若不转变“三高”的发展方式，走低碳发展之路，“三高”企业将难以在低碳试点城市继续生存；另一方面具有低碳、绿色、环保以及循环等特征的低碳产业体系陆续在低碳政策试点城市建立并发展完善，如低碳政策要求低碳政策试点城市大力发展试点绿色节能建筑业及低碳交通业等低碳战略性新兴产业和现代服务业。低碳政策试点城市的第二产业进一步向低碳方向优化，具有低碳特征的第三产业则进一步发展，低碳政策试点城市的产业结构得到优化升级，碳排放量也得到有效降低。

第二，低碳城市试点政策通过提升低碳政策试点城市的技术创新水平实现碳减排的目标。一方面，企业为了适应国家政策的变化，会自主改进企业技术水平，积极研发低碳技术以应对越来越严格的环境标准；另一方面，低碳政策试点城市的政府也会加快当地低碳技术研发示范与推广，如设立低碳技术研发的专项资金或对低碳企业进行补贴等。在企业与政府的共同推进下，当地的低碳技术将得到较快的发展，低碳技术创新水平的提升将有效降低当地碳排放量。

基于此，本文提出如下研究假设。

H_1：低碳城市试点政策能有效降低碳排放量。

H_2：低碳城市试点政策能通过优化产业结构实现碳减排的目标。

H_3：低碳城市试点政策能通过提高技术创新水平实现碳减排的目标。

5.5.2 模型构建与变量选取

1. 模型构建

通过构建渐进性双重差分模型对低碳城市试点的政策效应进行分析，比较低碳政策试点城市与非试点城市的碳排放水平在试点前后的差异，模型构建如下：

$$Y_{it} = \beta_0 + \chi_1 DID_{it} + \beta_2 Control_{it} + u_i + \nu_i + \varepsilon_{it} \tag{5.21}$$

其中，i 与 t 分别表示城市和年份，Y_{it} 代表 i 城市第 t 年的碳排放水平；交乘项 $DID = Treat_{it} \times Time_{it}$ 为核心解释变量；$Control$ 为控制变量；u_i 与 v_t 分别为控制城市个体固定效应和时间固定效应；ε_{it} 为随机扰动项。

2. 选择与数据来源

本文将利用中国 290 个城市 2010—2018 年的数据进行分析，主要选取以下变量。

（1）碳排放水平。根据城市全年用电量、天然气供气总量及液化石油气供气总量等能源消耗来测算各城市的碳排放水平，碳排放水平 $I = \lambda E_e + \eta E_g + \varphi(E_o \times \kappa)$，其中 I 表示城市碳排放量，E_e、E_p 和 E_o 分别表示城市供气总量、液化石油供气总量以及全年用电量，λ、η 以及 φ 分别为天然气、液化石油气以及煤电燃料链温室气体排放系数，折合等效 CO_2 为 1.3203kg/(kw.h)，κ 为煤电发电量占总发电量的比重，以上数据来源于 EPS 数据库与《中国电力年鉴》。

(2)虚拟变量。交乘项 $Treat_{it} \times Time_{it}$ 中 $Treat$ 用于区分准自然实验中的实验组与对照组,实施了低碳城市试点政策的城市取1,为实验组,相应地,未实施低碳城市试点政策的城市取0,为对照组;$Time$ 为政策时间变量,实施低碳政策的试点城市在政策实施当年及之后的各年份取1,未实施低碳政策的年份以及非低碳政策试点城市的各年份取0。由于低碳政策是分三批次设立的,设立时间分别为2010年7月19日、2012年11月26日以及2017年1月7日,由于第一次与第二次试点政策的实施时间皆为当年下半年,考虑到政策实施执行的滞后性,本文将政策实施时间设立为2011年、2013年以及2017年。此外,由于第一批与第二批试点城市名单存在交叉重合,如广东省出现在第一批试点城市的名单中,而广东省的广州市又出现在第二批试点城市的名单上。考虑到这一重合可能是因为第一批试点广东省时并未在广东省中的所有城市都实施试点,故而本文设定试点省份中的所有城市为试点城市,但试点城市的政策实施时间以较晚的那次时间为准,即广东省内除了广州市的其他城市低碳政策实施的时间皆设定为2011年,而广州市的低碳政策实施时间则设定为2013年。

(3)控制变量。引入产业结构(第三产业增加值占GDP的比重)、科技创新水平(科技支出占财政支出的比重)、财政支出水平(财政支出占GDP的比重)、金融发展水平(年末金融机构各项贷款余额占GDP的比重)以及总人口(年末总人口数)等控制变量。各变量的描述统计如表5.22所示。

表5.22 各变量的符号描述统计

变量名称及单位	符号	全部样本		实验组样本		对照组样本	
		均值	标准差	均值	标准差	均值	标准差
碳排放水平	lncarbon	18.9733	1.6042	19.2828	1.7857	18.7387	1.4073
人均碳排放水平	lnpcarbon	14.3645	1.2224	14.5313	1.2838	14.2381	1.1582
产业结构	industry	44.0031	11.1600	45.3599	10.6171	42.9746	11.4503
技术创新水平	science	4.6119	0.7711	4.7652	0.8942	4.4957	0.6390
财政支出水平	gov	0.1604	0.0790	0.1482	0.0693	0.1697	0.0844
金融发展水平	finance	0.0024	0.0022	0.0028	0.0026	0.0021	0.0019
总人口	lnpeople	1.1781	0.6277	1.2847	0.6872	1.0973	0.5654

资料来源:EPS数据库。

5.5.3 实证结果分析

1. 共同趋势检验

双重差分法有效的基本前提是需要满足共同趋势假设，也就是说，要通过双重差分模型验证低碳城市试点政策对碳减排是否有效，首先应当保证在实施低碳城市试点政策之前，准自然实验中的实验组与控制组的碳排放水平不具有系统性差异，或者即使存在差异，差异也是固定的。本文将建立以下计量模型对共同趋势假设进行检验：

$$Y_{it} = \beta_0 + \sum_{t \geqslant -7}^{6} \beta_k D_{it}^k + X'_{it}\gamma + \mu_i + \lambda_t + \varepsilon_{it} \tag{5.22}$$

其中 Y_{it} 为被解释变量，分别表示为 t 年 i 城市的碳排放水平和人均碳排放水平。D_{it}^k 为虚拟变量：定义 c_i 为低碳政策试点城市中城市 i 的政策实施年份，如果 $t - c_i \leqslant -7$，则 $D_{it}^{-7} = 1$，否则 $D_{it}^{-7} = 0$；如果 $t - c_i = k(k \in [-7,6])$，则 $D_{it}^k = 1$，否则 $D_{it}^k = 0$。k 为样本年份与政策起始年份的差值，由于第一批试点政策的时间本文设置为 2011 年，第三批试点政策的时间本文设置为 2017 年，因此 k 的最小取值为 -7，最大取值为 6。根据共同趋势的假设条件，当 $k < 0$ 时，β_k 不显著异于零，即满足平行趋势假设，反之则不满足。图 5.8 与图 5.9 更加直观地展示了共同趋势假设检验结果及低碳试点城市政策对碳减排的作用。

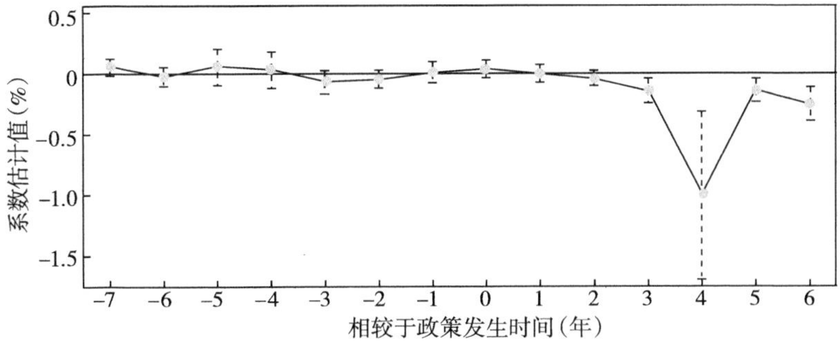

图 5.8　碳排放水平参数 β_k 的系数估计结果以及 90% 的置信区间

由图 5.8 与图 5.9 可知，在低碳试点政策实施之前，碳排放水平与人均碳排放水平的 β_k 皆不显著，满足平行趋势项假设。从动态效应来看，低碳城市试点政策发挥作用具有滞后性，碳排放水平与人均碳排放水平的系数 β_k 在政策实

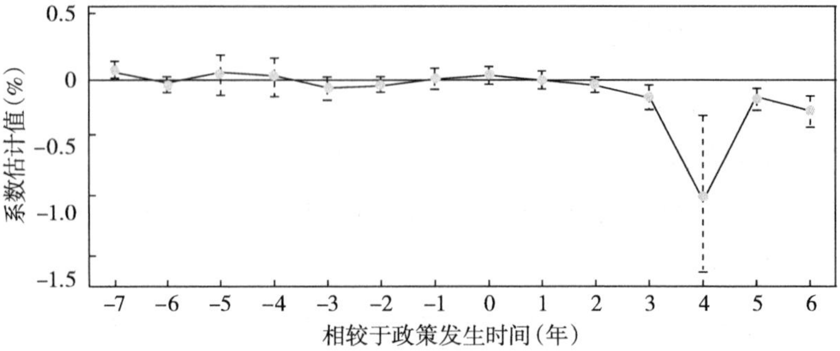

图 5.9　人均碳排放水平参数 β_k 的系数估计结果以及 90% 的置信区间

施的第一年与第二年并不显著,直至政策实施的第三年系数 β_k 方才显著,这说明该低碳政策并未在实施的当年产生显著的减排效果,这是由于政策的传达、各地政策的落实实施及政策产生效果等皆具有一定的时滞性,到第三年低碳政策产生效果后,低碳试点城市政策在未来的几年中持续产生着碳减排效用。

2. 基础回归

表 5. 23 中第(1)列与第(3)列分别是可知不包含控制变量的双重差分模型,第(2)列与第(3)列则分别是包括控制变量的双重差分模型。在 4 个模型结果中,低碳城市试点政策的估计变量 *did* 的系数皆为负数且通过显著性检验,这表明在控制了城市固定效应和时间固定效应之后,无论是否包含控制变量,低碳城市试点政策皆发挥了显著的碳减排作用。

从低碳城市试点政策估计系数的数值大小来看,第(1)列与第(2)列模型低碳城市试点政策的估计变量 *did* 的系数分别为 -0. 1382 与 -0. 1430,也就是说,在不考虑产业结构、科技发展水平等条件的情况下,相比于低碳政策非试点城市,低碳政策试点城市的碳排放总量平均降低 13. 82% ,低碳试点政策始于 2010 年下半年,故而本文将初始年份设定为 2011 年,此时基准模型的估计系数一共捕捉了 8 年的平均处理效应,即不考虑产业结构、科技发展水平等因素的影响,低碳城市试点政策将促使试点城市的碳排放总量年均下降 1. 73% (13. 82%/8)。而若将产业结构、科技发展水平等因素考虑其中,低碳试点政策实现的碳减排效果将会更好,相比于低碳政策非试点城市,低碳政策试点城市的碳排放总量平均降低 14. 30% ,低碳城市试点政策将促使试点城市的碳排放总量年均下降 1.79%(14.30%/8);同理,第(1)列与第(2)列模型低碳城市试点政策的估计变量 *did* 的系数分别为 -0.1358 与 -0.1147,即当未考虑产业结构、科技发展水平等影响因素时,低碳城市试点政策的实施有效地降低了试点城市的人均碳排放水平,人均碳排放水平降低了 13.58%,年均降低了 1.7%。考虑产业结构、科技发展水平等影响因素后,其人均碳减排效果反而有所下降,此时人均碳排放水平的下降幅度仅为 11.47%,年均降低 1.43%。

表 5.23 低碳政策试点城市对碳排放水平的基准回归结果

变量	(1)	(2)	(3)	(4)
	lncarbon	lncarbon	lnpcarbon	lnpcarbon
did	-0.1382***	-0.1430***	-0.1358***	-0.1147***
	(0.0454)	(0.0446)	(0.0432)	(0.0415)
industry		-0.0051**		-0.0056**
		(0.0024)		(0.0023)
science		-23.6661**		-21.0831**
		(10.9335)		(10.4291)
gov		0.1516		0.1275
		(0.2258)		(0.2195)
finance		0.0000		-0.0112
		(0.0347)		(0.0335)
*ln*people		0.1680**		-0.7800***
		(0.0815)		(0.0711)
_cons	19.0004***	18.4813***	14.3912***	18.2729***
	(0.0118)	(0.3937)	(0.0115)	(0.3514)
城市固定效应	是	是	是	是
时间固定效应	是	是	是	是
R^2	0.8585	0.8594	0.7791	0.7888
N	3692	3692	3692	3692

Standard errors in parentheses

注:$^{**}p < 0.05$,$^{***}p < 0.01$。

从控制变量的实证角度来看,在表 5.23 中第(2)列与第(4)列的实证结果中,产业结构这一控制变量的系数分别为 -0.0051 与 -0.0056 且皆通过 5% 的显著性检验,这说明产业结构的优化对降低整体碳排放水平与人均碳排放水平皆有显著作用,地区第三产业占比越高,低碳城市试点政策的碳减排效果越好;技术创新水平指标的系数也皆为负值且通过5%的显著性检验,即技术创新水平越高,地区碳排放水平下降得越多,从系数的绝对值大小来看,技术创新水平的提升对整体碳排放水平的减排效应要高于对人均碳排放的减排效应;总人口这一指标在第(2)列与第(4)列结果中系数皆通过5%的显著性检验,但其在第(2)列模型中系数为正,而在第(4)列模型中系数为负,也就是说地区总人口数量越多,越不利于地区整体碳排放水平的降低,但有利于地区人均碳排放水平的降低。

3. 异质性分析

低碳政策试点城市在地理位置、经济发展水平等方面具有较大的差异,这些差异可能会使低碳城市试点政策对各试点城市产生的政策效果并不相同,故而本文将从地理位置的异质性与经济发展水平的异质性两个方面对低碳试点城市的政策效果进行评估。

(1)区域异质性分析

将样本城市按照所处区域不同划分为东部地区、中部地区以及西部地区3个子样本,分别对3个子样本进行回归,评估低碳城市试点政策在不同区域产生的碳减排效应,表5.24与表5.25分别展示了低碳城市试点政策对东、中、西三个地区整体碳排放水平和人均碳排放水平的影响。可以看出,东部地区低碳城市试点政策的估计变量 *did* 的系数为负且通过1%的显著性检验,而其在中部地区及西部地区的实证结果中,系数并未通过显著性检验。这表明低碳城市试点政策在东部地区发挥了显著的碳减排效果,而在中部地区与西部地区的碳减排效果并不明显,低碳城市政策的减排效果具有区域异质性。

此外,产业结构、技术创新等因素对地区碳减排的作用也具有异质性。在中部与西部地区,产业结构指标的系数皆为负且通过5%的显著性检验,而在东部地区,产业结构指标的系数则为正值且通过显著性检验,这意味着产业结构的优化升级对降低中部地区与西部地区整体碳排放水平和人均碳排放水平具有显著作用,但会促使东部地区整体碳排放水平与人均碳排放水平上升;技术创新将会显著降低东部地区的整体碳排放水平与人均碳排放水平,却会显著提升中部地区的整体碳排放水平与人均碳排放水平,其对西部地区的碳减排作用并不显著;财政支出水平指标在西部地区的回归模型中的系数显著为正,在东部与中部地区的回归模型中并不显著,这表明财政支出水平对东部与中部地区的碳减排并无显著影响,却对西部地区的碳排放水平具有显著的促进作用;金融发展水平仅在中部地区发挥显著的碳减排效应,金融发展水平越高,地区整体碳排放水平与人均碳排放水平越会有所下降;总人口指标在对整体碳排放水平的区域异质性回归中系数皆为正值,其中中部地区与西部地区的系数皆通过5%的显著性检验,东部地区的系数并未通过显著性检验,总人口数量越多,中部地区与西部地区的整体碳排放水平提升越显著,而在对人均碳排放水平的区域异质性回归中,总人口指标的系数皆为负值并通过显著性检验,其在东、中、西部地区的系数分别为 -0.7193、-0.6092 及 -0.7022,也就是说总人口数量越多,东中西部地区的人均碳排放水平越会显著下降,其中东部地区的人均碳排放水平下降得最多,西部地区次之,中部地区下降得最少。

表 5.24　对整体碳排放水平的区域异质性回归结果

变量	(5)	(6)	(7)
	东部地区	中部地区	西部地区
did	-0.3976***	0.0864	0.1300
	(0.0734)	(0.0600)	(0.0800)
industry	0.0112**	-0.0059**	-0.0112**
	(0.0056)	(0.0030)	(0.0045)
science	-85.0318***	32.6712***	-22.6267
	(22.1738)	(8.0289)	(22.9501)
gov	0.3727	-0.1970	0.7282**
	(0.5997)	(0.2881)	(0.3672)
finance	0.0037	-0.1594***	0.1155
	(0.0697)	(0.0469)	(0.0728)
lnpeople	0.2041	0.3833***	0.3193**
	(0.1336)	(0.0753)	(0.1514)
_cons	18.3371***	17.5054***	17.2799***
	(0.7139)	(0.3912)	(0.7196)
城市固定效应	是	是	是
时间固定效应	是	是	是

续表

变量	(5)	(6)	(7)
	东部地区	中部地区	西部地区
R^2	0.7665	0.9132	0.9036
N	1313	1300	1079

Standard errors in parentheses

注：$^{**}p < 0.05$，$^{***}p < 0.01$。

表 5.25　对人均碳排放水平的区域异质性回归结果

变量	(8)	(9)	(10)
	东部地区	中部地区	西部地区
did	-0.3441***	0.0895	0.1362
	(0.0661)	(0.0584)	(0.0793)
industry	0.0086*	-0.0060**	-0.0108**
	(0.0051)	(0.0030)	(0.0044)
science	-77.4004***	33.0577***	-23.5410
	(21.1018)	(8.0259)	(22.7106)
gov	0.2569	-0.2137	0.7321**
	(0.5575)	(0.2842)	(0.3666)
finance	-0.0172	-0.1579***	0.1096
	(0.0645)	(0.0468)	(0.0720)
lnpeople	-0.7193***	-0.6092***	-0.7022***
	(0.1140)	(0.0747)	(0.1488)
_cons	18.1021***	17.4747***	17.3525***
	(0.6267)	(0.3899)	(0.7083)
城市固定效应	是	是	是
时间固定效应	是	是	是
R^2	0.6024	0.8703	0.8648
N	1313	1300	1079

Standard errors in parentheses

注：$^{*}p < 0.1$，$^{**}p < 0.05$，$^{***}p < 0.01$。

(2)不同经济发展水平异质性分析

将样本城市按照实际人均 GDP 划分为高水平、中水平及低水平三等份，每一等份作为一个子样本，分别对 3 个子样本进行回归，评估低碳城市试点政策对不同经济发展水平城市的碳减排效应，表 5. 26 与表 5. 27 分别展示了低碳城市试点政策对不同经济发展水平的地区整体碳排放水平与人均碳排放水平的影响。可以看出，城市试点政策的估计变量 *did* 在经济发展高水平的城市样本中回归系数皆为负且通过 1% 的显著性检验，这表明低碳城市试点政策对经济发展高水平的城市将产生显著的碳减排效应。值得注意的是，在经济发展中水平的城市样本中，低碳城市试点政策对整体碳排放水平并未产生显著的减排效应，却对人均碳排放水平产生碳减排效应。

此外，产业结构、技术创新等因素对不同经济发展水平城市碳减排的作用也具有异质性。对于经济发展处于低水平的城市而言，产业结构的优化升级对城市整体碳排放水平的降低与人均碳排放水平的降低具有显著作用，而对于经济发展处于中水平与高水平的城市而言，并无显著的碳减排作用；技术创新指标仅在经济发展处于高水平的城市样本回归中系数为负且通过 1% 的显著性检验，即技术创新对经济发展处于高水平的城市具有显著的减排效应，对于处于中水平与低水平的城市碳减排效用并不明显；金融发展水平指标在经济发展处于低水平的城市样本回归中系数皆为负且通过显著性检验，这表明金融发展水平越高，经济发展处于低水平的城市整体碳排放水平与人均碳排放水平越低，值得注意的是，虽然金融发展水平指标在经济发展处于中水平的城市样本回归中系数皆为正，但是其在对整体碳排放水平的回归中通过了 1% 的显著性检验，对人均碳排放水平的回归中却并未通过显著性检验，这意味着金融发展水平越高，将越有利于经济发展处于中水平的城市整体碳排放水平的下降，但对于经济发展处于中水平的城市人均碳排放水平并无显著影响；总人口指标将对经济发展处于高水平的城市整体碳排放水平的提升具有显著的促进作用，但其并未对经济发展处于中水平与低水平的城市的整体碳排放水平产生作用，在对人均碳排放水平的回归中，总人口指标在经济发展处于低水平、中水平以及高水平的城市样本中，回归系数分别为 -0. 7589、-0. 7948 以及 -0. 4881，即总人口数量越多，经济发展处于高水平、中水平以及低水平的城市人均碳排放水平越会显著下降，其中经济发展处于中水平的人均碳排放水平下降得最多，经济发展处于高水平的最少。

表 5.26　对整体碳排放水平的不同经济发展水平异质性回归结果

变量	(11)	(12)	(13)
	低水平	中水平	高水平
did	0.0208	-0.0835	-0.2721***
	(0.0787)	(0.0723)	(0.0726)
industry	-0.0089**	0.0019	-0.0002
	(0.0036)	(0.0043)	(0.0047)
science	-2.5530	19.8636	-81.4290***
	(16.3672)	(13.8524)	(23.1985)
gov	-0.3794	-0.2590	0.5409
	(0.2702)	(0.4498)	(0.7676)
finance	-0.1170**	0.3319***	-0.0673
	(0.0588)	(0.0837)	(0.0561)
ln*people*	0.1610	0.2213	0.4241***
	(0.1247)	(0.1514)	(0.1351)
_*cons*	17.6583***	17.5562***	18.4105***
	(0.5478)	(0.7033)	(0.8420)
城市固定效应	是	是	是
时间固定效应	是	是	是
R^2	0.7793	0.7698	0.7314
N	1235	1235	1222

Standard errors in parentheses

注：** $p < 0.05$，*** $p < 0.01$。

表 5.27　对人均碳排放水平的不同经济发展水平异质性回归结果

变量	(14)	(15)	(16)
	低水平	中水平	高水平
did	0.0914	-0.1571***	-0.1617**
	(0.0826)	(0.0591)	(0.0721)
industry	-0.0090**	0.0008	0.0006
	(0.0040)	(0.0035)	(0.0050)
science	22.4415	-1.7071	-73.9892***
	(15.8608)	(11.8451)	(22.6045)

续表

变量	(14)	(15)	(16)
	低水平	中水平	高水平
gov	-0. 3914	-0. 3450	0. 9785
	(0. 2702)	(0. 4336)	(0. 9651)
finance	-0. 0998 *	0. 0544	-0. 0028
	(0. 0589)	(0. 0549)	(0. 0608)
ln*people*	-0. 7589 ***	-0. 7948 ***	-0. 4881 ***
	(0. 1293)	(0. 1011)	(0. 1587)
_cons	17. 4778 ***	18. 0503 ***	17. 5546 ***
	(0. 5922)	(0. 5067)	(0. 8187)
城市固定效应	是	是	是
时间固定效应	是	是	是
R^2	0. 7793	0. 7698	0. 7314
N	1235	1235	1222

Standard errors in parentheses

注：* $p < 0.1$，** $p < 0.05$，*** $p < 0.01$。

5. 5. 4 稳健性检验

1. 稳健性回归

低碳城市试点政策的三次实施时间原本分别是 2010 年 7 月 19 日、2012 年 11 月 26 日以及 2017 年 1 月 7 日，考虑到第一次与第二次政策实施的时间皆为当年下半年，故而本文将政策实施时间设定为 2011 年、2013 年以及 2017 年，现将政策实施时间重新定义为 2010 年、2012 年以及 2017 年并重新进行回归，回归结果如表 5. 28 所示。

表 5. 28 稳健性检验的回归结果

变量	(17)	(18)	(19)	(20)
	ln*carbon*	ln*carbon*	ln*pcarbon*	ln*pcarbon*
did	-0. 1193 ***	-0. 1208 ***	-0. 1130 ***	-0. 0955 **
	(0. 0447)	(0. 0441)	(0. 0428)	(0. 0413)
industry		-0. 0048 **		-0. 0054 **
		(0. 0024)		(0. 0023)

续表

变量	(17)	(18)	(19)	(20)
	*ln*carbon	*ln*carbon	*ln*pcarbon	*ln*pcarbon
science		-24.1014 **		-21.4488 **
		(10.9692)		(10.4612)
gov		0.1728		0.1452
		(0.2251)		(0.2187)
finance		0.0010		-0.0105
		(0.0347)		(0.0335)
ln*people*		0.1653 **		-0.7822 ***
		(0.0817)		(0.0713)
_cons				
城市固定效应	是	是	是	是
时间固定效应	是	是	是	是
R^2	0.8584	0.8592	0.7788	0.7887
N	3692	3692	3692	3692

Standard errors in parentheses

注：$^{**}p < 0.05$，$^{***}p < 0.01$。

从表5.28可以发现，重新定义政策实施年份后，低碳城市试点政策的估计变量*did*系数皆为负值并通过了5%的显著性检验，这表明低碳城市试点政策具有显著的碳减排作用，与前文结论一致。

2. 安慰剂检验

本文将通过随机化处理实施了低碳试点城市政策的实验组与未实施低碳试点城市政策的控制组来进行安慰剂检验，从研究样本来看，2010年有62个城市实施了低碳试点城市政策，2012年试点城市增加了27个，到了2017年试点城市增至122个。首先随机产生一个低碳试点城市名单，构造一个“人为”处理变量did_{it}^{false}，基于公式(5.20)所构建的模型对整体碳排放水平指标与人均碳排放水平指标重复进行1000次回归，图5.10与图5.11分别展示了在整体碳排放水平与人均碳排放水平的回归方程中处理变量did_{it}^{false}估计系数的概率密度分布图，随机分配的估计值均集中分布在零值附近，这表明低碳城市试点政策的碳减排效应受到的不可观测的潜在因素影响较少。

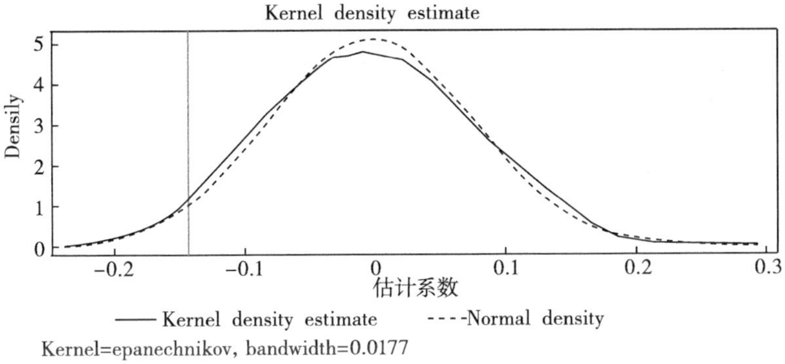

图 5.10　整体碳排放水平方程的估计参数:1000 次模拟

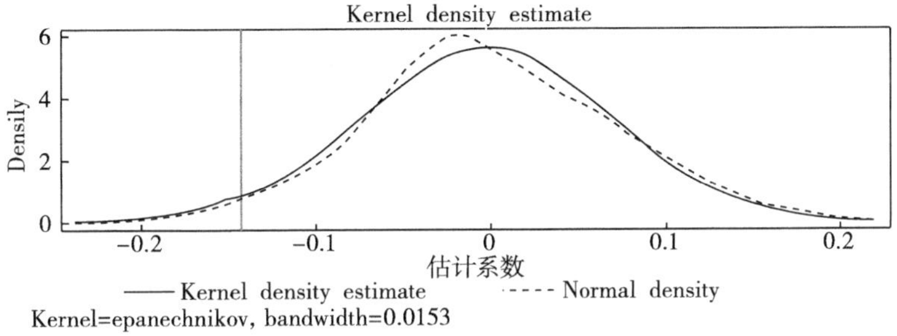

图 5.11　人均碳排放水平方程的估计参数:1000 次模拟

5.5.5　机制检验

上文已经验证了低碳试点城市政策能够显著地降低城市整体碳排放水平与人均碳排放水平,接下来将对低碳试点城市政策碳减排效应的中间机制与传导过程进行探究,为了探究低碳试点城市政策是否通过产业结构的优化升级与技术创新水平的提高间接推进碳减排,本文将利用中介效应检验的方法进行检验,构建方程如下:

$$M_{it} = \alpha_0 + \alpha_1 DID_{it} + \alpha_2 Control_{it} + u_i + \nu_i + \varepsilon_{it} \quad (5.23)$$

$$Y_{it} = \lambda_0 + \lambda_1 DID_{it} + \lambda_2 M_{it} + \lambda_3 Control_{it} + u_i + \nu_i + \varepsilon_{it} \quad (5.24)$$

其中 M 和 Y 为中介变量,分别表示产业结构(industry)与技术创新(science),政策的总效应为公式(5.21)中的 β_1,直接效应为 λ_1,变量 M 的中介效应为 $\alpha_1\lambda_2$。表 5.29 中第(21)列、第(22)列及第(23)列分别为以整体碳排放量为解释变量,以产业结构为中介变量,基于公式(5.21)、公式(5.23)与公式

(5.24)的回归结果。可以发现,在第(21)列及第(23)列的实证回归结果中,低碳城市试点政策的估计变量 *did* 系数分别为 -0.1446 与 -0.1430,两者皆显著为负,且前者绝对值大于后者,即低碳城市试点政策的估计变量 *did* 系数有所减小,故而产业结构的确是低碳试点城市政策实施的中介变量,低碳政策通过产业结构的优化升级,可以有效地降低城市的碳排放量水平。

表 5.29 产业结构中介效应检验结果

变量	(21)	(22)	(23)
	ln*carbon*	*industry*	ln*carbon*
did	-0.1446 ***	-1.2876 ***	-0.1430 ***
	(0.0455)	(0.2839)	(0.0446)
gov	-0.0515	2.8477	0.1516
	(0.2269)	(2.2291)	(0.2258)
finance	-0.0120	3.4058 ***	0.0000
	(0.0336)	(0.3884)	(0.0347)
ln*people*	0.1815 **	-2.9165 ***	0.1680 **
	(0.0820)	(0.5986)	(0.0815)
science		-1.6*e*+02 **	-23.6661 **
		(67.1559)	(10.9335)
industry			-0.0051 **
			(0.0024)
_cons	18.1873 ***	53.6234 ***	18.4813 ***
	(0.3925)	(2.9240)	(0.3937)
城市固定效应	是	是	是
时间固定效应	是	是	是
R^2	0.8589	0.8583	0.8594
N	3692	3692	3692

Standard errors in parentheses

注: ** $p < 0.05$, *** $p < 0.01$。

表 5.30 中第(24)列、第(25)列及第(26)列分别为以整体碳排放量为解释变量,以科技创新水平为中介变量,基于公式(5.21)、公式(5.23)与公式(5.24)的回归结果。在第(24)列及第(26)列的实证回归结果中,低碳城市试点政策的估计变量 *did* 系数皆为负值且都通过了 1% 的显著性检验,其数值分

别为 -0.1510 与 -0.1430,低碳城市试点政策的估计变量 *did* 系数同样有所减小,因此,科技创新水平同样也是低碳试点城市政策实施的中介变量,低碳政策可以通过提升科技创新水平实现碳减排。

表 5.30　科技创新中介效应检验结果

变量	(24)	(25)	(26)
	ln*carbon*	*science*	ln*carbon*
did	-0.1510 ***	0.0003 ***	-0.1430 ***
	(0.0454)	(0.0001)	(0.0446)
industry	-0.0047 **	-0.0000 **	-0.0051 **
	(0.0024)	(0.0000)	(0.0024)
gov	-0.0444	0.0083 ***	0.1516
	(0.2269)	(0.0007)	(0.2258)
finance	0.0042	-0.0002 **	0.0000
	(0.0346)	(0.0001)	(0.0347)
ln*people*	0.1676 **	0.0000	0.1680 **
	(0.0814)	(0.0001)	(0.0815)
science			-23.6661 **
			(10.9335)
_*cons*	18.4397 ***	0.0018 **	18.4813 ***
	(0.3929)	(0.0008)	(0.3937)
城市固定效应	是	是	是
时间固定效应	是	是	是
R^2	0.8590	0.6859	0.8594
N	3692	3692	3692

Standard errors in parentheses

注:** $p < 0.05$, *** $p < 0.01$。

5.5.6　结论与政策性建议

本文通过构建渐进性双重差分模型对我国低碳城市试点政策的减排效应进行有效评估并进一步分析了其作用机制,主要得出以下结论。

第一,低碳试点城市政策发挥作用具有一定的滞后性,在该政策实施的第三年地区的碳排放水平与人均碳排放水平方有显著的下降,第三年之后该政策持续发挥着显著的碳减排效用。政策发挥作用的时间产生滞后的原因可能与信息传达、政策落实等因素有关。

第二,低碳城市试点政策能够有效降低地区碳排放水平。无论是否考虑产业结构、技术创新等其他因素,低碳城市试点政策的实施皆能有效降低地区的整体碳排放水平与人均碳排放水平,该政策发挥了较为显著的减排效用。在不考虑产业结构、科技发展水平等条件的情况下,低碳政策试点城市的碳排放总量平均降低 13.82%,年均下降 1.73%,人均碳排放水平降低了 13.58%,年均降低了 1.7%;在考虑产业结构、科技发展水平等条件的情况下,低碳政策试点城市的碳排放总量平均降低 14.30%,年均下降 1.79%,人均碳排放水平降低了 11.47%,年均降低了 1.43%。

第三,低碳城市试点政策能够通过优化产业结构、提高技术创新水平等途径实现碳减排的目标。产业结构的优化升级、技术创新水平的提高,都能显著降低地区的整体碳排放水平与人均碳排放水平。

第四,低碳城市试点政策对不同区域以及不同经济发展水平的城市发挥的碳减排作用具有异质性。从区域异质性来看,低碳城市试点政策能显著降低东部地区的整体碳排放水平与人均碳排放水平,而其在中部地区与西部地区的碳减排效果并不明显;从不同经济发展水平的异质性来看,低碳试点城市政策对经济发展高水平的城市能产生显著的碳减排效应,但其仅能显著降低经济发展中水平城市的人均碳排放水平,对经济发展中水平城市的整体碳排放量的下降并无显著作用。

基于以上结论,给出以下政策性建议。

第一,进一步扩大低碳试点城市政策的覆盖范围。在低碳城市试点政策的准自然实验中,低碳试点政策展现出较好的碳减排效果,故而未来应继续扩大低碳试点城市的覆盖广度。一方面,在现有低碳试点城市政策的实施经验上不断总结,如低碳技术创新及低碳产业体系构建的成功与失败经验等;另一方面,在继续探索城市低碳发展的成功路径的基础上,将已取得的成功经验推广到其他城市,由点及面,逐步实现城市低碳发展的全覆盖;在推广低碳试点城市政策的过程中,可以首先从东部地区入手,这样更有利于低碳试点城市政策发挥更好的碳减排作用。

第二,加大当地低碳产业体系的构建与完善。整改当地高污染、高耗能、高排放的"三高"企业,逐步建立低污染、低能耗与低排放的低碳产业体系,实现能源低碳化、交通低碳化、建筑低碳化、农业低碳化、工业低碳化、服务低碳化以及消费低碳化。

第三,加大对绿色低碳技术的研发与投入,大力推进在电力、交通、建筑、冶金、化工、石化等部门以及在可再生能源及新能源、煤的清洁高效利用、油气资源和煤层气的勘探开发、二氧化碳捕获与埋存等领域开发的有效控制温室气体排放新技术的发展。通过绿色低碳技术的推广与应用有效实现碳减排的目标。

第四,激发城市低碳发展的内生动力,鼓励各城市根据自身实际情况制定相应的低碳发展政策。由于低碳政策的实施短期内无法看到红利,故而有些试点城市政府在落实低碳政策时缺乏主动性与积极性,但地方政府也应该看到低碳政策给我们带来的中长期红利,积极制定城市低碳发展的中长期规划,合理布局当地低碳产业。

5.6 不同类型环境规制对碳排放效率的影响

目前,我国环境规制手段可以分为命令控制型、市场激励型和公众参与型三大主流,环境规制能够实现有效的资源配置和污染抑制,与低碳经济的低能耗、低污染、低排放理念相呼应。本节以此为引,研究异质性环境规制对碳排放效率的影响。首先对有关环境规制与碳排放效率的文献进行梳理,其次对实证模型设定进行解释说明,再次通过空间双重差分模型就异质性环境规制对碳排放效率的影响展开研究,最后根据实证结果给予相应的政策建议。

5.6.1 环境规制与低碳经济

环境规制与低碳经济大相径庭,但其存在共同的目标,即抑制污染、降低能耗。环境规制作为一种政策手段,其实施是否对低碳经济产生影响?存在怎样的影响?以上问题具有重要的研究价值。

5.6.1.1 政策背景

新时代中国在社会经济一直蓬勃发展的同时,经济与环境的矛盾也越来越尖锐,人民对美好生活的需求与资源环境供给能力不足之间的矛盾日益突出,严峻的资源环境问题逐渐成为制约可持续发展的瓶颈。环境规制作为当前我国治理环境污染的重要手段,不仅有助于维护自然环境,直接缓解污染产业链产生的环境污染,而且能够通过淘汰落后产能等方式促使企业技术创新与进步,从而提高地区碳排放效率,这正是低碳发展的题中之义。

环境规制是指以环境保护和资源节约为目的,政府对社会资源利用进行直接或者间接的控制和干预行为。根据环境规制的适用主体,最初可将其基本划分为命令控制型、市场激励型和公众参与型。为了不断适应社会发展的需要,现代中国衍生出越来越多新型的环境规制政策,不同类别的政策工具势必对低碳经济发展产生不同影响。因此,识别异质性环境规制在低碳领域的政策绩效具有重要的现实意义。

当前,绿色发展视角下的低碳发展量化分析主要围绕全要素生产率展开,如雷明等(2013)通过数据包络分析方法测算碳循环全要素生产率的增长率;周泽炯等(2013)通过考虑非期望产出的超效率模型测算全要素下的低碳经济发展绩效;王钊等(2019)利用 Malmquist - Luenberger 指数方法测算我国 2004—2016 年低碳经济全要素生产率增长。为更切合低碳经济理念,本节在现有文献基础上,以全要素视角下的碳排放效率衡量低碳经济发展水平,研究现代异质性环境规制政策对低碳经济的影响。

5.6.1.2 文献综述

环境规制的发展由来已久,国内外对环境规制进行的大量研究取得了丰富成果,如有名的“绿色发展悖论”,其认为化石能源企业在预见日后严格的环境规制政策的前提下,可能会增加短期产量以避开利润低谷期,从而使得环境问题更加严重;新古典经济学“遵循成本说”认为环境规制会产生挤出效应,企业为治理产生的污染必然会增加治理成本而制约区域整体经济的发展;“创新补偿说”(波特假说)认为适当的环境规制可以激励企业进行研发创新而提高企业生产率,最终反哺经济增长。以上文献大多就总体展开,研究整体环境规制对特定事物的影响,对当前环境学科具有重要的启迪作用。

时过境迁,我国自 1973 年颁布第一个环境保护文件《关于保护和改善环境的若干规定(试行草案)》以来,当今环境规制手段日益丰富和完善,排污权交易、环境税制等规制手段别开生面,因此对环境规制进行合理分类,并根据其异质性展开差异化研究势在必行。赵玉民等(2009)对环境规制的内涵做了重新界定,将整体环境规制分为显性环境规制和隐形环境规制,并将显性环境规制细分为命令控制型环境规制、以市场为基础的激励型环境规制和自愿型环境规制。其中,命令控制型环境规制是指依靠规章制度直接对环境行为进行干预,市场激励型环境规制是指依靠税费、排污权等工具对环保行为进行激励和调节,公众参与型是指依靠信息披露等机制鼓励公众表达环境利益、参与环保行为。

与此同时,学术界对环境规制的研究逐渐从定性分析转向定量分析,量化方法也从主观打分发展为客观权重,从单一指标发展为综合指标。Walter (1979)通过专家打分法对环境政策进行测度,存在一定主观性;Sonic Ben Kheder(2008)选取生产总值与能源消费量的比值作为环境规制量化指标,数值高低对应环境规制政策的强弱,该值能够在一定程度上反映政策的真正影响效果,但存在一定片面性;王红梅(2016)运用综合权重方法,三种主流环境规制均采集两个及以上指标的信息,最终得到各类型环境规制强度,综合指标虽仍然存在主观选取指标等方面的小遗憾,但其客观性、准确性和科学性毋庸置疑。

随着人们对经济效率的认识,越来越多学者开始用全要素生产率来衡量低碳经济发展水平,以研究环境规制对低碳经济的影响。何小钢等(2012)基于改进的 STIRPAT 模型,利用动态面板数据研究发现:环境规制能够有效降低工业行业碳强度,有利于碳排放效率的提升;张华等(2014)利用 2000—2011 年中国省级面板数据,通过两步 GMM 法实证分析环境规制对碳排放效率的双重效应,发现随着环境规制强度由弱变强,影响效应由“绿色悖论”效应转变为“倒逼减排”效应;马海良等(2020)基于考虑非期望产出的超效率 SBM 模型测算中国 2008—2016 年 30 个省份的碳排放效率,进一步研究发现三种主流环境规制与碳排放效率间呈现“U 形”变化趋势,且环境规制对中国不同区域碳排放效率的影响存在差异。由此可见,环境规制能够促进碳排放效率的提升,而且其产生的影响存在地域上的差异。

此外,根据地理第一定律,任何经济变量均存在空间依赖性和相关性,即一个地区的发展会受邻近地区的影响。这意味着环境规制不仅存在空间异质性,而且存在空间溢出效应。基于1999—2009年中国30个省份大中型工业企业数据,王文普等(2013)通过空间杜宾模型检验产业竞争力和环境规制的关系,发现环境规制有较高的正向空间溢出效应;沈坤荣等(2017)基于空间自滞后模型,采用工具变量法回归对邻近城市环境规制与本地污染排放之间的因果关系进行识别,研究发现环境规制存在空间效应,能够引发污染就近转移的现象;李小平等(2020)通过空间杜宾模型研究异质性环境规制对碳生产率的空间溢出效应,发现强制型环境规制对碳生产率存在负向溢出效应,市场型环境管制存在正向溢出效应,自愿型环境规制的空间效应不太显著。随着空间经济理念的流行,区域协调发展成为中国乃至世界的共识,从东中西部到城市群,再到八大综合经济区,区域发展在中国越来越受到重视。理想的环境规制政策不但应对当地的碳排放效率产生积极作用,而且应做到对邻近地区产生正向空间溢出效应。因此,在强调区域协调发展的当今,研究异质性环境规制政策的空间溢出效应具有重要的现实意义。

以上文献均对本节的理论与实证分析起到良好的支撑作用,但从梳理中可以发现:定量分析仍然存在一定的主观因素;异质性环境规制对不同地区碳排放效率影响的差异性并未得到挖掘,针对此问题的空间计量研究更加稀缺。基于此,本节拟通过空间双重差分模型,研究异质性环境规制对不同试点地区碳排放效率的直接效应与空间效应。

5.6.2 识别策略、变量和数据

为识别异质性环境规制对碳排放效率的影响,选择空间双重差分模型进行空间计量分析。在量化分析中,选择《大气污染防治行动》《关于开展碳排放权交易试点工作的通知》《环境保护公众参与办法》作为环境规制研究对象,选择超效率 SBM – Malquist – Luenberge 对碳排放效率进行测度。

5.6.2.1 计量模型的设计

选择空间双重差分模型(Spatial Difference – in – Difference,SDID)进行空间计量分析,目的是判断异质性环境规制能否显著促进当地碳排放效率的增长,

以及能否对邻近地区产生空间溢出效应，从而带动区域碳排放效率水平的提升。

空间双重差分是基于双重差分模型的空间拓展形式，即在原有双重差分的基础上加入空间计量要素，以实现对外生政策空间效应的额外识别，本节选择空间杜宾误差模型（SDEM）对双重差分模型进行嵌套，作为空间双重差分模型的空间拓展部分，具体公式如下：

$$Y = \beta_1 DID + \beta_2 X + \beta_3 TWDID + \beta_4 TW_x + \lambda TW\mu + u + v + \varepsilon \tag{5.25}$$

在式（5.25）中，TW 为本节遴选的最优内生时空权重矩阵，通过时间权重矩阵 ξ 和空间权重矩阵 W 进行克罗内克积计算而得，即 $\xi \otimes W$。DID 代表主解释变量，即环境规制政策的双重差分项，X 代表一系列控制变量。$TWDID$ 代表空间滞后主解释变量，TW_x 代表空间滞后自变量，$TW\mu$ 代表空间滞后误差项。u 代表个体固定效应，v 代表时期固定效应。λ 为空间误差系数即 $Lambda$ 值，ε 代表扰动项，β_1、β_2、β_3、β_4 则代表各项相应回归系数。

为具体识别异质性环境规制对碳排放效率的直接效应和空间效应，设计 SDID 的具体考量如下：SDID 兼具传统双重差分模型和空间计量模型的优点，一方面，通过设置时期虚拟变量、地区虚拟变量、政策虚拟变量能够有效得到政策的净效应，不仅在一定程度上可以缓解由于选择偏误引起的内生性问题，还可以使得环境规制指标度量在合理的基础上简单化。另一方面，选择 SDEM 作为空间拓展部分，同时包括空间滞后自变量（TWx）和空间滞后误差（$TW\mu$），能够在考虑多方面影响的基础上对空间溢出效应进行有效识别。

而在传统空间计量分析中，同样存在一个问题，即单纯的空间权重矩阵更适用于截面数据，这与面板数据的时间连续性不够贴合。因此，本节在空间双重差分的基础上纳入内生时空权重矩阵，通过对时间权重矩阵与空间权重矩阵的合成，能够在很大程度上真实地反映空间溢出效应的具体情况。

5.6.2.2 变量设定

研究环境规制对碳排放效率的影响，核心被解释变量为碳排放效率，主解释变量为环境规制，控制变量为环境变量包括产业结构水平、对外开放水平、研发投入水平、财政支出水平、节能环保水平。

（1）碳排放效率

参考 Kaya 等学者（1997）对碳排放效率的定义，通过 MAXDEA 软件建立超效率 SBM – Malmquist – Luenberger 指数模型对碳排放效率进行测度。其中，超效率能够将有效单元的效率值突破 1 的限制，实现前沿决策单元之间的比较；SBM 是数据包络分析法中非径向的一种模型，能够通过投入产出关系对全要素生产率进行准确的估计；Malmquist 是一种用于对动态效率的变化趋势进行分析的模型，从 t 期到 $t+1$ 期的 Malmquist 指数即为碳排放效率的变化，若其大于 1，则碳排放效率的变化率提升，若其小于 1，则意味着碳排放效率的变化率下降；Luenberger 则指在产出成果中考虑非期望产出。在本节的测度中，投入要素分别为劳动力规模、资本存量、能源消费量，产出成果为经济产值（期望产出）和碳排放量（非期望产出）。

在变量的指标方面，劳动力规模数据的量化指标为年末就业人数；能源消费总量的量化指标为人均电力消费量；经济产出选取的量化指标为地区实际生产总值（以 2000 年为基准）；碳排放量的测算参考 Yuli Shan（2020）等学者的文章，根据 IPCC 公式并基于中国统计局最新能源统计数据进行核算，采取的排放因子来自碳专项调研，化石燃料相关排放分 15 种能源品种①、47 个社会经济部门核算；资本存量通过永续盘存法计算得到，公式为 $K_{it} = (1-\zeta_{it})K_{it-1} + I_{it}/P_{it}$。具体如表 5.31 所示。

表 5.31　碳排放效率投入产出表

变量类别	变量名称	指标名称及计量单位	计算方法
投入要素	劳动力	Labor（万人）	年末就业人数
	资本存量	Capital（万元）	永续盘存法
	能源	Energy（万千瓦时）	人均电力消费量
产出成果	经济	Economy（亿元）	地区实际 GDP
	碳排放量	CO_2（万吨）	IPCC 计算公式

① 包括原煤（Raw Coal）、洗煤（Cleaned Coal）、其他洗煤（Other Washed Coal）、型煤（Briquettes Coke）、焦炉煤气（Coke Oven Gas）、其他煤气（Other Gas）、其他焦化产品（Other Coking Products）、原油（Crude Oil）、汽油（Gasoline）、煤油（Kerosene）、柴油（Diesel Oil）、燃料油（Fuel Oil）、液化石油气（LPG）、炼厂气（Refinery Gas）、天然气（Natural Gas）。

(2)自变量

通过示性函数(0,1)来对环境规制政策变量进行量化,即某地区是否进行环境规制政策。在建立 SDID 后,选择《大气污染防治行动计划》作为命令控制型环境规制的研究对象,选择《关于开展碳排放权交易试点工作的通知》作为市场激励型环境规制的研究对象,选择《环境保护公众参与办法》作为公众参与型环境规制的研究对象。进一步地,将实施环境规制政策的地区设置为实验组($du=1$),将未实施环境规制政策的地区设为控制组($du=0$)。将实施政策前的年份设置为外生事件冲击前的年份($dt=0$),将实施政策后的年份设置为外生事件冲击后的年份($dt=1$)。环境规制政策则为时期虚拟变量与地区虚拟变量的乘积。

其中,大气污染防治行动的实施地区以 2013 年国务院印发的《大气污染防治行动计划》中明文规定的重点区域为准,包括京津冀地区、长三角地区、珠三角地区,因此将大气防治污染行动的实验组设为北京市、天津市、河北省、上海市、江苏省、浙江省、广东省。而起始年份以各省市政府官网的最早的大气污染防治行动相关执行文件为准,由此,北京市、天津市、河北省的政策执行年份为 2013 年,而广东省、上海市、江苏省、浙江省的政策执行年份为 2014 年。

碳排放权交易的实施地区以 2011 年 10 月国家发展改革委印发的《关于开展碳排放权交易试点工作的通知》中最早设置的试点地区为准,包括北京市、上海市、天津市、重庆市、湖北省、广东省,其他地区也自行开展了有关工作,但因相关政策发布年份靠后(2015 年及以后)或许可证交易市场未成规模不在考虑范围内,实验组省份的实施时间以 2011 年为准。

由于现行强调公众参与的新《环境保护法》和《环境保护公众参与条例》均为全国实行而非地区试点,因此本文以 2004—2014 年各省份年平均环境信访数作为 K-均值聚类的标准,将年平均环境信访数明显高于其他省份的广东(100887 件)和江苏(83638 件)划分为公众参与度高的实验组,将其他省份划分为公众参与度低的控制组,并以新《环境保护法》和《环境公众参与条例》实施的年份 2015 为时间界限,由此展开对公众参与型环境规制的空间溢出效应研究。

(3)控制变量

在控制变量的选取上，主要考虑相关文献在影响机制方面的阐述，同时基于数据量化的可行性和可获得性，最终拟选取 5 个环境变量作为空间双重差分的控制变量，包括产业结构水平、对外开放水平、研发投入水平、财政支出水平、节能环保水平。

选择以上环境变量作为控制变量的理由与量化指标如下：产业结构升级能够显著降低污染物排放，从而促进碳排放效率的提升，选择该地区的第三产业与第二产业比重之比代表其产业结构水平；对外开放能够促进技术交流与区域合作，从而提高经济增长效率，选择外商直接投资金额与地区生产总值之比代表对外开放水平；科技创新能够带动资源利用技术的发展，全面促进碳排放效率的提升，选择该地区研发投入经费与地区生产总值之比代表其科技创新水平；合理适度的政府宏观调控能够通过资源合理配置等多种手段促进碳排放效率的提升，选择财政总支出与地区生产总值之比代表其财政支出水平；节能环保能够促进投入要素转化率的提升，选择该地区的节能环保支出与地方一般公共预算支出之比代表其环保投资水平。具体如表 5. 32 所示。

表 5. 32　各变量名称及计算方法

变量类别	变量名称	指标名称及计量单位	计算方法
因变量	碳排放效率	EFF	由超效率 SBM 模型测算
自变量	环境规制政策	DID	时期虚拟变量 × 地区虚拟变量
控制变量	产业结构水平	Industry(%)	第三产业比重/第二产业比重
	对外开放水平	FDI（万元）	外商直接投资/地区生产总值
	研发投入水平	R&D（万元）	研发投入经费/地区生产总值
	政府规模水平	Gov（%）	政府财政总支出/地区生产总值
	节能环保水平	Env（%）	政府节能环保支出/财政总支出

5. 6. 2. 3　数据来源及预处理

本节以全国大气污染防治行动计划、碳排放交易权和环境保护公众参与办法的实施作为研究对象，共采集 30 个省份 2000 年至 2018 年的省级面板数据，西藏、香港、澳门、台湾由于数据缺失过多不在本文统计范围内。其中，资本存量、经济指标分别通过永续盘存法和平减法手工计算，碳排放量来自中国碳排放（China Emission Accounts and Datasets，CEADs）数据库，除此之外的省级面板数据来源于《中国统计年鉴》《中国能源统计年鉴》《中国环境统计年鉴》等，部分缺失数据通过线性插值等方法予以补充完整。在数据的处理上，除碳排放效率以外均进行了无量纲化和归一化处理。

5.6.3 实证分析

现已对模型和变量设定完毕，实证分析步骤如下：基于各省经济规模水平的空间权重矩阵对全国省际碳排放效率的自相关性进行分析；基于 SDID 对 2000—2018 年的省际面板数据展开计量分析，并对异质性环境规制下的全国及地方效应展开具体分析；通过更换空间模型、优化样本时期、剔除特殊城市 3 种方法进行稳健性检验。

5.6.3.1 空间自相关分析

通过超效率 SBM - Malmquist - Luenberger 进行测度后，五个类别的具体数值划分标准从大至小分别为 1、0. 9、0. 8、0. 7；西藏、香港、澳门、台湾由于数据缺失均计为 0。从总体上来看，2018 年我国碳排放效率的空间分布显得错落有致，但总体呈现出“东部高西部低”的特点，且碳排放效率高的区域基本以环境规制政策的试点省份为中心。

进而选择基于各省份经济规模水平的空间权重矩阵作为初始矩阵，通过全局莫兰指数（一种度量空间自相关的指标，可视为观测值与其空间滞后的相关系数）进行空间自相关分析。计算并绘制 2000 年至 2018 年中国省际碳排放效率的全局莫兰指数如图 5. 12 所示。

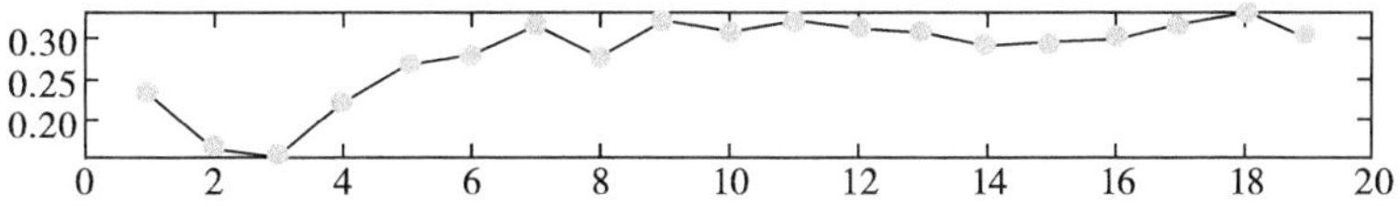

图 5. 12 基于各省经济规模水平的动态全局莫兰指数

由图 5. 12 得知，我国省际碳排放效率在 2000 年至 2018 年表现出统一且显著的正相关性，这表明我国碳排放效率具有空间溢出效应和正向外部性，“高—高”邻值普遍，高值地区会带动低值地区低碳发展。这说明我国的省际碳排放效率具有显著的正向外溢性,一个省碳排放效率的提高能够带动邻省的低碳发展,呈现出"一荣俱荣,一损俱损"的发展态势。随着我国宏观调控和市场化机制的合理发展与不断完善,区域碳排放效率的发展正欣欣向荣。

全局莫兰指数代表该年度样本省份的空间溢出效应,对2000—2018年的年际全局莫兰指数进行测度后,参考范巧等(2018)的内生时空权重矩阵合成方法。在时间权重矩阵(全局莫兰指数)确定后,将时间权重矩阵与其对应的空间权重矩阵进行克罗内克积(Z),得到基于各省份经济规模水平的内生时空权重矩阵,并纳入空间计量分析中。

5.6.3.2 空间双重差分

通过SDID对直接效应与空间效应进行估计,并通过偏微分和边际效应矩阵的方法对空间溢出效应进行分析。

(1)基准回归结果

在对面板数据进行空间双重差分后,所得结果如表5.33所示。其中,$TW\times()$ 代表环境规制政策、控制变量的空间滞后项,*lambda* 代表空间误差项系数 λ。

由表5.33得知,在全国省际层面上,命令控制型环境规制、市场激励型环境规制、公众参与型环境规制均能够对碳排放效率产生正面促进作用,环境规制的政策虚拟变量SDID分别在5%、1%和10%水平下通过显著性检验。在无量纲化和归一化的基础上,市场激励型环境规制对当地碳排放效率的正向作用达到0.10,明显大于市场命令型(0.06)和公众参与型(0.05),这说明市场激励型环境规制比命令控制型和公众参与型环境规制具有更大的促进作用,通过市场化运作能够在很大程度上推动碳排放效率的提升。

从空间拓展项的回归结果来看,命令控制型和市场激励型环境规制政策能够对邻省的碳排放效率产生正向的空间溢出效应,解释变量的空间滞后项 $TW\times SDID$ 均在1%的显著性水平下通过检验,这可以初步说明两种环境规制政策对省际的碳排放效率能够产生正向作用并且具有正外部性。公众参与型环境规制并未产生显著的空间溢出效应,这说明我国当前的公众参与型环境规制发展还较为稚嫩,尚未具备外部性,因此在下文政策效应分解及检验中不做进一步分析。

此外，在命令控制型和市场激励型环境规制中，空间滞后项 TW × ( ) 和空间误差项系数 *lambda* 均通过 1% 的显著性检验，这说明本文选择 SDEM 作为空间计量拓式的合理性。

表 5.33　异质性环境规制对碳排放效率的影响

变量	命令控制型	市场激励型	公众参与型
SDID	0.056751 **	0.103229 ***	0.052547 *
	1.962289	3.952181	1.389357
industry	0.048883 ***	0.031703 ***	0.056781
	5.017311	3.222243	5.953175
FDI	0.013842 **	0.017057 **	0.014435 **
	2.030957	2.545631	2.064838
R&D	0.001874 ***	0.001034 ***	0.0011
	0.314042	0.178346	0.18324
常数项	-0.725968 ***	-0.495279 **	-0.195274
	-2.850617	-2.211121	-0.670308
TW × *SDID*	2.531998 ***	0.331097 ***	0.480722
	3.253493	4.283606	6.200364
TW × *X*1	0.423383 ***	0.155543 ***	0.066913
	5.381982	4.802842	1.627688
TW × *X*2	0.148546 ***	-0.196308 ***	-0.065145
	4.253553	-7.003007	-2.625327
TW × *X*3	-0.121737 ***	0.941111 ***	-5.681118 ***
	-5.534008	4.770729	-1.324022
lambda	-0.99944 ***	-0.99944 ***	-0.99944 ***
	-3.144159	-3.144159	-3.144159
控制变量	是	是	是
个体效应	是	是	是
时间效应	是	是	是
空间滞后项	是	是	是
空间误差项	是	是	是
观测值	570	570	570

注：*、**、*** 分别代表该变量在 1%、5%、10% 的显著性水平下通过检验。

(2) 空间溢出效应估计

现已确定命令控制型和市场激励型环境规制均对省际碳排放效率具有促进作用且具有空间溢出效应,对空间模型的具体效应有待进一步剖析。根据LeSage等(2009)的主流看法,在点估计方法中,直接根据空间计量模型的空间误差相关项系数*lambda*来判断是否存在空间溢出效应,或是直接根据空间滞后项系数来判断空间效应的具体情况,这可能导致错误。当*lambda*显著不为零时,采用空间滞后项系数直接度量碳排放效率的空间溢出效应,会导致一定程度的系统性偏差,因此使用偏微分和边际效应矩阵的方法进一步研究空间溢出效应。

根据偏导矩阵法将时空权重矩阵政策冲击效应分解为所有时期的总和直接效应、间接效应以及总效应。同时,也分解为不同时期的平均直接效应、平均间接效应与平均总效应。值得一提的是,不同时期的平均值不是单纯的所有时期总和值的平均数,而是通过年年累积最终形成总的直接效应。其中,直接效应代表环境规制的政策虚拟变量对试点省份自身碳排放效率的影响,间接效应代表其对相邻省份碳排放效率的影响,总效应代表其对全国碳排放效率总体的影响。表5.34报告了命令控制型和市场激励型环境规制对碳排放效率的空间溢出效应估计结果。

表5.34 异质性环境规制对碳排放效率的空间溢出效应估计

	时期分解	命令控制型	市场激励型
直接效应	不同时期平均值	0.0568	0.0856
	所有时期总和值	1.0800	2.2259
间接效应	不同时期平均值	0.1089	0.1787
	所有时期总和值	2.2306	4.6454
总效应	不同时期平均值	0.1655	0.2653
	所有时期总和值	3.3106	6.8713

注:以上数值均通过至少10%的显著性水平检验。

由表5.34可知,从间接效应上来看,在2000—2018年,不论是不同时期平均值,还是所有时期总和值,空间溢出效应均表现为显著的正值,命令控制型环境规制和市场激励型环境规制均对实验组省份的碳排放效率产生明显促进作用。经过进一步对比,市场激励型环境规制在不同时期和所有时期均比命令控制型具有更大的正面影响力,倍数在 1 ~2 倍。可以发现:两种环境规制在 2000—2018 年均对碳排放效率具有正外部性。

从直接效应和总效应上来看,市场激励型环境规制同样比命令控制型环境规制具有更大的正向作用,与前文初步结论一致,这说明命令控制型环境规制对碳排放效率发挥的影响相对有限,市场激励型环境规制才是长久的治理之策。

5.6.3.3 基于省域异质性的政策效应分解

前文已得出结论:命令控制型和市场激励型环境规制均对碳排放效率具有正向空间溢出效应,现基于省域的异质性对政策试点省份进行个体分析。表 5.35 为 2000—2018 年命令控制型环境规制对 7 个试点省份碳排放效率的空间溢出效应影响,表中第 2 列直接效应表示命令控制型环境规制对试点省份自身碳排放效率的影响,第 3 列平均间接效应代表对各邻省份的平均影响,第 4 列总和间接效应代表对全部邻省份的影响,第 5 列总效应代表对试点省份所在区域(包括自身和相邻省份)的总影响。

表 5.35 命令控制型环境规制在不同试点省份的政策效应

省份	直接效应	平均间接效应	总和间接效应	总效应
北京	0.0514	-0.0032	-0.0951	-0.0436
天津	0.0297	1.1509e-04	0.0035	0.0332
河北	0.0205	0.0010	0.0311	0.0516
上海	0.0683	0.0085	0.2546	0.3229
江苏	0.0221	0.0025	0.0758	0.0979
浙江	-0.0365	0.0041	0.1231	0.0866
广东	0.1690	-0.0154	-0.4630	-0.2940

注:以上数值均通过至少 10% 的显著性水平检验。

由表 5.35 得知,命令控制型环境规制对北京、天津、河北、上海、江苏、广东的碳排放效率均具有直接的促进作用,对天津、河北、上海、江苏、浙江邻省的碳排放效率产生正向的空间溢出效应,且能够提升天津、河北、上海、江苏、浙江区域整体碳排放效率。

此外,命令控制型环境规制虽然总体上对碳排放效率具有正外部性,但并非对每个试点地区都是如此。北京、广东的地方《大气污染防治计划》均对相邻省份产生一定程度的负向空间作用。这有两个方面的原因。一方面,北京作为首都、广东作为经济强省,由于经济产出、外商投资、产业结构等方面的差异,相邻省份(天津、河北和广西、湖南、江西、福建)在低碳发展领域的竞争力与两省份差距较大,因此北京和广东容易产生“虹吸效应”,吸引大量绿色化的投资与消费,限制周边地区低碳发展。而上海、江苏、浙江同属长三角城市群,区域发展协同性较佳,且对外接口渠道通畅,因此在低碳发展时不会存在资源配置差距过大的问题。另一方面,命令型环境规制本身属于政府直接命令和调控的政策类型,这种行政性资源配置无法完全贴合市场运作,因此在资源配置上势必造成不可避免的倾斜与浪费。

而命令型环境规制政策对浙江省的直接效应为负,这可能由“搭便车”和“绩效竞争”效应共同引起。由于自然环境具有空间性,命令控制型环境规制在浙江省的实施可能为邻近地区带来了“搭便车”效应,邻省可以享受到浙江省的环境收益和低碳发展收益,即浙江省低碳发展带来一定程度的区域空气污染改善,从而弱化自身的政策绩效。此外,命令控制型政策代表中央政府的发展意向,邻省可能会提前做准备,及时调整发展方向,以适应全国发展大局。

表 5.36 为 2000—2018 年市场激励型环境规制对 7 个试点省份碳排放效率的空间溢出效应影响,具体细则与表 5.35 相同。

表 5.36　市场激励型环境规制在不同试点省份的政策效应

省份	直接效应	平均间接效应	总和间接效应	总效应
北京	0.1129	0.0915	2.7455	2.8584
天津	0.0980	7.5788e－04	0.0227	0.1207
上海	0.2538	0.0086	0.2589	0.5127
湖北	0.2328	4.1328e－04	0.0124	0.2452
广东	0.2414	0.0433	1.2988	1.5402
重庆	0.1594	0.3321	9.9622	10.1216

注:在通过最优内生时空权重矩阵的遴选后,以上数值均通过至少 10% 的显著性水平检验。

由表 5.36 得知,市场激励型环境规制对北京、天津、上海、湖北、广东、重庆的碳排放效率均产生显著促进作用,对全部试点地区相邻省份的碳排放效率产生正向的空间溢出作用，且能够提升全部试点地区区域整体碳排放效率。

在个体效应中，通过总效应系数的对比可以发现，重庆市低碳经济发展迅速，碳排放权交易市场的发展对碳排放效率的提升最大，在 8 年间自身效率提升 0.16%，且使得邻省（贵州省、四川省、湖南省、湖北省、陕西省）的碳排放效率平均提升 0.33%，区域总体碳排放效率达到 10.12% 的提升，这说明重庆市碳排放交易权的开放能够极大地推动该区域的低碳经济发展。此外，其他试点省份的碳排放权交易市场均对区域碳排放效率产生明显的提升作用，这说明市场激励型环境规制能够带动区域低碳投资和消费，推动低碳发展。

5.6.3.4 稳健性检验

考虑从模型和样本两个方面入手对实证结果进行稳健性检验，具体包括更换空间模型、优样本时期和剔除特殊城市三种方法。

（1）更换空间模型

SDEM 作为双重差分的空间拓式，相对于空间杜宾模型（SDM）和空间误差模型（SEM）的形式更为一般，若在回归方程中设置空间误差系数 $lamda=0$，则转换为空间误差模型。在稳健性检验一中，采用空间误差 - 双重差分模型对原始样本数据进行重新回归，若相应系数仍显著，则通过该项检验，检验结果如表 5.37第（1）列所示。

（2）优化样本时期

由于观测的三种环境规制政策最早实行的时间点为 2011 年底，而样本时间为 2000 年至 2018 年，长达 19 年，由于在时间截取上跨度过长和存在前后跨度不一致的情况，在回归时可能出现由时间因素引起的偏误。因此设计时间平均法作为稳健性检验二，具体做法是将政策实施前后的时间跨度截取至相等，在样本处理中去除 2000 年至 2002 年数据，检验结果如表 5.37 第（2）列所示。

（3）剔除特殊城市

考虑到直辖市在行政管理上相较于其他省份更为特殊，4 个特殊城市的样本数据可能会导致的分布中存在非随机的问题。参考龙玉等（2017）和张梦婷等（2018）的做法，基于普通省份样本数据重新回归。若在模型中剔除直辖市后，相应系数仍显著且符合现实意义，则通过稳健性检验三，检验结果如表 5.37

第(3)列所示。

综合以上稳健性检验结果,可以发现实证结果具有稳健性。

表 5.37 异质性环境规制对碳排放效率的影响

变量	(1)		(2)		(3)	
	Command	Market	Command	Market	Command	Market
SDID	0.06^{**}	0.11^{***}	0.06^{*}	0.10^{***}	0.14^{***}	0.19^{***}
	2.01	4.10	1.73	4.16	5.28	4.76
TW × *SDID*	2.34^{**}	1.02^{***}	2.38^{***}	0.78^{***}	2.21^{***}	2.35^{***}
	2.57	4.60	3.29	2.97	6.37	5.33
控制变量	是	是	是	是	是	是
个体效应	是	是	是	是	是	是
时间效应	是	是	是	是	是	是
空间滞后项	是	是	是	是	是	是
空间误差项	否	否	是	是	是	是
观测值	570	570	480	480	494	494

注:① *、**、*** 分别代表该变量在1%、5%、10%的显著性水平下通过检验;
②Command 代表命令控制型环境规制,Market 代表市场激励型环境规制。

本章通过 SDID,识别异质性环境规制对全国和地方碳排放效率产生的直接效应与空间效应,研究结论如下。①在 2000 年至 2018 年,我国的碳排放效率发展呈现"高—高"值相邻的特征,区域发展协同性强,低碳经济发展具有较强的正外部性。②从直接效应上来看,命令控制型、市场激励型和公众参与型环境规制政策能对碳排放效率产生显著促进作用,能够提高政策试点省份的低碳发展水平。③从间接效应上来看,命令控制型和市场激励型环境规制政策对碳排放效率的影响具有空间溢出效应,能够促进政策试点相邻省份的低碳发展。④在省域异质性分析中发现:命令控制型环境规制易产生"虹吸效应",且由于其行政性,在资源配置方面存在不可避免的浪费与倾斜;而市场激励型环境规制能够直接有效地通过市场灵活运转来促进区域碳排放效率的提升。

根据以上实证结果,提出政策启示如下。

第一,丰富环境规制的政策工具,鼓励公众参与低碳发展。通过丰富环境规制的外延,鼓励更多的决策主体主动参与环境规制,尤其应当注重对公民绿色理念的培养。政府一方面应当利用网络宣传等手段加强环保观念的宣传力度，普及绿色消费意识，扩大公众的绿色消费能力；另一方面应当通过新《环境保护法》和地方《环境保护公众参与条例》等政策完善公众参与环境监督的途径，切实维护公众的环保权益。

第二，推动市场化进程的深入发展，保障市场在资源配置中的决定性作用。政府应当以污染治理投资等市场激励型手段为主，以“三同时”等命令控制型手段为辅，通过排污权交易等机制进一步提升资源与环境的配置效率。此外，应当深化环境资源市场的改革，保障效益的最大化，在打开阀门的同时，也应当通过立法、行政等措施严厉打击不法交易。

第三，根据各省份的实际情况推出不同的政策工具组合，因地制宜地推行环境规制政策。环境规制政策对处于不同发展阶段的地区碳排放效率的作用存在绩效差异，政府应当结合各省份的实际情况推出切实有效的环境规制政策，在环境规制力度与类型方面合理设计，在排污费、环境税等具体措施上应当仔细制定标准。

本章研究三种主流环境规制对碳排放效率的影响，发现命令控制型、市场激励型和公众参与型环境规制均能对碳排放效率产生直接促进作用，且前两者具备空间作用，能够提升区域低碳发展水平。此外，命令控制型环境规制在资源配置和环境保护上存在一定的倾斜，而市场激励型环境规制能够依靠市场灵活运作实现低碳经济的最优发展。据此认为，环境规制的发展方向应以市场为主、行政为辅，并鼓励公众参与。

参考文献

[1] Fama E F. Efficient capital markets: a review of theory and empirical work. Journal of Finance, The . 1970.

[2] 王倩，王硕．中国碳排放权交易市场的有效性研究[J]．社会科学辑刊，2014(6)：109－115.

[3] 吕靖烨，曹铭，李朋林．中国碳排放权交易市场有效性的实证分析[J]．生态经济，2019，35(7)：13－18.

[4]王扬雷,杜莉．我国碳金融交易市场的有效性研究:基于北京碳交易市场的分形理论分析[J]．管理世界,2015(12):174－175.

[5]Shapiro S S, Wilk M B (1965). AnAnalysis of Variance Test for Normality (Complete Samples). Biometrika,52(3/4), 591－611.

[6]Levin A, Lin C F, Chu C S. Unit roots tests in panel data:Asymptotic and finite－sample properties[J]. J Econom, 2002(108):1－24.

[7]戴晓凤,杨军,张清海．中国股票市场的弱式有效性检验:基于单位根方法[J]．系统工程,2005(11):23－28.

[8]姚奕,吕静,章成果．湖北碳市场价格形成机制及价格预测[J]．统计与决策,2017(19):166－169.

[9]左宇．中国区域碳交易市场的原理及实践[D]．广州:暨南大学,2014.

[10]李尚英,马婧．中国碳市场现状的实证研究及对统一碳市场建立的启示:以北京和天津为例[J]．中国市场,2015(34):187－192.

[11]张华．低碳城市试点政策能够降低碳排放吗?:来自准自然实验的证据[J]．经济管理, 2020, 42(6): 25－41.

[12]周迪, 周丰年, 王雪芹．低碳试点政策对城市碳排放绩效的影响评估及机制分析[J]．资源科学, 2019, 41(3): 546－556.

[13]崔连标,范英,朱磊,等．碳排放交易对实现我国“十二五”减排目标的成本节约效应研究[J]．中国管理科学,2013,21(1):37－46.

[14]张芳．国际碳排放交易对我国排污权交易的影响[D]．北京:对外经济贸易大学,2006.

[15]宋弘,孙雅洁,陈登科．政府空气污染治理效应评估:来自中国“低碳城市”建设的经验研究[J]．管理世界,2019,35(6):95－108＋195.

[16]王华星,石大千．新型城镇化有助于缓解雾霾污染吗:来自低碳城市建设的经验证据[J]．山西财经大学学报,2019,41(10):15－27.

[17]周迪,周丰年,王雪芹．低碳试点政策对城市碳排放绩效的影响评估及机制分析[J]．资源科学,2019,41(3):546－556.

[18]孙林,周科选．中国低碳试点政策对外商直接投资质量影响研究:来自“低碳城市”建设的准自然实验证据[J]．东南学术,2020(4):136－146.

[19]龚梦琪,刘海云,姜旭. 中国低碳试点政策对外商直接投资的影响研究[J]. 中国人口·资源与环境,2019,29(6):50-57.

[20]任烁. 低碳经济研究综述[J]. 现代商业,2017(3):61-62.

[21]佟昕,李学森. 区域碳排放和减排路径文献前沿理论综述[J]. 经济问题探索,2017(1):169-176.

[22]宋弘,孙雅洁,陈登科. 政府空气污染治理效应评估:来自中国“低碳城市”建设的经验研究[J]. 管理世界,2019,35(6):95-108+195.

[23]李顺毅. 低碳城市试点政策对电能消费强度的影响:基于合成控制法的分析[J]. 城市问题,2018(7):38-47.

[24]逯进,王晓飞,刘璐. 低碳城市政策的产业结构升级效应:基于低碳城市试点的准自然实验[J]. 西安交通大学学报(社会科学版),2020,40(2):104-115.

[25]李林红,王娟,徐彦峰. 低碳试点城市政策对企业技术创新的影响:基于DID双重差分模型的实证研究[J]. 生态经济,2019,35(11):48-54.

[26]张志新,刘名多. 低碳试点城市政策对贸易依存度的影响:基于DID模型的实证研究[J]. 生态经济,2019,35(6):33-38.

[27]孙林,周科选. 中国低碳试点政策对外商直接投资质量影响研究:来自“低碳城市”建设的准自然实验证据[J]. 东南学术,2020(4):136-146.

第6章

低碳经济发展的国际比较与经验借鉴

自工业革命以来,工厂在创造资本的同时给生态环境带来前所未有的威胁,煤炭等化石燃料带来大量粉尘和有毒气体,给地球带来了一系列的污染问题。当今各国由于工业化进程、城市化程度、资源禀赋不一致,对低碳经济发展的重视程度也有所不同,各国在发展低碳经济的进度和进入低碳经济社会的步调并不一致,国外一些发达国家较早就认识到生产方式局限、生态不平衡等问题的严峻性,进一步意识到发展低碳经济的必要性,如英国,日本、欧盟。我国在全球经济发展进程中作为后起之秀,相比较而言,低碳经济的发展进度落后于发达国家地区。中共十九大报告提出,我国经济正处于由高速发展向高质量发展阶段的过渡时期,因此低碳经济作为我国经济发展方式转型、履行国际减排义务的有效途径,其现实意义毋庸置疑。目前,我国正处于低碳经济发展的初级探索阶段,政策支持、技术创新等方面均不够成熟,因此我国应该如何发展低碳经济,如何制定相应政策引导低碳经济的发展成为目前学界研究的重点。国外发达国家由于较早发展低碳经济,其发展实践中具备较为丰富的成功经验,这对我国低碳经济的发展具有借鉴意义。所以,本章将重点介绍英国、日本、德国、美国和欧盟四个国家和地区发展低碳经济的宝贵经验,以及对我国发展低碳经济的启示。

6.1 国外低碳经济发展实现路径

低碳经济本质是资源高效率使用,清洁能源开发,追求高单位 GDP 低二氧化碳产出，重点是能源、减排技术创新，制度创新和产业结构以及人类观念的改变。本节将分别从英国、日本、德国、美国和欧盟等国家和地区出发，阐述各国的低碳经济发展历程，并比较各国在发展低碳经济过程中所使用的方法和政策，总结相关经验，为我国的低碳经济发展提供参考思路。

6.1.1 英国低碳经济发展之路

英国是历史上最早提出"低碳经济"概念的国家，这也可能是因为英国是最早开启工业化的国家，也为此体会到了工业化环境污染对人类的伤害，因此英国政府希望通过调整能源消耗政策，推进节能和减排两个方面的低碳技术发展，力求到 2050 年成为低碳国家。作为工业革命的先行者，20 世纪 50 年代的英国便尝到工业化的恶果，大面积的工厂运作使大量粉尘和有毒气体直接排放到空气中，严重污染了空气，导致周边许多居民身患呼吸道疾病，甚至因此死亡。与此同时，英国作为一个国土面积狭小、资源相对稀缺的岛国，粗放型的工业化发展迟早会让本国资源消耗殆尽，因此，英国政府开始意识到人民生活和能源安全等方面的威胁。为此，21 世纪初英国政府提出了低碳经济，旨以减少碳排放作为一项长期坚持的基本准则，并为此实施各项宏微观能源政策和社会保障政策，希望把英国打造成一个拥有可靠能源供应的国家。英国政府为完成上述目标，由战略引领、法制健全、产业政策扶持和推动技术创新形成的"四位一体"的低碳经济发展模式，在节能减排上实现了前无古人的突破，为后人提供了极为宝贵的实践经验。

(1)战略引领

近年来，英国已将建设良好的生态文明作为一项重要的国家发展战略。在发展低碳经济方面，英国政府制定了国家级的低碳发展战略，旨在提高能源效率和关键技术(如海上风电)的创新。同时，在利用国家能源方面，英国政府还建立了研究机构，专门研究商业化发展低碳技术，为技术引领低碳经济发展做了铺垫。

2009 年，"英国低碳转型"作为一项重要的国家战略计划被公布。同一天发布的《英国低碳转型计划》报告被用作国家战略计划。计划到 2020 年时，碳排放总量相比 1990 年减少 34%；到 2050 年实现减排 80% 的目标。与此同时，英国还提出了“低碳产业战略”，采取各种政府干预措施，充分利用国家丰富的海洋资源，大力发展海上风力发电；以及“英国可再生能源战略”，即通过改变能源结构，提高可再生能源、降低传统化石能源的比重，实现从根本上减少二氧化碳排放的目标。

（2）法制健全

英国将发展低碳经济提升为国家层面的战略部署的同时采取了一系列相关的法律措施。1956 年颁布了第一部《清洁空气法》，规定使用集体供暖，大力提倡使用天然气。2007 年，颁布了世界上第一个应对气候变化的法案——《气候变化法案》，承诺到 2020 年将二氧化碳排放量削减约 1/3，该法案的颁布使英国成为世界上第一个通过立法实现温室气体减排的国家。该法案建立了“碳预算”和碳交易机制等，使英国逐步形成具有法律效力的碳减排法律法规体系。2019 年，英国又立法确立了到 2050 年实现零碳排放的目标。同年 10 月，政府公布了拟议的措施，并将其纳入一项新的环境法案。该法案表明，英国将在脱欧后设立一个环境保护办公室，在英国进行特殊的环境保护。虽然由于英国即将举行大选，该法案短期内不会成为法律，但是它确立了具有法律约束力的减排目标。英国的低碳法律法规层次明确，其善于制定阶段性的碳减排战略目标，不断强调政府在低碳经济发展中的主导作用。

（3）政策支持

政策支持是英国低碳经济发展的一大特色，主要包括“碳预算”和一系列激励政策。英国低碳经济政策的特点主要是对各个领域进行分类，在各个领域实施不同的政策，并根据各个领域的特点制定不同的政策和方法。这种方法在发展低碳经济方面有两大好处。第一，低碳经济的理念在全国传播，发展低碳经济逐渐成为一项全民运动。第二，在不同领域实施不同的低碳经济政策，有利于低碳经济的灵活推进。全面淘汰高排放企业，将在经济发展的转型期起到润滑剂的作用，使各部门、各领域更加灵活。

在创建低碳经济的过程中，英国形成了特有的管制模式，而且颇见成效。在能源部门：英国政府主要发展新能源、核能以及其他能源替代品，英国政府利用本国风力资源的先天优势，充分开发风能，在一系列相关政策的支持下，同时实行碳税和严格的排放交易机制。在交通部门：为了控制碳排放的源头，倡导民众乘坐公共交通工具和自行车,鼓励民众购买能源利用率高的汽车。

英国政府分三步走,短期内通过改变传统领域由于技术不足引起的碳排放量超标的现象,鼓励大家使用节能减排的新产品,用新产品替代旧产品,将老旧产品逐步淘汰,使其慢慢退出市场,这些旧产品包括汽车家电和一部分工具;中期内改进重点市场包括交通部门,电力部门和农业部门等,比如发展电动汽车、燃料电池汽车等以新能源为原动力的汽车生产行业。另外,通过建立碳基金(政府投资企业的经营模式,碳基金主要投资新能源开发、研究、探索),给新能源和低碳经济产业适当提供生产资金;长期而言,主要是向居民灌输绿色环保的理念,从一点一滴做起,从居民个人角度来看,低碳生活方式日积月累,个人的目标一旦完成,将影响国家的发展状况。

(4)技术创新

低碳经济的发展核心仍是低碳技术的创新。英国政府较早就意识到低碳技术对经济发展的重要性,通过颁布相关宏观政策,在新型低碳技术的研发上投入了大量的人力、物力、财力,并计划到 2020 年投入 20 亿英镑的财政基金于新型清洁能源的开发和低碳减排的技术研究上。随着可再生能源技术研究的进步,太阳能和风能提供电力的不稳定性大大降低,而英国未来在季节间的储能技术则是在可再生能源发展上的一个重要突破点。利用可再生能源配合电池储能技术,不仅使企业或个人可以较低的成本获取电池储能,还能对电动汽车的发展提供技术支持。除了可再生能源配合电池储能技术的不断完善外,核能创新是英国低碳技术中的另一大特色。此外,英国作为全球最早使用核能技术的国家,早在 1956 年便建立起了核电站,并于 2008 年颁布《迎接能源挑战:核能白皮书》,强调核能在未来能源提供中将扮演愈来愈重要的角色。2017 年公布的《工业战略》和《政府支持下一代核技术发展》的两份报告,再次表明英国政府将进行一系列举措,在核能技术研发上投入大量人力,保证本国核技术的领先地位。2019 年,英国投入 1800 万英镑创建新型核电项目融资模式,通过消费者提前制定能源账单,达到降低核电成本的目的,政府需对搜集的意见进行审议,再做出相应的决策。

在国家低碳战略引领、可靠的法制保障、大量的政策扶持和成熟的低碳技术支撑下,英国低碳经济发展成效显著。在温室气体的排放量上,2016 年英国温室气体的排放量为5.763亿吨，较1990年减少了2330万吨，下降幅度达32%以上，已经非常接近《气候变化法案》中提到的2020年较1990年碳排放量降低34%的目标。二氧化碳排放量的减少另外反映在了气候温度上，2016年英国年度平均温度较1990年下降了0.1摄氏度。在新能源经济方面，英国因新能源产业增加的就业人数逐年上升，这对于经历了2008年全球次贷危机后的英国经济复苏是个好预兆，在缓解国内就业压力的同时，有关新能源的产业营业额也在不断增加。低碳经济的发展也慢慢改变着公民的生活，低碳技术的创新和新能源的大量使用改变了居民消费结构。在居民消费方面，英国民众对天然气的支出比例不断下降，并且在煤和石油等化石能源的消费上也大幅度减少，这说明了英国人民能源支出呈现下降的趋势。另外，人们消费行为的低碳化使得在房屋建设等日常生活必需品的选择上更倾向于低碳消费，例如，建设房屋时选择环境友好型的材料，交通工具上选择更为清洁的电动汽车，再加上统一的供热系统、储存雨水作为日常打扫洗车用水等行为措施。在可再生能源的利用方面，英国充分发挥岛国优势，大力发展海上风力发电，加上发达的风力发电技术，风力发电量逐年递增，未来很可能成为英国主要的发电方式。可再生能源的充分开发利用，使英国的煤炭发电在总发电量中的占比从1990年的71.88%降低到2017年的6.7%，利用可再生能源产生的发电量持续上升，照此下去，英国新能源全部替代煤炭、石油的一天很快便会来临，与之相关的战略目标也将超额完成。

6.1.2 日本低碳经济发展之路

日本与英国的地理位置相当，同属于岛国、国土面积狭小且资源极度稀缺，石油等其他资源能源高度依赖进口。随着1973年石油危机的爆发导致日本重工业产品的成本价格不断上升，产品的竞争力下降，日本也变成了所谓的“公害岛国”。在此形势下，日本开始探索新型低碳经济发展方式，以解决资源与环境压力。

日本低碳经济发展主要可分为三个阶段：初步探索、逐步发展和战略实施阶段。

初步探索阶段源于1973年日本石油危机的爆发，为了应对资源能源的短缺和环境污染问题，日本开始探索低碳经济的发展。在政策上，1974 年日本实行“阳光计划”，主要内容是通过开发太阳能等新型能源来降低对石油消费的依赖；1978 年提出“月光计划”，旨在节约能源方面，倡导全国人民树立节能意识；1980 年以后，日本为实现环境、经济和社会和谐共生的良好循环，提出相应的政策体系，并取得一定的成效；1989 年为了协调能源使用、节能减排和环境保护三者的关系，又在 1974 年的“阳光计划”的基础上出台了“新阳光计划”。1990 年前后，日本开始着手地球环境变化相关的研究，试图对保护地球环境开展一系列的创新技术研发。

20 世纪 90 年代以后，日本开始进入低碳经济的逐步发展阶段，这是一个从初步探索到低碳经济战略真正实施的过渡阶段。1993 年，日本整合了在低碳经济初步探索阶段提出的各项政策，预计到 2020 年投入 150 亿美元于低碳经济技术研发上。1997 年，日本签署著名的《京都议定书》，该议定书明确表明各个国家对全球气候变化均具有一定但不相同的责任，在节能减排上每个国家都应做出相应的举措，为了更好地落实该议定书，日本政府还联合企业、地方组织和全国人民，为减缓全球变暖进程贡献自己的一份力量，向着低碳发展的同一个目标前进。日本不仅在政策上号召共同应对全球气候问题，在法律上，更是做到利用法律的强制性约束力来拉动低碳经济发展。对日本而言，低碳经济的实质便是提高能源利用率，于是日本在 1991 颁布了《废弃物处理法》之后又在其基础上修改并颁布了《资源有效利用促进法》，这个阶段的日本通过产品生产使用到回收再使用的方式，提高了资源的利用率，在这种封闭循环的生产模式下，经济发展损耗大大降低的同时，还提高了环境质量。在 2004 年，日本发起了“2050 年日本低碳社会愿景”研究计划，两年后，日本又编制了《新国家能源战略》，该战略的主要思想是发展节能减排技术，降低石油依存度，实施能源消费多样化，从这几个方面推进新能源战略；2005 年，内阁会议又制定《21 世纪环境立国战略》，重点强调要通过国家立法，强制推行低碳经济政策，同年公布的《环境立国战略》将人与自然作为一个整体，通过技术的创新实现人与自然的和谐共生，兼顾经济发展和环境保护的目标。

自 2008 年起日本低碳经济开始进入战略实施阶段。2008 年 5 月，日本全球环境研究基金项目组发布了《面向低碳社会的十二大行动》，对包括但不仅限于住宅、工业、交通、能源转换等方面都提出了预期减排目标。同年6月,日本首相提出"福田蓝图"计划,这是一项新的防止全球气候变暖的政策,该计划的颁布标志着日本低碳战略的形成。2008年7月,日本内阁公布《建设低碳社会的行动计划》;次年,又公布了名为《绿色经济与社会变革》的政策草案,其目的是强化日本的低碳经济。2010年,日本将重点在国家层面上进行战略和政策研究,为此建立了低碳研究推进中心。2016年颁布的《能源环境技术创新战略2050》中指出政府应统筹兼顾经济发展和环境保护,计划到2050年实现全球温室气体排放减少一半和构建新型能源体系的目标,该战略从五个领域作为技术创新的出发点,其中,就能源系统集成领域采用大数据分析和人工智能等技术实现对建筑、家庭用电信息的实施监管,以做到"管理节能";就节能领域通过创新工艺,研发先进制造工艺和新型耐热结构材料,既可以减少能耗,也能做到提高生产效率;储能领域则是研发更为安全且低廉的蓄电池技术和氢燃料"制""储""用",这一时期的日本将低碳经济发展作为长期坚持的目标,并出台重大政策以及立法,推动低碳经济发展。近年来,日本在提高能源利用率上投入大量资金,旨在研发更为清洁有效的能源,通过低碳技术创新,推进低碳经济长期稳定发展。

回顾日本的低碳经济发展之路,日本发展低碳经济的主要特点包括以下两个方面。

第一,建立健全完善的低碳经济法律体系,通过法律强制性约束达到节能减排的目的。日本发展低碳经济,在法律上给予了足够的支持,日本发展低碳经济是通过制定法律和规章制度具体实施的,相比英国的很多低碳经济政策,日本的措施更加强硬,通过上述的法律法规,日本形成了很浓厚的低碳经济发展氛围。

第二,日本大力宣传低碳文化,由政府主导,全民参与;发展低碳文化,注重生活细节,比如提倡将空调温度由原来的26°上升为28°,据统计,这一举措就即可节约17%的电能,而秋冬两季则加穿毛衣,保证抗寒的需要,从而减少空调的使用频率;在饮食方面,提倡购买当季蔬菜和水果,鼓励商家就近取材以减少物流成本,形成一条饮食方面的"产业链",以减少在取材、运输、烹饪方面的能源消耗;在出行方面,目前多数日本家庭的轿车只在外出游玩时使用,平时上下班多选择搭乘公共交通工具。这些举措真正从人民的“衣食住行”方面做到低碳生活。

日本是建设低碳社会的典型代表国家，在低碳经济发展方面的主要经验总结为以下两点。首先，国家制定了促进低碳经济发展的具体措施和法律法规，包括上文提到的《新能源战略》《节能中长期规划》《全能减排全民行动实施方案》等一系列具体措施，涵盖了能源减排、居民生活等各方面。其次，通过为网络电视宣传，提倡全民减排，形成全民低碳氛围，在居民生活的饮食、穿着、出行和住宅方面都提出了低碳经济的标准行为，有利于民众依指示执行，培养民众自愿发展低碳经济的情绪，最终目的是达到与自然的和谐共处，与自然的和谐共处不仅是政府与自然和谐共处或社会与自然和谐共处，还是每一个人做到与自然和谐共处，这种低碳文化建设，在长年的日积月累中对日本碳排放量的降低起到了巨大的作用，也是日本发展低碳经济的重要基石。

6.1.3 德国低碳经济发展之路

近年来，德国成为欧盟国家中低碳经济发展最快的国家，也是整个欧洲经济发展的主要增长点，低碳经济理念已经逐渐落实在德国的每个角落。为推动低碳经济，德国政府将气候保护、二氧化碳排放等列入其可持续发展战略中，并通过立法制定气候保护与节能减排的具体目标。德国发展低碳经济的宝贵经验，主要可总结为以下四点。

(1)完善低碳法律法规体系

低碳法律的建设让德国在节能减排、能源环境保护上做到有法可依、有法可循和违法必究。德国政府自 20 世纪 70 年代开始就启动了一系列有关环境法律法规的制定和修订工作。1970 年德国发布《环保立即行动计划》，次年又公布了第一个较为全面的《环境规划方案》，1972 年重新修订并通过《德国基本法》，规定环境保护等政策制定由政府来主导，赋予政府在环境政策领域更多的权力，同年制定《废弃物处理法》。1981 年颁布《废水纳税法》对污水征税，1986 年修改为《废弃物限制及废弃物处理法》，旨在构建可持续发展型社会。1996 年德国颁布了第一部循环经济法《循环经济与废弃物管理法》。2002 年德国又出台了《节约能源法案》，把减少化石能源使用提升到了法律层面。2004 年德国出台《国家可持续发展战略报告》，制定了“燃料战略”，其目的是减少化石能源消耗，达成温室气体减排；同年，又通过了《可再生能源法》，强调了可再生能源的重要性。2009年颁布的《可再生能源供热法》明确强调基层民生新能源的使用。

（2）大力发展可再生能源

为了发展可再生能源，德国政府颁布了《可再生能源法》来确保可再生能源的地位，为了平衡可再生能源相对于传统能源的价格劣势，对可再生能源发电进行补贴，使可再生能源得到了快速发展。在发展可再生能源方面，主要集中在促进现有风力设备更新换代和促进可再生能源的使用方面。生产可再生能源在初始阶段具有规模小、成本高的特点，而且没有传输网络，这在工业化时代不具备价格优势。德国政府大力支持可再生能源的生产和使用，为解决这一问题，德国1991年出台《可再生能源发电并网法》，规定可再生能源发电的并网办法和收购价格，用以保证可再生能源的企业利润。比如沼气，沼气是处理温室气体非常有效的办法，德国计划到2020年将沼气使用占天然气使用的比重提高到6%，到2030年提高到10%。为此，德国相关部门制定了沼气优先原则，促使天然气管道运营商优先输送沼气，并制定沼气的市场价格，确保其补贴额度机制到位。此外，德国还制定了《可再生能源供暖法》，促进可再生能源用于供暖等，德国大量补贴可再生能源生产，强制性要求企业使用可再生能源，通过制定价格来补贴可再生能源，使可再生能源的发展得到保障。

（3）财政政策保障

德国的低碳经济发展在完善法律、大力发展新能源的同时，也离不开一系列财政政策，这主要包括征税和财政补贴两个方面。

为了实现经济的可持续发展，德国新增了“生态税”的税种。德国的生态税按量计算，主要针对能源消耗，通过征税的手段鼓励人们使用清洁能源。由于国土面积有限，能源资源相对匮乏，德国政府很早便意识到资源的重要性，自1999年起对使用化石能源生产的企业征收生态税；相反，对使用风能和太阳能等清洁能源的企业不征收相应的生态税，促使企业做好能源转型工作，尽可能以可再生能源替代传统高污染高消耗的化石能源，做到在保护能源的过程中改善生态环境，实现经济的绿色可持续发展。2006年德国出台的《能源税法》提出通过减免税收，把索取税收投入社会福利保障中，积极引导环境友好型能源在生产过程中的使用。

为推动低碳经济发展,德国政府通过各项鼓励政策,对环境友好型与正在低碳转型的企业给予一定的政策性补贴和税收减免。早在 2005 年,德国政府便提出,向使用“热电联产”设备的企业给予每千瓦时 1.65 欧元的财政补贴;对使用清洁能源材料的交通工具减少 45% 额度的税务。除此之外,德国政府还对一些可再生能源项目提供优惠贷款,对有关低碳技术研发的课题财政直接拨款,向实现能源结构转型存在较大难度的中小型企业提供大量资金支持,鼓励可再生能源投资行为。在国内低碳经济稳步发展的过程中,德国积极探索海外市场,以降低产品成本为出发点,通过财政补贴降低企业的技术研发成本,提高产品的国际竞争力,在降低对环境污染度的同时,更好地履行了节能减排的国际责任。

(4)构建绿色金融体系

德国通过构建绿色金融体系,在实现低碳环保的同时拉动了经济增长。通过绿色金融市场化的引导,一些金融机构也开始提供更多的绿色金融产品为低碳经济的发展注入新的活力。其中主要表现在三个方面。一是绿色信贷的兴起。德国复兴信贷银行作为发展绿色信贷的主要发起者,通过提供长期低息贷款,对如可再生能源投资扶持贷款等项目,提供较低的贷款利率,落实国家实施的低碳战略,对德国能源供应体系的构建做出巨大贡献。德国复兴信贷银行在 1998 年至 2002 年,为可再生能源相关的产业提供了占总融资业务 27% 左右的优惠贷款,随后的五年里,银行对可再生能源企业融资的总额达到平均每年 1.3 亿欧元左右。二是设置节能环保领域专项基金。德国联邦经济部和德国复兴信贷银行设立节能环保领域专项基金,针对中小型企业低碳转型过程中面临的技术改造造成当地资金不足等一系列问题,提供相应的资金支持,通过生态税、财政补贴等一系列经济手段对中小型企业提供低息贷款和相关补贴。另外,它们在 2009 年成立了全球碳基金,在给中小型企业提供相应资金支持和有关建议的同时,也为发展中国家提供相应的帮助。

6.1.4 美国低碳经济发展之路

美国作为一个老牌资本主义发达国家,也是当今世界上碳排放量最多的国家,其碳排放量政策影响着国际低碳经济发展。美国高排放的主要原因一方面是美国矿产资源丰富,相较于英国和日本,这种天然的优势使美国在发展上更加偏向于依靠本身资源的丰富性;另一方面美国作为世界经济之极,美国人的消费水平远高于其他国家,高消费背后是高能耗的支撑,美国的生产生活方式决定美国的低碳经济发展之路更加曲折。

美国低碳经济的发展历程包括三个阶段:以克林顿政府为主的温和低碳战略、以小布什政府为主的消极低碳战略和以奥巴马政府为主的积极低碳战略。

美国对于发展低碳经济的态度不稳定,反反复复。例如,在克林顿上任之前,在能源问题上颁布了诸多部法案,如《1955 年空气污染控制法》《1963 年清洁空气法》和《1967 年空气质量法》。但在颁布之后,由于联邦政府和地方政府就各项法案的意见无法达成一致,最终也无法得到真正落实。1970 年,美国环保局(EPA)正式成立,这标志着美国开始加强关注生态环境保护,之后又颁布了著名的《清洁空气法案》,推动着美国低碳经济的发展。后来的政府没有把气候环境问题放在优先位置,依旧以经济增长为重心。美国正式重视起低碳经济发展是从克林顿执政以后开始的。

(1)以克林顿政府为主的温和低碳战略

在克林顿执政期间,即使美国经济出现“飞跃式”发展,创造了前所未有的发展奇迹,政府依然将气候和能源问题上升为国家战略。虽然这种低碳战略以经济增长优先,但是相对于之前的美国政府,其行为依旧推动了美国低碳经济的进程。

自 1995 年开始,美国国内形势稳定,政府对气候和能源政策开始转向积极。对外,克林顿政府承认了《公约》中显示的气候变化最终会阻碍人类社会的发展,开始在国际上表明想要低碳发展的态度。1997 年,美国在日本与其他 38 个国家共同签署了《京都议定书》,即 38 个工业化国家向国际社会承诺相应的碳排放量。2012 年前,将碳排放量在 1990 年的基础上减少 5.2%,欧盟国家承诺减少 8%。此时,美国政府承诺减少 7%,然而美国直到 1998 年才正式在《京都议定书》上签字,然而在国会强硬的态度下,克林顿政府有关气候变化对外宣称的任何建议都失了效。对内,克林顿政府在美国居民的强烈要求下颁布了一系列政策。《1992 年能源政策法》就提高能源效率,节能减排做出多项碳减排举措,1993 颁布的《气候变化行动计划》中计划 2000 年将碳排放量减少 1.09 亿吨,并通过对燃料征税和开展碳排放交易权来实现碳减排,然而都没有取得较大成果。虽然克林顿政府对美国低碳经济发展具有强烈的意愿,并付诸了行动,但是在国会政党的压力下,没有取得什么实质性的进展。

(2)以小布什政府为主的消极低碳战略

2001 年,小布什上台后表示《京都议定书》不符合美国经济发展的国家利益,并宣布放弃《京都议定书》等一系列国际减排承诺,这一举动也遭受到了国际社会的质疑和反对。虽然美国政府对外态度比较消极,但是对内还是积极制定了多项低碳经济法律法规,以提高能源效率。同年又颁布了《全国气候变化技术计划》,美国政府投入大量资金研究全球气候变化活动。2002 年,小布什政府制订"美国气候变化科学计划",用于制定研究战略,同年制订的"美国气候变化技术科学计划"用来统一在节能减排、提高能源效率等方面的方案。2005 年,美国通过了《国家能源政策法》,旨在通过财政补贴等措施鼓励美国居民自愿使用节能产品,减少碳排放量,该法提出还投入大量资金用于提高能源效率项目的研发,并把提高能源效率上升为国家战略层面,大力发展氢能、太阳能、生物能、核能等清洁能源。

(3)以奥巴马政府为主的积极低碳战略

在经历了 2008 年国际金融危机之后,全球经济陷入低迷。奥巴马政府积极投身低碳经济建设,一改前任领导人的消极作风,试图把自己塑造成"世界气候领头羊"的形象。在 2009 年世界气候大会上,美国提出要相对于 2005 年在 2020 年、2050 年减少二氧化碳排放 17%、83% 的目标。以奥巴马为代表的美国政府积极参加世界气候大会,如 2009 年联合国气候变化首脑峰会、2010 年的坎昆气候大会、2011 年的德班气候大会、APEC 峰会等。美国提出全球各国迫切需要应对气候变化,共同控制温室气体排放。在此期间,美国积极同其他国家交流合作,与欧盟签署了《旨在使亚速尔群岛应对气候变化的项目》《七大汽车制造商联合开发电动车充电系统的解决方案》等协议,共同推动低碳产业的发展。美国与许多发展中国家也建立了良好合作关系,与中国签订有关清洁能源的协定,与印度签署《清洁能源、能源安全与气候变化的联合声明》,体现大国态度,为发展中国家发展绿色经济做出表率。对内,美国通过了《2009 美国清洁能源与安全法案》,该法案将可再生能源的开发利用与低碳技术创新为侧重点,培育以新能源为核心的产业群,推动低碳经济转型。

回顾三个总统执政时期,不论政府对低碳经济的态度积极还是消极,美国低碳经济发展的步伐从未停止。而纵观美国低碳经济的发展历程,不难发现,其发展低碳经济主要围绕在以技术创新提高清洁能源的利用率上,其低碳技术在世界上具有较强的竞争力。总的来说,美国关于低碳经济发展主要集中于以下几点。首先,美国政府取消对石油和天然气行业的补贴政策,加强替代能源的研发生产与供应,这一正一反的效果就是支持新能源,减少传统能源的依赖,加大对新能源的投资,从研发到生产再到供应整条产业链都得到政府大力支持,加大可再生能源开发力度,调整生产结构。其次,美国政府鼓励大量投资低碳交通运输基础设施,交通方式多种多样是温室气体排放的最大元凶,美国政府致力于构建多样化联合运输型的交通运输网,发展汽车燃油经济,交通运输方式越少,燃料越密集,燃料的边际效用越高,从而有效地减少温室气体排放。再次,制定碳排放交易机制,将整个经济体系作为一个整体,按照市场交易规则制定买卖价格,碳排放交易机制在很多国家使用,前面介绍过的英国也是如此,美国碳排放交易机制不同点在于将剩余碳排放进行拍卖,并把拍卖收入的10%分配给能源密集型产业,剩余收入一部分给美国中低收入人群,另一部分投入研究项目上,用以刺激各产业的科技创新,推动美国经济朝低碳经济方向发展。最后,美国政府成立白宫能源委员会,由政府牵头成立一个新部门,负责低碳经济的研发和具体实施工作,白宫能源委员会的基本作用在于,组织有关机构对可再生能源进行研发,对于低碳经济产业给予资金支持,同时对于高排放高污染行业进行管制,通过成立白宫能源委员会促进低碳技术开发。美国低碳经济发展的特点在于低碳技术上的创新,美国是科技大国,在新能源和高新科技上具有一定优势,美国低碳技术是世界各国最为值得学习的一面。

6.1.5 欧盟低碳经济发展之路

欧盟不仅是世界上最大的经济体同时是开展低碳经济最早的经济体,在低碳经济技术的发展历程中,欧盟起着“领头羊”的作用并取得了不小的成就。欧盟在区域内实施碳排放交易,利用金融支持直接投资,加快人力资源配置,推动和普及低碳技术创新，显著提升区域内低碳经济领域的国际竞争力，具有重要的借鉴意义。欧盟不仅设定碳排放的长期计划，还开始推行碳税和碳排放交易制度，并设定可再生资源在最终能源消耗中的比例，这一系列举措后被称为“政策性休克”，这个“政策性休克”是站在全球的视角上，促使欧盟国家改变经济和社会体制，向低碳经济转型。欧盟的低碳经济发展体现更多的是行动的自觉性，其发展低碳经济的侧重点在于低碳理念和低碳政策，欧盟国家主要通过立法手段、经济手段和政策支持三条途径来实现经济战略转型。

欧盟设定的减排目标体现了对低碳经济的重视。2007 年，欧盟在《欧洲 2020 年战略报告》中，提出欧盟国家将在 2020 年将温室气体排放在 1990 年基础上减少 20%，主张发达国家的减排目标为 20% ~40%，能源效率提高 20%，可再生能源在能源消耗的比重达到 20%。“三个 20”目标的提出，体现欧盟加大了构建低碳经济体系的力度。2011 年，欧盟再次提高目标，计划在 2050 年将温室气体排放量至少减少 80%，完全利用新型能源供应。2014 年，欧盟提出《2030 年气候与能源政策框架》，其中计划 2030 年前，温室气体排放量较 1990 年降低 40%，可再生能源使用占比至少 27%。随着战略目标的不断提出，欧盟成员国也在实现目标的过程中逐渐开始经济转型并取得一定的成效，调查显示，欧盟的温室气体排放量于 2012 年便在 1990 年的基础上降低了 18%，被强制减排的部分成员国也超额完成减排任务。对遭受 2008 年国际金融危机重创后的欧盟而言，低碳经济的发展刺激就业率波动上升，2018 年就业率的环比增长达到 0.2%，这也显示出低碳经济作为新增长点推动着欧洲经济的复苏。

在立法这一方面，欧盟早在 2008 年颁布《气候变化与能源一揽子法案》，该项法案规定欧盟各国要在 2005 年的基础上，到 2020 年时完成减排 20% 的目标，并给定成员国各自的排放量目标。各国排放量上的区别主要基于成员各国人均 GDP 的差异，人均 GDP 越高，减排任务越重，比如丹麦减排目标是 20%，德国减排目标是 14%。另外，规定可再生能源在最终能源消费中的比例，这一目标要求各成员国必须在电力、空调、运输等领域制订行动计划，并提交至欧盟委员会，法案规定在运输领域，可再生能源即生物质燃料必须提高所使用比率，在电力领域，必须提供详细的关于火力发电站二氧化碳的回收和储藏计划。

在财政政策这一方面，主要包括碳税、碳排放权交易制度等。碳税即对商品的二氧化碳排放进行课税的制度,欧盟是世界上较早建立碳税制度的地区,碳税机制的主要作用在于激励企业创新低碳技术,同时增加政府税收用于温室气体排放后的休整和重建,由此而获得低碳经济发展,通过价格效应加快新能源的替代效应,同时通过宣传效应促进国民生活工作和消费方式及理念的转变,并获得税收用以补贴和鼓励新能源的开发与推广。欧盟的碳税制度有两个特点,一是分段征税,由较低税率阶梯式升高至预期水平;二是行业间“差别对待”,对污染程度不同的行业设置不同的税率,可以有效缩小成员国间的差异性。2005 年,欧盟正式启用碳排放交易制度,其大体思想是有能力实现大量减排的主体将富余的碳减排量出售从而获得利益,而未能实现减排目标的主体则需要通过购买碳排放权而付出一定经济代价。这一制度的实施分为几个阶段,第一阶段是“开始阶段”,重点是逐步推行该项制度,确保其稳定运行。第二阶段是“具体实施阶段”,对各个实施对象分配排放定额,对于超出定额的排放部分进行巨额罚款。第三阶段是转变碳排放的分配方式,从无偿分配转变为竞标方式,兼顾公平性和效率型。

此外,欧盟在低碳经济发展上制定多项技术创新政策。在能源技术方面,欧盟投入大量资金于可再生能源、化石能源和提高能源利用率等新型技术研究中。为实现预先设定的战略目标,欧盟大力发展低碳能源技术,主要包括以生物燃料作为化石燃料的替代品;示范大规模光电和集中性太阳能的商用能力;使用更为高效的能源转换装置;发展氢燃料电池;提升核裂变国际竞争力等。这对于低碳技术的研发,人员配置和技术推广都具有重要意义。

6.2 国外低碳经济发展经验借鉴

随着经济全球化进程的不断推进,低碳经济成为各国长期发展的共同理念,而我国作为世界上最大的发展中国家,其在发展低碳经济上具有巨大的潜力和强大的国内市场需求,同时面临着严峻的挑战。近 30 年来,中国经济取得了令世界瞩目的高速增长,平均增长率达到 7.97%。然而长期以来,中国经济的高速增长带有明显高产出、高排放的粗放型特征,这种增长方式必然与保护资源环境的理念相冲突,也背离了可持续发展的初衷。以高投入和高能耗拉动经济增长，这几乎是以工业化为主的国家发展经济的必经之路。此前中国并没有签订《京都议定书》，但伴随着中国的崛起，经济飞速增长的同时，温室气体的排放量也一路增长，甚至超越美国，成为世界上碳排放量最多的国家，这也带来了巨大的国际社会压力。随着低碳经济在全世界的崛起之势，中国作为世界上最大的发展中国家，也是世界经济体系中重要一员，不会独善其身只顾自己发展，而是会顺应世界低碳经济发展潮流，实现经济的可持续发展。其实，中国早自 1972 年第一届人类环境大会举行开始便密切关注着低碳环保问题。2007 年，《中国国家气候变化纲要》作为中国第一份针对气候变化的政策性文件问世。随后，国务院又发布了《中华人民共和国循环经济促进法》，第一次把循环经济上升到国家战略高度。2012 年中共十八大报告则指出，中国应把重点放在促进绿色发展、循环发展和低碳发展上。国家也针对低碳经济发展制定了一系列政策措施，加大发展可再生能源和产业结构调整等方面的重视度。随着越来越多的国家开始重视起低碳经济的发展，中国也已经意识到发展低碳经济是迫在眉睫的一件事，也正为快速工业化和城市工业化不断做出努力。

我国发展低碳经济拥有强大的国内市场需求：从第二产业来讲，我国第二产业较为发达，但从能源消耗角度来说，其对能源消耗量可谓巨大，也是碳排放的主要来源所在。有关调查结果显示，我国第二产业的碳排放量占总排放量的 90%，其中工业就占第二产业的 80%。造成这种结果的原因主要在于高污染行业的占比增高，其大部分采用的是传统的以煤和石油为主的化石能源，一旦碳排放量达到不可控的局面，引起环境恶化，就会直接威胁到产品的生产环境，因此，优化高污染高能耗的行业刻不容缓。所以发展低碳经济，有助于在第二产业中形成良好的发展循环。从农业的角度来看，农业作为人类社会里最基础的产业，其中碳循环主要在此部分的作用较大，农业在碳循环中同时具备碳汇和碳源的双重性质。其中，农业生产体系中，农作物和森林草地等绿色植被将大气中的二氧化碳在太阳能的作用下进行光合作用，形成碳水化合物，从而达到固定空气中二氧化碳的作用，将碳集中汇集。而农作物的生长过程所需要的农药等需要的化石能源又形成了碳源。在我国传统农业生产过程中，没有充分考虑到农业低碳化，在农业低碳化上仍还有较大的潜力。所以我国在农业低碳化方面具有较大发展潜力，可以在碳源上，高效利用清洁能源，做好能源更新替代工作。再加上,发展新型农业来取代传统农业,推广资源节约型的新型农业生产方式,处理好碳源问题。另外,在农业碳汇方面,应保持好土壤的固碳作用。就土地利用方式而言,其是最主要的低碳需求。土地利用方式对碳排放量的影响仅次于化石燃料的燃烧,因此低碳土地利用对加快碳循环,间接降低碳排放量有一定作用。我国是一个幅员辽阔的国家,土地类型较为丰富,在土地利用方面存在许多问题,例如,没有合理配置国土资源、没有统一规划好国土空间的开发利用。因此,我国可以在综合土地生态环境价值和经济价值的前提下,针对不同土地类型采用不同方式以达到降低碳排放量的目的,比如降低建设用地的碳排放,增强林地的碳吸收能力,有计划地调整建设用地的比率,提高工业用地的利用效率,增强农业耕地的作业能力等行为。对于人口的消费而言,我国是人口大国,随着人口的不断增长,人们对高碳消费产品的需求越来越高,为满足产品的生产,造成了地表矿产资源的开发量与日俱增,从而使得碳排放量也逐年增多,导致生态环境和人类生存环境受到威胁。如今,我国居民生活消费能源水平不高,在消费环节的能源消耗上没有得到足够的重视,再加上中等收入群体的不断壮大,对住房等产品的消费需求变高,消费环节的碳排放量也在随之增多,所以此环节碳排放压力较大,换言之,居民消费方式需要尽快向低碳方向转变。在资源利用方面,虽然我国的资源消耗非常高,但是我国的能源种类丰富加上我国在可再生能源上的开发仍在起步阶段,以后的能源前景依旧十分广阔,这为我国发展低碳经济打造了良好的资源基础。目前,我国开始重视可再生能源的利用,并取得一定的成效,尤其是风力、水力发电、太阳能地热的开发利用上,有关企业数量也在不断增多。在建筑方面,我国的生态建筑比例非常低,节能减排的潜力很大。比如太阳能技术在建筑上应用并不广泛,建筑材料高碳化的生产过程,等等。

纵观国外低碳经济的发展,像包括欧盟、德国、日本、美国等发达国家在内的许多国家,都在经济发展的关键时期把提升低碳经济技术上升为国家战略,引起高度重视,通过促进低碳经济技术的创新,调整能源结构,提升国际影响力。战略先行是各个国家达成的共识,调整能源结构是实现低碳经发展的重要途径之一,科学技术创新则是提高低碳技术国际竞争力的秘密武器。上文所介绍的国家都把低碳经济的发展从国家战略高度角度部署,通过各种有效途径,为国家低碳经济发展不断做出努力,并取得了许多可以借鉴的成功经验。英国作为第一个提出“低碳经济”概念的国家,在得到工业革命带来的“环境报复”后,致力于发展经济增长和保护生态环境兼顾的绿色低碳经济,为实现经济的可持续发展提供强有力的保障,总的来说,英国的低碳经济主要在于:一是将低碳经济纳入国家发展战略;二是在不同的部门制定不同的低碳经济措施和减排的标准,将部门细化,提高低碳经济发展的落实效率。而作为亚洲低碳经济的先锋,日本为克服自身资源不足的劣势,大力发展低碳经济,相较于其他国家,日本具有更为严格的法律措施,充分利用法律的强制性约束力,对待阻碍低碳经济发展的行为“零容忍”,此外,日本在提高国民低碳环保意识方面为世界各个国家树立了良好的榜样,从民间自愿行为上升到国家发展战略,再从国家战略落实到民众自愿行为,良性循环使得日本低碳文化建设在世界上处于遥遥领先的地位,由资源匮乏带来的经济危机意识使得日本人将节能减排作为“国策”,在低碳技术上不断创新,生产环保产品,抢占国际产品市场。德国一度发挥自身严谨性的特点,站在历史发展的角度,以长远的眼光来看待经济发展,意识到可再生能源对发展低碳经济的重要性之后,积极调整能源结构,充分开发风能、核能、生物能等可再生能源,另外,德国还通过多种方式在经济发展方面重点强调新技术的革新与国际社会合作,开展发展低碳经济的多边关系等。对于资源丰富的美国来讲,曲折发展的“美国低碳经济”,注定了它的不凡,随着生态环境的恶化和资源利用率问题的出现,美国民众对“低碳生活”的呼声越来越高,政府在考虑到一味地追求经济增长不利于其可持续性,在低碳经济发展的国际大环境下,不得不将“低碳”的理念注入经济的增长中。美国的低碳经济发展主要得益于其具备的先进技术支撑,在低碳技术的创新和研发上,美国的确处于不可撼动的地位。欧盟作为一个综合经济体,主要优势在于倡导的有效性和强制性,不同成员国可以相互借鉴、相互督促,并且充分利用了经济手段,如碳税和碳排放交易制度等。总结经验,不论是英国靠部门细化提高低碳经济落实效率,日本强制性的法律武器,德国可再生能源的充分使用;还是美国低碳技术的先进,欧盟明确计划目标的战略设定,对于低碳经济的发展经验都可以总结为以下八个方面:将低碳经济列入国家发展战略,建立关于低碳经济的法律法规体系,优化能源结构,设立有关碳排放计划目标,充分使用经济手段推动低碳经济技术的创新发展，提高国民低碳经济意识，积极开展文化建设，积极开展国际交流合作。

如今，我国正处于由经济快速增长向经济高质量发展的转型阶段。由于工业经济的占比较高，二氧化碳的排放量在全世界已居于首位，中国所面临的减排压力并不亚于发达国家，因此在未来国际上的减排压力也十分沉重。我国消耗的能源对象依旧是以煤和石油为主的化石能源，清洁能源使用比例较低，再加上低碳技术处于初级阶段，大气处理和排污等技术水平相对比较落后，因此，节约能源和减少二氧化碳排放量来发展低碳经济已经成为我国未来为实现经济可持续发展而迫切需要解决的问题。2012 年的中共十八大报告便指出，中国应该重视起绿色、循环和低碳发展。在此情况下，发展低碳经济自然成为平衡经济与环境之间的一条路径，低碳经济理念是实现我国可持续发展的重要指导思想，只有发展低碳经济、绿色经济、循环经济，才是实现中国经济的可持续发展。作为目前世界上碳排放量最大的发展中国家，我国面临着旅行减排义务和争取发展权利的双重任务，发展低碳经济成为我国未来发展的必由之路，而中国在能源技术研发、市场运行、有关低碳法律法规制定等方面都远落后于发达国家。并且低碳经济已经在国际上存在一定的时间，如英国、日本和德国等已经形成了较为成熟的理论政策体系，而正处于低碳经济发展初级阶段的中国需要借鉴一些典型的发达国家发展低碳经济的经验。对于如何兼顾平衡环境保护和经济增长，国内外学者都在研究摸索中，所以低碳经济理论研究需要各个国家共同努力，丰富低碳经济理论，结合自身国情特点，制定符合我国低碳经济发展理论的政策体系。

在如何走低碳经济发展之路方面，发达国家为我们提供了宝贵的参考经验。今后，我国应借鉴英国低碳经济政策体系，将低碳经济写入国家发展战略，并继续加大对节能减排工作在国家法律和政策层面上的支持，鼓励相关地方法律法规的制定和实施；学习日本制定低碳经济相关法律法规体系，发挥法律的强制性约束力，并主导全民参与绿色发展建设，倡导低碳消费理念，树立低碳环保意识，提倡低碳生活方式，加强对低碳经济发展的宣传教育，培养公民的环保和可持续发展的自觉性。另外，将低碳理念和技术引入城市建设过程中，建设健康的城市公共交通系统。再者，政府尽快出台补贴新能源、再生能源产业的政策，推进能源节约，优化能源结构。最后，充分利用我国广阔的对外贸易市场，与各国形成贸易多变关系，积极开拓国际低碳经济交易市场，加入国际低碳经济发展的洪流中。国外低碳经济发展给我国带来的启示，主要可分为以下八点。

(1)提出经济发展方式的战略转型

战略先行是所有人公认的共识，只有把低碳经济发展理念上升为国家发展战略，才能抢占低碳经济的制高点，所以提出经济发展方式的战略转型是发展低碳经济的前提条件。我国经济增长、能源消耗和环境保护之间的矛盾日益凸显，目前最直接有效的就是转变经济发展方式，发展低碳经济符合中国国情，与社会主义建设和生态文明的构建相统一。政府应形成统一的战略共识，将低碳经济纳入国家经济发展的整体规划中，改变现有的粗放型经济增长模式，采取经济环保的低碳经济发展方式，将低碳经济战略作为一项经济长期发展战略，对高碳行业制定一系列绿色发展规划，逐渐形成具有中国特色的低碳发展道路。

低碳经济发展是站在可持续发展的基础上提出的新概念，也是经济发展方式转型的一个重要标志，将其纳入经济发展的整体规划主要有两个目的，一是提高对低碳经济发展的重视程度；二是由低碳经济指导经济发展的方向，低碳经济在战略转型阶段具有指向性作用，英国、日本、欧盟等一些国家都是以低碳经济发展为原则，形成一个系统的、稳固的整体，从而更好更快地发展低碳经济，注重民生工程，推动可持续发展。对于经济发展方式的战略转型之所以如此急切，是因为发展低碳经济，制度因素优于经济因素，像上文提到的西方发达国家或经济体，均将低碳经济纳入国家发展战略，若没有制度作为铺垫，其之前恶劣的生态环境并不会随着经济增长得到相应的改善。在我国经济发展的现阶段，不能够通过牺牲经济增长去优化生态环境、促进生态文明建设，而是应该尽快制定出关于低碳经济的国家战略，并付诸行动。

(2)调整能源结构，发展可再生能源

调整能源结构是发展低碳经济的主要路径。富煤、少气、缺油的资源条件，决定了中国能源结构以煤为主，低碳能源资源的选择有限。在电力中，水电占比只有20%左右，火电占比达77%以上，“高碳”占绝对的统治地位。

关于煤的开采,目前来看煤的开采技术并没有太大的进步,生产规模也已经达到饱和状态,煤是我国开采最多的资源,以煤为主要资源的资源型城市数量是最多的,我国开采煤的技术却一直没有增进,煤也是我国主要的能源,然而煤炭的开采与燃烧伴随着工业粉尘、工业废水和二氧化硫的排除,对环境造成了极大的破坏,所以开发新能源代替煤等传统化石能源一直是我国新能源研发的动力。关于煤炭城市的环境问题也一直是一个难题。长期以来,煤炭资源对经济建设和社会发展起到了重要的作用,我国煤炭资源是最早挖掘的资源,也是我国挖掘最多的资源,我国的煤炭资源城市也是首当其冲地承受着无效率、高污染的开采方式,首先关于煤层的形成需要经过很长的时间;其次煤炭提供能量的过程伴随着二氧化硫、二氧化碳等有害气体的排出;最后更加令人堪忧的是煤的开采技术的落后,煤炭资源一直采用人工挖掘,在 10 ~ 20 年内没有太大变化,这种经济结构单一、企业效益不佳等问题,严重制约着煤炭城市的经济可持续发展。煤炭提供能量的过程相比其他能源来说相对无效率。

煤炭资源开采存在的问题,在其他不可再生能源开采中同样存在,我国能源结构上对于低碳经济发展的劣势其根本原因在于能源利用率低,生产管理模式混乱,新能源开发不足。因此,首先在现有的能源结构上,对煤炭的使用要严格管控,对我国煤炭森林等不可再生资源的统一开发与科学管理也需要加强,通过现代化技术提高燃煤发电和煤炭的转化效率达到提到能源利用率的目的,发挥煤炭等不可再生能源的最大利用价值,最终实现节能减排;其次国家可以在某种程度上制定能源补贴政策,给予减排企业经济激励,同时提高高污染企业的税收,通过经济手段调整能源的市场准入,逐步使高污染高排放的企业退出历史舞台。调整能源结构,开发可再生能源是发展低碳经济的突破口。

除了提高不可再生能源的利用效率以外,可再生能源的开发利用是发展绿色经济、实现经济可持续发展的秘密武器。众所周知,可再生能源包括风能、水能、生物质能和核能等,其中风能和水能是应用最广泛的方式,而生物质能作为可再生能源发展过程中的一颗新星,通过生产沼气、将生物质制造成燃料等方式,不但提高了能源的利用效率,还替代了传统的不可再生能源,减少了污染物的排放。核能是最具发展潜力的能源之一,在未来,核能将成为能源开发的主力军,我国核能发展起步较晚,20 世纪 80 年代才建立起第一座核电站,核电立法体系不够完善,技术研究相较于西方发达国家稍显逊色。因此,在可再生能源作为全球各个国家最热衷的能源研究方向的今天,我国需要做到一方面引进国外可再生能源先进的研发技术,在新能源开发和可再生能源的挖掘上,国外的科技创新技术比我们先进许多,积极引进先进技术,能够扩大我国可再生能源的使用规模,提高能源的利用效率;另一方面国家应完善有关可再生能源的法律,如有关核能的法律体系,促进原子能科学与技术的研究等,完备的立法体系,才能保障有关可再生能源工作的有效进行。另外,积极引进科技创新能够推动国内科技的发展,而工厂设备和生产设备上的创新对于减排也起到不容忽视的作用,通过“引进来”的方式向国内输送技术,最终目的是实现低污染、低排放,构建低碳社会。

(3)制定发展低碳经济的法律法规

制定法律法规是发展低碳经济的后勤保障。英国、日本、德国等国家在推进低碳经济发展的过程中一直高度重视相关法律的制定和实施,十分看重法律制度的后续保障作用。我国政府也颁布了《可再生能源法》《中国应对气候变化方案》等法案,发展低碳经济是一个长期的过程,完善促进低碳经济发展的法律法规仍然是一个艰巨的任务,通过借鉴其他国家的做法,可以为我国促进低碳经济发展提供参考。低碳经济发展是一项系统工程,通过国家层面给予法律支持,一是通过强制手段遏制现有的极其不利于低碳经济发展的企业和行业,在一定程度上打击高排放企业,最重要的是鼓励有利于低碳经济发展和建设的新兴企业。另外,法律法规促进低碳经济文化的形成,法律法规的制定是全国人民共同思考的结果,凝结了大家的智慧;它的宣传加强了全国人民对于低碳经济建设的认识,提高了我们的环境保护意识,在执行过程中,更是约束和指引着我们的行为;最后通过法律法规培养全国人民的自觉性,将低碳理念深入贯彻到每个人的心里,法律法规对于低碳经济建设具有决定性的推动作用。

我国已经出台了《循环经济促进法》《能源法》《可再生能源法》等政策法律法规,基本法律框架已构建完毕。但是上述法律法规带有明显的阶段性特征,没有以发展的眼光看待我国低碳经济的发展,缺乏纲领性的低碳经济基本法,因此距离完备的低碳经济法律体系还有很长的路要走,需要废除不必要、制定更为完善的法律法规。目前,我国立法机构应该向类似《低碳经济基本法》或

《气候变化法》等方向摸索前进，借鉴英国和日本等国家的实践经验，为制定完备的低碳经济基本法做好理论前提；除了制定持续长久的有效基本法之外，修改不合理的法律法规同样必不可少，如《环境保护法》和《煤炭法》等法律文件，修改其更具有低碳理念；此外，对于一些不符合低碳发展理念、过时的法律和政策，应适当废除掉。除了完善有关低碳经济的法律法规，道德作为法律的补充同样显得必不可少。在构建有关低碳经济发展的法律体系的过程中，将节约能源和保护环境的低碳理念广泛传播于大众之中，在法律的强制性和道德的约束下，将整个社会的“低碳生活”意识“自上而下”地逐渐落实到普通民众中去。

（4）建立有效的低碳经济财税政策

低碳经济激励政策是政府常用的调控手段之一，低碳经济发展的典型国家，如英国采取的激励政策就有贷款、征税和补贴等，其中气候变化税作为英国经济手段的一大特色，有效提高了资源的利用率，再加上碳排放交易这一手段，充分利用市场机制来激励低碳产业的发展。

我国低碳经济发展过程中，财税政策存在一些问题，一是低碳税收体系并不完善。目前，我国有关低碳税收政策体系仍存在不合理的地方，并且其政策支持范围不够广泛，如政府在可再生能源的使用和低碳技术的支持方面，没有有效的政策财政支持，而且在消耗能源上面，“以费带税”的方式不利于财政政策在节能减排上的领导力等，由于低碳税收体系的不完善，采取税收方法作用于节能减排项目的效果大打折扣，阻碍着税收对发展低碳经济的推动。二是没有系统的税收支付形式。我国在低碳方面的财政税收主要以增值税和消费税等为主，通过减免税的形式征税，这就造成企业纳税具有阶段性的特点，会长期纳税的可能性较小，另外，在有关低碳的税种，我国并没有明确和系统的征税形式，这使得通过税收政策促进低碳项目有序进行的作用力减小。三是财政补贴的不合理。这种不合理主要体现在政府在有关低碳项目的投资比较乏力，环保技术的研发支出相对匮乏，对于有关低碳经济的项目支出没有系统性的预算甚至会忽略此部分的支出。

由于我国有关低碳经济的财税政策存在上述问题，因此更加需要建立起一套适合发展低碳经济的政策体系。我们完全可以借鉴其他国家有关政策制定经验，如英国的“碳预算”体系，把现在到 2050 年排放的温室气体全部计算在内,如果某一行业的碳排放增加,则需保证另一行业的碳排放量减少,此外,可以学习欧盟对二氧化碳排放进行课税,建立碳税制度,激励企业向低碳方向发展等。总的来说,可以从四个方面完善我国关于低碳经济的财税政策。首先,建立起促进低碳经济发展的预算体系,增加对低碳经济发展项目的财政支出,提高规定支出的额度和预算,并建成一个对低碳项目支出的长期预算机制,另外,学习英国的“碳预算”体系,以长远的眼光看待碳减排,保证碳排放量整体不发生变化,并对有利于低碳经济发展的技术创新、企业低碳行为和个人低碳消费行为等进行投资和补贴,积极引导科研团队、企业单位和人民群众进行低碳研究、低碳生产和低碳生活。其次,制定有效的财政税收政策,通过征税的方式控制二氧化碳的排放,主要税种有能源税、消费税和生态税,其中能源税能使资源得到有效保护,可以考虑把动植物资源、地热资源等纳入征税项目中,同时,学习德国相关税收制度,将能源税按量计算,针对能源消耗,通过征税的手段鼓励人们使用清洁能源,通过征收能源税,以达到促进节能减排的目的;消费税则具有引导人们消费的作用,通过市场引导机制优化产业结构,例如,对高耗能高排放的产品课征较高的税收,而对于排放量较低的产品采用较低的税率甚至不征税等,通过对不同排放量的产品差别对待,推进企业向低碳方向生产;生态环境保护税则针对不同污染物采取不同的税率,并对不同的地域,充分考虑当地生态环境状况,通过规定不同的税率保护生态环境。再次,政府需要大力鼓励企业向低碳方向发展,通过财政补贴政策,弥补企业在生产过程中用于技术研发和治理污染的支出费用,譬如正在向低碳转型的企业在生产产品时有利用新能源技术、污染物综合处理等项目,政府可以按事先规定好的利息对企业进行补贴,对于已经开始进行低碳生产的企业,政府需给予更高的补贴,表明其对低碳产业大力支持的态度和决心。最后,应尽快完善碳排放交易机制。

(5)推进低碳经济相关技术的研究和创新

低碳经济技术创新是发展低碳经济的主要动力,低碳经济又是以低碳技术创新为前提的,掌握核心科技才能更快地到达低碳经济的制高点。我国低碳技术相比其他国家稍显落后,既没有完善的制度保障,也没有一整套相关政策,这对于我国发展低碳经济来说是个巨大的挑战。

关于如何更好地推动低碳技术创新,可以从以下几个方面来讲。首先,政府应充分发挥其主导作用，整合国内现有的技术资源，开展基础性和公共性的研究，并加强和企业之间的合作力度，进一步完善对企业的政策补贴机制，并鼓励企业开展相关的低碳技术研发和交流，政府应制定相应的法律法规，并配合多种经济手段，鼓励企业投资发展低碳产业，将重心不断向低碳行业转移；另外，政府需要出台一系列财政政策，对低碳产业进行财政补贴，对低碳企业和正在转型的企业实行资金贴补与税收优惠。其次，我国应选择符合自身发展的低碳技术路线。从各国的实践可以看出，低碳技术在低碳经济建设过程中起到关键性作用，且每个国家的低碳技术发展路线并不完全一致，如日本更倾向于对节能减排的研究，开展"自上而下"的全民节能减排行动，欧盟则把清洁能源技术的研发作为重点，而美国则更综合、更全面地发展低碳技术。因此，我国在发展低碳技术之前，须考虑自身国情，综合经济发展现状和低碳技术发展水平，重视可再生能源技术的研发与节能减排技术的应用，政府加大在低碳技术研发上的资金投入，借鉴典型国家先进的技术，制备出一套属于自己的完整的低碳技术路线。再次，我国应加强对新兴产业和新兴技术的重视，并积极同其他国家进行有关低碳技术的交流，密切跟踪国际有关新兴实用技术的动向。我国低碳经济仍处于初级发展阶段，各方面还不够成熟，作为低碳经济支撑的新兴产业和新兴专利技术也不够先进，因此我国应该加大在低碳技术专利上的投资力度，设立更多的专利项目，出台相应的政策支持新兴产业并鼓励更多低碳产业崛起，同时我国也需要围绕低碳技术的标准，积极同其他国家交流合作，向从全球低碳经济博弈中获益这一目标发起冲锋。最后，加强国际交流，通过建立政府基金，鼓励技术创新，加大对新兴能源和可替代能源的研究力度，新兴能源和可替代能源的发展可以带来巨大的正外部性，这需要政府的大力支持，尝试依靠人民的力量、科学的力量，加大对低碳经济的研究力度，有效控制温室气体，达到减排的目的。低碳经济引领技术创新的发展方向，技术创新是低碳经济的内在支撑。在科技兴国的背景下，提升以企业为主的自主创新能力，增加投入，加强企业之间的联合；采取适当的措施保障推动技术创新；积极发展低碳金融，构建多层次的低碳金融体系；加大政府对低碳产品的支持，为低碳经济的发展开辟一条新的道路。

(6)构建绿色金融体系

绿色金融是一种有关现代化金融方式的投资模式,之前主要用于控制工业污染和保护生物多样性等,随后《美国传统词典》中介绍了绿色金融是通过使用多样化的现代金融工具,来实现减少温室气体排放量并高效利用资源的目的。而且绿色金融对低碳经济发展的促进作用在德国已经开始崭露头角,绿色信贷的兴起和设立节能环保项目基金等方式使德国在经济增长的同时保障了环境不受污染,这足以看出绿色金融体系的建立有利于经济的可持续发展。近年来,我国已意识到绿色金融可以起到减少碳排放的作用,也不断推进绿色金融的发展。如今,随着有关绿色金融工作的不断推进,中国金融体系内容也慢慢变得丰富起来,其中绿色金融已经开始呈现出主流趋势。绿色信贷是绿色金融体系的主要组成部分,自 2013 年以来,我国绿色信贷余额逐年递增,截止到 2018 年,21 家主要商业银行绿色信贷余额在贷款总额的占比由 6.4% 增加到 11.0%;以市场为基础的绿色债券市场是绿色金融体系的另一组成部分,我国的绿色债券具有巨大的发展潜力,虽然起步较晚,但是绿色债券自 2015 年开始发行,短短一年内,整个绿色债券规模便从 0 增加到 362 亿美元,超过全球发行量的 1/3;节能环保项目贷款余额也在 2004 年到 2016 年从 885 亿元增加到 5 万亿元。然而随着我国工业化进程的不断推进,经济增长和环境污染的矛盾日益凸显,2011 年的“十四五”规划提出在今后五年改善环境质量的目标计划,压力之下,仅仅靠政府的财政政策远远不够,必须大力发展绿色金融,而《2017 年绿色金融综合报告》又明确指出,全球绿色金融体系依旧不尽如人意,依然具有如政策不完备、数据不完整、金融机构能力有限等不足,这对正处于起步阶段的我国绿色金融体系来说,无疑是双重压力。

对于如何推动绿色金融的发展,构建绿色金融体系,可以从以下两个方面展开。第一,建立激励机制。我国开展绿色金融的激励机制力度不够,这对于金融机构而言,并不具备足够的诱惑力去发展绿色金融项目。因此,可以制定多项激励政策,完善激励机制,通过政策的扶持推动绿色金融市场的发展,如可以给予绿色投资人更低的税率、政府出台相应的补贴政策等,鼓励金融机构积极参与绿色金融市场,为发展低碳经济源源不断地注入新的活力。第二,我国绿色金融评估存在很大的缺陷,金融机构良莠不齐,机构人员的专业程度和知识储备不达标,不能对绿色项目进行准确的风险评估,更不能从事金融产品的研发和服务。因此,可以加大对绿色金融业务的投资力度,建立起“高校”、“科研组织”和金融机构的“一条龙”合作体系,这样做既能有充足的人员供给,也能在得到专业的技能培训之后进入金融机构,促进绿色金融的可持续发展,进而拉动低碳经济的发展。

(7)积极开展关于低碳经济建设的国际合作

气候变化和能源有限是世界公认的事实,为了避免气候突变和能源枯竭,需要全世界所有国家共同努力。

开展关于低碳经济建设的国际交流是发展低碳经济的主流趋势,低碳经济作为一项系统工程,需要集多门学科、多种技术于一体,低碳技术与原有的技术发展基础大不一样,低碳技术发展需要学科汇集和技术集成,所以单靠某一个部门和单一国家的作用,都难以实现这个目标,而是需要一个完整系统的支持,从而只能依靠世界各国全面加强低碳技术合作,各产业之间技术联盟,各部门之间技术交流才能良好运行。我国作为技术创新薄弱的一方,特别应该加强与发达国家之间的技术交流,引进和消化先进低碳技术,积极探索与发达国家之间的合作模式,为环境的可持续发展一起积极探索,积极引导国内的企业。学术研究和管理走向国际化,加强国际交流合作,一方面帮助我国取得先进的低碳技术;另一方面输送国内相关资源从而取得相应的经济收入和国际地位。

(8)树立低碳意识,倡导低碳生活

经济社会低碳化不能只靠政府的单方面努力,全民参与、人人注重低碳才能根本保障低碳经济的可持续发展。目前,我国人口基数大,民众并没有很强的低碳意识,企业在生产过程中对能源也是毫无节制地使用,居民生活方式和企业生产方式已经根深蒂固,很难发生改变。早在 2008 年,政府就颁布了限塑令,目的是控制白色污染,通过有偿使用塑料袋减少塑料袋的使用,然而居民并没有低碳消费的意识,因此限塑令也名存实亡,引导民众低碳生活这一任务也变得十分艰巨。众所周知,日本政府主导下的全民参与低碳社会建设是日本发展低碳经济的重要方式,政府不仅重视政策的引导,更加强调全体民众参与低碳经济建设。我国可以学习日本这一点,政府可以根据居民的生活方式,通过制定有关节约资源的政策文件,对民众提出强制性的要求;可以大力宣传有关环境恶化与气候变化的内容,增强人们的危机感和紧迫感;少年强则国强,低碳教育必不可少,应从娃娃抓起,从课堂起步,在中小学课堂开展低碳生活宣传,举办有关低碳生活方式的活动或比赛等;充分利用现代宣传媒介,如网络、电视和报纸等,促使人们树立低碳生活意识,养成低碳消费习惯;提倡绿色出行,能坐公共交通工具就不开私家车、能骑自行车就不开车、能步行就不骑车等;通过全民低碳运动,将节约能源和保护环境养成一种社会风气,从衣食住行等方面提倡全体民众共同营造低碳生活氛围,彻底改变传统消费观念,杜绝铺张浪费现象,人人都为建设低碳社会贡献属于自己的那份力量!

本章小结

本章主要介绍国外一些发展低碳经济的典型国家,在针对发展低碳经济方面具体的相关路径和政策,如英国低碳经济国家战略的制定和碳税政策的实施,日本使用法律法规保障低碳经济发展和大力开展全民“低碳运动”,德国可再生能源的充分开发和低碳经济发展战略实施,美国先进的低碳技术,以及欧盟管辖区内碳排放交易和善于制订长远的战略计划。对于正处于向高质量经济发展的初级阶段,发展方式依旧以高投入、高消耗为主的中国经济来说,用长远发展的眼光看待问题,将低碳经济上升为国家发展战略,以可持续发展的理念贯彻、执行有计划地实施低碳经济战略,用以解决环境污染与经济发展之间的冲突等都具有重要的现实意义。我国的低碳经济发展处于初期阶段,对低碳经济有很强的市场需求,而且在农业、工业等方面还有很大的上升空间,在自身发展低碳经济具备巨大潜力的同时也面临着一些挑战,很多的政策措施没有经验。而借鉴国外低碳经济发展措施并对比国外的发展方式,是指引我们发展低碳经济的一盏明灯,在结合国外优秀的发展理念的同时,联系我国国情并结合自身发展的特点,未来低碳经济的发展还有很长的路要走。

低碳经济是一个全球性的话题,每个国家,每个人都有义务为发展低碳经济、缓解气候变暖贡献绵薄之力。其中,技术创新是促进低碳经济发展的核心因素,如人类为追求便捷,提高了汽车的使用量和拥有量,使得汽车销售量逐年上升,然而汽车排放量占温室气体的绝大部分,不可否认,汽车为人类的出行与生活提供了便利,但技术的局限在于没有方法可以使尾气排放降低而又不影响出行。所以,低碳经济的发展必须涉及技术创新、制度创新,提倡新能源,以调整产业结构及发展方式。

参考文献

[1] G. EDWARDS - JONES, K. PLASSMANN, E. H. YORK, et al. Vulnerability of exporting nations to the development of a carbon label in the United Kingdom [J]. Environmental Science and Policy, 2008 (4).

[2] ROSE. A , B. STEVENS, et al. Equity and Differentiation in Global Warming Policy[J] Environment and Resource Economics, 1998, 12(1): 25 - 51.

[3] ANDREW REEVES, SIMON TAYLOR, PAUL FLEMING. Modelling the potential to achieve deep carbon emission cuts in existing UK social housing: The case of Peabody[J]. Energy Policy, 2010 (8).

[4] LYNNE ROBINSON. Linking transformational materials and processing for an energy - efficient and low - carbon economy[J]. JOM, 2010 (3).

[5] Climate and energy country profiles 2013: Key facts and figures for EEA member countries. European Environment Agency, 2013.

[6] 曹凤中,田春秀. 美国环境保护发展战略(二)[J]. 陕西环境. 2000 (2).

[7]循环经济立法研究:模式选择与范围限制[J]. 蔡守秋,蔡文灿. 中国人口·资源与环境,2004(6).

[8]王文军. 低碳经济:国外的经验启示与中国的发展[J]. 西北农林科技大学学报(社会科学版),2009(6).

[9]付允,马永欢,刘怡君,等. 低碳经济的发展模式研究[J]. 中国人口·资源与环境,2008(3).

[10]王文军. 低碳经济:国外的经验启示与中国的发展[J]. 西北农林科技大学学报(社会科学版), 2009(6).

[11]李志学,张肖杰,董英宇. 中国碳排放权交易市场运行状况、问题和对

策研究[J]. 生态环境学报,2014(11).

[12]渠慎宁,郭朝先. 基于 STIRPAT 模型的中国碳排放峰值预测研究[J]. 中国人口·资源与环境,2010,20(12):10-15.

[13]Michel den Elzen, Hanna Fekete, Niklas Höhne, et al. Greenhouse gas emissions from current and enhanced policies of China until 2030: Can emissions peak before 2030?. 2016,(89):224-236.

[14]Kai Su, Chien-Ming Lee. When will China achieve its carbon emission peak? A scenario analysis based on optimal control and the STIRPAT model. 2020, 112.

[15]郭朝先. 中国工业碳减排潜力估算[J]. 中国人口·资源与环境,2014,24(9):13-20.

[16]袁晓玲,郗继宏,李朝鹏,等. 中国工业部门碳排放峰值预测及减排潜力研究[J]. 统计与信息论坛,2020,35(9):72-82.

[17]李永,付智博,李海英. 中国能源进口贸易联系是否稳定:来自 1992—2012 年的经验证据[J]. 财贸经济,2015(5):109-120.

[18]高松,刘宏,孟祥轶. 烟草需求、烟草税及其在中国的影响:基于烟草成瘾模型的经验研究[J]. 世界经济,2010,33(10):98-119.

[19]袁鲁山. 基于 NAR 神经网络的车速预测及应用[D]. 大连:大连理工大学,2016.

[20]李萍,曾令可,税安泽,等. 基于 MATLAB 的 BP 神经网络预测系统的设计[J]. 计算机应用与软件,2008(4):149-150+184.

[21]高铁梅,孔宪丽,刘玉,等. 中国钢铁工业供给与需求影响因素的动态分析[J]. 管理世界,2004(6):73-81.

[22]顾佰和,谭显春,池宏,等. 化工行业二氧化碳减排潜力分析模型及应用[J]. 中国管理科学,2013,21(5):141-148.

[23]张友国,郑玉歆. 碳强度约束的宏观效应和结构效应[J]. 中国工业经济,2014(6):57-69.

[24]刘云生. 金融成熟度及其评价研究[J]. 金融与经济,2009(12):33-35.

[25]王文举,李峰.中国工业碳减排成熟度研究[J].中国工业经济,2015(8):20-34.

[26]傅为忠,徐丽君.区域工业绿色发展成熟度动态评价:基于熵值修正G1法和距离协调度改进模型的实证分析[J].工业技术经济,2018,37(3):61-69.

[27]周杰,薛有志.公司内部治理机制对R&D投入的影响:基于总经理持股与董事会结构的实证研究[J].研究与发展管理,2008(3):1-9.

[28]姜国刚.碳减排的社会经济福利分析[J].管理世界,2012(10):174-175.

[29]秦军.低碳农业发展的障碍、模式及对策[J].西北农林科技大学学报(社会科学版),2014,14(6):70-75.

[30]何琦.海南省工业竞争力评价与发展对策研究[J].特区经济,2011(11):235-237.

[31]郑远强.海南省工业主要行业发展的比较研究[J].海南大学学报(人文社会科学版),2002(4):74-79.

[32]武红.中国省域碳减排:时空格局、演变机理及政策建议:基于空间计量经济学的理论与方法[J].管理世界,2015(11):3-10.

[33]宋敏,郭清卉.基于低碳视角的陕西能源消费与环境污染的灰色关联度研究[J].科技管理研究,2015,35(16):243-247+262.

[34]中国人民大学宏观经济分析与预测课题组,刘元春,阎衍.中国宏观经济分析与预测(2015年中期)报告:低迷与繁荣、萧条与泡沫并存的中国宏观经济[J].经济理论与经济管理,2015(8):5-35.

[35]王晓珍,叶靖雅,王玉珠,等.政府补贴对企业R&D投入影响的研究评述与展望[J].研究与发展管理,2017,29(1):139-148.

[36]Efficient capital markets: a review of theory and empirical work. Fama E F. Journal of Finance, The. 1970.

[37]王倩,王硕.中国碳排放权交易市场的有效性研究[J].社会科学辑刊,2014(6):109-115.

[38]吕靖烨,曹铭,李朋林.中国碳排放权交易市场有效性的实证分析[J].

生态经济,2019,35(7):13 - 18.

[39]王扬雷,杜莉. 我国碳金融交易市场的有效性研究:基于北京碳交易市场的分形理论分析[J]. 管理世界,2015(12):174 - 175.

[40]SHAPIRO S S, WILK M B . AnAnalysis of Variance Test for Normality (Complete Samples). Biometrika,1965,52(3/4):591 - 611.

[41]Levin A, Lin C F, Chu C S. Unit roots tests in panel data:Asymptotic and finite - sample properties[J]. J Econom, 2002, 108:1 - 24.

[42]戴晓凤,杨军,张清海. 中国股票市场的弱式有效性检验:基于单位根方法[J]. 系统工程,2005(11):23 - 28.

[43]姚奕,吕静,章成果. 湖北碳市场价格形成机制及价格预测[J]. 统计与决策,2017(19):166 - 169.

[44]左宇. 中国区域碳交易市场的原理及实践[D]. 广州:暨南大学,2014.

[45]李尚英,马婧. 中国碳市场现状的实证研究及对统一碳市场建立的启示:以北京和天津为例[J]. 中国市场,2015(34):187 - 192.

[46]Michael E Porter, Claas van der Linde. Toward a New Conception of the Environment - Competitiveness Relationship. 1995, 9(4):97 - 118.

[47]雷明,虞晓雯. 地方财政支出、环境规制与我国低碳经济转型[J]. 经济科学,2013(5):47 - 61.

[48]周泽炯,胡建辉. 基于 Super - SBM 模型的低碳经济发展绩效评价研究[J]. 资源科学,2013,35(12):2457 - 2466.

[49]王钊,王良虎. 碳排放交易制度下的低碳经济发展:基于非期望 DEA 与 DID 模型的分析[J]. 西南大学学报(自然科学版),2019,41(5):85 - 95.

[50]HOEL M. Is there a green paradox? [J]. CESifo Working Paper Series, 2010,100(11):1999 - 2030.

[51]THOMAS J. DEAN, ROBERT L. BROWN. Pollution Regulation as a Barrier to New Firm Entry: Initial Evidence and Implications for Future Research. 1995, 38(1):288 - 303.

[52]Porter M E. America's Green Strategy[J]. Scientific American, 1991: 193 - 246.

[53]赵玉民,朱方明,贺立龙.环境规制的界定、分类与演进研究[J].中国人口·资源与环境,2009,19(6):85-90.

[54]WALTER I,UGELOW J L. Environmental policies in developing countries [J]. Journal of the Human Environment,1979,8(2-3):102-109.

[55]SONIA BEN KHEDER, NATALIA ZUGRAVU. The Pollution Haven Hypoth-esis:A Geographic Economy Model in a Comparative Study[R]. Working Papers, April 2008.

[56]王红梅.中国环境规制政策工具的比较与选择:基于贝叶斯模型平均(BMA)方法的实证研究[J].中国人口·资源与环境,2016,26(9):132-138.

[57]何小钢,张耀辉.中国工业碳排放影响因素与CKC重组效应:基于STIRPAT模型的分行业动态面板数据实证研究[J].中国工业经济,2012(1):26-35.

[58]张华,魏晓平.绿色悖论抑或倒逼减排:环境规制对碳排放影响的双重效应[J].中国人口·资源与环境,2014,24(9):21-29.

[59]马海良,董书丽.不同类型环境规制对碳排放效率的影响[J].北京理工大学学报(社会科学版),2020,22(4):1-10.

[60]Tobler W R. A Computer Movie Simulating Urban Growth in the Detroit Region[J]. Economic Geography, 1970, 46(1):234-240.

[61]王文普.环境规制、空间溢出与地区产业竞争力[J].中国人口·资源与环境 2013,23(8):123-130.

[62]沈坤荣,金刚,方娴.环境规制引起了污染就近转移吗?[J].经济研究,2017,52(5):44-59.

[63]李小平,余东升,余娟娟.异质性环境规制对碳生产率的空间溢出效应:基于空间杜宾模型[J].中国软科学,2020(4):82-96.

[64]KAYA Y,YOKOBORI K. Environment,energy and economy:strategies for sustainability[M]. United Nations University Press,1997:56-59.

[65]SHAN, Y., HUANG, Q., GUAN, D., et al. China CO_2 emission accounts 2016 - 2017. Sci Data 7, 54 (2020).

[66]范巧,石敏俊.基于结构匹配性和有效相关性的内生时空权重矩阵遴选方法[J].数量经济研究,2018,9(2):114-135.

[67] Pace R K , Lesage J P . A sampling approach to estimate the log determinant used in spatial likelihood problems [J]. Journal of Geographical Systems, 2009, 11(3):209 - 225.

第7章

中国低碳绿色转型发展路径调适与制度安排

7.1 提高经济发展水平是发展低碳经济的根本

绿色发展理念下加快低碳经济发展，就是要坚持“绿水青山就是金山银山”的理念，注重处理好人与自然和谐共生的问题，推动经济发展模式由高碳向低碳转变。结合前文定量分析可知，由于现阶段我国仍处于工业化后期阶段，保持一定的、持续的经济增长速度是十分必要的，在这种背景下发展低碳经济唯一的出路也是根本途径，只能是加快提高我国经济发展的整体水平。当然，提高经济发展水平涉及国民经济发展规模、质量、效益、民生等各个方面，就助推低碳经济发展而言，要重点做好以下几个方面。

（一）坚持做大经济规模和优化升级结构两手抓

1. 保持经济平稳增长，做大国民经济总量

这其实是一个问题的两个方面，因为只有把经济规模总量做大了，经济持续发展了，才能很好地解决当前国内存在的各种矛盾，才能有效应对来自国际上的各种冲击。同时，只有持续推动产业结构升级，才能保持我国经济的竞争力，才能有效推动低碳经济的发展。关于做大经济规模，前提就是要保持经济的持续平稳较快增长，这需要保持投资的适度增长，尤其是基础设施、高新技术、民生工程、生态保护等领域投资的增长要重点得到保障，还要持续扩大有效需求，既包括国内需求也包括外部需求，扩内需要通过加大产品供给侧结构性改革、提升居民收入、完善社会保障等来加以提振。如何保持我国经济的平稳

较快增长,政府及社会各界智库都有相关研究,本文就不过多展开,而重点对结构升级加以论述。

2. 加快三大产业结构升级步伐,提升产业素质

(1)农业方面:要降低农业对化石能源的依赖,走低碳农业的新路子。首先,要大幅减少化肥农药使用量,走有机生态农业之路。如用粪肥和堆肥作为化肥的替代品,提高土壤有机质含量;通过秸秆还田,增加土壤养分,减少径流,增加入渗;通过作物残茬及覆盖在地表的秸秆可防止风蚀和水蚀,提高土壤生产力。其次,要充分利用农业的剩余能量。如农作物收割后的秸秆是农业中的剩余能量,不但其有效物质没有得到很好的利用,反而燃烧释放出的有害气体严重污染大气,我们可以通过探索农作物秸秆综合利用技术加以充分利用。最后,要推广太阳能和沼气技术。在农村普及太阳能集热器是发展低碳农业的有效途径。在规模化畜牧业养殖中,可利用畜牧粪便开发沼气,获得生物质能。

(2)工业方面:工业结构的调整升级是发展低碳经济的重要途径。我们应客观尊重结构调整阵痛期发展实际,主动适应经济发展的新常态,坚持推进产业结构的调整升级,促进经济增长主要由依靠投资驱动的数量粗放型增长,逐步向依靠自主创新的质量效益型转变,坚持走新型工业化道路,立足节约能源,立足降低排放;加快培育发展节能环保产业、新能源产业等战略性新兴产业,坚持技术创新,坚持市场主导,占据产业发展制高点;进一步提升制造业水平,积极利用先进技术、适用技术改造升级传统产业,提升产业工艺水平和装备水平;进一步合理规划区域产业布局规划,理顺几大主要经济带、重点城市集群等片区产业功能定位,避免产业雷同、资源浪费;主动使用淘汰落后产能要求,严格控制新开工高能耗项目、高污染项目,切实为低碳经济发展搭建良好平台。

(3)服务业方面:大力发展现代服务业,减少国民经济发展对工业增长的过度依赖。现代服务业是一个能耗低、污染小、就业容量大的低碳产业,它包括金融、保险、物流、咨询、广告、旅游、新闻、出版、医疗、家政、教育、文化、科学研究、技术服务等。中国的现代服务业拥有很大的提升空间,我们不仅要关注"中国制造",更应该关注"中国创造"。我们应在保持第一、二、三产业协调发展的前提下,优先发展电子信息(软件)、金融、保险、旅游、房地产等低碳产业和服务业;努力完善商业连锁、电子商务、教育培训等产业集群;积极推进产品设计、公

关咨询、营销策划、文化传媒和时尚消费等创意产业，大力支持以创意设计工作室、创意产业园和文化创意体验区为载体的创意产业发展；加快高新技术在交通、环境、贸易、文化等服务领域的应用与推广，增强服务业的竞争能力。

3. 优化能源生产和使用结构，形成低碳能源新格局

从能源结构来看，煤炭生产量占全国一次能源产量的比重超过 60%，化石能源使用比例也高达 80%，这是典型的高碳能源结构。相关研究显示，能源结构的优化对能源需求总量影响很大，能源消费结构中煤炭的比重每下降 1%，相应的能源需求总量可降低 2000 万吨标准煤。我国能源生产结构调整，要充分遵照《能源发展战略行动计划（2014—2020 年）》，发展兼顾核能、生物质能、太阳能、风能等新能源产业，改造提升传统能源生产行业相并重的能源生产结构体系，加大推进清洁能源产业化发展力度，提升能源供应安全，为低碳经济和可持续发展做出贡献。我国能源消费结构调整，要坚持合理优化用能结构，大力发展高效清洁能源，逐步降低化石能源比例，提高煤炭净化比重，发展煤炭气化和液化，加速能源消费从以传统煤炭矿种为主向现代石油和天然气矿种为主的结构转变，大力发展水电、风电等可再生能源，努力在未来 10 ~ 20 年内初步形成多元化的能源结构格局。

（二）加快发展循环经济，提高资源能源使用效率

1. 加快构建循环经济产业发展体系

我国能源结构相对单一且储量相对贫乏，发展循环经济是建设生态文明、实现可持续发展的必然选择，是加快经济发展方式转变、加快低碳经济转型的重要途径，对建设“两型”社会、构建低碳经济社会具有重要战略意义。根据国家循环经济及产业的发展规划，积极构建循环型工业体系，围绕有色金属、钢铁、化工、电力、建材、造纸、煤炭、装备制造等传统产业，以大型骨干企业为重点，着力推进能源资源高效利用，大力实施清洁生产，鼓励和引导企业向园区集聚，实施工业园区循环化改造，促进企业循环式生产，园区循环式发展；积极构建循环型农业体系，提高农业生产领域农业资源综合利用率，推进种植业、养殖业、林业、水产业之间的循环链接，大力发展生态农业、立体农业、有机农业，提高农业废弃物资源化利用水平，促进农产品深加工，延伸产业链；积极构建循环

型服务业体系，坚持旅游资源保护性开发原则合理建设旅游景区，完善信息基础设施推进“三网”融合，鼓励零售批发企业节约用电，推动餐饮住宿企业对照明、空调、锅炉等设备进行节能改造，采用环保包装、通用包装或可周转包装，提高包装物的重复利用率；积极推进社会层面的循环经济发展，不断完善再生资源回收网络体系，提升再生资源利用水平，鼓励发展再制造、再利用，大力实施绿色建筑行动，大力发展绿色交通网络体系，加快推进餐厨废弃物资源化利用以及绿色消费模式，实施循环经济示范工程，创建循环经济重点省市、重点县区、重点村镇、重点社区以及重点示范企业。

2. 积极稳妥提高资源能源生产利用效率

提升能源使用效率，既要有长远的战略眼光，也要尊重当前的客观实际。低碳经济建立在低碳或者无碳能源基础之上，而新能源的基础设施构建需要大量的资金投入和相当长的建设周期。在此背景下，传统的能源结构在很长一段时间内难有根本性的改变，因此在优化能源消费结构的同时，将低碳技术、节能减排技术、碳封存技术等，能够提高能源利用效率的低碳技术与能源消费结构调整相结合，提高能源体系的整体效率，降低化石能源总消耗的比例，使低碳经济成为有利可图的新兴工业领域。一是要深入推进能源革命。着力推动能源生产利用方式变革，优化能源供给结构，提高能源利用效率，建设清洁低碳、安全高效的现代能源体系，维护国家能源安全。推动能源结构优化升级，优化建设国家综合能源基地，大力推进煤炭清洁高效利用。限制东部、控制中部和东北部、优化西部地区煤炭资源开发，推进大型煤炭基地绿色化开采和改造，鼓励采用新技术发展煤电。加强陆上和海上油气勘探开发，有序开放矿业权，积极开发天然气、煤层气、页岩油（气）。实施煤炭清洁高效利用、非常规油气等能源领域重点工程。二是树立节约集约循环利用的资源观，推动资源利用方式根本转变，加强全过程节约管理，大幅度提高资源利用综合效益。重点强化矿产资源规划管控，严格分区管理、总量控制和开采准入制度，加强复合矿区开发的统筹协调。支持矿山企业技术和工艺改造，引导小型矿山兼并重组，关闭技术落后、破坏环境的矿山。大力推进绿色矿山和绿色矿业发展示范区建设，实施矿产资源节约与综合利用示范工程、矿产资源保护和储备工程，提高矿产资源开采率、选矿回收率和综合利用率。

7.2　增强碳排放防治能力是发展低碳经济的有力保障

提高经济发展水平和增强碳排放的防治能力,是发展低碳经济必须兼顾的两个方面,如果说前者是根本,那么后者就是有力保障、是利剑。增强碳排放的防治能力,是一个综合的系统工程,涉及国家战略、资金投入、监督执法、技术装备、市场调节、碳汇管理等多个方面,我们必须立足自身、着眼长远、统筹谋划。

(一)实施国家低碳战略,提供基础保障

应结合我国建设资源节约型、环境友好型社会和节能减排的工作需求,尽快开始研究制定国家低碳经济发展战略,以及相关的碳排放强度评价体系和碳排放可量化标准,以推动我国低碳经济长效机制的形成。国家低碳经济发展战略取向应包括:在可持续发展的框架下,把"低碳化"作为国家社会经济发展的战略目标之一,并把相关目标整合到各项规划和政策中去;权衡经济发展与气候保护的近期和远期目标,处理好利用战略机遇以实现重化工业阶段的跨越与低碳转型的关系,同时充分考虑碳减排、能源安全、环境保护的协同效应,有效降低减排成本;强化部门间、地区间合作,吸引各利益相关方的广泛参与,发挥社会各方面的积极性,特别是通过新的国际合作模式和体制创新,共同促进生产模式、消费模式及全球资源资产配置方式的转变;积极参与国际气候体制谈判和低碳规则制定,为我国的工业化进程争取更大的发展空间。

基于国家低碳发展战略,还要重点抓好以下几方面的配套。

1. 建立健全低碳经济立法保障体系

要在现有《清洁生产促进法》《节约能源法》《循环经济促进法》《可再生能源法》《气候变化国家评估报告》等多部法律法规基础上,出台国家层面的低碳经济发展指导意见,推动低碳产业加快发展,促进新兴能源开发利用,实施强制性能耗标准及认证。还要抓紧修订完善环境、资源领域的专门法律,加快制定节约用能、建筑节能、废弃物回收等相关法律。

2. 加强执法监督

立法是基础,法律的落实才是关键。一方面,要综合采取激励性和约束性的手段,引导、支持企业在低碳经济领域积极投资,同时加强监督检查,完善准入制度，坚决淘汰落后产能，对进入淘汰名录中的企业和技术坚决取缔，维护法律的权威。另一方面，要积极稳妥地推进能源资源价格改革，建立能够反映能源资源稀缺程度、市场供求关系和污染治理成本的价格形成机制。政府在法的实施中应起主导作用，在建立和健全执法监督机制的同时，还应积极培育全民低碳意识，创新低碳消费文化。

3. 持续加大资金投入力度

从国外碳基金的使用效果来看，碳基金可以对节能减排和清洁能源的发展产生巨大的推动作用。我国可学习与借鉴其经验，建设好中国清洁发展机制基金，为实现我国应对气候变化和节能减排目标做出贡献。建议在政府主导下，设立国家碳基金机构或组织，为低碳技术的研究、开发及运用提供资金支持和保障。目前，我国设立的清洁发展机制基金以及中国绿色碳基金主要针对碳汇项目，对低碳技术支持有限，可以通过设立碳基金公司，用于支持低碳技术研发运用。

（二）加快低碳技术进步，抢占竞争高点

低碳技术（Low – Carbon Tchnologies），既是提升一国未来经济社会综合竞争力的关键，也是摒弃一国高碳发展老路和老的高碳技术模式，提升碳排放防治能力，实现经济跨越式发展的科学途径。在发展低碳技术方面，西方发达国家已先行一步并取得了卓越成就，我国与其相比差距明显，加快发展低碳技术，既是发展低碳经济的战略需要，也是我国经济社会发展的现实要求。

1. 建立完整有效的低碳技术政策支撑体系

尽管我国政府制定并出台了一系列与低碳技术研发有关的优惠政策，但是随着深化经济体制改革，其已不能适应低碳经济发展的需要，同时很多鼓励政策也早已名存实亡，重新构建和完善低碳技术政策支撑体系非常迫切。此外，低碳经济作为未来的国家发展战略，还应要建立由政府主导的低碳科研投入机制。目前，我国较大规模的低碳产业示范性项目和低碳技术研发项目，基本依靠政府财政支持或政策贷款，以及来自国际上的资金支持，还远没有形成相对稳定的投入机制体系。同时，低碳技术项目在融资上的遭遇也比较尴尬，很多银行包括四大国有商业银行对低碳项目的融资支持有限，即使部分银行给予贷款，其信贷投放力度和进度也往往不理想，难以满足低碳技术及项目的资金需要。因此，现阶段建立以政府为主导的低碳投入体系很有必要。

2. 加快低碳技术对外引进吸收力度

在目前境况下，我国获得低碳技术有两个途径。一是通过清洁发展机制（CDM）引进发达国家的成熟技术，这种方式的优点在于成本低廉且见效较快，当然缺点也显而易见。二是靠自主研发。CDM 要求，发达国家通过提供资金和技术给发展中国家，在发展中国家实施具有减少温室气体排放效果的项目，项目产生的温室气体减排量转让给发达国家。CDM 是按照《京都议定书》的规定，由通过发达国家与发展中国家的合作，来共同减少温室气体的排放，其一个重要目标就是促进发达国家向发展中国家转让低碳技术。我国发展 CDM 项目的潜力非常大，作为一个快捷路径，我们应该通过加大国际合作，多以低碳项目换低碳技术的形式开展合作，尽快缩小与国外低碳技术的差距。

3. 坚持走重点依靠自主研发之路

发展低碳技术，关键还是靠自主研发。低碳技术涉及众多传统产业部门，也涉及煤的清洁高效利用、无碳和低碳能源技术、二氧化碳收集捕捉与埋存技术、可再生能源及新能源、油气资源和煤层气的勘探开发等众多新领域。将来哪一种能够成为主流技术，关键看谁能够率先突破。因此，要从国家层面高度重视低碳技术的战略意义，确定重点研究领域，集中优势力量争取率先突破，以确保在国际竞争中的有利地位。短期内，我国应该大力发展节能与能效提高技术。从中长期来看，应注重二氧化碳等温室气体排放控制与处置利用技术，先进煤电、核电等重大能源装备制造技术，生物与工程固碳技术，二氧化碳捕捉利用与封存技术等领域的技术突破。在大力发展低碳技术的同时，还要加大科技创新和低碳技术在行业的应用，推动低碳化技术在整个国民经济体系中的融会贯通。自主研发还有一个重点就是培养低碳技术人才，形成自己的知识产权，这样才能利用后发优势，实现我国低碳经济的后发赶超。在科技人才的培养中，坚持“走出去和引进来”相结合的政策，抓好本土化人才深造和外来人才引进。

（三）综合运用市场手段，协同推动发展

党的十八大三中全会强调，要使市场在资源配置中起决定性作用。在经济全球化、一体化日益深化的今天,市场化手段在经济社会发展的众多领域都发挥了日益重要的作用。在我国发展低碳经济过程中,尤其是在增强碳排放的防治上,同样离不开市场化手段。因此,需要在更好地发挥政府作用的同时,充分运用市场机制手段调整、引导、规范市场主体及个人行为,促进全社会在发展低碳经济中形成共识、凝聚合力、协同推进。

1. 给定碳价,引导低碳发展方向

通俗理解,碳价就是为市场行为主体(一般指企业)向大气中排放单位碳制定相应的价格,如排放交易制度、碳税等。给定碳价将有助于把碳排放造成的损失转移到责任方及有能力减排的相关方,起到鼓励市场主体投资发展清洁能源或开展低碳创新的效果。目前,全世界有近 40 个国家和 20 多个城市、州或省已经或者正准备推行碳价,包括中国在内的 70 多个国家对这一行动表示支持。作为负责任的大国,我们理应在制定碳价上走在前列,以更好地让市场在应对气候变化中发挥作用。

2. 发展碳交易,争取外部支持

碳交易是为促进全球温室气体减排,减少全球二氧化碳排放所采用的市场机制。《京都议定书》把市场机制作为解决以二氧化碳为代表的温室气体减排问题的新路径,即把二氧化碳排放权作为一种商品,从而形成了二氧化碳排放权的交易,简称"碳交易"。《京都议定书》同时要求,为促进全球可持续发展,发达国家有义务向发展中国家提供低碳技术和低碳项目资金支持,CDM 运营机制应运而生。目前我国碳交易的主要形式也是 CDM,我们应充分挖掘 CDM 项目发展潜力,以促进降低碳排放量的同时获取一定的资金支持。此外,针对国内碳交易偏冷的局面,要明确强制性碳排放,完善碳交易系统和交易机制,加快全国性的碳交易平台建设。

3. 培育低碳品牌,发展碳商业

作为一种新商业模式,碳商业的竞争力在于低碳和可持续发展,其核心是优质低碳品牌的培育发展。在国际上,碳商业受到越来越多的关注,在我国还处于刚起步的阶段。我们应未雨绸缪,立足高点,加快对碳商业的探索创新,围绕重点节能环保企业培育一批有竞争力的低碳品牌。取消化石燃料补贴。化石燃料补贴对高碳能源消费形成间接鼓励,也造成了一定浪费,不利于低碳发展。当前国际原油价格持续走低，正是逐步取消石油等化石燃料补贴的好时机，我们应抓住这一时机，着眼长远，果断决策，尽快取消地方有关化石燃料补贴政策。

4. 提高准入门槛，发展低碳产业

随着国外低碳经济的发展，一些发达国家会通过“碳交易”把碳密集产业和高能耗项目向发展中国家转移。未来数年，发达国家的钢铁产业、石化产业、建材产业、造纸产业、印染产业等高碳产业会加快向发展中国家转移。而这些投资规模很大的项目，很长一段时间内很难淘汰或搬走。其结果是：一旦《京都议定书》规定的“不履行”承诺到期，发展中国家就会被这些搬不走的高碳项目投资锁定。如强行将其淘汰或搬走，有可能对就业和经济造成冲击。因此，优化产业结构，提高高碳产业市场准入门槛，积极发展低碳产业对中国未来经济发展具有举足轻重的战略意义。

（四）加强碳汇综合管理，提升承载能力

碳汇（CarbonSnk）主要是指森林等碳储存库（碳汇库）吸收并储存二氧化碳的多少，也就是指吸收并储存二氧化碳的能力。碳汇能力的高低，在很大程度上决定了碳排放防治能力的高低，是碳排的天然屏障。碳源（CarbonSurce）是指二氧化碳产生之源。它既来自自然界，但在当今社会更多来自人类的生产生活。碳源与碳汇是两个相对的概念，即碳源是指向大气释放碳的母体，碳汇则是指碳的寄存体。减少碳源一般通过二氧化碳减排来实现，增加碳汇则主要靠固碳技术和增加碳汇库来实现。固碳也叫碳封存，包括物理固碳和生物固碳。物理固碳是利用深海、开采后的油气井、煤层等，将二氧化碳长期储存起来。生物固碳是固定二氧化碳最便宜且副作用最少的方法，它通过充分发挥植物的光合作用，提高生态系统的碳吸收及存储能力，主要包括三个方面：一是保护现有碳库，通过加强农业和林业的管理，从而保持生态系统的长期固碳能力；二是扩大碳库来增加固碳，主要是改变土地利用方式，并通过选种、育种和种植技术，增强植物的生长能力，增加固碳能力；三是可持续地生产生物产品。森林是天然的最大的“碳汇库”，有研究表明全国每增加1%的森林覆盖率，可从大气中吸收固定0.6~7.1吨碳。

因此,我们应立足资源优势,加强森林管理,保持良好的碳汇水平。加强执法监督,严格执行森林砍伐制度。加强宣传引导,提升全民森林保护意识,强化森林火灾的防灾抗灾机制。科学制定发展规划,抓好建筑用地、工业用地管理,防止城镇化、工业化大幅度侵占林地、湿地。抓好退耕还林、培育造林工程,提高森林覆盖率,努力提升碳汇潜力。此外,还要大力抓好草地固碳、农地固碳、退化土地恢复固碳、湿地固碳等,通过多途径、多手段综合提升我国的碳汇能力。

7.3 制定合理的碳税政策是发展低碳经济的有效手段

如何在保证中国经济稳定增长的前提下,制定有效的政策机制尤其是低碳税收政策机制,以此促进能源利用效率的提升,减少二氧化碳的排放,是"后京都时代"中国气候政策研究的重要命题。本节重点就我国的碳税政策展开探讨。

(一)碳税基本概念及国外实践

碳税(carbon tax)简单地理解就是针对二氧化碳排放所征收的税。征收碳税的理论基础,最早源于庇古(Pigou)在其著名的《福利经济学》中关于对环境污染的经济分析,他认为政府应根据污染所造成的危害对排污者收税,以税收形式弥补私人成本和社会成本之间的差距,将污染的成本加到产品的价格中去,这种税也被称为"庇古税"。碳税就是一种典型的"庇古税",碳排放对环境尤其是气候的影响,本质上是福利经济学中的一个外部不经济问题。斯德哥尔摩大学国际经济研究所约翰 · 哈斯勒认为,煤炭、石油等化石燃料的使用具有"外部性",仅靠市场无法应对,实行全球碳排放税是解决这一市场失灵的有效政策工具之一。他同时指出,引入合理的全球碳排放税并不会威胁经济增长和社会福利。

碳税在西方国家尤其是欧盟诸多国家已实行多年,实践证明它是一种能减少能源消费和大幅度削减碳排放的有效手段。在发达国家,虽然政策的着力点和取向有所不同,但运用碳税政策来发展低碳经济已是普遍做法。在欧盟国家,将碳税纳入统一征收的消费税中取得了较好的效果。芬兰、挪威、瑞典、丹麦等国在20世纪90年代初就开始制定“地球变暖对策税”等碳税政策，德国、英国等则在20世纪末开始导入相关税种。美国作为最大的经济体，虽然没有直接开征碳税，但是通过采用“绿色”财政刺激政策和相关领域的税收优惠政策来推动低碳经济发展，如2009年奥巴马政府通过了《再生、再投资法》，在环境保护及新能源等领域投入近600亿美元。此外，美国还实施了汽油税、能源开采税等有关生态税收制度。德国虽然也没有单列碳税，但是通过“燃油税”附加的方式开征了生态税。日本，作为一个资源缺乏的发达国家，一方面，建立包括石油消费税、液化气税、道路使用税、车辆产品税及二氧化碳税等在内的复杂的运输税收体系，还实施了生物质燃料等的促进税制，以促进节能减排，减少碳排放；另一方面，对建筑低碳、运输低碳、新能源开发等方面实施一系列的税收优惠政策。综合分析，发达国家根据各自实际，在碳税政策运用实施上采取了很多有效的举措，在节约能源消费、降低二氧化碳排放、发展节能产业、开发利用新能源等方面收获了很好的成效，发展低碳经济也走在世界前列，这值得我们借鉴。

（二）我国实施碳税政策建议

在哥本哈根气候大会上，我国政府承诺到2020年单位GDP的二氧化碳排放量将比2005年下降40%～45%，这成为当前国内开征碳税呼声高涨的重要推手。虽然目前我国还没有设立单独的碳税，但是政府有关部门已经在前期实施方案调研、设计等方面做出了积极探索。2010年，国家发展改革委和财政部联合发布中国碳税专题报告，提出了“中国碳税税制框架设计”实施框架。2016年3月，国家财政部长表示，中国将不会单独设立碳税，但是会将碳税安排在目前准确的税种里作为一个税项，譬如环境税或资源税。同年8月，国家发展改革委应对气候变化司负责人首次表示，我国可能于2020年以后开征碳税，即对5000吨标准煤以下或纳入碳市场体系以外的排放企业将征收碳税，形成一个所有企业都尽减排义务的政策体系。

开征碳税并不是简单地为增加税收而征税，其真正目的有三：一是减少温室气体的排放，消除碳排放活动的外部性，进而发展低碳经济，这也是最重要的目的；二是使化石能源的替代能源具备更强的成本竞争力，从而推动替代能源尤其是新能源的开发利用；三是通过征收碳税增加的财政收入，主要用于自助环保项目或减免税额，以平衡环境保护和公众福利的关系。尽管我国“不会单独设立碳税，而是会将碳税安排在目前准备的税种里作为一个税项，如环境税或资源税”，（楼继伟，2016）但建立符合我国国情的碳税政策体系的必要性毋容置疑，作为一个发展中的大国，如开征碳税，就必须充分考虑这一新税种与经济平稳增长、国民收入差距等之间的平衡关系，从而制定审慎合理的低碳税收政策。

1. 建立有中国特色的碳税体系，从源头降低碳排放

在中国建立碳税体系，必须从立足当前和着眼长远两个角度来制定相关碳税政策。立足当前来看，离中国政府承诺的减排窗口期2025年只有不到4年的时间，完成节能减排的任务日益紧迫，在经济发展步入新常态的大背景下，为确保税种的变化不给经济平稳增长带来较大的影响，我们可以通过整合现有税收体系中具有促进绿色低碳发展的有关税种，调整其税制要素，并加以改造优化，以促进节能减排，这也符合财政部关于当前碳税设置的有关指导精神。着眼长远来看，中国设置有关碳排放的税种，即有必要符合时代要求，我们应充分借鉴发达国家的实践经验，在综合考虑经济社会发展状况的前提下，对消耗高碳排放和不可再生能源产品（比如原煤），适时推出碳税、碳关税、能源消耗税等税种，以从源头降低碳排放。需要注意的是，推出有中国特色的碳税政策，必须重点把握好以下几个问题。

（1）必须坚持审慎合理和循序渐进的原则

保持较高的经济增速，对于发展中的中国是必需的。国际经验和前人研究成果显示，实施碳税会减缓经济增长，因此我国制定碳税税种及税率时，还是要遵循渐进原则和谨慎原则。在碳税开征之初，一方面，不宜采用过高的税率，本研究认为实行较低税率（如10元/吨）相对可行。未来随着企业承受能力的不断提高，经济发展相对稳定后，可以考虑适当上调碳税税率。这样做既有利于避免碳税对某些行业的过大冲击，也有利于促进企业改进生产工艺、提高能源效率的长期行为。另一方面，国家在开征碳税时，也可根据地区经济发展水平、科技水平、能源效率等因素实行差异税率，对发达地区实行正常税率，对欠发达地区实行较低税率，以帮助欠发达地区顺利实现向低碳经济的平稳过渡。在政

策取向上，应实行平衡的中性碳税政策，即增加碳税的同时，适当降低增值税等税种税率，确保全社会整体税率基本稳定。

（2）必须实施征税对象及行业有别的标准

征税对象也就是征税客体，中国的碳税征收对象也应该遵循循序渐进的原则。短期内，保持经济平稳增长和居民收入稳步提高是现阶段宏观经济调控的重心。因此，如果实行碳税暂不宜采取目的地（向消费者）征税，而应该采取源头（向企业）征税的办法，即主要向工业企业征税。从长期来看，由于源头征税会导致能源价格上涨，虽然最终会转移到消费者身上，但是这种传导机制较慢，并且可能对企业及行业造成较大影响，因此实行目的地征税才是长远之策，这样使高碳能源的消费者直接支付碳税，以抑制高碳能源的需求，能更好地达到碳税政策效果。在行业上，应该首先考虑将碳税引入能源密集型产业，典型的如工业中的钢铁、有色金属、化工、电力、建材等高耗能行业。

（3）必须区分征税的重点产品与一般产品

燃烧煤炭、石油、天然气，甚至普通的柴火都会产生二氧化碳，但是就中国而言，煤炭和石油是产生二氧化碳最大的来源。在理论上，针对每种碳源都应该征税，但是建议对不同产品采取不同税率。乔根森等（2013）研究表明，实施碳税对中国社会福利和居民健康都积极有益，且不会危害经济增长。而且，由于煤炭价格与成本相对接近，碳税的实行会较大减少煤炭的使用，而石油产品如汽油、柴油等用量变化则不明显。煤炭用量的大幅度减少，将在很大程度上降低中国的碳排放，并且 PM2.5 等污染颗粒物也会大幅度减少，对居民呼吸健康非常有利。此外，碳税还会增加政府的财力。因此，建议在今后的碳税实施中，应以煤炭产品为主，以石油、天然气等产品为辅。

（4）必须配套建立健全碳税补偿激励机制

开征碳税的目的不是单纯地增加政府收入，而是要更好地促进低碳经济发展。因此，在碳税机制形成的同时，就应该配套建立碳税的补偿激励机制。碳税的使用途径，一方面，要用于或直接返还给积极进行节能改造和减排的企业，以保障这些企业的成本竞争力；另一方面，要用于资助节能环保项目、节能技术研发等领域。

2. 完善相关领域税收优惠政策,鼓励发展低碳经济

本质上,开征碳税是一种逆向约束的税收政策。在中国发展低碳经济,我们也应该多借鉴美国等发达国家的做法,多采取对低碳经济发展领域的税收优惠政策,即正向激励的办法,来鼓励发展低碳经济。我们要在原有税收减免方法的基础上,对节能技术研发、新能源开发利用、节能产品使用、节能建筑、节能新材料等各个低碳经济领域,综合加大税收优惠的广度与力度,应多采取投资抵扣、税收豁免、再投资退税、延期纳税等多种税收优惠政策,引导企业和全社会的低碳投资、低碳生产及低碳消费。

3. 整合、协调政策及市场手段,提高碳税政策效果

发展低碳经济涉及国民经济和社会的方方面面,碳税政策虽然是发展低碳经济的有效手段,但是决不可忽视了经济社会、能源环保政策及各种市场手段的统一协调。因此,我国应该充分整合与协调政府有关政策和市场经济手段,综合提高碳税政策的实施效果。首先,要充分发挥财政补贴的效果。积极的财政支出政策是经济活动的润滑剂和助推器,在对低碳经济发展领域实施税收优惠的同时,也要加大财政的补贴力度,尤其是对节能技术研发、节能项目及消费等领域予以倾斜。其次,要配合运用市场化手段。即前文论述的给定碳价、开展碳交易、发展碳商业、鼓励低碳产业等市场手段,要得到重点关注和运用。最后,要积极提升碳基金的作用。在现阶段全面开征碳税的基本条件尚不成熟的前提下,要科学合理地利用好碳基金,要多向提高能效、增加碳汇、节能技术研发等领域加大支出力度。